Ein Sommer auf Skye

Alexander Smith

Band 13 aus der Reine Schottische Geschichte

Übersetzung: Michael Pick

Ein Sommer auf Skye

Alexander Smith

Übersetzung: Michael Pick

Impressum

Michael Pick

Fritz-Reuter-Straße 8d

23879 Mölln

ISBN: 9781707582914

Auflage 1

Edinburgh

Der Sommer springt so unvermittelt wie ein Tiger in Edinburgh ein. Die Luft liegt dann still und heiß über den Häusern; nur hin und wieder streicht ein Hauch von Ostwind durch den warmen Sonnenschein - wie ein unvermutet aufwallender Sarkasmus, der sich über alles lustig macht. Doch mit dieser Ausnahme ist die Atmosphäre in der Stadt so dicht, dass ein Gewitter fast wie eine Erleichterung empfunden wird.

Edinburgh, auf seinem Felsen, hoch gen Sonne gereckt – zu weit vom Meer entfernt, damit die kühlen Brisen durch seine Gassen und Straßen jagen können, wird an diesen Tagen zu einem freudlosen Aufenthaltsort. Natürlich, nichts kann schöner sein als wenn die Silhouette der Altstadt in einen heißen azurblauen Sommerhimmel geätzt wird; doch die Stadt ist dicht, ohne Luft, erstickend.

Große Schwaden weißen Rauches strömen aus dem Bahnhof; aus den Häusern und Läden in der Princes Street drängen drückende Staubwolken in die Straße. Der Felsen mit der Burg ist staubgrau, die Bäume tragen ein schmuddeliges Olivgrün und die Promenade flimmert fiebrig heiß; nur kurz bringen die Schätze der Wasserwagen eine Erfrischung. Der einzige Mensch, der in der Stadt beneidet wird, ist der kleine Junge, der mit kurzer Hose, der ohne Rücksicht auf die mütterliche Rache, kühn am Rande des erfrischenden Duschbades des Wasserwagens marschiert.

Oh, was würde man geben für eine Stunde heftigen Regens! Der Himmel würde dann klare und zarte Farben tragen, statt der dunklen, schwülen Schicht. Der Burgfelsen hell strahlen und die Bäume und grasbewachsenen Hänge ihr schmuddeliges

Olivgrün gegen Smaragde vom Frühling tauschen. Die Straßen würden sich abkühlen und der Staub nur noch eine schwache Erinnerung sein. Dann würde das Stadtgrün aufblühen und dankbar laue Gerüche ausströmen.

Aber es wird nicht regnen. Und für Wochen wird es nichts geben als heiße Sonne oben und heiße Straße unten; und für die arme menschliche Lunge eine Luft aus erhitztem Staub, der vom Ostwind getragen wird. Außerdem ist man müde und abgestumpft. Der ganze Mensch, Körper und Seele, wie süße Glöckchen, verstimmt und rau, ist von der Arbeit geplagt, von Unruhe aufgefressen und durch Visionen von Urlaub heimgesucht. Einer "plappert über grüne Felder", wie ein Falstaff; und die armen, müden Ohren summen mit der Meeresmusik wie große Muscheln.

Endlich kommt der 1. August und dann - wie ein Pfeil von einem Tartarenbogen, wie ein Vogel aus seinem Käfig, wie ein Liebhaber zu seiner Geliebten - ist man weg; und bevor das wilde Scharlachrot des Sonnenuntergangs auf der Nordsee stirbt, ist man in der Stille der Hügel, jener ewigen Sonnenuhren, die dem Hirten die Stunden zählen. Es riecht nach Torf und im Hals brennt der Geschmack von Usquebaugh.

Dann kommen lange schwimmende Sommertage, so still in der Wildnis, dass man seinen Herzschlag hören kann; dann kommen lange stille Nächte, die Wellen schlagen gegen das Ufer, obwohl dieses eine Meile entfernt ist, in der einen die "schreckliche Freude" einer Geistergeschichte ergreift, die von Hirten oder Fischern erzählt wird, die daran glauben wie an ihre eigene Existenz. Dann sieht man den Sonnenuntergang nicht durch das Rauchglas der Städte, sondern herrlich durch die Klarheit der entflammten Luft. Dann lernt man den Sonnenaufgang kennen, der für den Bewohner einer Stadt die größte Sehenswürdigkeit der Welt ist.

Mr. De Quincey behauptet in einem seiner Aufsätze, dass das Abendessen - etwa um sieben Uhr abends, zu dem man sich besonders anzieht, das sich mit einer Vielzahl von Gängen und Vorspeisen anschließt, was weit davon entfernt ist, eine grobe Befriedigung des Appetits zu sein, ein Fest, edel, anmutig, mit der Gegenwart und dem Lächeln von Schönheit und Anmut geschmückt, und das, im Verlauf seines Fortganges, Gelegenheiten für Gespräche und die Begegnung mit klugen Köpfen bietet - das übermüdete London vor dem Wahnsinn bewahrt. Dies ist keine bloße humoristische Übertreibung, sondern eine sehr wahre.

Für mich ist das Hochland mein Abendessen. Weit im Norden, inmitten der grünen oder steinigen Stille, an der die erschöpfte Hand und das Gehirn Ruhe findet – eine Ruhe, deren Tiefe und Intensität der Faulenzer nie erfahren kann. In dieser gesegneten Trägheit lernen Sie sich auf seltsame Weise kennen; denn in der Welt sind Sie zu ständig beschäftigt, um viel Zeit in Ihrer eigenen Firma zu verbringen. Man lebt sozusagen den ganzen Tag im Ausland und kommen nur zum Schlafen nach Hause.

Im Norden haben Sie nichts anderes zu tun. Das Gewissen, das ein wachsames Auge offengehalten hat, obwohl seine Lippen in diesen vielen Monaten versiegelt waren, wird plötzlich unangenehm kommunikativ und erzählt ihrem Verstand ziemlich frei über bestimmte kleine schäbige Selbstsüchteleien und unmännliche Wutausbrüche. Eben jene Dinge, die man stillschweigend, wie ein missratener Brief, in den Papierkorb der Vergesslichkeit hatte fallen lassen.

Und die Ruhe und die Stille ist nicht nur gut für die Seele, sie sind auch gut für den Körper. Man gedeiht wie eine Blume im Freien; der hastige Puls verlangsamt sich auf ein gesundes Maß; böse Träume rollen aus den Schlafzimmern; Verdauungsstörungen, nun ja, erledigen sich von selbst. Während eines zweimonatigen Urlaubs sammelt man einen Gesundheitsfonds an und kann in den nächsten zehn Monaten, sofern es gelingt, darauf zurückgreifen.

Und wenn man nach Norden geht und durch diese Region streift, ist es am besten, alles ruhig und in Maßen zu genießen. Es ist besser, ein gutes Buch in Ruhe zu lesen, bei den feineren Passagen zu verweilen, häufig auf einen exquisiten Satz zurückzukommen und ab und zu den Band zu schließen, um sich einen neuen Gedanken hinzugeben, der durch das Studium des Buches geboren wurde, als sich darauf einzulassen, in einer schnellen oberflächlichen Weise durch eine halbe Bibliothek zu stürmen. Es ist besser, sich in einer gemäßigten Stimmung zum Abendessen zu setzen, den Gaumen zu erfreuen und den Appetit zu stillen, die süßen Säfte des Fleisches durch ausreichendes Kauen zu schmecken, um damit und einem Glas Portwein eine Verbindung von exquisiter Süße zu kreieren, "als alles wie ein lederner Yankee zu verschlingen, der befürchtet, dass er, bevor er auf seine Kosten gekommen ist, von der Eisenbahnglocke gerufen wird."

Wird jemand, der ausziehen möchte, um die Welt zu entdecken, das Hochland weniger respektvoll behandeln als sein Abendessen? Zumindest ich werde es nicht tun. Meine Stadt ist die Insel, von der Douglas am Morgen von Otterburn geträumt hat. Aber ich werde mich nicht unnötig eilen, sondern auf meinem Weg dorthin an vielen Stellen verweilen.

Müsst Ihr nach London fahren? Wenn Euer Geschäft nicht eilig ist, warum solltet Ihr ein Dummkopf sein und Euch wie ein Päckchen im Nachtzug dorthin verfrachten lassen und York und Peterborough am Wegesrand verpassen?

Die Highlands können in äußerster Einfachheit erkundet werden. Alles was man braucht, sind Geld in Maßen, ein Rucksack mit einem Ersatzhemd und die wichtigsten Utensilien für die Reinlichkeit eines Mannes und Mut, der nicht davor scheut, den Abgrund eines Berges zu überwinden und den Unannehmlichkeiten einer Hochlanddusche zu begegnen.

Niemand kennt ein Land, bis er es nicht durchwandert hat. Erst dann kennt er seine Süße und seine Bitterkeit. Der Wanderer sieht die großen und wichtigen Punkte und all die subtileren und verborgenen Schönheiten, die außerhalb der ausgetretenen Pfade liegen.

Dann, oh Leser, verlasse in den herrlichsten Monaten, den Höhepunkten des Jahres, London oder Edinburgh oder welche Stadt auch immer und begleite mich auf meinen Wanderungen. Unser Kurs führt uns über uralte Schlachtfelder, zu Burgen, die in der Brandung stehen, über mächtige Berge, entlang der Niederungen der Täler und wenn das Wetter hält, können wir die scharfen Silhouetten der Blaavin- und Cuchullin-Berge erblicken, den Legenden zuhören, die so alt sind wie Ossian, während Sie auf der baufälligen Treppe des Schlosses von Duntulm sitzen, das über Jahrhunderte von Salzluft und Wind belagert wurde. In den Pausen der Erzählung in den langen Herbstnächten, können wir – noch wunderbarer als jede Legende, die Musik hören, die uns in neblige

Regionen und längst vergangene Zeiten entführt: den Donner des Nordmeeres.

Über Edinburgh wurde eine ganze Bibliothek wunderbarer Bücher geschrieben. Defoe hat in seiner sachlichen, geschwätzigen Art die Stadt beschrieben. Seine steilen Straßen und die Torheiten seiner Einwohner spiegeln sich auf den einzigartigen Seiten von „Humphrey Clinker" wider.

Besondere Aspekte des Stadtlebens, des Stadtvergnügens, des Stadtverdrusses finden sich in dem klaren, wenn auch etwas flacheren, Strom von Fergussons Humor. Das alltägliche Leben des Ortes, der Verkehr auf den Straßen, die altmodischen Läden, die Bürger mit ihren seltsamen Hüten und gepuderten Haaren, mit Gastfreundlichkeit und Doppelkinn, Falten ohne Ende und einem Hauch latenten Humors in ihrer Welt - weise Gesichter mit goldköpfigen Löckchen und wohlgerundeten Armen und Beinen in eng anliegenden Kleidern finden sich in "Kays Portraits".

Scotts Dienste an die Stadt sind die großartige Beschreibung in "Marmion", die "High Jinks" in "Guy Mannering", die Gesellschaften der Adligen und wilden Häuptlinge, die in "The Abbot" den Hof der Jameses besucht haben. Berühmt und unsterblich hat er die Stadt aber in das "Das Herz von Mid-Lothian" gemacht; und die zentrale Figur der Jeanie Deans ist so bescheiden und süß schottisch, dass sie genauso ein Teil des Ortes zu sein scheint wie Holyrood, das Schloss oder die Felsen. In Lockharts "Peters Briefen an seine Verwandten" haben wir Skizzen der Gesellschaft, die unserer Zeit näher waren, als der Edinburgh Review florierte, als die Stadt wirklich das moderne Athen war und ein Ort der Kritik, der dem Kaiserreich Gesetze vorgab.

Auf diesen Seiten stellten wir Jeffrey, John Wilson, den Ettrick Shepherd und Dr. Chalmers vor. Dann kamen Blackwoods Magazin, das "Chaldee Manuskript", die "Noctes" und "Margaret Lindsay". Dann die "Traditions of Edinburgh" von Robert Chambers; danach das bekannte Edinburgh Journal. Seitdem haben wir Lord Cockburns gesprächige "Memorials of his Time". Kürzlich kamen uns Dean Ramsays Lectures, gefüllt mit angenehmem Antiquariat und Informationen über die Männer und Frauen, die vor einem halben Jahrhundert erblühten. Und die Liste kann mit "Edinburgh Dissected" abgeschlossen werden, welches nach der Mode von Lockharts "Letters" geschrieben wurde - ein Buch, das angenehm genug zu lesen ist, obwohl es die Brillanz, die Schärfe, die Beredsamkeit ausdrücken möchte und dabei die vorzüglich schlechte Natur von seinem berühmten Prototyp besitzt.

Wenn man ehrlich ist, und dass sollte man zweifelsohne, hat Scott mehr für Edinburgh getan als alle großartigen Männer zusammen. Burns hat in der nördlichen Hauptstadt kaum eine Spur von sich selbst hinterlassen. Während seines Aufenthalts war sein Geist besudelt und er lernte Whisky-Punsch zu trinken – Verpflichtungen, die er mit einer Kopie seiner zahmsten Verse „Edina, Scotias Lieblingssitz" zurückzahlte. Scott hingegen entdeckte, wie wunderschön die Stadt war. Er sang ihr Lob auf der ganzen Welt und hat damit mehr Geld in die Taschen der Edinburgher gebracht als wenn er ein Unternehmen gegründet hätte, deren Monopol nur hier gelegen hätte.

Scotts Romane gingen nach Edinburgh, der Tabakhandel gegen Ende des letzten Jahrhunderts nach Glasgow. Obwohl mehrere Autoren auf dem Gebiet der

Grenzballaden vor ihm standen, machte er diese wunderbaren Geschichten von Humor und Pathos zur Mode. Sobald "The Lay of the Last Minstrel" erschien, schwärmten alle von Melrose und Mondschein. Er schrieb "The Lady of the Lake", und im nächsten Jahr kamen tausend Touristen in die Trossachs, sahen zu, wie die Sonne am Loch Katrine unterging und begannen, Unterricht auf dem Dudelsack zu nehmen.

Er verbesserte die Highlands so sehr wie General Wade, als dieser seine Militärstraßen durch das einsame Land schlug. Wo sich seine Muse ein Jahr befand, kamen ein Postkutscher und ein Hotel das nächste. Seine Gedichte sind in Reiseführern abgedruckt. Nie war ein Autor so beliebt wie Scott und nie wurde die Popularität so leicht und anmutig getragen. In seinem eigenen Herzen schätzte er es nicht hoch; und er kümmerte sich mehr um seine Plantagen in Abbotsford als um seine Gedichte und Romane.

Er wäre lieber von Tom Purdie gelobt worden als von jedem anderen Kritiker. Er war ein großartiger, einfacher, aufrichtiger und warmherziger Mann. In düsterer Verachtung wandte er sich nie von seinen Kameraden ab. Seine Lippe kräuselte sich nie vor feinem Abscheu. Er knirschte nie mit den Zähnen, es sei denn, er litt unter Zahnschmerzen. Er mochte die Gesellschaft, seine Freunde, seine Hunde, seine Hausangestellten, seine Bäume, seine historischen Sammlungsstücke. In Abbotsford schrieb er ein Kapitel eines Romans, bevor seine Gäste aus dem Bett waren, verbrachte den Tag mit ihnen und erhellte dann beim Abendessen mit seinem Vorrat an schottischen Anekdoten den Tisch mehr als der Champagner.

Wenn man in Edinburgh ist, kann man ihn auf der Straße oder im Parlamentsgebäude sehen. Er wurde von allen geliebt. George IV. erklärte bei seinem Besuch im nördlichen Königreich, dass Scott der Mann war, den er am liebsten sehen wollte. Er war der tiefste, einfachste Mann seiner Zeit. Die Masse seiner Größe nimmt uns das Gefühl seiner Höhe. Er sinkt wie Ben Cruachan, Schulter an Schulter, langsam, bis seine Basis einen Umfang von 30 Kilometern hat.

Schottland ist Schottland. Er ist das Licht, in dem es gesehen wird. Er hat die schottische Geschichte, den schottischen Humor, das schottische Gefühl und die schottische Tugend auf der ganzen Welt verkündet und er hat Geld in die Taschen der schottischen Hoteliers, der schottischen Schneider, der schottischen Schiffer und der Fahrer der Hochlandpost gesteckt.

Jeder echte Schotte glaubt, Edinburgh sei die malerischste Stadt der Welt und wahrhaftig, am frühen Morgen auf dem Calton Hill stehend, wenn der Rauch von neu entzündeten Feuern in azurblauen Schwaden und Schleiern über der Altstadt hängt - die von diesem Punkt an einer riesigen Eidechse ähnelt, spitzt das Schloss seinen Kopf, die Kirchtürme schleichen seinen schuppigen Rücken von ihrem Versteck unter den Felsen herauf, um auf die Morgenwelt zu schauen - ist man durchaus geneigt, die Begeisterung des Nordbriten zu verzeihen.

Die schönste Aussicht aus dem Inneren hat man von der Ecke der St. Andrew Street in Richtung Westen. Kurz vorher überquert der Hügel das Tal und schultert die weißen Akademiegebäude. Dahinter erhebt sich die Burg aus den grasbewachsenen Hängen und sommerlichen Laubwogen, ihren wetterfesten Türmen und Befestigungen. Die Halbmondbatterie schenkt dem Wind das Flattern ihrer Standarten.

Das Leben in Edinburgh vermittelt vor allem ein Gefühl für seine Schönheit: Hügel, Felsen, Burg, blaues Meer, die malerische Silhouette der Altstadt, die Plätze und Terrassen der Neustadt - diese Dinge, die man einmal gesehen hat, dürfen nicht vergessen werden. Das schnelle Leben der Gegenwart, dass sich mit den Relikten der Antike befasst und von den augustinischen Traditionen eines Königreichs überschattet wird, macht den Aufenthalt in Edinburgh so eindrucksvoll wie den Aufenthalt in keiner anderen britischen Stadt.

Es ist, als wäre ich gerade angekommen – und es hat hier noch nie so schön ausgesehen? Was für ein Gedicht ist diese Princes Street! Die Marionetten der geschäftigen, vielfarbigen Stunden bewegen sich auf ihrem Bürgersteig, während sich über die Schlucht hinweg die Altstadt türmt, Kamm auf Kamm, grau wie eine felsige Küste und ausgewaschen, getragen vom Schaum der Jahrhunderte; von Giebel und Dach gekrönt und gezackt; vom Keller unterhöhlt und getragen; das Ganze überragt von St. Giles luftiger Krone. Das Neue ist da und schaut auf das Alte.

Zwei Städte werden von Angesicht zu Angesicht gebracht und doch um tausend Jahre voneinander getrennt. Wunderbar in Winternächten, wenn alles voller Dunkelheit ist und sich aus ihr heraus erhebt, gegen das düstere Blau und die frostigen Sterne, diese Masse und das Bollwerk der Finsternis, durchbohrt und zitternd mit unzähligen Lichtern.

Es gibt in Europa nichts Vergleichbares, denke ich. Könnte man nur einen Fluss das Tal hinunterrollen, wäre es großartig. Noch schöner ist es, sich in die Nähe des Burns-Denkmals zu stellen und auf das Schloss zu schauen. Es ist erstaunlicher als ein östlicher Traum. Eine Stadt erhebt sich, bevor sie in der Nacht vom Feuer gemalt wird. Hoch in der Luft überspringt eine

Lichtbrücke den Abgrund. Ein paar smaragdgrüne Lampen wie Glühwürmchen bewegen sich leise im Bahnhof darunter. Dieser zerklüftete und schornsteinfarbene Großteil der Dunkelheit, dessen Glanz in jeder Pore aufsteigt, ist die wunderbare Altstadt, in der sich die schottische Geschichte hauptsächlich selbst abwickelte, während die moderne Princes Street auf ihrer ganzen Länge lodert.

Tagsüber blickt das Schloss auf die Stadt herab wie aus einer anderen Welt; keck mit all seiner Ruhe, den Bäumen, seinen Grashängen. Der Stein hat eine schmuddelige Farbe, aber nach einer Regendusche lachen seine Flechten in der zurückkehrenden Sonne grünlich, während der Regenbogen auf dem tieferen Himmel dahinter aufhellt. Wie tief wirft das Schloss mittags den Schatten über die Gärten zu seinen Füßen, in denen die Kinder spielen! Wie großartig, wenn riesige Turmkronen gegen den Sonnenuntergang schwärzen!

Schön auch die zum Meer abfallende Neustadt. Von der George Street, die den Kamm krönt, führt der Blick über herrschaftliche Straßen zu den Villen und Wäldern, die das Tal füllen und das Ufer säumen, zum hellblauen Gürtel des Forth mit seinem rauchenden Dampfer oder seinem kriechenden Segel; jenseits der Küste von Fife, zartblau und mit flüchtigen Schatten übersät im scharfen, klaren Licht des Frühlings, dunkelviolett in der Sommerhitze, angelaufenes Gold im Herbstdunst; und noch weiter entfernt, nur am blasseren Himmel erkennbar, der Kamm eines fernen Gipfels, der die Phantasie in die offene Welt trägt.

Der Aufenthalt in Edinburgh ist eine Erziehung für sich. Seine Schönheit ruft Gefühle hervor, die denen des Verliebtseins ähneln. Es ist zeitlos, wie ein Stück von Shakespeare. Nichts kann seine unendliche Vielfalt altern lassen.

Aus historischer und malerischer Sicht ist die Altstadt der interessanteste Teil von Edinburgh und die große Straße, die von Holyrood zum Schloss führt - in verschiedenen Abschnitten ihrer Länge Grassmarkt, Hauptstraße und Canongate genannt -, ist wiederum der interessanteste Teil der Altstadt. In dieser Straße bewahren die Häuser ihr altes Aussehen; sie klettern Geschichte für Geschichte in den Himmel hinauf, mit Außentreppen und Holzverkleidungen, die alle seltsamerweise hoch und giebelig sind. Mit Ausnahme der Bewohner, die inmitten von Elend und Dreck existieren und unbestreitbar nach Bösem riechen, atmet alles in dieser langen Straße die antike Welt.

Wenn Sie in die schmalen, rechtwinklig dazu verlaufenden Gässchen eindringen, sehen Sie Spuren antiker Gärten. Gelegentlich bleiben die ursprünglichen Namen erhalten und berühren den Besucher pathetisch, wie der Duft lang verwelkter Blumen. Über den Toren sind noch alte Wappen zu sehen. Vor zwei Jahrhunderten schauten helle Augen von jenem Fenster herab, die jetzt eine betrunkene Irin besitzt. Wenn wir es nur wüssten, hat jedes verrückte Mietshaus seine tragische Geschichte. Jede bröckelnde Mauer konnte sich entfalten.

Das Canongate ist versteinerte schottische Geschichte. Welche Geister von Königen und Königinnen gehen dort! Was für Streitereien von stahlgekleideten Adligen! Was drängt sich vor den Fenstern der Menschen in der grimmigen Umarmung der "Jungfrau" auf? Was für eine Eile von Bürgern, um die Stadtmauern beim Herannahen der Southrons zu bemannen! Was für Wehklagen über katastrophale Schlachttage!

James ritt diese Straße entlang auf dem Weg nach Flodden. Montrose wurde auf einer Hürde hinaufgeschleppt und schlug mit verächtlichem Blick seine Feinde auf dem Balkon zusammen. Jenny Geddes warf dem Priester in der Kirche dort drüben ihren Hocker zu. John Knox kam nach seinem Interview mit Mary in Holyrood hierher zu seinem Haus - grimmig und streng und von den Tränen einer Königin nicht gerührt. In späteren Tagen ritt der Pretender mit geblendeten Augen das Canongate hinunter, während Dudelsäcke herumwirbelten und jakobitische Damen mit weißen Knoten im Busen von hohen Fenstern herabblickten und die Schönheit des "jungen Ascanius "und sein langes gelbes Haar bewunderten.

Abends ritten Dr. Johnson und Boswell hierher und bogen beim Weißen Pferd ein. David Hume wohnte in dieser Straße und betrat ihre Bürgersteige. Er meditierte viel über die Kriege der Rosen und des Parlaments und das Schicksal der englischen Herrscher. Eines Tages kam ein stämmiger Pflüger mit schwarzen Augen herab und auf den Friedhof ein, um sich mit bewölkten Lidern und einer ehrfürchtig entblößten Stirn neben dem Grab des armen Ayrshire mit seinen dunklen Gesichtszügen und dem wundervollen Fergusson zu erheben. Auch die Straße hinunter hinkte oft ein kleiner Junge, Walter Scott mit Namen, der nach Jahren dazu bestimmt war, seine "Chronicles" zu schreiben.

Das einmal gesehene Canongate darf niemals vergessen werden. Der Besucher begegnet bei jedem Schritt einem Gespenst. Adlige, ernste Senatoren, gemütliche Anwälte hatten hier einst ihren Wohnsitz. In den alten, niedrigen Räumen, auf halbem Weg zu den Sternen, sprachen Philosophen, waren geisteskrank und braven Jungen, säten Mitte des letzten Jahrhunderts wilden Hafer, trugen Rapiere und Spitzenkräusel und tranken fröhlich Rotwein aus silbernen Bechern. In jedem Raum ist ein Menuett gespielt worden, während sich Vorsitzende und Verbindungsleute auf dem Bürgersteig darunter versammelten.

Aber das Canongate ist von seinem hohen Stand gefallen. Ein ganz anderes Volk sind die heutigen Einwohner. Whiskey hat den Rotwein verdrängt. Adel ist geflohen und Elend in den Besitz gekommen. Wilde, halbnackte Kinder schwärmen um jede Türstufe. Raufbolde tummeln sich um die Münder der Winde. Weibliche Gesichter, die des "Infernos" würdig sind, blicken von zerbrochenen Fenstern herab. Unruhen sind häufig; und betrunkene Mütter taumeln an schimpfenden weißen Atomen von Kindern vorbei, die sich an ihre Brüste schmiegen - kleine Kerle, denen der Tod am meisten geholfen hat.

Das Canongate wird von seriösen Leuten gemieden und hat dennoch viele Besucher. Der Tourist ist bestrebt, es kennenzulernen. Herren mit einem stumpfen Geruchssinn und einer antiquarischen Gesinnung gehen die Schlösser hinunter und steigen die Wendeltreppen hinauf. Tief in diesen Winkeln vom Canongate stellt der Künstler seinen Hocker auf und verbringt den Tag damit, einen malerischen Giebel oder eine Tür zu skizzieren. Der Krankentransport kommt häufig hierher, um einen armen Kranken ins Krankenhaus zu bringen. Hierher kommt der Detektiv in Zivil auf der Spur eines Einbrechers.

Und wenn der Abend hereinbricht und die Lampen angezündet werden, gibt es einen plötzlichen Trubel und eine Menschenmenge, und jetzt tauchen ein paar Polizisten und ein Karren mit einer armen, halbbekleideten, beschwipsten Frau von der

Schwesterinsel auf, ihre Haare hängen lose über ihrem Gesicht, ihre Hände zittern vor ohnmächtiger Wut und ihre Zunge ist voll vor wilden Flüchen. Begleitet von kleinen Jungen, die sie mit Spott und Spitznamen anlocken und die das komische Element, das so seltsam hinter dem schrecklichen Anblick steckt, zu schätzen wissen, wird sie in die Polizeizelle gebracht und morgen - zum zwanzigsten Mal - vor den Richter gebracht vielleicht - als "betrunken und unordentlich", und entsprechend behandelt.

Dies ist die Art von Leben, die das Canongate heute bietet - ein Kontrast zu der Zeit, als die erhabenen Gebäude die hohe Geburt und Schönheit eines Königreichs umgaben und die Straße darunter den Pferdehufen eines Königs den Grund boten.

Die Neustadt ist von der Altstadt durch eine Schlucht oder ein Tal getrennt, in dem sich heute ein Bahnhof befindet. Die Verbindungen sind der Hügel, die Waverley-Brücke und die Nordbrücke. Mit Ausnahme des Canongate sind die schmutzigeren und heruntergekommenen Teile der Stadt nicht zu sehen. Sie stehen auf der South Bridge und sehen anstelle eines Baches das Cowgate, die schmutzigste, engste und am dichtesten bevölkerte Straße von Edinburgh. Einmal bewundert von einem französischen Botschafter am Hof eines der Jameses und durchaus mit gewissen Spuren von verblasstem Glanz, ist das Cowgate in die gelben Hände von Möbelmaklern, Second-Hand-Juwelieren und Verkäufern von schädlichem Alkohol gefallen.

Diese Second-Hand-Juweliergeschäfte, die Schmuckstücke, die von verschwommenem Gaslicht beleuchtet werden, sind die melancholischsten Sehenswürdigkeiten, die ich kenne. Dort hängen Uhren, die einst bequem in den Räumen wohlhabender

Männer tickten, Ringe, die einst von glücklichen Bräutigamen an den Fingern glücklicher Bräute angebracht wurden, Juwelen, in denen die Heiligkeit von Sterbebetten leben.

Welche Tragödien, welcher Armutsdruck haben sie hierher gebracht! Die Schmuckstücke, die durch die schmutzigen Fenster herausschauen, erinnern an schiffbrüchiges Gold, das in den Schlamm des Ozeans eingebettet ist - Gold, das von unbekannten, aber sicheren Stürmen und Katastrophen, vom Nachgeben von Brettern und dem Schrei von Ertrinkenden spricht.

Ich wundere mich, wer hat das Herz hat, sie zu kaufen. Das Cowgate ist der irische Teil der Stadt. Edinburgh springt mit Brücken darüber; seine Bewohner sind moralisch und geografisch die niederen Ordnungen. Sie bleiben in ihrem eigenen Quartier und kommen nur selten ans Tageslicht.

So mancher Mann aus Edinburgh hat noch nie einen Fuß auf diese Straße gesetzt. Der Zustand der Bewohner ist dem angesehenen Edinburgh ebenso wenig bekannt wie die Gewohnheiten der Maulwürfe, Regenwürmer und der Bergbevölkerung. Die Leute vom Cowgate besuchen selten die oberen Straßen. Sie können zwölf Monate lang durch die Neustadt laufen, bevor einer dieser Cowgate-Parias zwischen dem Wind und Ihre Sanftmut gerät. Wenn Sie diese fremden Leute "zu Hause" sehen möchten, müssen Sie sie besuchen. Das Cowgate wird nicht zu Ihnen kommen: Sie müssen zum Cowgate gehen.

Das Cowgate veranstaltet jeden Samstagabend einen alkoholschwangeren Karneval und dann vom Westhafen durch den edlen offenen Raum des Grassmarket - wo die Covenanters und Captain Porteous gelitten haben - nach Holyrood zu laufen, ist eine der Sehenswürdigkeiten der Welt und eine, die

Ihre Einschätzung der menschlichen Natur nicht sonderlich erhöht. Für viele Nächte danach werden Sie von Schwärmen scheußlicher Gesichter träumen, von nassen Fratzen brutaler Männer, von Frauen mit lauten Stimmen und hektischen Gesten, von Kindern, die Unschuld nie gekannt haben. Es ist erstaunlich, zu welcher Hässlichkeit das menschliche Gesicht fähig ist. Der Teufel kennzeichnet seine Kinder, wie ein Hirte seine Schafe kennzeichnet - damit er sie wieder erkennt. Manch ein Gesicht huscht hier vorbei und trägt das Schilderhandbuch des Teufels.

Aber Edinburgh hält all diese bösen Dinge außer Sicht und lächelt, während Schloss, Turm, Kirchturm und Pyramide aus Gartenbereichen und Laubgürteln ins Sonnenlicht aufsteigen. Das Cowgate hat keine Macht, seine Schönheit zu beeinträchtigen. Im Herzen des Pfirsichs befindet sich möglicherweise ein Krebs - auf dem staubigen Samt befinden sich weder Grübchen noch Flecken. Edinburgh thront auf Klippen und nimmt jedes Auge auf sich; und, nicht zufrieden mit der Vormachtstellung in der Schönheit, beansprucht sie auch eine intellektuelle Vormachtstellung.

Sie ist die Patrizierin unter den britischen Städten. "Ein mitteloses Mädchen mit langjährigem Stammbaum." Sie hat Witz, wenn ihr auch Reichtum fehlt: Sie zählt große Männer gegen Millionäre. Der Erfolg der Schauspielerin ist unsicher, bis Edinburgh ihr ein Denkmal gesetzt hat. Der Dichter zittert vor den Kritikern von Edinburgh. Der Sänger respektiert die Delikatesse des Edinburgh-Ohrs. Das raue London kann vor Beifall brüllen: das anspruchsvolle Edinburgh schnüffelt verächtlich und verhöhnt den Ruf. London ist der Magen des Imperiums - Edinburgh das schnelle, subtile und weitreichende Gehirn.

Ein Anspruch, den der Besucher von allen Seiten hört. Es ist wunderbar, wie Edinburgh über seine eigenen literarischen Leistungen schnurrt. Swift blickte in den dunklen Jahren vor seinem Tod eines Tages auf einige seiner besten Produktionen und rief aus: "Guter Himmel! Was für ein Genie war ich einst!" Edinburgh blickt auf sich selbst zurück und drückt immer wieder Erstaunen und Freude aus. Highland-Familien füllen die Lücken mit Geistern, wenn sie nicht in der Lage sind, eine ausreichende Anzahl von Dienern zu halten. Edinburgh bewahrt seine Würde auf ähnliche Weise und aus einem ähnlichen Grund. Lord-Advocate Moncreiff, einer der Mitglieder der Stadt, spricht seine Mitbürger kaum an, ohne sich an die Namen von Jeffrey, Cockburn, Rutherfurd und den anderen Stars zu erinnern, die einst den Welkin zum Leuchten gebracht hatten.

Von jeder Seite hören wir von der brillanten Gesellschaft vor vierzig Jahren. Edinburgh hält sich für talentiert - so wie es heutzutage selbstverständlich ist, dass die gegenwärtige englische Marine die mächtigste der Welt ist, weil Nelson Trafalgar gewonnen hat. Die Whigs betrachten den Edinburgh Review als die wunderbarste Anstrengung des menschlichen Genies. Die Tories würden ihnen zustimmen, wenn sie Blackwoods Magazin nicht als noch größeren Erfolg ansehen müssten. Es kann gesagt werden, dass Burns, Scott und Carlyle die einzigen Männer sind, die in der Literatur wirklich großartig sind - im europäischen Sinne großartig -, die in den letzten achtzig Jahren mit Edinburgh in Verbindung gebracht wurden.

Ich nehme Wilson nicht in die Liste auf; denn obwohl er für den Moment so großartig war wie einer von diesen, klang er ab wie ein Nordlicht. In dem ganzen Mann war etwas Spektakuläres. Eine Rezension ist oberflächlich gesehen einer Schlacht sehr ähnlich. In beiden gibt es das Rasseln der Musketen, den Aufschwung großer Geschütze, den Einsatz endloser Brigaden, die Angriffe dreister Staffeln, die den Boden erschüttern - nur die Schlacht verändert die Königreiche, während die Rezension mit ihren eigenen Rauchkränzen verschwunden ist. Scott lebte während seines ganzen Lebens in oder in der Nähe von Edinburgh. Carlyle ging früh nach London, wo er seine wichtigen Werke geschrieben und sich einen Namen gemacht hat. Lassen Sie sich von Scott rühmen - niemand wird behaupten, dass sie das falsch macht -, aber es ist nicht so einfach, die erstaunliche Brillanz ihrer anderen literarischen Lichter zu entdecken. Schließlich ist ihr Ruf weitgehend lokal.

Was in Edinburgh als Sonne brennt, würde, wenn es nach London transportiert würde, nicht selten gerade zu einer Kerze reichen. Lord Jeffrey - wann werden wir aufhören, sein Lob zu hören? Mit vollkommener Wahrhaftigkeit kann man zugeben, dass seine Lordschaft kein gewöhnlicher Mann war. Seine "Vision" war scharf und klar genug in seiner Reichweite. Er war nicht in der Lage, bestimmte literarische Formen zu genießen, wie einige Männer bestimmte Gerichte nicht genießen können - eine Unzulänglichkeit, die sich aus der Sorgfalt des Gaumens oder aus der Schwäche der Verdauung ergeben könnte. Sein Stil war scharfsinnig; er hatte ein eisiges Funkeln im Epigramm und Antithese, etwas Witz und keine Begeisterung. Er schrieb viele kluge Papiere, hielt viele kluge Reden und sagte viele kluge Dinge. Aber der Mann, der so ungeheuerlich irregehen konnte wie "Wilhelm Meister", der Wordsworth während seiner gesamten Karriere bejubelt hat, der die Frechheit hatte, den Satz zu verfassen, der den Hinweis auf den "Ausflug" in der

Edinburgh Review öffnet, mag von herausragenden Talenten besessen sein, doch kann für ihn kein Anspruch auf den Charakter eines großen Kritikers erhoben werden.

Hazlitt, eigensinnig, leidenschaftlich, großartig begabt, in dessen heftigen Ungereimtheiten eine Großzügigkeit steckte, die nur der feinen Natur zuzuordnen ist, ist in ein fast unbekanntes Londoner Grab versunken, und seine Werke sind in unverdientes Vergessen geraten; während Lord Jeffrey noch mit seiner Erinnerung die Stadt seiner Geburt zum Leuchten bringt. In Bezug auf natürliche Begabung und Talent - auch in Bezug auf literarische Themen und Ergebnisse - übertraf der Engländer den Schotten bei weitem. Warum waren ihre Schicksale so unterschiedlich? Ein wichtiger Grund ist, dass Hazlitt in London lebte - Jeffrey in Edinburgh. Hazlitt verlor sich teilweise in einer ungeduldigen Menge und einem Ansturm von Talenten. Jeffrey stand, für jedes Auge patentiert, auf einem offenen Platz, auf dem es nur wenige Konkurrenten gab.

London prahlt nicht mit Hazlitt - Edinburgh prahlt nicht mit Jeffrey. Der Londoner, als er Edinburgh besucht, ist erstaunt festzustellen, dass es eine Walhalla voller Götter - hauptsächlich lokaler - besitzt, deren Namen und Taten er zuvor nicht kannte. Der Boden bricht unter seinen Füßen in unerwartete Blüten. Er kann sich heute vorstellen, ein wenig bewölkt zu sein - kann sogar vermuten, dass der Ostwind im Ausland weht, aber das Unbehagen wird durch die Berichte ausgeglichen, die er von allen Seiten über die Schönheit, Wärme und Pracht von gestern hört. Er streckt die Hände aus und wärmt sie, wenn er kann, vor dem Feuer der Vergangenheit.

"Ah! Diese Gesellschaft von vor vierzig Jahren! Niemals auf dieser Erde gab es so etwas. Diese erstaunlichen Männer, Homer, Jeffrey, Cockburn, Rutherfurd! Welcher Witz - welche Beredsamkeit - welches Genie! Was für eine Stadt war dieses Edinburgh einst!"

Edinburgh ist nicht nur in puncto Schönheit die erste britische Stadt - angesichts ihrer Bevölkerung ist der allgemeine Ton der Gesellschaft intellektueller als der aller anderen. In keiner anderen Stadt finden Sie eine so allgemeine Wertschätzung für Bücher, Kunst, Musik und Objekte von antiquarischem Interesse. Es ist eigenartig frei von der Verschmutzung des Hauptbuchs und des Zählhauses. Es ist ein Weimar ohne Goethe.

Aber es will Abwechslung; es ist hauptsächlich eine Stadt der Berufe. London zum Beispiel enthält jede Klasse von Menschen; es ist der Sitz des Gesetzgebers sowie des Reichtums; es umfasst sieben Zifferblätter sowie Beigravia. In dieser riesigen Gemeinde verschmilzt die Klasse unmerklich mit der anderen Klasse, vom Souverän auf dem Thron bis zum Elenden in der verurteilten Zelle. In dieser fein abgestuften Skala nehmen die Berufe ihren eigenen Platz ein.

In Edinburgh liegen die Dinge ganz anders. Es bewahrt die Gauds, die die Könige ablegten, als sie nach Süden gingen, und erfreut sich einer melancholischen Freude daran - als Frau die Liebesbeweise eines Liebhabers, der sie verlassen hat, um in eine Familie von höherem Rang zu heiraten. Eine Krone und ein Zepter liegen im Schloss, aber keine Augenbraue trägt das Diadem, keine Hand hebt den goldenen Stab. Es gibt einen Palast am Fuße des Canongate, aber es ist ein Hotel für ihre Majestät, auf dem Weg nach Balmoral - ein Ort, an dem der Kommissar der Church of Scotland sein Phantomgericht hält. Mit diesen Ausnahmen spiegeln die alten Hallen nur die Fußgänger des Touristen und Sehers wider.

Als die Könige nach London gingen, folgte der Adel; und in Edinburgh ist das Feld jetzt verlassen und wurde so frei für Recht, Physik und Göttlichkeit. Die Berufe überwiegen: Es gibt nichts Höheres. In Edinburgh ist ein Lord of Session ein Prinz des Blutes, ein Professor ein Kabinettsminister, ein Anwalt ein Erbe einer Peerage. Die Universität und die Gerichte befinden sich in Edinburgh, das Gericht und die Ober- und Unterhäuser in London. Dass der schottische Adel seine Saison in London verbringen soll, ist nicht nur für die Ladenbesitzer in Edinburgh zu bereuen - ihre Abwesenheit wirkt sich auf die Interessen aus, die unendlich höher sind. Im Falle einer Überfülle von Fürsten und einer Schwierigkeit, was mit ihnen zu tun ist, wurde häufig vorgeschlagen, einige in Dublin und einige in Edinburgh zu stationieren, um in diesen Städten den Hof zu halten.

Gold wird überall Papier vorgezogen; und in der irischen Hauptstadt wäre das Königtum in der Person von Prinz Patrick zufriedenstellender als sein Schatten in der Person eines Oberleutnants. Ein Prinz des Blutes in Dublin würde vom warmherzigen irischen Volk dankbar aufgenommen werden. Seine ständige Anwesenheit unter ihnen würde die Erinnerung an jahrhundertelange Fehlregierungen aufheben; es würde für immer das Abzeichen und den Kragen der Eroberung wegschlagen.

In Edinburgh hatten wir Prinzen der letzten Jahre und haben ihre Verwendung gesehen. Ein Prinz von Holyrood würde für das Land bedeuten, was sich die Scottish Rights Associations und Universitätsreformer so lange gewünscht haben. Der Adel würde sich wieder - zumindest für einen Teil des

Jahres - in seiner alten Hauptstadt versammeln; und ihre Söhne würden wie früher in den Klassenzimmern der Universität zu finden sein. Unter dem neuen Einfluss würde das Leben heller und luftiger werden. Die soziale Tyrannei der Berufe würde bis zu einem gewissen Grad aufgelöst, die Atmosphäre würde weniger legal und es würde ein neuer Standard eingeführt, um Männer und ihre Ansprüche zu messen.

Für den Prinzen selbst sind gute Ergebnisse zu erwarten. Er hätte zumindest bestimmte öffentliche Pflichten zu erfüllen; und er würde näher an das Volk gebunden werden, wie das Volk seinerseits an ihn gebunden werden würde. Edinburgh braucht ein wenig Fröhlichkeit und höfischen Pomp, um die Kälte grauer, steiniger Straßen zu durchbrechen. eine etwas düstere Atmosphäre aufhellen; den Ostwind, der das halbe Jahr weht, und den "professionellen Sektierertum", der das ganze Jahr über weht, zu besänftigen.

Man ahnt immer irgendwie den Ostwind in der Stadt. Sie gehen zum Abendessen: Der Ostwind weht kühl von Gastgeberin zu Gastgeber. Sie gehen in die Kirche, ein bitterer Ostwind weht in der Predigt. Der Text ist der göttlich, Gott ist Lieben; und der folgende Diskurs ist voller Gemeinlosigkeit.

Von allen britischen Städten ist Edinburgh - in seiner intellektuellen und ästhetischen Ausrichtung weimarartig, in seiner Freiheit von den Flecken des Handels und in seiner Schönheit florenzartig. Die Stadt als Ganzes stimuliert nicht wie London, der gegenwärtige Moment ist nicht annähernd so intensiv, das Leben brüllt und scheuert nicht - es murmelt nur; und dieses Interesse der Stunde, vermischt mit etwas von der Stille der Distanz und der Vergangenheit - welche die spirituelle Atmosphäre der Stadt ist - ist die günstigste aller Bedingungen für intellektuelle Arbeit oder intellektuellen Genuss.

Sie haben Bibliotheken - Sie haben die Gesellschaft der kultivierten Männer und Frauen - Sie haben das Auge, das ständig von der Schönheit genährt wird - die Altstadt, gezackt, malerisch, aufgetürmt; und die luftigen, offenen, kalt-sonnigen, ruhigen, nicht überfüllten Straßen der Neustadt - und vor allem können Sie "Ihre Eiche zur Schau stellen", wie man in Cambridge sagt, und der Welt, dem Klatsch und dem Tratsch aus dem Weg gehen.

In Edinburgh müssen Sie keine Ruhe für sich selbst schaffen. Das Leben ist gemächlich; aber es ist nicht die Freizeit eines Dorfes, die sich aus einem Mangel an Ideen und Motiven ergibt - es ist die Freizeit einer Stadt, die sich großartig auf Tradition und Geschichte stützt, die ihre Arbeit erledigt hat, ohne eigene Kleidung zu weben, um seine eigenen Kohlen zu graben, um sein eigenes Eisen zu schmelzen.

Und dann werden Sie in Edinburgh, vor allem in britischen Städten, von der vulgarisierenden Herrschaft der Stunde befreit. Die Vergangenheit begegnet Ihnen an jeder Straßenecke. Das Schloss blickt auf seiner ganzen Straße aus der Geschichte zurück. Der Wind der Fabel weht über Arthurs Sitz. Alte Könige wohnten in Holyrood. Verlassen Sie die Stadt, wo Sie wollen, die Vergangenheit begleitet Sie wie ein Cicerone. Gehen Sie nach North Berwick hinunter und die rote Feste von Tantallon spricht zu Ihnen von der Macht der Douglasen.

Auf der anderen Seite des Meeres, vom graugrünen Bass durch eine Wolke von Tölpeln, ertönt das Seufzen von Gefangenen. Von der langen Küste von Fife aus, die Sie von der George Street aus sehen können, beginnt eine Erinnerung an die Jameses.

Queen Mary ist in Craigmillar, Napier in Merchiston, Ben Jonson und Drummond in Hawthornden, Prince Charles in dem kleinen Gasthaus in Duddingston; und wenn Sie nach Linlithgow gehen, ist da der Rauch von Bothwellhaughs Schnecke und der große Regent fällt in die Schräge Straße. So verbindet die Vergangenheit die Gegenwart.

Für einen einfallsreichen Mann ist das Leben in oder in der Nähe von Edinburgh wie ein Wohnsitz in einem alten Schloss: Die Zimmer sind im Einklang mit modernem Geschmack und Komfort eingerichtet. Die Menschen, die sich in modernen Kostümen bewegen und über aktuelle Ereignisse in umgangssprachlichen Redewendungen sprechen; da ist die letzte Zeitung und das letzte Buch in der Bibliothek, die Luft aus der letzten neuen Oper im Salon; aber während die Stunde vergeht, tritt ein subtiler Einfluss herein - bereichernd, würdevoll - durch Eichenvertäfelungen und Schnitzereien auf dem Dach - durch das Bild der bärtigen Ahnen an der Wand - durch das Bild der aufgefächerten und gespannten Dame - aus der alten Rüstung und dem von Motten gefressenen Banner.

Auf den intellektuellen Mann, der in Edinburgh lebt oder arbeitet, fällt das Licht durch das fleckige Fenster der Vergangenheit. Das heutige Ereignis ist nicht roh und schroff, es kommt in romantischer Farbe drapiert, mit alten Gules und oder getönt. Und wenn er sechs Stunden gearbeitet hat, kann er die edelste Übung machen.

Er kann seinen Stift wegwerfen, seine Papiere beiseitelegen und um den Queen's Drive spazieren, wo der Wind vom Meer immer frisch und scharf ist. Und während seiner einstündigen Wanderung hat er eine wunderbare Vielfalt an Landschaften - die fetten Lothianer - die schroffen Hügel - das Tal, das wie ein

Stück Hochland wirkt - das weite Meer mit rauchigen Städten am Rand und Inseln am Busen - Seen mit Schwäne und Binsen - Ruinen einer Burg, eines Palastes und einer Kapelle - und schließlich heimwärts an der hoch aufragenden Straße, durch die die schottische Geschichte wie ein Bach gestürzt ist. Es gibt keine Stunde, um Ideen zu entwickeln oder sie, nachdem sie begonnen haben, festzuhalten und zu nutzen, um sie wieder aufzugeben.

Edinburgh ist in diesem Moment in der vollen Flamme seiner Schönheit. Die öffentlichen Gärten blühen. Die Bäume, die den Grund des Burgfelsens bedecken, sind in Grün gekleidet: Der "gruselige Rücken" der Altstadt schränkt das klare Azurblau ein. Die Princes Street ist warm und sonnig - es ist ein Blumenbeet mit Sonnenschirmen, die funkeln und regenbogenfarben sind. Schaufenster sind bezaubernd, die Fahnenströme aus der Halbmondbatterie, Kirchtürme funkeln sonnenvergoldet, die Militärkapelle ist von weitem zu hören. Der Tourist ist schon in wunderschönen Tweed-Kostümen hier. Jede Woche mehren sich die Wanderer, und in kurzer Zeit wird die Stadt ihnen gehören.

Bis August sind die Einwohner geflohen. Die Universität lässt eine Horde jugendlicher M.D., die berechtigt ist, auf das sechste Gebot zu verzichten, auf die nicht beleidigende Menschheit los. Die Schönheit hört zu, was die wilden Wellen sagen. Tapferkeitskreuzfahrten im Mittelmeer; und Law hält bis zu den Knien in Heidekraut seinen Hirsch an den Hängen von Ben-Muichdhui. Diejenigen, die aus privaten und dringenden Gründen gezwungen sind, zurückzubleiben, legen braunes Papier in ihre vorderen Fenster; informieren die Welt per Plakat darüber, dass Briefe und Pakete an der Ecke Nr. 26 zurückgelassen werden können und leben modisch in ihren Hinterzimmern. Nur in der Dämmerung machen sie Abenteuer; und wenn sie einen Freund treffen, der wie der Rest der Welt meilenweit entfernt sein sollte, sind sie natürlich nur für eine Nacht von der Seeseite heraufgekommen oder von dem Sommerhaus ihrer Verwandten, um sich um ein zwingendes Geschäft zu kümmern.

Tweed-gekleidete Touristen sind überall: Sie stehen auf Arthurs Seat, sie spekulieren über den Geburtsort von Mons Meg, sie bewundern Roslin, essen Haggis, versuchen Whisky-Punsch und drängen sich sonntags in Dr. Guthries Kirche. Bis Oktober ist der letzte Tourist abgereist und der erste Student angekommen. Schneider stellen ihre knalligsten Stoffe her, um das Auge der aufgeschlossenen Jugend anzuziehen. Ganze Straßen sind voller "Quartiere zu vermieten" - Edinburgh ist wieder gefüllt. Die Klassenräume der Universität sind überfüllt; hundert Schulen sind geschäftig.

Der sonnenbraune Mann im Gesicht läuft vier Stunden am Tag auf dem Boden des Parlamentsgebäudes in seiner professionellen Pracht aus Rosshaar und Bombazin auf und ab. Während der Winterzeit finden Versammlungen und Dinnerpartys statt. Es gibt eine 14-tägige Oper mit der gesamten Modewelt auf den Rängen. Die philosophische Institution ist in voller Sitzung; während eine ganze Armee eloquenter Dozenten auf öffentlichen Plattformen gegen Unwissenheit kämpft - jeder blitzt wie Phoebus mit seiner Wagenladung. Weder Geist noch Körper werden während der Edinburgh-Saison vernachlässigt.

In der Frühlingszeit, wenn der Ostwind weht und graue Nebelwände - feucht, stechend, himmlisch hoch, verheerendes Zwielicht vom hellsten Mittag - vom deutschen Ozean hereinkommen, und wenn Husten und Erkältungen am häufigsten auftreten, dann öffnet die Royal Scottish Academy ihre mit vielen Bildern geschmückten Wände. Von Februar bis Mai ist dies die angesagteste Lounge in Edinburgh.

Die Räume sind warm und mit so dicken Teppichen ausgelegt, dass kein Tritt zu hören ist. Es ist wunderbar, wie viele junge Damen und Herren sich plötzlich für Kunst interessieren. Die Ausstellung ist ein bezaubernder Ort zum Flirten und wenn Romeo in Sachen Smalltalk kurz ist - wie Romeo es manchmal sein wird - ist immer ein Bild zur Hand, um ein Thema vorzuschlagen. Romeo sagt vielleicht eine Welt der schönen Dinge, während er die Nummer eines Bildes in Julias Katalog aufdeckt - denn ohne Katalog erscheint Juliet nie in den Zimmern. Bevor die Saison zu Ende geht, hat sie ihren Katalog auswendig und könnte ihn von Anfang bis Ende glatter wiederholen als ihren Katechismus. Amor stirbt nie; und die Finger kribbeln beim Berühren eines Ausstellungskatalogs so süß wie auf den gefährlichen Seiten von "Lancelot of the Lake".

Wenn hier nicht viele Ehen geschlossen werden, gibt es Betrüger auf der Welt und das Bild der verlassenen Ophelia - das leere Lächeln auf ihrem Mund, Blumen in ihren gelben Haaren -, das langsam im Teich versinkt, hat keine angemessene moralische Wirkung.

Für andere als junge Damen und Herren sind die Räume interessant, denn die schottische Kunst ist in diesem Moment mächtiger als die schottische Literatur. Etwa ein halbes Dutzend Bilder in jeder Ausstellung der Akademie sind die bemerkenswertesten intellektuellen Produkte, die es gibt.

Schottland kann das Jahr für Jahr präsentieren. Der schottische Pinsel ist stärker als der schottische Stift. Es ist in der Landschaft und - jedenfalls bis zu dem Tag, als Sir John Watson Gordon starb - in der Porträtmalerei, die die schottische Schule auszeichnet. Es zeichnet sich zum einen durch die nationale Landschaft und zum anderen durch die nationale Einsicht und den Humor aus.

Für die Herstellung eines guten Porträts ist viel mehr erforderlich als exzellente Farben und geschickte Pinselführung - Schlauheit, Einsicht, Vorstellungskraft, gesunder Menschenverstand und viele andere mentale Eigenschaften sind erforderlich. Kein Mann kann ein gutes Porträt malen, wenn er seinen Darsteller nicht genau kennt und jedes gute Porträt ist eine Art Biografie.

Es ist merkwürdig, dass der Instinkt für Biografie und Porträtmalerei im Wesentlichen gleich ist und dass die Schotten in beiden Bereichen der Kunst ungewöhnlich erfolgreich waren. Es scheint, dass der nationale Charakter etwas enthält, das für hervorragende Leistungen in diesen Bereichen prädestiniert ist. Streng nachzufragen, inwieweit diese Veranlagung von der nationalen Schlauheit oder dem nationalen Humor herrührt, wäre unnötig; so viel ist sicher, dass Schottland zu verschiedenen Zeiten die besten Porträtmaler und die besten Biografiker hervorgebracht hat, die im Kompass der Inseln zu finden sind.

In der Vergangenheit kann sie auf Boswells "Life of Johnson" und Raeburns Porträts verweisen; sie kann zudem Thomas Carlyle beanspruchen; und in letzter Zeit konnte sie auf Sir John Watson Gordon verweisen. Thomas Carlyle ist Porträtmaler und Sir John Watson Gordon war Biograf.

An den Wänden der Ausstellung hängen, wie gesagt, einige der besten Produkte des schottischen Gehirns. Dort sind Jahr für Jahr die Bilder von Mr. Noel Paton zu finden - einige der wahrsten Pathos, wie die "Heimat von der Krim"; oder diese Gruppe von Damen und Kindern im Keller von Cawnpore, die den Spuren der Befreier lauschen, die sie als Zerstörer betrachten; oder "Luther in Erfurt", das graue Morgenlicht bricht in ihn ein, wie er mit Angst und Zittern sein eigenes Heil erarbeitet - und das der Welt.

Wir haben diese, aber wir haben manchmal andere, die sich von diesen sehr unterscheiden und von einer viel geringeren Qualität sind, obwohl sie von den oben genannten jungen Leuten sehr bewundert werden - Bilder, in denen Kleidung statt Leidenschaft gemalt wird; wo der Verdienst in exquisiter Darstellung unwichtiger Details besteht - Juwelen, Quasten und Dolchgriffe; wo eine Landschaft einem Bündel von Farnen geopfert wird, eine tragische Situation für das Muster im Kleid der Dame oder die zerschnittene Jacke und die lila Gamaschen des Ritters.

Dann gibt es Mr. Drummonds Bilder aus der schottischen Geschichte und Balladendichtung - eine Reihe wilder Moostruppen, die nach England reiten, um Vieh zu stehlen. John Knox führte an seinem Hochzeitstag seine Frau nach Hause zu seiner urigen Wohnung im Canongate; der wilde, wilde Grassmarket, überfüllt mit Randalierern, purpurrot mit Fackeln, Zuschauer, die jedes Fenster der hohen Häuser füllen, während Porteous in den Tod getragen wird - die Burg, die hoch über dem Tumult gegen die blaue Mitternacht und die Sterne steht; oder die Todesprozession von Montrose - der Held sitzt auf einer Hürde, nicht auf einem Ross, mit ungekämmtem Bart, zerzaustem Haar, durch die überfüllte Straße gezogen vom Henker der

Stadt und seinen Pferden, aber stolz auf das Aussehen, als ob die Parolen von Inverlochy in seinen Ohren klingelten und seine Feinde auf dem Balkon über ihm mit den Feuern seiner Verachtung bestrafend.

Dann gibt es Mr. Harveys feierliches Zwielichtmoor und Szenen des Bundes von Ehe, Taufe und Beerdigung. Und das Auge mit einer stärkeren Faszination anziehend - denn sie repräsentieren die Orte, an denen wir wandern werden - die Landschaften von Horatio Macculloch - Abschnitte der Grenzmoorlandschaft mit einsamen grauen Seen, auf die der wässrige Sonnenstrahl trifft, eine Rauchfahne, die sich weit vom Feuer des Zigeuners erhebt; Loch Scavaig in seinem Zorn, die geschwärzte Gewitterdämmerung auf den Gipfeln von Cuchullin, der heftige Regen prasselte auf weißen Felsen und das raue Ufer; Sonnenuntergang am Loch Ard, die Berge hängen invertiert im goldenen Wind der Ehrfurcht.

Er ist der nationalste der nördlichen Landschaftsmaler; und obwohl er gelegentlich Gräser und Blumen und das Schimmern von Schilfblättern im Wind malen kann, liebt er den Wasserspiegel, einen Haufen Wasservögel, der vom Schilf im Vordergrund ausgeht und schüttelt die Pracht in tropfende Falten und sich verbreiternde Ringe; Ben Cruachan, der im Hochsommer seinen Schneestreifen trägt und auf das Kilchurn Castle und weite, öde Gebiete herabblickt, die Stille der Wildnis der Highlands, in der die wilden Hirsche umherstreifen, an deren Ufer sich die letzte Locke der trägen Welle legt. Er liebt den hohen Felsen, der im Sonnenlicht feucht und glänzend ist, die Regenwolke im Moor, die die Ferne auslöscht, die untergehende Sonne, die Flammenlanzen hinter den stürmischen Wolken ausstrahlt - Wolken zerrissen, aber in Gold zerrissen und errötet mit messerscharfer Ausstrahlung.

Der Mai ist ein aufregender Monat in Edinburgh, denn gegen Ende treffen sich die Assemblies of the Established und Free Churches. Ungefähr vierzehn Tage lang herrscht in der Stadt das klerikale Element vor. Jedes Presbyterium in Schottland schickt seinen Vertreter in die Metropole und erstaunlich viele schwarze Mäntel und weiße Halstücher huschen durch die Straßen.

Gegen Mittag ist die Fröhlichkeit der Princes Street von unzähligen Anzügen unterworfen. Älteste mit felsigen Gesichtern aus dem hohen Norden tauchen interessiert an einem Kirchen-Streit auf und Junior Counsel verschwenden das Mitternachtsöl, um sich auf den Auftritt an der Bar des Hauses vorzubereiten.

Die Eröffnung der Generalversammlung der Church of Scotland ist mit einem Pomp und einem Umstand verbunden, der ein wenig im Widerspruch zur presbyterianischen Stille des Tones und der Missachtung priesterlicher Eitelkeiten zu stehen scheint. Der Hohe Kommissar Ihrer Majestät wohnt in Holyrood und hält am Morgen des Tages, an dem die Versammlung eröffnet wird, seinen ersten Empfang. Die Menschen beeilen sich, sich im trüben Licht der königlichen Sonne zu wärmen und kehren mit fröhlichen und freudigen Gesichtern zurück.

Am Morgen öffnet die Versammlung, die Militärs säumen die Straßen von Holyrood bis zur Versammlungshalle. Eine Regimentskapelle und eine Truppe von Lanzenträgern warten vor dem Palasttor, während sich die Prozession langsam in Ordnung bringt.

Der wichtige Moment kommt endlich. Der Kommissar hat seinen Platz in der Kutsche eingenommen. Die Blaskapelle platzt heraus und durchbohrt jedes Ohr. Der lange Wagenzug kriecht mitunter vorwärts, mit vielen trostlosen Pausen.

Endlich erscheint der Kopf der Prozession auf dem Weg. Zuerst kommen die Stadträte in gemieteten Kutschen, in scharlachrote Roben gekleidet und mit aufgesetzten Hüten auf dem Kopf. Die Mütter, die sie geboren hatten, würden sie jetzt nicht erkennen. Sie schweigen mit Würde. Dann kommt eine Truppe von Hellebardisten in mittelalterlicher Tracht und sucht die ganze Welt, als wären die Könige, Buben und Schurken aus einem Kartenspiel herausgegangen. Dann kommt eine Kutsche voller Magistrate, die ihre goldenen Amtsketten über ihren scharlachroten Umhang tragen und den kleinen Jungen in der Menge, der sich aus natürlichem Humor einer respektlosen Beobachtung entzogen hat, streng anstarren. Dann kommt das Orchester; dann ein Geschwader von Lanzenträgern, deren Pferde die Musik zu beeinflussen scheint; dann eine Kutsche, besetzt mit hohen juristischen Personen, mit Puder in den Haaren und Degen an ihren Seiten, die sie für ihr Leben nicht ziehen konnten. Dann kommt die private Kutsche Seiner Gnade, umgeben von Lanzenträgern. Danach dürfen Tom, Jack und Harry für jede Kutsche auf der Strecke einfahren - und so, begleitet von Hellebarden, Soldaten und einer Blaskapelle, der Commissioner Ihrer Majestät, eröffnet die Generalversammlung der Church of Scotland.

Da Seine Gnade an allen Sitzungen des Reverend Courts teilnehmen muss, wählt die Regierung, so heißt es, im Allgemeinen einen schwerhörigen Adligen für das Amt aus. Der Kommissar hat keine Macht, er hat keine Stimme in den

Beratungen; aber er ist unentbehrlich, da ein Korporationsvorsitzender bei einer Korporationsversammlung unentbehrlich ist.

Während die Debatte weiter unten weitergeht und zwei ehrwürdige Väter sich leidenschaftlich streiten, wird er nicht selten mit einer Brille auf der Nase gesehen und liest gelassen die Times. Er darf zweitausend Pfund pro Jahr, und es ist sogar seine Pflicht, ausgeben. Er hält den versammelten Geistlichen den Tisch frei. Er hält einen großen Abendempfang ab, zu dem mehrere hundert Personen eingeladen sind.

Wenn Sie das Glück haben, eine Einladungskarte zu erhalten, fallen Sie gegen acht Uhr in die Kutschenreihe gegenüber dem Registerhaus ein. Um neun Uhr sind Sie von der Highschool ab, um zehn Uhr ertönen die Kirchtürme Ende der Regententerrasse und um elf wird Ihr Name von prächtigen Lakaien gerufen - deren Einkommen wahrscheinlich so hoch ist wie Ihr eigenes -, die durch die Korridore von Holyrood gehen, während Sie in Richtung Gegenwart voranschreiten.

Bei Ihrer Ankunft stellen Sie fest, dass der Landpfarrer mit seiner Frau und seiner Tochter vor Ihnen gestanden hat und Sie sind ein glücklicher Mann, wenn Sie zur Erfrischung ein Stück Reste Biskuitkuchen und ein Glas lauwarmen Sherry zu sich nehmen können.

Bei der letzten Gelegenheit der Abendgesellschaft des Kommissars teilten mir die Zeitungen mit, dass siebzehnhundert Einladungen herausgegeben wurden. Denken Sie daran - an diesem Abend verneigten sich siebzehnhundert Personen vor dem Schatten der Majestät und treten dann auf ihre anmutigste Weise zurück. An diesem Abend führte der

Schatten der Majestät siebzehnhundert Genuflektionen durch!

Ich will dem Herrn Kommissar seine zweitausend Pfund nicht übelnehmen. Wahrlich, der Arbeiter ist seiner Anstellung würdig. Das Tal des Lebens ist nicht ohne Vorteile.

Stirling und der Norden

Edinburgh und Stirling sind Jungfernschwestern, die beide in ihrer Jugend von schottischen Königen geliebt wurden; aber Stirling ist faltiger, altmodischer und nicht annähernd so bekannt in der Welt. Sie schmeckt mehr nach der Antike und trägt die Ornamente, die sie von königlichen Liebhabern erhalten hat - traurig zerbrochen und abgenutzt, und die nicht viel bringen, wenn sie unter den Hammer geraten sollten -, auffälliger in der Öffentlichkeit als Edinburgh.

Im Großen und Ganzen ist ihr Bestand an diesen roten Sandstein-Gewinden vielleicht zahlreicher. In vielerlei Hinsicht gibt es eine bemerkenswerte Ähnlichkeit zwischen den beiden Städten. Sie monopolisieren sie in gewisser Weise die schottische Geschichte; Könige wohnten in beiden - in und um beide herum sind vielleicht noch Spuren des Kampfes zu sehen. Beide haben Burgen, die auf hohen Felsen in den Himmel ragen; beide Städte sind hügelig, Terrasse über Terrasse steigend.

Das Land rund um Stirling ist nicht zuletzt aufgrund seiner natürlichen Schönheit und seiner historischen Assoziationen interessant. In Ansicht der Schlosstürme wurden viele Schlachten ausgetragen. Stirling Bridge, Carron, Bannockburn, Sauchieburn, Sheriffmuir, Falkirk - diese Schlachtfelder liegen in unmittelbarer Nähe.

Vom Gebiet von Bannockburn aus haben Sie die beste Aussicht auf Stirling. Die Ochills umgeben Sie hier. Dort schläft Abbey Craig, wo an einem Sommertag Wight Wallace saß. Sie sehen die Häuser klettern, malerisch, rauchgefiedert; und den wunderbaren Felsen, in dem sich die Anmut der Lilie und die Kraft der

Hügel vermischen und auf dem die Burg so stolz wie immer auf ihrem Stiel thront.

Von den Burgwällen nach Osten erstreckt sich eine große Ebene, die zu beiden Seiten von Bergen begrenzt ist und vor Ihnen verschwindet die enorme Fruchtbarkeit in der Ferne, flach wie das Meer, wenn der Wind schläft.

Durch diese Ebene hat der Forth seine glitzernden Windungen gezogen - eine silberne Verflechtung von Schleifen und Gliedern - ein wässriges Labyrinth, das Macneil in unendlicher Zahl besungen hat und das jeden Sommer die ganze Welt anzieht, um es zu sehen. Drehen Sie sich um, schauen Sie in die entgegengesetzte Richtung und das Erscheinungsbild des Landes hat sich grundlegend geändert. Es wogt wie ein rollendes Meer. Höhen schwellen in die Schwärze von Kiefern und versinken dann in fruchtbargrünen Tälern. Zu Ihren Füßen schläft die Brücke von Allan in azurblauem Rauch - dem angesagtesten aller schottischen Spas, in denen Hunderten von Invaliden den neuesten Roman fleißig lesen.

Jenseits sind die klassischen Wälder von Keir; und zehn Meilen weiter, was sehen Sie? Eine Vielzahl blauer Berge erklimmt den Himmel! Das Herz hebt sich, um sie zu begrüßen - die Wälle eines romantischen Landes, aus dessen Mündern der Streifzug des Freibeuters einst brach; und mit einem Häuptling vorne, mit Banner und Pibroch im Wind, der Schrecken des Hochlandkrieges. Stirling umklammert wie eine riesige Brosche Highlands und Lowlands.

Der Zuschauer, der auf den Stadtmauern von Stirling Castle steht, bemerkt unweigerlich eine unansehnliche Menge von Steinen und Kalk, die sich auf der Stirn der Abbey Craig erhebt. Dies ist der Wallace Tower. Das Gebäude wurde zum Gedenken an den Unabhängigkeitskrieg entworfen und macht nur langsame Fortschritte. Es wird von wohltätigen Spenden versorgt. Es ist ein großer Bettler wie O'Connell. Es wird von einem ewigen Mangel an Pence wie Mr. Dick Swiveller gequält. Es schickt den Hut so oft herum, wie es Mr. Leigh Hunt getan hat. Das Wallace Monument entstand wie die Scottish Rights Association aus dem Bestreben, in Schottland eine Art eigenständiges nationales Dasein zu erhalten.

Schottland und England waren in der Union verheiratet; aber von vielen Schotten wird es als würdevoller angesehen, dass die beiden Länder, obwohl sie bei großen öffentlichen Anlässen als "ein Fleisch" auftreten, in getrennten Wohnungen leben, ihre eigenen Freundeskreise sehen und ihre Zeit miteinander verbringen sollten, wie es passend scheint.

Ob aus einem solchen Sachverhalt etwas Gutes entstehen könnte, braucht nicht abgefragt zu werden - ein solcher Sachverhalt ist schlicht und einfach unmöglich. Es ist offensichtlich, dass die Zeit durch eine innige Verbindung, eine Interessengemeinschaft, die Anwesenheit einer gemeinsamen Regierung und auf tausend andere Arten Schottland und England zu Großbritannien zusammenbricht. Wir können von Plattformen aus dagegen stürmen, in "Lays of the Cavaliers" leidenschaftlich dagegen protestieren, unsere Stimmen erheben und in "Braemar Ballads" darüber weinen, aber die Notwendigkeit kümmert sich wenig um diese Dinge und macht leise ihre Arbeit.

In Schottland stößt man ständig auf unangemessene Vorurteile gegenüber englischen Manieren, Institutionen und Denkformen. In dem Ausdruck dieser Vorurteile ist Schottland häufig weder groß noch würdevoll. Ihre Enge und Empfindlichkeit sind in Dörfern häufiger anzutreffen als in großen

Städten. Sie ahnt immer wieder, dass der Engländer kurz davorsteht, ihre Distel grob anzufassen oder sich mit ihrem Einhorn die Freiheit zu nehmen.

Vor ungefähr acht Jahren, als er in Edinburgh unterrichtete, wurde Mr. Thackeray angezischt, weil er eine Anspielung auf Queen Mary gemacht hatte. Das Publikum wusste genau, dass der große Satiriker in seinen Aussagen Recht hatte; aber als Engländer war es unverschämt, in Gegenwart von Schotten die Wahrheit über eine schottische Königin zu sagen.

Wenn andererseits ein englischer Redner zu uns kommt, sei es als Lord Rector an einer unserer Universitäten oder als Redner einer Antrittsrede an der Philosophical Institution in Edinburgh und seine Ansprache mit fließenden Anspielungen auf Wallace, Bruce, endet, Burns, unsere blauen Hügel, John Knox, Caledonia streng und wild, das Gewand des alten Galliers - die abschließenden Sätze gehen den Reportern in den hektischen Beifall des Publikums verloren.

Vor einigen Jahren versammelte sich die Scottish Rights Association, angeführt vom ritterlichsten Adligen und vom besten Dichter Schottlands, umgeben von einer Reihe von Handelsprinzen, im Rathaus von Glasgow und feierte für eine ganze Nacht Jubiläum. Der patriotische Eifer, die beredten Reden, die Salven des Jubels haben nicht einmal eine einzelne Teetasse zerbrochen oder einen neuen Polizisten ernannt. Sogar der eloquente Gentleman, der sich freiwillig bereit erklärte, sein Haupt in Carlisle niederzulegen, um die gute Sache zu unterstützen, wurde nie gebeten, sein Versprechen umzusetzen.

Der Kopf des Patrioten ist für sich selbst nützlicher als für irgendjemanden anderen. Und lebt nicht dasselbe Vorurteil gegen England, diese Unlust, alte Bedeutung aufzugeben, dieses Beharren auf kleinlicher Würde, im Ruf nach einer Reform der schottischen Universität? Ist das nicht der Kern der Sache - weil England Universitäten hat, die reich an Gaben von Fürsten und an Vermächtnissen der Wohltätigkeitsorganisation sind, sollte Schottland nicht auch reich ausgestattete Universitäten haben? In der Natur passt der Ball mehr oder weniger perfekt in die Fassung und die schottischen Universitäten entsprechen den Wünschen und Anforderungen der schottischen Bevölkerung. Wir können nicht an einem Tag ein Oxford oder ein Cambridge auf diesem nördlichen Boden wachsen lassen; und könnten Schotten vergessen, dass sie Schotten sind, würden sie sehen, dass es nicht wünschenswert ist, dies zu tun.

Unsere Universitäten haben seit Generationen Ärzte und Anwälte ausgesandt, die ausreichend qualifiziert sind, um ihre jeweiligen Aufgaben zu erfüllen und wenn ungefähr alle zehn Jahre ein halbes Dutzend junger Männer mit einem Appetit auf eine höhere Bildung auftauchen, als Schottland es kann, und mit Mitteln, um sie zu befriedigen, was dann? In England gibt es Universitäten, die ihren Bedarf decken können und wollen. Ihre Türen stehen der schottischen Jugend offen. Würden wir damit dem halben Dutzend ehrgeiziger schottischer Jugendlicher zugutekommen, wenn wir zugeben, dass wir durch staatliche Eingriffe oder auf andere Weise unsere schottischen Universitäten in Reichtum und Gelehrsamkeit Oxford oder Cambridge gleichstellen könnten? Kein einziger Pfiff. Weitaus besser, wenn sie ihre Ausbildung an einer englischen Universität abschließen - in einem Zusammenfluss der Ströme der Gesellschaft - inmitten dieser älteren Traditionen des Lernens und der Höflichkeit.

Und doch hat diese Errichtung des Wallace Tower auf der Abbey Craig eine tiefere Bedeutung, als ihre Förderer im Geringsten ahnen. Der Bau eines Wallace-Denkmals ist in gewisser Weise anständig. Schottland ist mit England vereint und verliert allmählich die Erinnerung an seine Unabhängigkeit und getrennte Geschichte - so wie die Oberin in ihren gemeinsamen Pflichten und Interessen beginnt, sich mit den Ereignissen ihrer Mädchenzeit und mit dem Klang ihres Mädchennamens nicht mehr vertraut zu machen.

Erst wenn die Erinnerung an einen Helden aufhört, eine lebendige Kraft in den Herzen der Menschen zu sein, denken sie daran, ihm ein Denkmal zu setzen. Denkmäler sind für die Toten, nicht für die Lebenden. Wenn wir hören, dass ein ehrwürdiger Scheich öffentliche Versammlungen in Mekka einberufen, Reden gehalten und Abonnementlisten herausgegeben hat, um Mohammed ein Denkmal zu setzen, und dass diese Bemühungen erfolgreich sind, werden wir zurecht annehmen, dass der Halbmond im Abnehmen ist. Obwohl viele Menschen es für etwas ganz anderes halten, ist der Bau des Wallace-Denkmals ein Abschied von der schottischen Nationalität.

Ben Ledi von Callander

Ich beginne meine Sommerreise in Stirling und der größte Teil davon soll zu Fuß ausgeführt werden. Es gibt jetzt eine Eisenbahn nach Callander, wodurch Zeit gespart und Genuss zerstört wird - aber ich werde zeigen, was bedeutet, auf der alten Kutschenstraße zu bleiben.

In kurzer Zeit sind Sie hinter der Brücke von Allan, hinter den Wäldern von Keir und halten sich direkt an Dunblane. Sie machen eine kleine Pause auf der alten Brücke, um den künstlichen Wasserfall und die zerstörte Kathedrale auf dem ansteigenden Boden über den Bach und die Spaziergänge zu betrachten, die Bischof Leighton unternahm.

In der kleinen grauen Stadt gibt es wirklich nicht viel zu sehen und wenn Sie weitergehen, erreichen Sie Doune, das sich am Hang aalt. Möglicherweise hat der Leser noch nie von Doune gehört, aber es hat seine Löwen. Was ist das? Schauen Sie sich den großen Teil der Burgruine an! Diese Türme, die sich von kilometerlangem Sommerlaub in helles Sonnenlicht erhoben, sahen einen Moment lang einen großen Herzog von Albany mit einem Hort von längst vergangener Glückseligkeit und Heimat, bis er seinen Kopf auf den Block in Stirling legte. Wut und Scham erfüllten den letzten Schlag des Herzens, die Axt blitzte und ...

Wenn Sie die steile Stadtstraße hinuntergehen, gibt es einen altmodischen Garten und einen Brunnen in der Nähe der Mauer. Schauen Sie ruhig hinein - Sie sehen einen Schatten auf dem sandigen Grund und das Funkeln einer Flosse. Es ist eine Forelle - eine blinde Forelle. Das Volk wird Ihnen erklären, dass sie seit zehn Jahren in ihrem wässrigen Käfig lebte. Sie wird als ein sehr respektabler Einwohner angesehen und der Bengel, der es wagt, sich darauf einzulassen sie angeln zu wollen, würde sich dem Auspeitschen kaum entziehen.

Sie können Doune jetzt verlassen. Ein Herzog von Albany verlor den Kopf vor der Burg, eine blinde Forelle lebte in ihrem Brunnen und die Besucher interessierten sich mehr für die Forelle als für den Herzog. Das Land in der unmittelbaren Umgebung von Doune ist etwas kahl, aber wenn Sie voranschreiten, verbessert es sich und ein paar Kilometer weiter führt die Straße am Teith entlang, dem süßesten aller schottischen Bäche.

Der römische Zenturio hörte dieses kieselige Murmeln auf seinem Marsch, so wie Sie es jetzt hören. Der Fluss ist wie alle schönen Dinge kokett und gerade, wenn Sie ihre Musik lieben, fegt er in die Dunkelheit des Waldes und lässt Sie kameradenlos auf der staubigen Straße zurück. Egal, Sie werden ihn in Callander wiedersehen und dort können Sie sich einen ganzen Sommertag lang auf die Brücke lehnen und seinem Gesang zuhören.

Callander ist eines der schönsten Hochlanddörfer. Es war Sonnenuntergang, als ich mich ihm vor Jahren näherte. Wunderschön die lange, krumme Straße mit weiß getünchten Häusern in rosigen Farben. Schön gekleidete Kinder liefen oder rannten herum. Die leere Kutsche stand vor der Tür des Hotels und die dampfenden Pferde wurden auf und ab geführt. Und ganz vorne stand König Benledi, in kaiserliches Purpur gekleidet, und hinter seinen mächtigen Schultern strahlten die Prunkspeichen der untergehenden Sonne weit in den Himmel.

Callander sitzt wie ein Beobachter an der Öffnung der Täler und ist ein Treffpunkt von Touristen.

Rechts ist der Pass von Leny - einen Besuch wert. Sie steigen einen steilen Weg hinauf, rechts und links Birken; der Strom strömt herab, schläft für einen Moment in den von Anglern geliebten schwarzen Teichen und macht sich dann in Schaum und Wut auf den Weg, um seine Schwester im Tal von Menteith zu treffen. Wenn Sie den Pass bestiegen haben, betreten Sie eine grüne baumlose Einöde und nähern sich bald dem Loch Lubnaig mit dem großen Schatten eines Hügels, der darüber schwärzt.

Das Loch ist vielleicht fröhlich genug, wenn die Sonne darauf scheint, aber die Sonne in dieser melancholischen Region ist nur selten zu sehen. Neben der Straße befindet sich ein alter Friedhof, für den sich niemand zu interessieren scheint - die Grabsteine tauchen in einem Meer von Gras auf. Das Loch des traurigen Antlitzes wird bei dieser Gelegenheit nicht besucht.

Loch Achray

Mein Platz liegt an der linken Seite von Benledi, geradeaus in Richtung Trosachs und Loch Katrine. Wenn Sie Callander verlassen, überqueren Sie das Wasser der Leny - verändert von der Wut, die mit erhobener Stimme und strömenden Locken von Stein zu Stein in der darüber liegenden Schlucht gesprungen ist - und gehen ins Land, das unsterblich gemacht wurde von der "Lady of the Lake". Jeder Schritt, den Sie machen, ist in den Fußstapfen von Apollo: Sprache wird sofort zum Lied. Es gibt Coilantogle Ford; dort drüben glitzert Loch Venachar im windigen Sonnenschein zu den Hügeln.

Wenn Sie den See passieren, kommen Sie an eine Stelle, an der der Hang plötzlich von der Straße abfällt. Von diesem Hügel stürmten die Krieger von Vich Alpine auf Pfiff ihres Chefs aus den Farnen und wenn Sie mit der Kutsche fahren, wiederholt der Fahrer das halbe Gedicht mit merkwürdigen Variationen und weist auf den identischen Felsen hin, an den sich Fitz-James lehnte - einen Felsen, auf dem ein Dutzend Touristen gleichzeitig in Staunen und Bewunderung stehen.

Der schönste Anblick auf dem Weg zu den Trosachs steht vor der Tür. An einer Abzweigung liegt Loch Achray vor Ihnen. Außer dem Ausdruck schön ist dieser liebliche See, der die Hügel widerspiegelt, ob kahl und grün oder mit Wäldern von der Basis bis zum Kamm übersät. Ein azurblaues Juwel inmitten von Bergen! Der Reisende - auch wenn er ein Bagman ist - kann nur innehalten, um von seiner feenhaften Schönheit zu trinken; ich kann mich an ihn erinnern, wenn ich weit weg bin inmitten anderer Szenen und Assoziationen.

Mit jedem Schritt wird die Landschaft wilder. Loch Achray verschwindet. Hoch in der Luft ragen die Gipfel von Ben-Aan und Ben-Venue empor. Du gehst durch die Schlucht der Trosachs, deren felsige Mauern, die durch Erdbeben und feurige Überschwemmungen entstanden sind, im phantasievollen Sommer diese tausend Jahre gekleidet wurden, ihre Füße mit herabhängenden Farnen und Stäbchen aus Fingerhutglocken bekleidet, ihre Brüste mit Kiefern geschwärzt und mit Federn versehen wurden mit Zinnen aus luftigen Birken, die wie Gefieder auf dem Helm eines Kriegers im Wind tanzen.

Der Wind wird hier zum Musiker. Echo sitzt plappernd unter dem Felsen. Auch die Schlucht ist nur der Auftakt zu einem feineren Reiz; denn bevor Sie sich dessen bewusst sind und ihre Schönheit mit Überraschung verdoppeln, bricht rechts das silberne Blatt von Loch Katrine mit einem Dutzend bewaldeter Inseln, die friedlich in ihren Schatten schlafen.

Auf dem Loch wartet der Dampfer Rob Roy auf Sie und er keucht und raucht auf einen Kai und ein Gasthaus mit einem unaussprechlichen Namen am anderen Ende zu. Der See nimmt im weiteren Verlauf nicht an Schönheit zu. Alle seine Reize sind an der Mündung des Trosachs versammelt und der Oberlauf ist kahl, trostlos und uninteressant. Sie erreichen bald den Kai und nachdem Sie im Gasthaus eine Kleinigkeit gegessen haben, starten Sie auf der wilden Bergstraße in Richtung Inversneyd.

Der Charakter des Landes hat sich nun geändert. Die Hügel rundherum sind kahl und steril, braune Bäche strömen durch ihre Risse, das lange gelbe Straßenband läuft vor Ihnen davon, gerät manchmal außer Sicht und taucht aus der Ferne wieder auf. Sie kommen an einer Rasenhütte vorbei, und Ihre Nasenlöcher sind von einem Torfgestank befallen, der Sie zum Husten bringt und Ihnen die Tränen in die Augen treibt. Und die jugendlichen Eingeborenen schauen Sie fragend an und tragen die luftigste Form der nationalen Kleidung.

In Wahrheit gibt es nirgendwo eine schönere Hochlandstraße als zwischen dem Gasthaus - das, wie die russischen Helden in "Don Juan", unsterblich sein könnte, wenn der Name von menschlichen Organen ausgesprochen werden könnte - und dem Hotel in Inversneyd. Wenn Sie drei Meilen gereist sind, bessert sich die Landschaft, die Hügel erheben sich in edlere Formen mit nebligen Kränzen und während Sie Ihre Reise fortsetzen, wird ein Strom Ihr Begleiter.

Gegenwärtig erhebt sich am Hang eine Ruine, an deren melancholischen Wänden die Brennnesseln wachsen. Es ist das alte Fort von Inversneyd, das zu König Wilhelms Zeiten erbaut wurde, um die turbulenten Clans zu beeindrucken. Nichts kann trostloser sein als sein Aussehen.

Der Sonnenschein scheint es zu verspotten; es ist in seinem Element versunken, wenn es in Nebel gehüllt ist oder vom winterlichen Regen erschüttert wird. Wenn Sie den alten Stein-und-Kalk-Bettler am Hang passieren - Tradition murmelt übrigens etwas von General Wolfe, der zu Beginn seiner Militärkarriere dort stationiert war -, steigen Sie schnell zum Loch Lomond und nach Inversneyd ab.

Die Straße ist zu dieser Zeit zu einem weiteren Pass von Leny geworden: Auf beiden Seiten der Hügel rauscht der Strom in einer Kette von Katarakten herab und nimmt in einem Geist der Tapferkeit seinen Lauf bis zum letzten stolzesten Sprung.

Ganz nah ist das Hotel; und auf der gebrechlichen Holzbrücke, die den Katarakt überragt, sieht man Gruppen von malerischen Jägern, die Damen anmutig schüchtern, die Herren galant und beruhigend. Inversneyd ist wunderschön und hat den zusätzlichen Reiz, Schauplatz eines der Gedichte von Wordsworth zu sein. Wer auf der verrückten Brücke gestanden hat und den Blitz und Donner des Stromes unter sich beobachtet und auf den von Bergen umgebenen See geblickt hat, wird das Bild in Erinnerung behalten, obwohl ihm nicht die Vision des "Highland Girl" gewährt worden war.

Ein Dampfer holt Sie in Inversneyd ab und schlittert mit Ihnen den Loch Lomond hinunter nach Tarbet, einem Dorf, in dem der mächtige Ben schläft, dessen Stirn fast immer mit einem trüben Taschentuch gefesselt ist. Obwohl das Loch höher ist, wo es sich in Richtung Glen Falloch verengt - herrlicher tiefer, wo es sich in Richtung Balloch erweitert, ist es in Tarbet keineswegs zu verachten. Jede Bucht und jedes Vorgebirge hat ihren eigenen Charme und wenn die Landschaft nicht erstaunt, befriedigt sie. Tarbet kann sich auch eines hervorragenden Gasthauses rühmen, in dem sich der Reisende, wenn er weise ist, mindestens eine Nacht lang auf luxuriöse Weise entspannen wird.

Am nächsten Morgen sind Sie auf der schönen Straße, die zwischen Tarbet und Arrochar verläuft und lernen durch gebrochene, weiße, aufsteigende Nebel den "Cobbler" und einige andere Gipfel des hügeligen Landes kennen, für das die keltische Frechheit typisch den Namen "Des Herzog von Argyle's Bowling-Grün" gegeben hat.

Fluchten von Birken säumen die Straße und beim Abstieg auf Arrochar und Loch Long, können Sie die Proportionen des Berges Crispin gemächlich inspizieren. Er ist ein grausamer Kerl und für Fremde unwirtlich. Er möchte sich nicht einmischen - ist in der Tat ein strenger Einsiedler; denn wenn nach wilder Verschwendung von Atem und Nagelhaut ein verwegener Sterblicher auf ihn steigt, der darauf bedacht ist, vorgestellt zu werden, siehe, er ist nirgends zu sehen. Und es verbessert nicht die Laune des Kletterers, dass er, wenn er wieder unten ist und die Augen aufwirft, die felsige Gestalt entdeckt, die an seinem gewohnten Platz sitzt.

Die Cobbler´s Wife sitzt etwas abseits - eine alte Dame, die in ihrer Erscheinung so verwelkt wie ihr Ehemann und ebenso schwer zugänglich ist. Sie leben in erträglicher Freundschaft mit den Zwillingen, aber wenn sie sich streiten, ist das etwas Unglaubliches! Die ganze Grafschaft weiß, wann ein Tiff im Gange ist. Der Himmel verdunkelt sich über ihnen. Der Cobbler runzelt die Stirn schwarz wie Mitternacht. Seine Frau sitzt schmollend im Nebel. Das Verhalten seiner Frau verschlimmert den Cobbler - der von Natur aus pfeffrig ist - und er macht einem unzufriedenen Knurren Luft. Seine Frau spuckt so unbeschreiblich wie ihr Gatte das Feuer auf ihn zurück. Sie blitzen sich auf die wildeste Weise an und schimpfen die ganze Zeit über im größten Streit. Alles hört ihnen zwanzig Meilen lang zu. Endlich gibt die Frau nach und weint regelrecht, während der verkrustete alte Kerl in Abständen einen Schuss in sie hineinschickt. Sie weint und er murrt in die Nacht hinein. Der Frieden scheint irgendwie wiederhergestellt worden zu sein, wenn alle schlafen, denn am nächsten Morgen hat der Cobbler seine Jugend erneuert. Er scheint in der Sonne wie ein Bräutigam, der sein altes Antlitz nicht verunstaltet, und seine Frau gegenüber, deren Tränen kaum auf ihrem Gesicht getrocknet sind, lächelt ihm durch ihren hübschesten Nebelkopf zu; und für die nächsten sechs Wochen genießen sie so helles, wolkenloses Wetter, wie es Ehemann und Ehefrau in einer Welt erwarten können, in der alles unvollkommen ist.

Sie verlassen das kleine Dorf Arrochar, stapfen um den Kopf des Loch Long herum und gehen entlang des gegenüberliegenden Ufers nach unten, um den Fuß des Cobblers zu umgehen. Streben Sie nach der Öffnung von Glencroe auf Ihrem Weg nach Inverary.

Glencoe ist für die anderen Highland-Glens das, was Tennyson für zeitgenössische britische Dichter ist. Wenn Glencoe nicht existieren würde, wäre Glencroe berühmt. Es ist mehrere Meilen lang, einsam, steril und öde. In der Senke tobt ein Bach, gespeist von Zuflüssen, die von den zurückgehenden Berggipfeln kommen. Die Hügel sind rau mit Felsbrocken, wie ein Seefelsen mit Napfschnecken bedeckt sind. Schauer kreuzen den Weg ein Dutzend Mal während des schönsten Tages. Auf dem Weg dorthin ist die Schlucht mit Wolkenschatten übersät. Sie hören das Blöken von unsichtbaren Schafen und es besteht die Möglichkeit, dass Sie auf Reisen in vollem Umfang nicht die Gelegenheit haben, einer einzigen Seele "Guten Morgen" zu bieten. Wenn Sie ein Mörder sind, können Sie hier Ihr Geheimnis lüften, und niemand ist ein bisschen weiser.

Am Ende der Schlucht wird die Straße außerordentlich steil und wenn Sie die Steigung hinaufklettern, begrüßt Sie das Erscheinen eines Steinsitzes, der das Motto trägt: "Ruhen Sie sich aus und seien Sie dankbar." Sie ruhen sich aus und sind dankbar. Dieser Sitz wurde von General Wade errichtet, während er sich mit seiner großartigen Arbeit im Hochlandstraßenbau beschäftigte und solange es existiert, wird man sich an den General erinnern - und auch an Earl Russell.

An diesem Punkt erhebt sich die raue Brust eines Hügels und teilt die Straße; der Weg nach links führt in die karge und einsame Höllenschlucht hinunter, in Hast, um Loch Goil zu erreichen; der andere nach rechts führt durch das kahle Glen Arkinglass nach St. Catherine und zum Ufer von Loch Fyne. Nach einem einsamen, zweistündigen Spaziergang kommen Sie an diesem Punkt an.

Das Einzige, was den Fremden in der kleinen Herberge von St. Catherine interessieren dürfte, ist John Campbell, der Besitzer derselben und Lenker der Kutsche vom Gasthaus zum Dampferkai am Loch Goil. John hat eine vorzeigbare Person und ein kluges Gesicht; seine grauen Augen sind die Heimat von Humor und Schlauheit; und wenn er auf dem Kasten sitzt, schnippt er seine Pferde und handhabt die Leinen zu aller Bewunderung. Er ist ein guter Geschichtenerzähler und er weiß es. Er hat seine Reise noch nicht in hundert Metern Entfernung angetreten, als er bei Ihnen Gelegenheit zu einer Geschichte findet, die sicher ein lautes Gelächter bei denen hervorruft, die sich neben und hinter ihm aufhalten.

Ermutigt durch den Erfolg, macht John unermüdlich weiter, es folgt die Anekdote der Anekdote, während der Blitz eines Blattes in einer Sommernacht dem Blitz eines Blattes folgt und bis er auf halbem Weg ist, wird er von einem Leidenden, dessen Zwerchfell er zu Krämpfen verurteilt hat, gebeten, es zu lassen. John ist natürlich ein Humorist; und da jedes Jahr im Sommer und Herbst die Highlands von Touristen überflutet werden, beobachtet er die Menschheit von St. Catherine bis Loch Goil mit weitem Blick. In seiner Zeit hat er mit den meisten unserer berühmten Männer gesprochen und kann ihre Töne perfekt reproduzieren. Es ist merkwürdig zu bemerken, wie sich literarische und politische Größe in den Augen eines Highland-Kutschers darstellen! Der Löwe, der die Soireen betritt, hat seine Mähne abgeschnitten. Für John Campbell existieren Cliquen und Coteries und die großen Waffen der Kritiken nicht. Zu ihm spricht Fame auf Gälisch und beschäftigt sich hauptsächlich mit Schafen und schwarzen Rindern.

Was nützt es, ein angesehener Schriftsteller zu sein, wenn man kein Glas Bitterstoff des Morgens schlucken kann? John wird zwischen Tupper und Tennyson unterscheiden und Sie anweisen, welcher der bessere Mann ist, aber er wird seine Schlussfolgerungen eher aus ihren "Tipps" als aus ihren Gedichten ziehen. Er wird Ihnen zustimmen, dass Lord Palmerston eine ausgezeichnete Persönlichkeit ist aber während Sie an die Staatskunst des Premiers denken, denkt er an die Unbeschwertheit des Premiers an dem Morgen, an dem er die Ehre hatte, ihn zu fahren.

Johns Vorstellungen von öffentlichen Männern sind, obwohl sie auf seltsame Weise entstanden sind, im Allgemeinen richtig. Jeder, der bei St. Catherine weilt, sollte sich von John Campbell zum Loch Goil fahren lassen und sich Mühe geben, sich einen Platz auf der Bank neben ihm zu sichern. Wenn er in den Süden zurückkehrt, kann er die Geschichten, die er hört, noch einmal erzählen und sich zum Helden von ihnen machen.

Eine kleine Badewanne von Dampfer bringt Sie in einer Stunde über Loch Fyne nach Inverary. Wenn Sie ankommen, finden Sie die Hauptstadt der West Highlands einen ziemlich hübschen Ort mit ausgezeichneten Gasthäusern, mehreren Kirchen, einer schönen Bucht, einer herzoglichen Residenz, einer markanten konischen Erhebung - Duniquoich, der barbarischen Bezeichnung davon -, die bis zum Kinn bewaldet ist und eine alter Wachturm thront auf seiner kahlen Krone.

Der Hauptsitz der Argyles kann sich nicht besonderer architektonischer Schönheit rühmen, da es sich um ein quadratisches Gebäude mit Türmen handelt, die wie Pfefferkisten an den Ecken hängen. Die Umgebung ist charmant, mit feinem Holz, gewundenen Wegen, stattlichen Alleen, Gärten und durch alles, überspannt von mehreren Brücken, sprudelt der Airy süß ins Meer.

Scott ist hier. Wenn die "Lady of the Lake" bei den Trosachs in Ihren Ohren klingelt, verfolgt Sie die "Legende von Montrose" bei Inverary. Jeder Schritt des Bodens wird von dieser edlen Romantik geheiligt. Es ist der beste Reiseführer für den Ort. Kein Tourist sollte Inverary verlassen, bevor er Duniquoich besteigt - auch keine sehr schwierige Aufgabe, denn ein Weg windet sich um ihn herum. Wenn Sie aus dem Wald neben dem Wachturm auf dem Gipfel auftauchen, ist Inverary weit unten zu einer Spielzeugstadt geschrumpft - kein Geräusch ist auf den Straßen zu hören; ungehört der Dampfer, der am Kai brüllte und dilatorische Passagiere auffordert, sich zu beeilen.

Entlang der Küste reckten sich im trocknenden Wind die Netze von Pol zu Pol. Das große bootlose blaue Loch erstreckt sich flach wie ein Ballsaal; und das Auge ermüdet auf seinem Flug über endlose Meilen von braunem Moor und Berg. Kehren Sie der Stadt den Rücken und blicken Sie nach Norden! Es ist immer noch "weit entfernt von Loch Awe", und eine Wildnis von Berggipfeln ragt zwischen Ihnen und diesem edelsten schottischen See empor! Heidekraut, schwarz mit einer Gewitterwolke aus Kiefern. Was für eine Region, in der die Sonne untergeht!

Aber darauf können Sie nicht warten; heute essen Sie in Cladich zu Mittag, essen in Dalmally zu Abend und schlafen in der Nähe von Kilchurn - in unmittelbarer Gegenwart von Ben Cruachan.

Von der Straße über Cladich ist eine edle Bergsicht zu erhalten. Dalmally ist ein wahres Paradies für ein Highland-Gasthaus - ruhig, abgeschirmt, mit der Königlichkeit und der Stille der Berge geschmückt - ein Ort, an dem ein weltmüder Mann wieder in gesunde Bewegung versetzt werden kann, der Puls und Hirn erschüttert. Ein köstliches Nest, in dem ein glückliches Paar die Flitterwochen verbringen kann. Dalmally liegt am Ufer des Loch Awe und in unmittelbarer Nähe von Kilchurn Castle und Ben Cruachan.

Das Schloss ist malerisch genug, um das Auge des Landschaftsmalers zu erfreuen, und groß genug, um den Besucher mit einem Gefühl baronialer Größe zu beeindrucken. Und es ist alt genug und auch glücklich genug - bis zu diesem Alter erreicht es nicht immer -, Legenden auf seinen Wänden wachsen zu lassen, wie die goldenen Flechten oder die dunklen Efeus. Die weite Hülle eines Gebäudes wirkt dort seltsam eindrucksvoll und spiegelt sich im Sommerwasser.

Der große Berg schaut darauf. Es wurde angeblich von einer Dame in der Kreuzzugszeit gebaut, als es ihr Lord im Kampf mit den Ungläubigen war. Der prosaischste Mann, der auf eine Ruine schaut, wird vorerst zum Dichter. Sie setzen sich hin und denken, wie im alten Haufen das Leben über Generationen verging - wie Kinder geboren und aufgewachsen sind - wie Bräute nach Hause gebracht wurden, die Braut errötet noch auf ihren Wangen - wie alte Männer dort starben und ihre Augen durch kindliche Finger geschlossen wurden, als Vorhänge auf die Fenster eines leeren Hauses heruntergezogen und die verwelkten Hände anständig auf den Brüsten gekreuzt werden, die von keiner Leidenschaft mehr gehoben werden.

Das Weihnachtsfeuer und das Festfeuer, das auf den alten Herden loderte, sind jetzt ausgegangen. Der Pfeil des Krieges sucht nicht mehr den Fensterschlitz. Zu Tag und Nacht, zu Winter und Sommer steht Kilchurn wie ein Totenkopf leer; noch ohne Härte darüber; eher von einer gefassten und anständigen Schönheit besessen, die Sie an das Grab eines guten Mannes erinnert, mit der Anzahl seiner reifen Jahre und dem Katalog seiner Tugenden, die auf dem Stein über ihm gemeißelt sind: Sie erzählen von treuer Arbeit und dem Rest, der folgt , wofür all die müden Kiefern.

Ben Cruachan, wenn nicht der Monarch der schottischen Berge, ist jedenfalls einer der Prinzen. Er hat das Privileg, in Gegenwart der Sonne auf seiner Mittsommer-Krone einen Schneekranz zu tragen, und wie ein Prinz trägt er ihn auf seiner rauen Brust. Ben Cruachan ist von weitem zu sehen: Er ist schwer zu besteigen und fällt langsam bis zum Meeresspiegel ab. Seine Basis soll einen Umfang von 30 Kilometern besitzen.

Von Ben Cruachan und Kuchurn erstreckt sich Loch Awe mit bewaldeten Inseln über Obanwards und bietet in seinem Verlauf alle Arten von Landschaften. Jetzt breitet sich das Loch aus wie ein Meer, jetzt schrumpft es zu einem schnellen Fluss - jetzt sind die Ufer bewaldet wie die Trosachs, jetzt sind sie kahl wie die "Screes" bei Wastwater; und überlegen Sie beim Gehen, wie verrückt Licht und Schatten jeden Moment spielen - wie hundertarmige Schatten am Berghang entlangschleichen - wie der nasse Stein wie ein Diamant funkelt und dann erlischt - wie der

Sonnenstrahl an einem Gürtel entlang gleitet von Kiefern - und wie, ein Sklave der Sonne, der See im Licht um seine Inseln zittert, wenn er frei ist, und seine grauen Farben trägt, wenn eine Wolke auf seinem Gesicht ist.

Auf Ihrem Weg nach Oban gibt es viele sehenswerte Orte: Loch Etive mit seinen uralten Kiefern, die von Professor Wilson geliebt wurden; Bunawe, Taynult, Connel Ferry mit Meerblick und Salzwasserkatarakt; und Dunstaffnage Castle, einst eine königliche Residenz, von der der Stein stammt, der unter dem Krönungsstuhl in Westminster liegt. Wenn die gesamte Reise von Inverary zu Fuß unternommen wird, wird Luna den Reisenden nach Oban bringen.

Oban

Oban, das im Winter eine Stadt verlassener Hotels ist, beginnt Ende Juni geschäftig zu werden. In der kleinen Bucht tummeln sich Yachten. Dampfer, Tiefsee- und Küstenschiffe, kommen ständig an und fahren ab; Kutschen und Karren rasseln in der einen breiten und den vielen engen Gassen herum; und in den Wirtshäusern werden Stiefel, Zimmermädchen und Kellner mit dem Getöse unzähliger Glocken abgelenkt.

Oban im Freien ist keine schlechte Darstellung von Vanity Fair. Hier gibt es jede Art von Vergnügungssuchenden und jede Art von Kostümen. Lesen Sie Partys aus Oxford, rauchen Sie, starren Sie in die kleinen Schaufenster und konsultieren Sie "Blacks Guide". Schönheit in leichter Kleidung durchstreift die Hauptstraße, und stillschweigende Tapferkeit im Mufti begleitet sie. Jäger in Knickerbockern stehen in Gruppen vor den Hoteltüren; Franzosen klappern und zucken mit den Schultern; stämmige Deutsche rauchen neugierig gebogene Meerschaumpfeifen; und Individuen, die keinen Tropfen Hochlandblut in ihren Adern haben, flattern im Gewand des Gälen herum, ein Zentner von Cairngorms, die einen prismatischen Ruhm um ihre Personen werfen.

Alle Arten von Menschen und alle Arten von Geräuschen sind da. In der nächsten Straße ertönt der Dudelsack am Ohr, beschwipste Träger beschimpfen sich gegenseitig auf Gälisch. Um die Ecke scheppert die Post aus Fort William, die Passagiere drängen sich auf dem Dach. Vom Pier aus fordert die Glocke des ablegenden Dampfers die Passagiere auf, sich zu beeilen und Passagiere, die ihr Gepäck verloren haben, stürmen, schreien, gestikulieren und geraten nicht selten in eine heftige persönliche Kollision mit einem der oben genannten beschwipsten Träger.

In den Sommer- und Herbstmonaten ist es schwierig, sich einen schnelleren, nervöseren und wilderen Ort als Oban vorzustellen. Leute bleiben dort selten über einer Nacht. Die alten bekannten Gesichter treffen sich hier. Der Tourist denkt nicht mehr an eine Woche in Oban als an eine Woche in einem Bahnhof. Wenn er ankommt, ist seine erste Frage nach einem Schlafzimmer; seine Zweite bezüglich der Stunde, an der der Dampfer vom Süden erwartet wird.

Und der Dampfer kommt nicht immer zu einer vernünftigen Stunde. Er könnte einige Zeit in Greenock festgehalten sein. Bei schlechtem Wetter kann er die ganze Nacht "auf" dem Mull of Cantyre sein und dort vom großen Atlantik getroffen werden; so dass er ein kühner Mann oder ein Mann sein muss, der mit dem zweiten Anblick begabt ist, der alles andere als eine vage Vermutung über die Stunde ihrer Ankunft in Oban wagt.

Und das Wetter ist schlecht; die Scheiben sind mit Regentropfen verschwommen; draußen sieht man eine unangenehme durchnässte Welt, einen schwammigen Himmel darüber und auf halbem Weg eine Möwe, die seitwärts durch die trübe Atmosphäre gleitet. Die Straßen sind jetzt leer. Schönheit ist in ihrem eigenen Zimmer und weint über "Enoch Arden" und schweigsam wie immer, verbringt die Zeit im rauchenden Salon. Die Oxford-Lesepartei, die unter den gegebenen Umständen nicht das geringste Interesse an Platon hat, versucht erfolglos, die Zeit zu vertreiben, indem sie Pitch-and-Toss spielt.

Die Herren in der Highland-Kleidung bleiben drinnen und der Philabeg und ein Regenschirm wären eine Kombination, die zu lächerlich wirkte. Der beschwipste Portier ist für die Zeit still; aber ab der nächsten Straße wächst der Dudelsack an Volumen und an Folter. Wie schmerzt das Geräusch das nervöse Ohr eines Mannes, der von einem nicht ankommenden Dampfer und einem regnerischen Tag in Oban halb verrückt geworden ist! Schwer schleichen die Stunden weiter; und schließlich dampft der Clansman mit nassen Decks ein, die letzte Nacht gründlich von atlantischer Sole gewaschen wurden und mit ihren hundertfünfzig Passagieren, von denen zwei Drittel seekrank sind.

Ich gehe jedoch nicht zum Clansman rüber. In Inverness wird auf mich gewartet und so jage ich, wenn sich das Wetter geklärt hat, an einem schönen Morgen im fliegenden Schein der Sonne das schöne Linnhe Loch hinauf; vorbei an Hügeln, die herauskommen und zurücktreten; vergangene Ufer, die sich ständig verschieben und verändern; und bin endlich in Fort William im Schatten von Ben Nevis angekommen.

Wenn ein Mann nach Caprera geht, bringt er selbstverständlich einen Einführungsbrief nach Garibaldi - als ich nach Fort William ging, brachte ich ebenfalls selbstverständlich einen Einführungsbrief nach Long John. Dieser Gentleman, der Destillateur des Ortes, war der größte Mann, den ich je in einer Ausstellung gesehen habe und muss in seiner Jugend von unvergleichlichem Körperbau gewesen sein. Die deutsche Nation hat noch nicht entschieden, ob Goethe oder Schiller der größere Dichter ist - der Hochländer hat noch nicht entschieden, ob "Long John" oder "Talisker" der feinere Geist ist.

Ich legte meinen Brief vor und wurde mit der für die alten Gälen so typischen Gastfreundschaft und zuvorkommenden Anmut empfangen. Er ist jetzt weg, der fröhliche Herkules - weg wie einer seiner eigenen

Drams! Sein Sohn destilliert an seiner Stelle - aber er muss das Gefühl haben, in die Fußstapfen eines größeren Mannes zu treten. Die Maschinerie ist die gleiche, das Malz ist von guter Qualität, aber er wird niemals Whisky produzieren, wie es sein Vater konnte. Der Text ist der gleiche, aber Charles Keans Hamlet wird niemals so sein wie der seines Vaters.

Ich sah Inverlochy Castle und dachte an den verrückten Argyle, den tapferen Montrose und die geschlachteten Campbells. Ich ging auf Glen Nevis zu; und dann, an einem Sommermorgen, fuhr ich nach Bannavie, stieg in einen Dampfer und befand mich bald mitten im schönen Loch Lochy.

Und was für ein Tag und was für ein Segel das war! Was für ein wolkenloser Himmel! Welche Lichter und Schatten, als wir gingen! Auf Fort Augustus stiegen wir über eine Schleusentreppe ab und verbrachten dort eine halbe Stunde im Museum von Roualeyn Gordon Cumming. Wir betraten dann Loch Ness - machten einen Zwischenstopp, um den Fall von Foyers zu besichtigen, der aus Wasserknappheit wie ein Mauserpfau "schäbig" wirkte. Weiter und am gegenüberliegenden Ufer sah man ein Vorgebirge, das wie ein Arm in den See hineinlief und die riesige Ruine von Schloss Urquhart am Ende wie eine geballte Faust - alles andere als bedrohlich.

Dann fuhren wir weiter nach Inverness, wo ich meinen Freund Fellowes fand, der sich seit einiger Zeit in dieser angenehmen Hochlandstadt amüsierte. Wir fuhren nach Culloden und standen bei Sonnenuntergang im Moor. Hier trat der Metzger Cumberland gegen die Romantik auf. Hier fühlte man sich als Jakobit und als römisch-katholisch. Die Luft schien nach dem Rauch von Altar-Weihrauch zu riechen, nach dem Verbrennen von Pastillen. Die

Weiße Rose war zerrissen und verstreut, aber ihre Blätter hatten ihren Geruch noch nicht verloren.

"Ich hätte lieber sterben sollen", sagte ich, "wie dieser wilde Häuptling, der, als sein Clan ihm nicht folgte, bei der Undankbarkeit seiner Kinder in Tränen ausbrach und allein die englischen Bajonette angriff, als wie jeder andere Mann von wen ich in der Geschichte gelesen habe."

"Er trug das einzige Paar Brogues im Besitz seines Stammes", sagte mein Begleiter. "Ich hätte lieber wie Salkeld beim Einblasen des Delhi-Tors sterben sollen."

Skye

Während wir in Inverness verweilten, erreichte eine Nachricht, die wir schon seit einiger Zeit erwartet hatten, Fellowes und mich von M'Ian junior, um zu bewirken, dass bei der Ankunft in Broadford am Loch Eishart ein Boot zu unseren Diensten sein würde; und diese sechs kräftigen Schiffer würden uns von dort zu unserem Ziel bringen. Diese Informationen waren zufriedenstellend, und wir haben unsere Vorkehrungen entsprechend getroffen. Die Kutsche von Inverness nach Dingwall - an welcher Stelle wir die Post abfangen sollten - wurde angekündigt, um vier Uhr morgens zu starten und zwei Stunden später die Stadt zu erreichen.

Also beschlossen wir, nicht ins Bett zu gehen, um zu verhindern, dass wir sie verpassen. Zu dieser absurden Stunde waren wir mit unserem Gepäck auf der Straße, und in kurzer Zeit kam die Kutsche - die anscheinend nicht mehr als halb wach war - heran. Für eine Weile gab es erheblichen Lärm; Taschen und Pakete verschiedener Art wurden aus dem Kutscherbüro geworfen, mysteriöse Türen wurden in der Karosserie des Fahrzeugs geöffnet, in die diese hineingeschossen wurden. Wir kletterten neben dem Fahrer nach vorne, der in einen tristen Mantel mit vielen Umhängen gehüllt war. Die Wache war hinten.

"Also gut", und dann, mit einem fröhlichen Chirrup, einem Knall der Peitsche und einem Schnauben gingen wir los. Es gibt nichts Schöneres, als mit einer Postkutsche zu reisen, wenn Sie in gutem Zustand und zu einer angemessenen Stunde starten. Ich selbst werde der abwechslungsreichen Straße nicht müde, die vorbeizieht und könnte so von einer Woche zur anderen durch ein Land träumen. Auf der anderen

Seite gibt es nichts Schrecklicheres als um vier zu beginnen.

Halb wach, ohne Frühstück, die Kälte des Morgens spielt auf Ihrem Gesicht, während sich die feuchte Maschinerie sich dreht. Ihre Augen schließen sich trotz aller Anstrengung, Ihr Blut ist voller Schlaf, Ihr Gehirn voller Träume. Sie wachen auf und schlafen und wachen wieder auf; und das Tal von Tempe selbst, mit einem griechischen Sonnenaufgang, der in den Tag hineinbrennt, könnte Sie nicht anregen oder die scharfe Grenze Ihres Elends abstumpfen. Ich erinnere mich an nichts von diesem Teil unserer Reise, außer daran, dass es kalt, elend und steif war, mit einem Schwarm von Nadeln, die über mein rechtes Bein strömen und die Fortbewegung alles andere als angenehm machten.

Die erste Etappe war jedoch vorbei und wir gratulierten uns dazu. Ach! Wir kannten das Meer der Sorgen nicht, in das wir eintauchen wollten - die Ilias des Unglücks, dessen Helden wir werden wollten. Wir betraten das Gasthaus, führten unsere Waschungen durch und setzten uns mit Appetit zum Frühstück.

Gegen Ende des Essens schlug mein Begleiter vor, dass es zur Vermeidung von Unfällen vernünftig sein könne, die Plätze in der Post unverzüglich zu sichern. Dementsprechend machte ich mich auf die Suche nach dem Vermieter und entdeckte ihn nach einiger Mühe in einem kleinen Büro, das mit Taschen und Paketen übersät war, und blätterte in einem Hauptbuch. Er hob nicht die Augen, als ich eintrat. Ich trug den Wunsch vor, zwei Plätze in Richtung Broadford zu besorgen. Er blätterte eine Seite um, verweilte mit dem Auge, als wollte er sie nicht verlassen, und erkundigte sich dann nach meiner Angelegenheit. Ich wiederholte meine Nachricht. Er schüttelte den Kopf.

"Sie sind zu spät; Sie können heute nicht weiterkommen."

"Was! Kann man nicht zwei Plätze haben?"

"Nicht aus Liebe oder Geld, Sir. Letzte Woche hat Lord Deerstalker die Post für seine Diener gemietet. Jeder Platz ist besetzt."

"Wollen Sie damit sagen, dass wir nicht miteinander auskommen können?"

Der Mann, dessen Augen auf die Seite zurückgekehrt waren, die er die ganze Zeit in einer Hand hielt, nickte zustimmend.

„Wollen Sie damit sagen, dass wir hierher zurückkehren oder warten müssen, bis die nächste Post eintrifft, in drei Tagen?"

"Sie können sagen, was Sie möchten: Ich versorge Sie mit einem Transportmittel und Pferden."

"Sie versorgen uns mit Transportmittel und Pferden", sagte ich, während etwas wie ein Eisblitz durch meine Seele schoss.

Ich kehrte zu Fellowes zurück, der mein Interview mit einem langen Pfiff beantwortete. Als die Post weg war, formierten wir uns zu einem Kriegsrat. Nachdem wir unsere Situation von allen Seiten betrachtet hatten, stimmten wir zu, das Angebot anzunehmen, es sei denn, der Vermieter sollte sich als mehr als gewöhnlich rücksichtslos herausstellen.

Ich ging in das kleine Büro und informierte ihn über unseren Entschluss. Wir haben ein gutes Geschäft gemacht, aber letztlich wurde es zum Schnäppchen. Ich werde nicht erwähnen, welche aktuelle Münze des Reiches bei dieser Gelegenheit ausgezahlt wurde; die Forderung war so moderat, wie unter den gegebenen Umständen zu erwarten gewesen wäre. Ich muss nur sagen, dass die Reise lang war und aus sechs Etappen bestand, ein frisches Pferd in jeder Etappe.

Zu gegebener Zeit wurde ein Karren an die Tür gebracht, in dem ein hohes weißes Pferd ohne Knochen festgeschnallt war, das in den mürrischen Tiefen seines Bewusstseins einen Protest gegen unser Vorgehen zu erheben schien. Wir stiegen ein und das Tier wurde in Bewegung gesetzt. Es gab noch nie so einen langsamen Zuggaul. Offensichtlich mochte er seine Arbeit nicht: Vielleicht schnupperte er den Regensturm, der unmittelbar bevorstand. Wer weiß! Jedenfalls rächte er sich, bevor er mit uns fertig war, ausgiebig für jeden Tritt und jedes Hindernis, das wir ihm gegeben hatten.

Eine halbe Stunde nach dem Start war eine riesige Regenwolke über uns; plötzlich bemerkten wir, dass ein Teil in einen scharfen Streifen zerfiel, der zur Erde abfiel, und in ein oder zwei Minuten platzte sie auf uns, als hätte sie etwas an uns zu rächen. Eine Schelte des Cowgates, die ihren Zorn über den Ehemann ihres Busens ausräumt, der sich am Samstagabend mit nur der Hälfte seines Lohns in der Tasche nach Hause geschlichen hat, gibt nur ein schwaches Bild seiner Virulenz. Regenschirme und Ölhäute – wenn wir sie gehabt hätten – wären nutzlos gewesen. In weniger als einer Viertelstunde waren wir gesättigt wie ein Baumwollballen, der sich seit einem Vierteljahrhundert auf dem Grund des Atlantiks niedergelassen hatte und die ganze Zeit joggte das weiße Pferd gegen die fallenden Regenlinien, schwer wie Kugeln, gerade wie Kavallerielanzen, ohne Rücksicht auf Schrei und Schlag, mit hin und wieder aber einem lebhaften Stich und einer Bewegung des Ohrs, als ob ihm das Ganze wunderbar wäre.

Die erste Etappe war lang; und auf dem ganzen Weg von Strathpeffer nach Garve, von Garve nach Milltown prasselte der Regen auf geschwärztes Holz, zischend in sumpfigem Tarn, gekocht auf eisernem Fels.

Endlich wurde die Herberge von weitem ausgemacht; ein schmutzig weißer Fleck in einer Welt von regnerischem Grün. Die Hoffnung hat sich in uns belebt. Dort könnte ein anderes Pferd beschafft werden. O Jarvie, knüppel seine Knochen, und Fortune kann noch lächeln!

Bei unserer Ankunft erfuhren wir jedoch, dass einige Reisende zwei Stunden zuvor das einzige Tier genommen hatten, mit dem sich das Unternehmen rühmen konnte. Bei dieser Nachricht fiel die Hoffnung zusammen wie ein Schuss ins Herz. Es blieb nichts anderes übrig, als unserem Ross eine Tüte Hafer zu geben und dann weiterzumachen. Während der Weiße behaglich seinen Hafer knabberte, bemerkten wir von der Innentür aus, dass die nasse gelbe Straße einen langen Rundweg machte und es kam uns in den Sinn, dass wir, wenn wir ungefähr eine Meile quer durchs Land gingen, den Punkt erreichen konnten, wo die Straße in der Ferne verschwand, so schnell wie unser Freund ohne Knochen.

Auf jeden Fall waren wir das Warten müde und wir waren jetzt so nass, wie wir nur sein konnten. Wir wiesen den Fahrer an, auf uns zu warten, falls wir nicht rechtzeitig am Treffpunkt sein sollten - wir vermuteten allerdings, dass es dazu nicht die geringste Möglichkeit gab - und gingen los. Zuerst hatten wir einen festen Stand; aber nach einer Weile war unsere Reise das Gegenstück zum Durchgang des Feindes durch das Chaos, wie von Milton beschrieben. Halten Sie sich immer an ausgetretene Pfade: Abkürzungen, ob in der Welt der Materie oder in der Welt der Ethik, sind schlechte Dinge. In kurzer Zeit verirrten wir uns, wie zu erwarten war. Wind und Regen schlugen uns ins Gesicht, wir mussten geschwollene Bäche überqueren, wir fielen in Morast, wir stolperten über verknotete Heidewurzeln.

Als wir nach einem harten Marsch von ein paar Stunden die Kuppe einer kleinen Anhöhe erreichten und auf die nasse, schwarze Einöde blickten, holte Fellowes eine Halbkrone aus seiner Westentasche und drückte hier und dort seine Absicht aus für eine Highland-Eigenschaft "hineingehen". Auch von der Spitze dieser Erhabenheit aus sahen wir die gelbe Straße unter uns und der Karren wartete und als wir dazu kamen, fanden wir den Fahrer so empört, dass wir es für ratsam hielten, ihn mit unserer Geistflasche zu besänftigen. Ein Dichter kann den Zorn abwenden - zumindest im Hochland.

Der Weiße stieg wieder ein, der Regen ließ etwas nach und unsere Stimmung verbesserte sich proportional. Unsere Heiterkeit war jedoch verfrüht. Vor uns erhob sich ein Hügel, auf dem sich die gelbe Straße bog und windete. Diesen Hügel würde der Schimmel jetzt annehmen. Die Peitsche hatte keinen Erfolg; er stand stockstill. Fellowes drückte seinen Stock an die Rippen - der Weiße streckte seine Vorderbeine fest vor sich und weigerte sich, sich zu bewegen. Ich sprang heraus, ergriff das Zaumzeug und versuchte, ihn vorwärts zu ziehen; der Weiße warf seinen Kopf hoch in die Luft, zeigte gleichzeitig ein paar bösartige Zähne und trat tatsächlich zurück. Was war zu tun?

In diesem Moment tauchte auch eine Gruppe von Viehhirten auf, die auf roten, ungekämmten Ponys saßen und Haare über ihren Augen hingen. Dies war ein weiterer Tropfen Säure, der in die bittere Tasse gepresst wurde. Plötzlich machte der Weiße bei einem gezielten Schlag einen verzweifelten Sprung und nahm den Hügel. Auf halbem Weg hielt er inne und versuchte, sein altes Spiel zu spielen, aber es kam ein

Wirbelsturm von Schlägen, und er machte sich auf den Weg ...

"Es ist lang zu erzählen und traurig zu verfolgen" der Ärger, den der Vierbeiner mit dem rohen Knochen uns bereitete. Aber es ging endlich zu Ende. Und zum Abschied winkte ich dem Tier, mürrisch und ungeliebt, meinen letzten Abschied; und wünschte, dass keine grüne Koppel ihn in seinem Alter empfangen sollte, aber dass sein schlechtes Fleisch von den Hunden verschlungen werden sollte; Leder sollte aus seiner knüppeligen Haut hergestellt werden und hoffte, dass angesichts seiner Zähigkeit die Stiefel und Schuhe der Kinder eines armen Mannes würde.

Am späten Nachmittag erreichten wir Jean-Town am Ufer des Loch Carron. Es ist ein teeriges, schuppiges Dorf mit einem sehr alten und fischartigen Geruch. Die Männer schreiten in Lederstiefeln umher, die Frauen sitzen bei der Arbeit mit Köderkörben an den offenen Türen. Zwei oder drei Boote liegen am steinernen Pier. Braune, untätige Netze, auf hohen Stangen am Strand entlang gespannt, flattern im Wind.

Wir tranken Tee im uralten Gasthaus und als wir dem Wirt mitteilten, dass wir nach Broadford fahren wollten, ging er los, um ein Boot und eine Besatzung zu engagieren. In kurzer Zeit betrat ein alter Seehund, rot von der scharfen Brise und nach Fischsole duftend, den Raum mit der Information, dass alles fertig sei.

Wir schifften uns sofort ein, ein Segel wurde gehisst, und mit dem schwankenden Abendstoß fielen wir sanft den See hinunter. Es war etwas in der toten Stille der Szene und der leichten Bewegung des Bootes, das einen berührte. Vom Reisen müde, vom Schlafmangel erschöpft, aber gleichzeitig alles andere als schläfrig, mit allen Fähigkeiten und Sinnen in einem

Zustand von weitem und intensivem Wachen, wurde alles ringsum mit einem einzigartigen und schrecklichen Gefühl erfüllt. Warum weiß ich nicht, denn ich habe keine zweite Erfahrung dieser Art gehabt; aber bei dieser Gelegenheit wurde nach meiner überforderten Vision jedes Objekt mit einem abscheulichen und vielfältigen Leben behaftet.

Die Wolken formten sich zu Gesichtern und menschlichen Gestalten. Zahlen begannen auf mich zu regnen von den Berghängen. Die rauen Oberflächen, die mit Stromlinien gesäumt waren, wuchsen zu monströsen Gestalten und Armen mit umklammerten Fingern. Die süßen und liebenswürdigen Vorführungen der Natur wurden unter dem Zauber der Mattigkeit zu einer hasserfüllten und abscheulichen Phantasmagorie. Müdigkeit veränderte für mich die Welt, wie das Mikroskop einen Tautropfen veränderte - wenn das Juwel, das aus dem Mutterleib des Morgens stammt, zu einer Welt wird, die von unbeschreiblichem Leben wimmelt - ein Schlachtfeld unbekannter Existenzen.

Als die Einzelheiten der Dinge im schwindenden Licht undeutlich wurden, verlor der Besitz seinen Schmerz; aber die Erhabenheit einer Illusion wird unvergesslich sein. Für eine Barriere von Bergen, die hoch über der schimmernden Unterwelt stehen, deutlich und violett vor einem "Narzissenhimmel", schien das Profil eines riesigen Mannes auf einer Bahre zu sein, und die Züge in ihrer traurigen imperialen Schönheit schienen jenen von Napoleon zu gleichen. Wunderbar dieses Bergmonument, als wir seewärts in die Ferne schwebten - die vom Erdbeben geformte Gestalt und die feurigen Fluten, die dort oben hoch über dem Lärm und dem Streit der Erde schlafen, in feierlichem Purpur gekleidet, der Hintergrund das Gelb des Abendhimmels!

Gegen zehn Uhr passierten wir am letzten Abend die Felsportale des Sees und standen im offenen Meer. Der Wind kam nur in unterbrochenen Zügen und die Bootsleute gingen zu den Rudern. Die durchsichtige Herbstnacht fiel auf uns; das Festland war im Dunkeln versammelt und vor uns schimmerten felsige Inseln in der Tiefe. Zum Refrain eines gälischen Liedes von bemerkenswerter Länge und Eintönigkeit legte die Besatzung ihre Ruder auf, und jeder Schlag weckte den Blitz des Mains. Das Meer war mit Elfenfeuer gefüllt. Ich blieb über dem Heck hängen und sah zu, wie unser strahlendes Erwachen zu einer Art blassem Smaragd aufstieg und in die Dunkelheit entschwand.

Die Küste zu unserer Linken hatte Form und Umrisse verloren und zog sich in eine ununterscheidbare Masse von Dunkelheit zurück, als plötzlich die Lichter eines Dorfes wie eine Bank von Glühwürmchen darauf brachen. Ich erkundigte mich nach seinem Namen und wurde mit "Plockton" beantwortet. In einer halben Stunde verdichteten sich die gestreuten Lichter zu einem; bald starb das in der Ferne aus. Elf Uhr! Wie ein Mann zogen die Ruderer. Die Luft ist kalt im Gesicht des Ozeans und wir wickeln uns enger in unsere Mäntel. Es ist etwas Unangenehmes in der völligen Stille und Einsamkeit der Stunde - im phosphoreszierenden Meer mit seiner gespenstischen Pracht. Auch die Schiffer haben aufgehört zu singen.

Plötzlich ist ein seltsames Seufzen zu hören. Einer der Besatzungsmitglieder springt auf, schleppt das Segel runter und im nächsten Moment ist der Sturm auf uns gerichtet. Die Bootsleute hängen an ihren Rudern, und Sie hören das rauschende regnerische *Puh* wie es auf uns herabzischt und alles in seiner Leidenschaft zerquetscht. Der lange, trübe

Küstenabschnitt, die dunklen Inseln, werden augenblicklich ausgesperrt; die Welt schrumpft auf einen Umfang von zwanzig Metern zusammen; und innerhalb dieses Raums wird das Meer in eine blasse Beleuchtung aufgewühlt - ein Licht des nebligen Goldes. In einem Moment sind wir nass bis auf die Haut.

Die Schiffer haben ihre Ruder verstaut, ihre Jackenhalsbänder über die Ohren gezogen, und dort liegen wir um Mitternacht, ohne Schutz vor dem dichten Zischen des Regens. Aber es hat sich endlich ausgeregnet und ein paar Sterne blinken wieder im Blau. Es ist klar, dass unsere Mitmenschen die Reise satthaben. Sie können sich nicht auf einen Wind verlassen. Es wird entweder ein Hauch sein, der sofort nach seiner Geburt stirbt, oder ein Sturm, der auf dem Meer durch die langen Trichter der Täler brüllt.

Die Sache wird vor uns gelegt - die Stimmen der Besatzung sind laut für eine Rückkehr. Sie werden uns in Plockton an Land bringen - sie werden uns am Morgen hinüberbringen. Eine Wolke hat wieder die Sterne getupft und wir stimmen zu. Unser Kurs wird geändert, die Ruder werden mit verdoppelter Kraft gezogen; bald erhebt sich die lange, trübe Küstenlinie vor uns, aber jetzt ist das Licht erloschen und die Plocktoniten schlafen. Weiter geht's; das Boot schießt in eine "Mitternachtsbucht", und wir springen auf Massen von glattem Seegras hinaus.

Das Fahrzeug ist sicher festgemacht. Zwei der Männer packen unser Gepäck und wir stolpern über Felsen, bis die Straße erreicht ist. Ein kurzer Spaziergang bringt uns zum Gasthaus oder eher zum Wirtshaus, das jedoch geschlossen ist. Nach einigem Klopfen werden wir eingelassen, nass wie Neufundländer vom See. Fast erschöpft erreiche ich mein Schlafzimmer und wollte mich gerade von meinen durchnässten Kleidungsstücken trennen, als der Eigner des Bootes nach einem leisen Klopfen an der Tür eintrat.

Er erklärte sich bereit, uns am Morgen hinüberzubringen; er würde uns kurz nach der Morgendämmerung wecken; aber da er und seine Gefährten keine Freunde an dem Ort hatten, würden sie natürlich für ihre Betten und ihr Frühstück bezahlen müssen, bevor sie segelten; "und sie war sicher, dass die Herren von ihnen erwarten, dass sie dasselbe bezahlten."

Mit schwerem Herzen befriedigte ich den Kormoran. Er bestand darauf, seine volle Miete zu bekommen, bevor er auch Jean-Town verließ! Bevor ich einschlief, schaute ich auf die Uhr. Ein Uhr morgens! In drei Stunden wartet M'lan in seiner Kombüse an der Spitze von Eisharts Loch.

Zumindest, dachte ich, als ich aufwachte, ist es eine Befriedigung, etwas ganz Besonderes zu vollbringen. Es gibt viele Männer auf der Welt, die außergewöhnliche Aktionen ausgeführt haben. Aber Fellowes und ich dürfen ohne Angst vor Widersprüchen damit prahlen, dass wir die einzigen Reisenden sind, die jemals in Plockton angekommen sind.

Angesichts der Fäulnis der meisten Reputationen von heute ist unsere Leistung eine Auszeichnung, die für den Ehrgeiz eines Privatmannes ausreicht. Wir sollten zu Löwen gemacht werden, wenn wir in die Wohnstätten der Zivilisation zurückkehren. Ich habe bestimmte Tiere brüllen hören, gesehen, wie sie zur Bewunderung der Betrachter mit dem Schwanz wedelten, und dass alles wegen einer geringeren Angelegenheit, als wir sie erlebten. Wer, bitte, ist der blasse Herr mit den zerzausten Schlössern da drüben im Blumenbeet der Damen, an die sich jedes Gesicht wendet? Was! Weißt du es nicht? Der letzte neue Dichter; Autor des "Universums". Hervorragende Leistung. Pooh! Ein Schilfrohr, das vom Wind geschüttelt wurde. Schau uns an. Wir sind die Männer, die in Plockton angekommen sind! Aber Himmel! Die Schiffer hätten hier sein sollen, bevor dies geschah.

Alarmiert sprang ich aus dem Bett, in Eile gekleidet, stürmte in Fellowes Zimmer, brachte ihn heraus und lief dann die Treppe hinunter. Es konnten keine Informationen beschafft werden, niemand hatte unsere Crew gesehen.

Nach einer Weile schlenderte ein Fischer herein und gab unter Berücksichtigung bestimmter Stimulanzien, die von uns geliefert werden sollten, zu, dass unsere Gefährten seine eigenen Bekannten waren, dass sie bei Tagesanbruch angefangen hatten und nun weit auf dem Weg nach Jean-Town sein würden. Die Schurken waren so überbezahlt!

Nun, es gibt eine andere Welt. Mit einiger Mühe erfuhren wir von unserem Freund, dass eine Fähre vom Festland nach Skye in einer unvorstellbaren Entfernung über die Hügel existierte und dass vielleicht ein Boot dort sein könnte. Aber wie war die Fähre zu erreichen? Im Gasthaus war keine Beförderung möglich. Wir haben sofort Späher an jeden Punkt des Kompasses geschickt, um nach einem Radfahrzeug zu suchen. Am Mittag kehrten unsere Boten mit der Information zurück, dass weder Gig, Karren noch Schubkarre unter irgendwelchen Bedingungen zu haben waren. Was war zu tun?

Ich wurde von einem schrecklichen Gefühl der Hilflosigkeit geschlagen; es schien, als wäre ich dazu verdammt, für immer an diesem trostlosen Ort zu bleiben, umrahmt von diesen grauen Steinen, die von der Wäsche der bitteren Meere geschöpft und im Märchenland mit Honig gekämmt wurden. Ich fühlte mich wie ein Fischer, wie die Männer um mich herum; Gälisch schien sich auf meiner Zunge zu formen. Inzwischen hatte Fellowes mit seiner bewundernswerten praktischen Philosophie eine Zigarre angezündet und plauderte mit der Wirtin über die Bevölkerung des Dorfes, die Besetzungen der Einwohner, ihre kirchliche Geschichte.

Ich erwachte aus meinem düsteren Traum, als sie auf eine Frage von ihm antwortete: "Der letzte Pfarrer wurde zum Trinken erwartet; aber wir haben einen neuen *Ane*, einen Mr. Cammil, einen sehr netten *Ane*!" Die Worte waren ein Lichtstrahl und deuteten auf eine mögliche Befreiung hin. Ich schlug ihm auf die Schulter und rief: "Ich habe es! Es gab einen Kommilitonen in Glasgow, einen Mr. Donald Campbell, und es scheint mir, dass er irgendwo einer Pfarrei im Hochland vorgezogen wurde. Was wäre, wenn das dieser Mann sein sollte? Lasst uns ihn anrufen."

Die Chancen standen nicht sehr gut für uns; aber unsere Umstände waren verzweifelt, und das Ding war es wert, es zu versuchen. Die Wirtin schickte ihren Sohn mit uns, um den Weg zu weisen. Wir klopften, wurden eingelassen und in den winzigen Salon geführt. Während des Wartens beobachtete ich ein paar Bilderkästchen auf dem Tisch. Diese habe ich geöffnet. Eine enthielt das Porträt eines Herrn in einem weißen Halstuch, offensichtlich eines Geistlichen; das andere das einer Dame, aller Wahrscheinlichkeit nach seine Gattin. Ach! Der Herr hatte keine Ähnlichkeit mit meinem Mr. Campbell; die Frau, die ich nicht kannte. Ich legte die Fälle enttäuscht nieder und begann, einen Bericht zu verfassen als Entschuldigung für unser einzigartiges Eindringen, als sich die Tür öffnete - und mein alter Freund Kyleak trat ein.

Er begrüßte uns herzlich und ich schüttelte seine Hand mit Inbrunst. Ich erzählte ihm von unserem Abenteuer mit den Bootsfahrern von Jean-Town und unserer daraus resultierenden Hilflosigkeit, worüber er lachte und seinen Karren anbot, uns und sein Gepäck zur Kyleakin-Fähre zu befördern, die sich als nur sechs Meilen entfernt herausstellte. Geniales Gerede über College-Szenen und alte Kollegen, das uns zur Mittagsstunde brachte; damit war der Wagen an der Tür. Darin wurden unsere Sachen gelegt; es wurde Abschied genommen, und wir gingen.

Es war eine wilde, malerische Straße, auf der wir uns bewegten, manchmal vergleichsweise glatt, aber häufiger rau und steinig wie das Bett des trockenen Stroms. Hier und da kamen wir an einer Kolonie von Rasenhütten vorbei, aus denen wilde, zerlumpte Kinder, gelbbraun wie Indianer, kamen, um uns anzustarren, als wir vorbeikamen. Aber die Reise war attraktiv genug; denn vor uns erhob sich eine ständige Vision von mächtigen Hügeln; und von Zeit zu Zeit konnten wir von einer hervorragenden Stelle aus das Blau des Meeres, das hereinfloss, hell vor dem Sonnenlicht gegen das Land abzeichnen sehen. Wir waren wieder auf dem Weg; die Stute des Geistlichen lief fröhlich; die Brise kam scharf und frisch gegen uns; und in weniger als ein paar Stunden erreichten wir Kyleakin.

Die Fähre ist eine schmale Passage zwischen dem Festland und Skye; die Strömung ist dort stark und an böigen Tagen schwer zu ertragen; und die Fährmänner sind abgeneigt, den Versuch zu machen, es sei denn, es wird gut vergütet. Als wir ankamen, fanden wir vier Passagiere, die darauf warteten, überquert zu werden. Da ihr Erscheinen die Aussicht auf einen unzureichenden Münzvorrat erweckte, blieben sie auf den trostlosen, windigen Felsen sitzen, bis einige andere auftauchten.

Es war so einfach, für zehn Schilling wie für zwei durchzukommen! Eines war ein Mädchen, das im Süden gedient hatte, dort erkrankt war und auf dem Heimweg zu einer elenden Rasenhütte am Hang war, die aller Wahrscheinlichkeit nach zu sterben drohte; die zweite war eine fröhliche Irin mit einem Korb voller Papierornamente, mit den knalligen Farben und den raffinierten Geräten, mit denen sie die ästhetischen Empfindungen des Gälen kitzeln und die Geldbörsen öffnen wollte. Der dritte und vierte waren Männer; der Jüngere teilte mir mit, er sei ein Schulmeister, und es stellte sich zufällig heraus, dass sein Schulhaus eine Rasenhütte, sein Schreibtisch ein Koffer war, auf den seine Schüler abwechselnd schrieben. Die Vorstellungskraft sieht seine jungen gekilteten Freunde auf dem Lehmboden knien, mühsam Topfhaken formen und dabei fürchterlich blinzeln.

Die Fährmänner begannen sich zu rühren, als wir heraufkamen; und in kurzer Zeit war das Boot fertig und die Party begann. Das Fahrzeug leckte abscheulich, aber es gab keine Hilfe; und unsere Taschen wurden in den Boden abgelegt. Der Schulmeister arbeitete am Ruder anstelle der Zahlung. Die kleine Irin saß mit ihrem kostbaren Korb hoch im Bug, der Arbeiter und das kranke Mädchen am Heck. Mit einem kräftigen Zug der Ruder schossen wir ins kochende Wasser. In einem Moment wird die Irin erleichtert gegen eine Sprühwolke herausgebracht. Aber sie lacht fröhlich und scheint eine Ente für die lustigste Sache der Welt zu halten. In einem anderen Fall bekomme ich einen Schlag von einem Schwall blauen Wassers ins Gesicht und tauche auf, halb erblindet und von Kopf bis Fuß durchnässt. Ugh, dieser Meerwalzer ist alles andere als angenehm.

Das Leck wird schnell größer und unsere Stoffsäcke sind in der Arbeitsbilge fast flott. Wir sind jetzt alle durchnässt. Das Mädchen ist krank und Fellowes hilft ihr aus seiner Schnapsflasche. Die kleine Irin, die so fröhlich und lustig war, mit Geistern, die jeden Umstand in einen Witz verwandelten, ist am Bug zu einem Haufen gesunken; ihr Korb ist freigelegt, und die Ornamente, die von geduldigen Fingern aus farbigem Papier geformt wurden, sind jetzt formlos; die geschlungenen Rosetten sind ruiniert; ihr handelsüblicher Brei - ein Unglück, das sie als Niederlage für eine Armee oder als Hungersnot für ein Königreich empfand. Aber wir sind mehr als auf halber Strecke und etwas weiter vorne ist das Wasser vergleichsweise glatt.

Die Schiffer ziehen mit größerer Leichtigkeit; das unangenehme Gefühl in der Magengrube wird behoben; die weißen Lippen des Mädchens fangen an, sich etwas zu röten; und der Haufen vorwärts rührt sich und zeigt Lebenszeichen. Fellowes kaufte den Inhalt ihres Korbes auf; und ein Beitrag von zwei und sechs Pence von mir brachte das Herz der Witwe dazu, vor Freude laut zu singen.

Bei der Landung wird unser Gepäck in einem Karren zum Gasthaus befördert und wartet dort auf unsere Ankunft. In der Zwischenzeit wärmen wir unsere gekühlten Glieder mit einem Kalfaterer aus Glenlivet. "Segen sei damit und ewiges Lob." Wie der feine Geist mit dem wandernden Blut verschmilzt, wie "ein reineres Licht in Licht!" Wie das sanfte, gutartige Feuer durch die labyrinthischen Adern strömt, vom Gehirn bis zu den Zehen! Das Meer ist schachmatt; das

Herz schlägt mit einem volleren Pochen; und das bevorstehende Rheuma fliegt weit weg.

Als wir das Gasthaus erreichten, packten wir unser Gepäck in der Hoffnung, trockene Kleidung zu besorgen. Ach! Als ich die Treppe hinaufging, war meine vielleicht die Reisetasche eines Meisters. Sie war bis ins Innerste nass. Bis auf die Haut eingeweicht, war es unser Interesse, unverzüglich fortzufahren. Wir warteten auf den Vermieter und wünschten eine Übergabe. Der Vermieter teilte uns mit, dass das einzige Fahrzeug, das er besitze, ein Phaeton sei, das zurzeit bis zum Abend vermietet sei, und riet uns, jetzt, da es Samstag sei, bis Montag in seiner Einrichtung zu bleiben, um uns bequem weiterzuschicken.

Bis Montag zu warten, würde jedoch niemals genügen. Wir erzählten dem Mann unsere Geschichte, wie wir zwei Tage lang hin und her geworfen worden waren; aber er - der Meinung, er hätte uns in seiner Macht - würde keine Hilfe leisten. Wir gingen zu den Felsen, um eine Konsultation abzuhalten, und hatten uns fast vorgenommen, unsere Sachen dort zu lassen, wo sie waren, und fingen zu Fuß an, als ein Sohn des Gastwirts zu uns kam. Er, der die Aussage seiner Eltern vielleicht nicht kannte, gab zu, dass sich ein Pferd und ein Gig im Stall befanden, dass er Mr. M'lans Platz kannte und uns anbot, in ein kleines Fischerdorf innerhalb von drei Meilen zu fahren, wo wir unsere Sachen abstellen konnten und einen Karren zu schicken, um sie am Abend hochzubringen. Die Forderung war - egal was! -, aber wir schlossen sofort damit.

Wir betraten das Gasthaus, während unser Freund zum Stall ging, um das Fahrzeug zur Tür zu bringen; trafen den Gastwirt auf der Treppe, schickten eine empörte Breitseite in ihn hinein, die er mit äußerster Kühle empfing. Der unerschütterliche Mann! Er schluckte unseren Schuss wie eine Sandbank. Das Pferd war jetzt an der Tür, in wenigen Augenblicken wurde unser Gepäck verstaut und wir waren weg.

Durch siebzehn Meilen schwarzes Moorland fuhren wir fast ohne eine einzige Behausung zu sehen. Manchmal, wenn auch selten, hatten wir einen Blick auf das Meer. Das Hauptobjekt, das die Verwüstung durchbrach, war eine Reihe ungeschickter roter Hügel, die sich wie eine Kette riesiger Staubhaufen ausdehnten. Ihr Aspekt war einzigartig trostlos und bedrückend. Es waren Bergliebhaber. Lava verhärtet sich zu einem düsteren Abgrund, Borsten zu einem gezackten Grat, über den das Gestell fährt, das sich jetzt versteckt und es jetzt enthüllt; aber diese hatten keine Schönheit, keinen Schrecken, von Anfang an unedel; stumpfe Nachkommen von Urschlamm.

Ungefähr sieben Uhr nachmittags erreichten wir das Dorf, ließen unsere noch in Meerwasser getränkten Sachen in einer der Hütten, bis Mr. M'Ian sie abholen konnte, und machten uns zu Fuß auf die drei Meilen, von denen wir erfuhren, dass sie noch übrig waren. Zu diesem Zeitpunkt hatte sich das Erscheinungsbild des Landes verbessert. Die Hügel schwollen an und waren grün; auf diesen Hügeln schlängelte sich die Straße, gesäumt von Farnen, vermischt mit den violetten Glocken des Fingerhuts. Auch ein Bach, der offenbar aus einem höheren Gebirgsvorland entkam, raste in einer Abfolge winziger Wasserfälle dahin. Eine ruhige pastorale Region, aber so still, so verlassen! Kaum ein Haus, kaum ein Mensch!

Nach einer Weile erreichten wir den See, der zur Hälfte mit Seerosen bedeckt war und unsere Schritte erschreckten eine Brut von Wildenten. Wie einsam es dort in seiner dunklen Höhle aussah, vertraut dem Schrei des wilden Vogels, der schwülen Sommerwolke, den Sternen und Meteoren der Nacht - fremd für menschliche Gesichter und dem Klang menschlicher Stimmen.

Aber was ist mit unseren drei Meilen? Wir sind eineinhalb Stunden gelaufen. Verirren wir uns in der grünen Wildnis? Die Idee ist alles andere als angenehm. Glücklicherweise kam ein jugendlicher Eingeborener angetrottet und wir fragten ihn nach unserem Weg. Der Junge sah uns an und schüttelte den Kopf. Wir wiederholten die Frage und sahen immer noch schüchtern und verwirrt aus. Ein Schilling beschleunigte jedoch seine Besorgnis und als er mit uns ein paar Schritte zurückkehrte, wies er auf eine Hügelstraße hinauf, die durch das Moor führte. Als er nach der Entfernung fragte, schien er für einen Moment verstört zu sein und murmelte dann in seinem kümmerhaften Englisch: "Vier Meilen." Es konnte keine weitere Information beschafft werden; so gingen kleine nackte Beine los, reicher als je zuvor in seinem Leben, mit einem langen, schwingenden Schritt, der sein natürliches Tempo zu sein schien und den er, ich nehme an, von Sonnenaufgang bis Sonnenuntergang aushalten konnte.

Es war jetzt Sonnenuntergang. Oben gingen wir durch das purpurrote Moor und sahen in kurzer Zeit einen purpurroten Fleck, der von langen schwarzen Binsen umrahmt war, und als wir uns näherten, platzte eine Ente auf "hockenden" Flügeln und schüttelte die Pracht in sich erweiternde Kreise. In diesem Moment kamen zwei Mädchen mit Torf im Schoß auf die Straße. Wir machten eine Pause, um Informationen zu erhalten. Sie eilten, schüchtern wie Heiden, vorbei, und als sie fünfzig Meter entfernt waren, drehten sie sich plötzlich um und brachen in lautes Gelächter aus, wiederholt und wiederholt.

Ohne zu lachen, gingen wir weiter. Die Straße begann jetzt abzusinken, und wir betraten eine Schlucht, die reichlich mit Birkenholz bedeckt war. Die Sonne war untergegangen und Objekte in einiger Entfernung begannen unsicher im Abendnebel zu wachsen. Die schreckliche Idee, dass wir uns verirrt hatten und dazu verdammt waren, uns auf der Heide niederzulassen, wuchs in uns herauf. Auf! Auf!

Wir waren seit unserer Begegnung mit den falschen nackten Beinen sechs Meilen gelaufen. Plötzlich hörten wir einen Hund bellen; das war ein Zeichen der Menschlichkeit und unsere Stimmung stieg. Dann sahen wir eine Truppe Pferde am Boden des Tals entlang galoppieren. Besser und besser. "Es war ein ehrlicher Geist, Horatio!" Plötzlich hörten wir Stimmen, und Fellowes erklärte, er sehe etwas auf der Straße bewegen.

Im nächsten Moment verließen M'Ian und ein paar Hirten die Dunkelheit. Als wir sie sahen, brannten unsere Herzen in uns wie ein frisch angezündetes Feuer. Aufrichtig war der Gruß, immens das Händeschütteln; und die Geschichte unserer Abenteuer hielt uns fröhlich, bis wir das Haus erreichten. Von unseren Taten beim Abendessen werde ich weder singen noch sagen, wie die Krüge ausgeleert wurden.

Lassen Sie mich lieber von denen erzählen, die mit uns an der Tafel saßen - dem älteren Mr. M'Ian und Pater M'Crimmon, die damals im Haus lebten. Mr. M'Ian, Senior, war ein Mann über achtzig, aber frisch und gesund für seine Jahre. Seine Figur war dünn und drahtig, sein Gesicht ein frisches Rosa, sein Haar wie Schnee. Alter, obwohl es ihn etwas gebeugt hatte, war nicht in der Lage gewesen, das Feuer aus seinem Auge zu stehlen, noch die Kraft aus seinen Gliedern. Er trat früh in die Armee ein; trug Farben in Irland, bevor das Jahrhundert hereinkam; war bei Moore in La Coruña; folgte Wellington durch die Halbinselschlachten; war mit der 42d in Quatre Bras und verletzte sich dort, als die dreisten Kürassiere durch das hohe Roggengras stürmten; und schließlich stand er in Waterloo auf einem Platz, der vor den Artillerie- und Kavallerieangriffen Napoleons zerbröckelte - zerbröckelte, aber er zuckte nie zusammen!

Es war seltsam zu denken, dass der alte Mann auf der anderen Seite des Kanals mit Marie-Antoinette die gleiche Luft atmete; sah die schwarze Wolke der Französischen Revolution mit ihren eigenen Blitzen, den Adler Napoleons, in Stücke gerissenen Flügeln von Madrid nach Moskau, Wellingtons siegreiche Karriere - all die wundersame Zeit, die unsere Väter und Großväter erlebt haben und die nun Geschichte geworden ist, fast im Flair der Antike. Wir schauen auf den Boden aus Brüssel, der den Kampf miterlebt hat. Aber was war der unsensible Boden, der Wald, das Denkmal für das lebendige Auge, in dem der heftige Streit abgebildet war; zu dem Gesicht, das mit dem wahren Kampfrauch verschmutzt war; zu der Stimme, die sich im letzten Jubel mischte, als sich die ganze englische Linie bei Sonnenuntergang vorwärts bewegte?

M'Ian war ein Inselmensch der alten Schule; durchdrungen mit Stolz der Geburt und mit einem Gefühl der Ehre, das wie ein zweites Gewissen war, durch jeden Tropfen Blut. Er hatte alle Fehler, die mit einem solchen Charakter einhergingen. Er war hartnäckig wie der knorrige Stamm der Eiche, voller Vorurteile, über die unsere Erleuchtung lacht, die wir aber nicht zu verachten brauchen, denn mit unserem

Wissen und unserer Wissenschaft wird es für uns gut sein, wenn wir so rostfrei zu unseren Gräbern gehen. Er war schnell und hastig im Temperament, und Widerspruch brachte Feuer von ihm wie Stahl von Feuerstein. Kurz und heftig waren seine Passionsböen. Ich habe ihn eines Abends mit zitternden Händen und zündenden Augen gesehen, wie er einem sorglosen Diener eine Salve von Schwüren sandte und im nächsten Moment war fast der ehrwürdige weiße Kopf auf seinem Stuhl gesenkt, als er beim Abendgebet niederkniete.

Von diesen Fehlern haben wir heute Abend jedoch nichts gesehen. Der alte Herr war freundlich und gastfreundlich; voller Gerede, aber sein Gerede schien uns von Dingen der alten Welt zu handeln. Über Lord Palmerston und Lord Derby schwieg er; er sprach die Herren Pitt und Fox an. Er sprach von der Französischen Revolution und ihren Akteuren als Zeitgenossen. Von der guten Königin Victoria (die Geschichte wird sie mit Sicherheit so nennen) sagte er nichts. Sein Herz war mit seiner Erinnerung in den älteren Tagen, als George III. König war und auch kein alter König.

Pater M'Crimmon war ein langer Mann, der deutlich über zwei Meter groß war. Er war dünn wie seine eigene Insel, auf der der Boden vom Regen weggespült wird und den Felsen frei lässt. Sein Gesicht war bergig und knochig mit großen Gruben und Vertiefungen. Seine Augen waren grau und hatten die Tiefe der Melancholie, die so oft bei Männern seiner Ordnung beobachtet wird. Im Herzen war er als Kind einfach; im Diskurs langsam, gemessen und stattlich. Es war etwas in seinem Aussehen, das die Stille und Einsamkeit der Wildnis von Stunden andeutete, die für das Herz einsam waren, und kahlen Räumen, die für das Auge einsam waren. Obwohl von einem anderen, und - wie ich glaube, ich sollte es sonst nicht bekennen - einem reineren Glauben, respektierte ich ihn und liebte ihn fast, als ich ihn kennenlernte. War es wundervoll, dass sein Aussehen traurig war, dass es einen wehmütigen Ausdruck trug, als hätte er etwas verloren, das niemals wiederhergestellt werden konnte, und dass für immer der Sonnenschein von seinem Lächeln gestohlen wurde? Er wurde von seinem Beruf von allen süßen Bindungen der menschlichen Natur, von aller Liebe zur Frau oder zum Kind abgeschnitten. Seine Leute waren weit verstreut: über das schwarze Moor, weit oben die hohlen Täler, die vor Wind stürmten oder von der Regenwolke getrübt waren.

Dorthin folgte ihnen der grimmige Mann, der bei seltenen Anlässen von Hochzeit und Taufe amtierte; sein Gesicht strahlte, nicht wie ein Fenster, in dem ein Feuer brennt, sondern wie eine winterliche Scheibe, die von der untergehenden Sonne getönt ist - eine kurze Pracht, die nicht wärmt und die den langen kalten Tag teilt, der bereits seit der langen kalten Nacht vergangen ist. Häufiger war er damit beschäftigt, Almosen zu spenden, Ratschläge im Notfall zu geben, auf die niedrigen Paletten der Fieberkranken zu warten, dem Geständnis lang gehorteter Schuld zuzuhören und den dunklen Geist zu trösten, als es zu seiner Prüfung überging. Mit solchen Nahrungsmitteln richten Sie nicht das Bankett des Lebens ein. Nicht auf solchen Materialien züchten Sie brillante Geister und Manieren.

Wer sich ständig mit Tod und Leiden und den unspirituellen Einflüssen hoffnungsloser Armut befasst, steckt sich mit kongenialer Finsternis an. Doch kalt und freudlos wie sein Leben auch sein mag, er hat seinen Lohn; denn bei seinen Wanderungen durch die Täler ist kein Auge zu sehen, sondern erleuchtet seine Annäherung, ist kein Trauerer, sondern hat das Gefühl, einen schärferen Anteil an seiner Trauer zu haben; und wenn der große, knochige, selten lächelnde Mann endlich zu Grabe getragen wird, werden um so manche Feuerstelle Tränen fallen und Gebete für den guten Priester M'Crimmon gesprochen.

Die ganze Nacht saßen wir da und sprachen von seltsamen

"Unglückliche ferne Dinge,
Und Schlachten vor langer Zeit"

blutverkrusteten Clanstreitigkeiten, bitteren Fehler und schrecklicher Rache, von Gespenstern und Leichen und blassen Todeslichtern, die auf den Felsen brennen.

Das Gespräch war unkompliziert und ernst, mit vollkommenem Vertrauen in die Materie geführt; und ich hörte zu, ich schäme mich nicht zu gestehen, mit einem neugierigen und nicht ganz unangenehmen Nervenkitzel des Blutes. Denn so skeptisch der Intellekt gegenüber Geistern auch sein mag, das Blut ist immer ein Gläubiger, wenn es kalt durch die Adern fließt.

Eine neue Welt und Ordnung der Dinge schienen sich um uns zu sammeln, als wir dort saßen. Man wurde von allem, was die Gegenwart ausmacht, mitgerissen - die Politik Napoleons III., den Tod von Präsident Lincoln, der Charakter seines Nachfolgers, das allgemeine Geschwätz des Skandals und des persönlichen Gesprächs - und der Tradition; mit dem Voranschreiten von Menschen, die an einsamen Orten lebten, deren Ohren ständig vom Wind erfüllt waren, dem Aufprall der Welle auf den Felsen; ihre Augen waren offen auf die feuersteinigen Klippen und die schwebenden Nebelgestalten gerichtet und die tote

Stille des blassen Himmels tauchte weit entfernt in die tote Stille des schwarzen Moores ein.

Einer wurde sofort von den Straßen der Stadt in die hauslose Wildnis gebracht; vom rauchigen Himmel bis zur blauen Luftwüste, die sich von Gebirgskette zu Gebirgskette erstreckt, mit dem Adler in der Mitte, der wie eine Lampe stillsteht. Vielleicht hat mich der Glaube der Redner am meisten beeindruckt. Für sie waren die Geschichten eine Selbstverständlichkeit. Die übernatürliche Atmosphäre war ihnen so vertraut geworden, dass sie von all ihren Wundern und dem größten Teil ihres Terrors befreit worden war.

Ich bin mir ziemlich sicher, dass eine Geistergeschichte, die in der Grube eines Theaters oder in Vauxhall erzählt wird oder durch eine beleuchtete Londoner Straße geht, etwas ganz anderes ist als eine Geistergeschichte, die, wie ich gehört habe, in einer einsamen Hochlandwohnung, von jeder Behausung durch acht Meilen böigen Windes abgeschnitten, das Meer in einem Umkreis von hundert Fuß um die Mauern, das Taumeln der großen Welle und das Rasseln der Kieselsteine, als es wieder zurückgespült wird, deutlich zu hören, wo Sie sitzen und die Redner machen die ganze Sache "Zeug vom Gewissen". Sehr verschieden!

Sie lachen im Theater und nennen den Erzähler einen Esel; im anderen Fall hört man leise zu, mit einer schleichenden Kopfhaut, als ob ein getrenntes Leben darin wäre, und dem Blut, das kalt den Rücken hinunterfließt.

Der junge M'lan weckte mich am nächsten Morgen. Als ich die Treppe herunterkam, erzählte er mir, wäre nicht Sonntag gewesen, hätte er mich mit einer Dudelsackvorstellung geweckt. Der Himmel wehrt sich! Ich habe mich als Sabbatarier noch nie so aufrichtig gefühlt. Er führte mich ein Stück weit zu einer günstigen Felsspitze und auf der anderen Seite des Meeres, glatt wie Satin, stieg eine Reihe von Hügeln empor, klar gegen den Morgen, gezackt und eingekerbt wie eine alte Schwertklinge.

"Dort drüben", sagte er und deutete, "jenseits der schwarzen Masse davor, genau dort, wo der Schauer fällt, liegt der Coruisk-See. Ich nehme Sie mit, um ihn eines Tages zu sehen."

Bei Mr. M'lan

Den Bauernhof, den Mr. M'lan gepachtet hat, war im Vergleich zu vielen anderen auf der Insel von mäßigem Ausmaß und doch umfasste es die Küste für eine beträchtliche Entfernung und beinhaltete in sich viele raue Hügel und viele grüne Täler. Das Haus war altmodisch, wurde überall mit Kalk ausgebessert und enthielt eine geräumige Veranda, über der sich Efeu häufte, ein Esszimmer, ein Wohnzimmer, viele Schlafzimmer und dahinter und aus dem Haus herausgebaut, eine immense Küche mit Fußbodenfliesen und einem riesigen Kamin.

Eine ganze Kolonie von Rasenhütten, von denen jeweils ein Film aus blauem Rauch austrat, lag am Ufer verstreut und verlieh der wilden Bildhaftigkeit eine heimelige Schönheit. Neben dem Haus, mit einem zerstörten Sommersitz an einem Ende, befand sich ein großer, achtlos gepflegter Garten, der von einer hohen Steinmauer umgeben war.

M'lan behielt den Schlüssel selbst; und an der Gartentür waren Raben und andere gefiederte Übeltäter in verschiedenen Stadien des Verfalls festgenagelt. Nur einen Steinwurf von der Veranda entfernt befanden sich ein oder zwei Scheunen, ein Stall, ein Wollhaus und andere Nebengebäude, in denen mehrere Bedienstete schliefen.

M'lan achtete auf den sozialen Grad und ließ nicht jeden in sein Esszimmer. Er führte seine Gespräche mit den einfachen Leuten unter freiem Himmel vor dem Haus. Wenn ein Viehhändler kam, speiste er alleine auf der Veranda und das Geschirr wurde ihm von M'lans Tisch geschickt. Der Viehhirte war ein Diener, folglich konnte er nicht mit meinem

Freund beim Fleisch sitzen; er war mehr als ein Diener, insofern er der Vertreter seines Herrn war, und folglich konnte er nicht in die Küche geschickt werden - die Veranda war daher eine Art bequemer Mittelplatz; weder zu hoch noch zu bescheiden, es war in der Tat eine Art soziales Fegefeuer.

Aber Mr. M'lan beurteilte einen Mann weder nach dem Mantel, den er trug, noch nach dem Geldbetrag in seiner Handtasche. Wenn also Mr. Macara, der vor dreißig Jahren ein Lizenziat der Kirche gewesen sein könnte, sein Studium der Gottheit nicht beendet hätte, indem er sich verliebt, geheiratet und Vater einer großen Familie geworden wäre; oder als Peter, der sanftmütige Geiger, der eine gute Abstammung besaß, die der zweite Cousin eines Ritter-Junggesellen auf der Seite seiner Mutter und eines indischen Generals auf der Seite seines Vaters war - wenn diese Männer das Haus anriefen, aßen sie mit offensichtlicher Sorgfalt und saßen in unbequemer Entfernung, so dass ein Bissen gelegentlich auf dem Weg vom Teller zum Mund verloren ging - an M'lans eigenem Tisch; und zu ihnen sprach der alte Herr von den alten Familien und den alten Zeiten.

M'lan schätzte einen Mann eher für seinen Großvater als für sich selbst. Die Hirten, die Hirtenhunde und die Hausangestellten speisten in der großen Küche. Die Küche war das malerischste Zimmer im Haus. In der Nähe des kleinen staubigen Fensters stand eine riesige Kommode. In einer dunklen Ecke befand sich ein großer Schrank, in dem Geschirr verstaut war. Die Wände und Sparren waren schwarz von Torfrauch. Hunde schliefen ununterbrochen auf dem Boden, die Köpfe auf den ausgestreckten Pfoten; und von einem häufigen Jaulen wussten Sie, dass sie im Traum eine Schafherde entlang des steilen Hügels jagten und ihre Meister riefen ihnen Befehle aus dem Tal darunter zu.

Die Schafsflocken, die auf dem Berg gefunden worden waren, wurden zum Trocknen an die Wände genagelt. Schinken wurden unter dem Dach aufgehängt; über dem Kamin hingen Fischschnüre. Die Tür war fast durchgehend offen, denn durch die Tür trat hauptsächlich Licht ein. Inmitten eines wohlschmeckenden Dampfes aus Brühe und Kartoffeln zogen die Hirten und Hausangestellten lange, rückenfreie Sitze an den Tisch und aßen unschuldig frei von Messer und Gabel. Die Hunde schnappten und knurrten zwischen ihren Beinen und wenn das Essen vorbei war, leckten sie die Platten.

Macara, der so etwas wie ein Dichter war, übersetzte bei seinen gelegentlichen Besuchen gälische Gedichte für mich. Einmal, nachdem eine dieser Übersetzungen gelesen worden war, machte ich die Bemerkung, dass ein ähnlicher Satz von Ideen in einem der Songs von Burns vorkam. Seine grauen Augen leuchteten sofort auf; er stürzte in eine gälische Rezitation von beträchtlicher Länge; und forderte, als es nahe war, trotzige Finger in mein Gesicht schnappend: "Kannst Du aus Deinem Shakespeare so etwas machen?"

Natürlich konnte ich nicht; und ich fürchte, ich habe mein ursprüngliches Vergehen verschärft, indem ich darauf hingewiesen habe, dass meine Hauptunfähigkeit, eine Passage von entsprechender Exzellenz der südlichen Autoren zu produzieren, höchstwahrscheinlich auf meine völlige Unkenntnis der Sprache des eingeborenen Barden zurückzuführen ist.

Als Peter mit seiner Geige kam, wurde die Küche nach Einbruch der Dunkelheit geräumt; die Sitze wurden weggestellt, Kerzen in die zerschlagenen

Blechlampen gesteckt, die Hunde kurzerhand rausgeschmissen und ein ziemlich großer Ballsaal war das Ergebnis.

Dann kamen die Mädchen mit schwarzen Schuhen und weißen Strümpfen, frisch gewaschenen Gesichtern und schön geglätteten Haaren herein; und mit ihnen kamen die Hirten und Diener, sorgfältiger als gewöhnlich gekleidet. Peter nahm seinen Platz in der Nähe des Feuers ein; M'Ian gab das Signal, indem er in die Hände klatschte. Die inspirierenden Töne der Geige erklangen und die Tänzer gingen los, Mann und Dienstmädchen standen sich gegenüber, und die Füße des Mädchens funkelten unter ihrem Petticoat, nicht wie zwei Mäuse, sondern wie ein Dutzend. Ihr gekilteter Partner hämmerte unbarmherzig auf den Boden; dann wechselten Mann und Dienstmädchen den Schritt und folgten einander durch Schleifen und Ketten. Dann standen sie sich wieder gegenüber, der Mann keuchte, die Haare des Mädchens fielen mit ihren Anstrengungen; dann änderte sich plötzlich die Zeit und mit einem Schrei stürmten die Tänzer aufeinander zu, wobei jedes Paar Arm in Arm verbunden wurde und der gesamte Boden in den Wirbelwind der Rolle von Hoolichan stürzte. Sie tanzten mit ihrem Willen - elend, leidenschaftlich; die Kraft eines Dutzend Geiger wohnte in Peters Ellbogen. M'Ian klatschte in die Hände und schrie, und der Fremde musste auf die Kommode steigen, um einem wirbelnden Kilt und einem stürmischen Petticoat aus dem Weg zu gehen.

Castle Maoil, Kyleakin

Chiefs unter den Tänzern bei diesen Gelegenheiten waren John Kelly, Lachian Roy und Angus mit den Hunden. John Kelly war M'Ians wichtigster Hirte - ein dunkelhäutiger Bursche irischer Abstammung mit unendlicher Ausdauer und der Fähigkeit, Whisky zu trinken. Er war eine einsame Kreatur, er querte und überquerte die Farm noch einmal, ich sollte mir vorstellen, dass es jeden Tag ein Dutzend Mal war und wurde nie ohne seinen Hund in der Kirche oder auf dem Markt gesehen. Nur mit seinem Hund war John Kelly intim und zu absolut vertraulichen Bedingungen.

Ich fragte mich oft, was er dachte, wenn er am frühen Morgen durch die Täler wanderte und die feurigen Nebel flussaufwärts von Blaavins Schultern sah oder wenn er mittags auf einem sonnigen Hügel saß und eine schwarze Pfeife rauchte und beobachtete, wie sein Hund eine Schafherde den gegenüberliegenden Hügel hinunterbrachte. Was auch immer sie waren, John behielt sie streng für sich.

Bei der Aufnahme von Whisky war er meiner Erfahrung nach ohne Vergleich, obwohl ich in meiner Zeit einige ziemlich angesehene Praktiker auf diesem Gebiet getroffen habe. Wenn Sie John ein Glas Spirituosen gaben, gab es einen Blitz und es war weg. Für eine Wette sah ich ihn einmal in zehn Minuten eine Flasche Whisky trinken. Er trank sie in Bechern und sagte kein Wort. Als er fertig war, wickelte er sich in sein Plaid, ging mit seinem Hund aus und schlief die ganze Nacht am Hang. Ich nehme an, ein natürlicher Instinkt sagte ihm, dass die Nachtluft den Alkohol für ihn zersetzen würde. Als er am nächsten Morgen eintrat, war sein dunkles Gesicht blasser als gewöhnlich; aber er schien kein Unbehagen zu leiden, und er ging wie ein Mann an sein Frühstück.

Lachlan Roy war ein wenig fröhlich, beweglich, wie ein rotes Eichhörnchen und wie das Eichhörnchen hatte er eine Menge Nüsse in einem geheimen Loch gegen die Winterzeit verstaut. Eine fleißigere kleine Kreatur habe ich noch nie getroffen. Er wohnte in der Nähe des alten Schlosses von Dunsciach, wo er ein paar Katen pachtete. Dort fütterte er ein oder zwei Schafe und ein halbes Dutzend schwarze Rinder und von dort fuhr er sie zweimal oder dreimal im Jahr zum Markt von Broadford, wo sie mit Sicherheit gute Preise erzielten.

Er kannte alle Punkte eines Schafes oder eines Sturks sowie jeden Mann auf der Insel. Er war ungefähr fünfundvierzig, hatte eine Frau und Kinder gehabt, aber sie waren alle vor Jahren gestorben; und obwohl Lachlan Witwer war, war er so lustig und fröhlich wie jeder junge Junggesellenhirte auf dem Land. Er war eine freundliche Seele, auch voller Mitleid und übte für seine notleidenden Nachbarn ständig karitative Ämter aus.

Eine arme Frau in seiner Nachbarschaft hatte ihren Säugling verloren und Lachlan kam mit Tränen in den Augen zu M'lans Haus und suchte ein paar einfache Liköre und eine Flasche Wein. "Ja, es ist eine traurige Sache, Mr. M'lan", fuhr er fort, "wenn der Tod ein Kind von der Brust nimmt. Eine volle Brust und ein leeres Knie, Mr. M'lan, machen ein ödes Haus. Der arme Mirren hat nun eins. Schrecklicher Milchschub und Kälte sind die Lippen, die sie heute entlasten könnten. Und sie ist auch ganz allein, Mr. M'lan, denn ihr Ehemann ist nach dem Hering in Stornoway."

Natürlich holte er die Liköre und den Wein, und natürlich holte er die arme Mutter, die auf einem umgedrehten Gatter saß und sich über ihre gefalteten Hände hin und her wiegte.

Lachlan wurde allgemein respektiert; und wenn er erschien, öffnete sich fröhlich jede Tür. Bei allen Tanzveranstaltungen bei M'Ian's war er sicher anwesend; und alt, wie er vergleichsweise war, war das hübscheste Mädchen froh, ihn als Partner zu haben. Er hatte einen lustigen Verstand und wenn er scherzte, breiteten sich in einem Augenblick Errötungen und Kichern auf den Gesichtern aller jungen Frauen aus.

Bei solchen Gelegenheiten habe ich John Kelly in einer Ecke sitzen sehen, der sich düster auf den Nägeln kaute und eifersüchtig sein Herz aß. Aber Lachlan kümmerte sich nicht um Johns meuterndes Gesicht - er glaubte keinen Schaden und er fürchtete keinen Menschen. Lachlan Roy bedeutet übersetzt Roter Lachlan; und dieses Kognom bezog seine Angemessenheit nicht nur aus der Farbe seiner Haare und seines Bartes; es hatte, wie ich später erfuhr, eine noch tiefere Bedeutung.

Um die Wahrheit zu sagen, hatte Lachlan beinahe so heftigen Durst nach starkem Wasser wie John Kelly selbst und diesen Durst an schönen Tagen, nachdem er sein Vieh in Broadford verkauft hatte, löschte er dann reichlich. Sein Gesicht wurde unter dem Einfluss von Alkohol rot wie ein Erntemond; und was diese physiologische Besonderheit an sich betraf, so hatte er das vollkommenste Wissen und er hatte den Eindruck, dass er sicher und im Großen und Ganzen eher tugendhaft war, wenn er diese Seite der alkoholischen Entzündung des Gesichts in den Griff bekam.

Vielleicht wäre er es auch gewesen, hätte er selbst urteilen können oder wäre er unter gute Gefährten gestellt worden, die seine Schwäche nicht kannten oder ihn nicht täuschen wollten.

Etwas misstrauisch, wenn ein frisches Jorum auf den Tisch gelegt wurde, rief er: "Donald, ist mein Gesicht schon rot?"

Donald, der sich der rötlichen Erleuchtung vollkommen bewusst war, antwortete scheinheilig: "Was, Lachlan, Schatz, wovon sprichst du? Dein Gesicht hat nur seine eigene natürliche Farbe. Warum sollte es rot sein?"

„Duncan, du Schuft", er würde zu einem späteren Zeitpunkt heftig weinen, seine geballte Faust auf den Tisch bringen und die Brille tanzen lassen - „Duncan, du Schuft, sieh mir ins Gesicht!"

So beschworen würde Duncan sein Gesicht zu der unsicheren Optik seines flammenden Freundes drehen.

„Ist mein Gesicht schon rot, Duncan?"

Duncan, der zu weit weg war, um etwas zu sagen, schüttelte auf die schlimmste Weise den Kopf und schien es in keinem Fall wahrscheinlich, dass es jemals rot werden würde, und so wurde Lachlan in Broadford aus Vertrauen in die Wahrhaftigkeit seiner Gefährten zweimal oder dreimal im Jahr zu einem bitteren Kummer gebracht.

Angus mit den Hunden bewegte sich ständig wie ein Wolkenschatten über das Land. Wenn er überhaupt ein Zuhause hatte, befand es sich in Ardvasar in der Nähe von Armadale. Aber dort wurde Angus nur selten gefunden. Er war immer mit der Waffe über die Schulter unterwegs, seinen Terriern Spoineag und Fruich auf den Fersen und die Küche jedes Angestellten stand ihm offen. Die Scharfschützen bezahlten Angus so viel pro Jahr, und Angus verbrachte seine Zeit damit, ihr Ungeziefer zu töten. Er war ein Todesschuss; er kannte das Loch des Fuchses und den Steinhaufen, in dem ein Otter gefunden werden würde. Wenn Sie ein Nest junger Falken wollten, würde Angus sie für Sie besorgen. Wenn Raben auf einer Ihrer Klippen brüten würden, müssten Sie nur warten, bis die Jungen zur Hälfte ausgewachsen sind, nach Angus schicken und vor dem Abend die gesamte Brut, einschließlich Vater und Mutter, an Ihrem Scheunentor festgenagelt finden. Er kannte das selten besuchte Loch zwischen den Hügeln, das vom Schwan heimgesucht wurden, die Klippe der Cuchullins, auf der die Adler lebten, den Ort, an dem man bei Mondschein einen Schuss auf den scheuen Reiher bekommen konnte.

Er kannte alle Rassen der Hunde. In dem warmen blinden Welpen sah er auf einen Blick den zukünftigen Terrier oder Staghound. Er konnte die Staupe heilen, Ohren schneiden und Schwänze andocken. Er konnte schlau alle Arten von Angelgeräten herstellen; konnte Quaichs schnitzen und Ihnen seltsam gemusterte Dolchgriffe aus der schwarzen Mooreiche herausarbeiten. Wenn Sie sich einen Tabakbeutel aus der Haut eines Otters oder eines Seehundes wünschten, mussten Sie sich einfach an Angus wenden.

Aufgrund seiner vielfältigen Leistungen war er ein großer Günstling. Die alten Bauern mochten ihn, weil er der geschworene Feind von Polkatzen, Füchsen und Raben war; die Bauernsöhne schätzten ihn, weil er eine Autorität in Gewehren und Flinten war und die warmen Stellen kannte, auf denen Seehunde schliefen, und die Steinhaufen an der Küste, in denen Otter lebten. Und weil, wenn irgendeine spezielle Hunderasse gewünscht wurde, es sicher war, dass er die Nachfrage befriedigen könne. Er war ein kleiner, dicker Bursche, von großer körperlicher Stärke und von der höflichsten Natur; und er wurde Angus-mit-den-Hunden genannt, weil er ohne Spoineag und Fruich an seinen Fersen nie gesehen wurde. Die Pfeife war immer in seinem Mund - Tabakrauch war für ihn ebenso selbstverständlich wie Torfgeruch für eine Rasenhütte.

Eines Tages, nachdem Fellowes zum Vermieter gegangen war, wo ich in einer Woche oder in zehn Tagen nachkommen sollte, warteten der junge M'Ian und ich auf einem der aufstrebenden Grundstücke in einiger Entfernung vom Haus auf Angus mit den Hunden. Angus hatte in seinen Wanderungen einen Steinhaufen markiert, in dem er einen Otter vermutete und es wurde beschlossen, diesen Steinhaufen an einem bestimmten Tag gegen Mittag aufzusuchen, in der Hoffnung, dass ein wenig Jagd für den Sassenach geboten werden konnte.

Ungefähr um elf Uhr nachmittags lagen wir also am angegebenen Tag auf dem Heidekraut und rauchten. Es war warm und sonnig; M'Ian hatte seine Waffe und seinen Schrotgürtel neben sich geworfen und sich bequem auf seine duftende Couch gelegt, die Meerschaumpfeife im Mund, die Glengary-Haube über die Augen nach vorne geneigt, das linke Bein ausgestreckt, das rechte hochgezogen und seine braunen Hände falteten sich um das Knie. Von meiner eigenen Position, die bequem genug war, wusste ich im Moment nicht besonders Bescheid; meine Aufmerksamkeit wurde von der Umgebung auf sich gezogen, die wild und seltsam war.

Wir lagen, wie gesagt, auf lila Heideflächen; und dahinter lagen die abfallenden Birkenwälder - Birkenwälder erinnern immer irgendwie an Wälder in ihrer Jugend -, die bis zu den Grundmauern weißer

Klippen verliefen, die nur vom Hirten und den Schatten von Falken und Wolken durchzogen wurden. Das Plateau, auf dem wir lagen, lief auf das Meer zu und brach plötzlich in kleine Schluchten auseinander, die wunderschön mit Gras und Moos bewachsen und voller Farne waren. Gelegentlich kam ein Bach hervor und tanzte von einem Felsen zum nächsten.

Natürlich war dieser Einbruch der Hügel von der Stelle, an der wir lagen, unsichtbar, aber ich dachte trotzdem daran, denn ich war ein paar Tage zuvor entlang der Küste gesegelt und hatte es bewundert. Gleich davor floss Loch Eishart mit seinen Inseln und weißen Seevögeln. Unten in der rechten Ecke saß das Haus, verkleinert um die Entfernung, auf seinem Hügel wie eine weiße Muschel; und daneben befanden sich Scheunen und Nebengebäude, die rauchenden Rasenhütten am Ufer, die Birkenholzklumpen, der Faden einer Straße, die vom Haus zum Bach hinunterführte und von einer Brücke etwas hinter dem Rasen überquert wurde.

Gleich über dem Loch waren die runden roten Hügel, die sich über Broadford erheben; und die gesamte Reihe der Cuchullins - die Konturen wild, zersplittert, gezackt, als würden sie von einer Hand gezeichnet, die von Terror oder Raserei geschüttelt wurde. Ein funkelndes Netz aus Sonnenlicht spannte sich über das Loch und blendete, klopfend, immer sterbend, immer erneuert. Die Biene dröhnte vorüber, die weiße Möwe schwebte lautlos wie ein Gedanke oder ein Traum. Als ich dies alles anstarrte, etwas verloren, erschrak ich plötzlich durch ein scharfes Pfeifen, und dann bemerkte ich, dass eine Gestalt die Brücke unter mir überquerte. Ich stand auf.

"Das ist Angus", sagte er. "Lass uns runtergehen, um ihn zu treffen."

Nachdem er die Asche aus der Pfeife gestoßen und neu gefüllt, die Waffe aufgehoben und den Schrotgürtel über die Schulter geschlungen hatte, ging er voran.

An der Brücke saß Angus mit seiner Waffe über dem Knie und Spoineag und Fruich jagten herum und schlugen gegen die Büsche, von denen ein Kaninchen gelegentlich abprallte und davonhuschte. Angus sah wacher und intelligenter aus als ich ihn jemals zuvor gesehen hatte - wahrscheinlich, weil er geschäftlich zu tun hatte.

Wir begannen sofort am Ufer entlang am Fuße der Klippen, über denen wir eine halbe Stunde zuvor gelegen hatten, zu wandern. Unser Weg führte über große Felsbrocken, die von den Höhen herabgerollt waren, und das Fortschreiten, zumindest zu einem, der an solch harte Arbeiten nicht gewöhnt war, war keineswegs einfach. Angus und M'lan schritten leichtfertig aus, die Hunde bellten und japsten ununterbrochen und verschwanden immer wieder in Mieten und Verstecken auf den Klippen und tauchten so leidenschaftlich auf wie nie zuvor.

An dem bestimmten Ort hielt Angus für einen Moment inne, sprach ein oder zwei Worte mit den Hunden und dann stürmten sie und bellten an jeder Öffnung, durchstreiften kampfgewillt alle Passagen des hohlen Steinhaufens. Zu Hause war der Otter noch nicht gefunden worden. Endlich, als wir einen Sporn des höheren Bodens erblickten, der am Ufer zusammenbrach und in einer Art Pyramide aus losen Steinen endete, rannte Angus über die zerbrochenen Felsbrocken, gefolgt von seinen Hunden. Als sie aufstanden, schlichen sich Spoineag und Fruich, bellend wie nie zuvor, in alle möglichen Löcher und unmöglichen Risse ein und waren so schnell wieder draußen, wie sie hinein waren. Angus jubelte und ermutigte sie und wies auf M'Ian auf Spuren der Anwesenheit des Otters hin.

Ich setzte mich auf einen Stein und beobachtete das Verhalten der Terrier. Wenn es jemals einen verrückten Hund gab, war es an diesem Tag Fruich; er sprang und bellte und kam in den Steinhaufen durch Löcher, durch die kein anderer Hund gehen konnte, und kam durch Löcher heraus, durch die kein anderer Hund kommen konnte. Spoineag dagegen war vergleichsweise gefasst; er setzte sich gelegentlich hin und betrachtete den Steinhaufen kritisch, lief bellend zu einem neuen Punkt, und bis zu diesem Punkt stürzte Fruich mit Wut und verschwand.

Spoineag war ein Oberbefehlshaber, Fruich ein tapferer General der Division. Spoineag war Wellington, Fruich war der kämpfende Picton. Fruich war für eine Weile verschwunden, und nach dem gedämpften Bellen kamen wir zu dem Schluss, dass sie sich auf dem Weg in die Mitte der Zitadelle befand, als Spoineag plötzlich auf die Spitze des Steinhaufens stürzte und anfing den Rasen mit Zähnen und Füßen aufreißen. Der Eifer von Spoineag war jetzt so intensiv wie noch nie zuvor.

Angus, der implizit an Spoineags Genie geglaubt hatte, stieg auf, um zu helfen, und riss mit seinen Händen über den Rasen. In ungefähr einer Minute hatte Spoineag einen Einstieg von oben bewirkt und begann sich nach unten zu arbeiten. Angus stand mit seiner Waffe in Bereitschaft gegen den Himmel. Wir konnten die Hunde drinnen bellen hören und sich offensichtlich einem gemeinsamen Zentrum nähern, als plötzlich ein Tumult ausbrach. Der Otter war endlich erreicht und benutzte Zähne und Krallen.

Angus gab M'lan ein Signal, der seine Waffe sofort an seine Schulter legte. Der Kampf tobte noch immer und schien näher zu rücken. Einmal kam Fruich mit einem blutenden Fuß heulend heraus, aber ein Ruf von Angus auf der Höhe schickte sie wieder herein. Plötzlich hörte das Bellen auf, und ich sah ein schwarzes torkelndes Objekt an den Steinen vorbei zum Meer huschen. Knackend feuerte M'lans Pistole vom Felsbrocken, knackend feuerte Angus Pistole aus der Höhe und der schwarze Gegenstand drehte sich plötzlich halb um und lag dann still.

Es war der Otter; und im nächsten Moment waren Spoineag und Fruich draussen, Kampfesfeuer in ihren Augen und schlugen ihre Zähne in seinem blutigen Hals. Sie schleppten den Kadaver hin und her und schienen nicht in der Lage zu sein, ihre Wut damit zu stillen. Welche uralte Feindseligkeit bestand zwischen den Familien der Otter und Terrier? Was war falsch gemacht worden, um nie wieder gut zu werden?

Endlich trat Angus vor, schickte Spoineag und Fruich mit dem Fuß nach rechts und links, packte den Otter am Schwanz und über die rauen Felsbrocken begannen wir unseren Heimmarsch. Es war ein Siegeszug, als wir an den am Ufer am Fuße der Klippen gelegenen Rasenhütten vorbeikamen. Alte Männer, Frauen und braune halbnackte Kinder kamen heraus, um uns anzustarren.

Als wir nach Hause kamen, wurde der Otter auf das Gras vor dem Haus gelegt, wo der ältere M'lan herauskam, um ihn zu inspizieren, und er war höflich genug, um seine Zustimmung auszudrücken und zu erklären, dass es nicht viel minderwertiger war als die Otter, die er Ende des letzten Jahrhunderts gejagt und getötet hatte. Nach dem Abendessen häutete der junge M'lan seine Trophäe und nagelte und streckte die

Haut am Gartentor inmitten der heruntergekommenen Raben.

Am Abend begab sich Angus mit der Flinte über der Schulter und Spoineag und Fruich auf den Weg zu seinem geheimnisvollen Zuhause, das sich in Ardvasar, irgendwo in der Nähe von Armadale Castle, befinden sollte.

Ein Besuch in Loch Coruisk war seit einiger Zeit angedacht worden; und am Abend des Tages, an dem der Otter getötet wurde, wurde das Boot aus seinem Schuppen in Richtung Meer gezogen, ins Wasser gebracht und zum groben Pier gezogen, wo es für die Nacht festgemacht wurde. Wir gingen früh ins Bett, denn wir sollten mit der Sonne starten. Wir standen auf, frühstückten und gingen zum Pier hinunter, wo zwei oder drei kräftige Burschen Ruder zum Boot zogen, riesige Steine rollten, die als Ballast dienten, und vorsichtig ein paar Waffen und einen Korb mit Proviant verstauten.

In ungefähr einer Stunde waren wir flott; die Burschen mit dem breiten Rücken beugten sich über ihre Ruder und bald begann das Haus in der Ferne zu schrumpfen, das unregelmäßige gewundene Ufer sammelte sich zu einer kompakten Masse und die weißen Klippen, von denen wir wussten, dass sie sich ein paar Meilen landeinwärts befanden, kamen seltsam vorwärts, und schienen das Haus und die umgebenden Streifen der Weide und der Birkenholzklumpen zu überhängen.

An einem schönen Morgen gibt es auf der ganzen Welt kein schöneres Gewässer als Loch Eishart. Alles daran ist wild, schön und einsam. Sie trinken eine seltsame und unbekannte Luft. Sie scheinen aus dem neunzehnten Jahrhundert zurück in das neunte zu segeln. Sie sind entzückt und es gibt keine andere Erinnerung, mit der Sie das Gefühl vergleichen können.

Über dem Loch erheben sich die Cuchullins mit einem Tumult von goldenen Nebeln; die Ufer sind grün und weit hinten, in Richtung Horizont, schießt die Insel Rum - mindestens zehn Meilen lang - wie eine spitze Flamme aus dem flachen Meer. Es ist eine Granitmasse, die fest wie das Fundament der Welt ist. Aber wenn Sie die Magie des Morgenlichts betrachten, wird es zu einer herrlichen Erscheinung - ein bloßer purpurroter Film oder Schatten, der so immateriell ist, dass man fast annehmen könnte, dass es nur in der Vorstellung existiert und dass ein Atemzug es wegblasen könnte.

Zwischen Rum, fünfzehn Meilen dahinter, und den sich zusammenziehenden und nachdunkelnden Ufern mit den weißen Klippen, die uns nachstarren, ist das Meer glatt und errötet mit vielfältigeren Farben als je zuvor. Zartes Rosa, glatte Smaragde. Es ist ein Blatt Perlmutt. Die Hügel sind still. Die Stimme des Menschen ist noch nicht auf ihren heidnischen Hängen erwacht.

Aber das Meer, buchstäblich mit Vögeln bekleidet, ist lautstark. Sie machen viel Lärm bei ihrer Arbeit, diese Leute. Dunkel schießt der Kormoran über unsere Fährte. Die Luft ist erfüllt von einem verwirrten Gemisch süßer, melancholischer und fragwürdiger Noten. Im weiteren Verlauf duckt sich ein schneller Kopf; eine Truppe von Vögeln sinkt plötzlich, um weit hinten wieder aufzutauchen oder streift die Wasseroberfläche ab und fliegt mit einem schrillen Schrei der Beschwerde davon. Gelegentlich hebt sich auch ein Schweinswal, oder "Fisch, der im Meeresstrom schwimmt", langsam aus dem Element heraus, wobei seine nassen Flanken einen Moment lang im Sonnenlicht blitzen.

Als wir uns der Küste von Strathaird näherten, saß M'lan hoch im Bug, rauchte und bedeckte ab und zu einen Vogel mit seiner Waffe, während die Bootsleute scherzten und sangen. Als die Küste hinter uns allmählich undeutlich wurde, wurde die Küste davor immer klarer.

Sie lassen Ihre Hand über die Seite des Bootes und spielen lustlos mit dem Wasser. Sie sind in einen Traum von anderen Tagen versunken. Ihr Herz singt alte Verse und Sagen. Der Nordseewind, der die Segel der Wikinger füllte und ihre Locken aus getrübtem Gold hob, spielt in Ihren Haaren. Und wenn der Kiel auf den Kieselsteinen in Kilmaree aufsetzt, werden Sie zu Ihrem richtigen Jahrhundert und Selbst zurückgebracht - denn durch dieses Zeichen wissen Sie, dass Ihre Reise vorbei ist und dass der Weg nach Coruisk über den steilen Hügel vor Ihnen liegt.

Das Boot war an einem groben Pier aus Steinen festgemacht, der demjenigen sehr ähnlich war, von dem wir vor ein paar Stunden abgelegt hatten. Die Flinten wurden herausgenommen, ebenso wie der Korb mit Lebensmitteln und dann begann die Gruppe in lang gezogener Prozession den Hügel zu besteigen.

Der Aufstieg ist steil und mühsam. Manchmal waten Sie durch Heidekraut, das so hoch ist wie Ihre Knie. Zu anderen Zeiten befinden Sie sich in einem Sumpf und müssen von festem Rasenstück zu festem Rasenstück springen. Der Fortschritt ist langsam; und die Sonne, die stark herauskommt, lässt die Brauen mit unerträglicher Hitze schmerzen.

Endlich ist der Gipfel erreicht und Sie sehen einen herrlichen Anblick. Darunter mündet ein blaues Loch, an dessen Rand das einsame Bauernhaus von Camasunary steht. Draußen auf dem glatten Meer schlummern die Inseln Rum und Canna - Rum thront und bergig, Canna flach und fruchtbar. Auf der gegenüberliegenden Seite des Lochs und hinter dem einsamen Bauernhaus bricht ein großer Hügel mit Schelf und Abgrund in den Ozean ein. Rechts ragt Blaavin in den Nebel des Morgens und öffnet an seiner Basis das verlassene Glen Sligachan. Links wandert das Auge entlang der gesamten Südwestseite der Insel zum Sound von Sleat, zu den Hügeln von Knoydart und zum langen Punkt von Ardnamurchan, der am Horizont trübe schimmert.

Bei alledem sinken wir auf Heide oder auf einen Felsbrocken und wischen uns die erhitzte Stirn ab. In Gegenwart all dieser liegen M'Ian Hände um die Flasche, die mit der lebhaftesten Dankbarkeit empfangen wird. In einer Viertelstunde beginnen wir den Abstieg und in einer weiteren Viertelstunde sind wir im Tal und nähern uns dem einsamen Bauernhaus.

Etwa dreihundert Meter von der Tür entfernt trat ein Mann von dort auf uns zu. Es wäre schwierig gewesen, anhand von Kleidung und Aussehen zu erkennen, um welche Klasse es sich bei dem Menschen handelte. Er war offenbar kein Bauer, er war ebenso offenbar kein Jäger. Sein Antlitz war ernst, sein Auge strahlte, aber aus beiden konnte man wenig machen; überall an ihm war ein lustloser und müder Ausdruck.

Er schien mir eine zu feste Verbindung mit den Bergrücken von Blaavin und der Einöde von Glen Sligachan zu haben. Er war kein Eingeborener dieser Region, weil er mit einem englischen Akzent sprach.

Er sprach uns offen an, besprach das Wetter, teilte uns mit, die Familie sei von zu Hause und werde noch einige Wochen abwesend sein; dass er gesehen hatte, wie wir den Hügel hinunterkamen, und dass er, müde von Felsen, Schafen und Seevögeln, herausgekommen war, um uns zu treffen. Er drückte dann den Wunsch aus, dass wir ihn mit Tabak versorgen würden, das heißt, wenn wir in der Lage wären, irgendetwas zu erspraren: Angabe des Tabaks, den er im Allgemeinen von Broadford in Rollen mit einem Pfundgewicht auf einmal beschafft; dass er seine letzte Rolle vor ungefähr zehn Tagen beendet hatte und dass bis zu diesem Zeitpunkt, nach einem unerklärlichen Unfall, die Rolle, die mehr als eine Woche fällig war, nicht eingetroffen war.

Er befürchtete, dass es auf dem Weg verloren gegangen war - er befürchtete, dass der Träger versucht gewesen war, eine Pfeife davon zu rauchen, und war so entzückt von seinem exquisiten Geschmack, dass er sich nicht von der Stelle rühren konnte, bis er das Ganze ausgerollt und geraucht hatte. Er dachte eher, dass der Träger jetzt am Ende der Rolle sein würde, und dass er, sich seines grausamen Verhaltens bewusst, niemals vor ihm auftauchen würde, sondern das Land fliehen würde - nach Amerika, nach Long Island oder an einen anderen Ort, wo er seine Schuld geheim halten konnte. Er hatte das Papier gefunden, in das die letzte Rolle eingewickelt worden war, hatte das geraucht, und durch eine starke Anstrengung der Fantasie war es ihm gelungen, beträchtlichen Genuss daraus zu ziehen.

Und so leisteten wir dem tabaklosen Mann einen kleinen Beitrag, für den er uns höflich dankte, und schlenderten dann achtlos in Richtung Glen Sligachan - wahrscheinlich, um nach dem Boten Ausschau zu halten, der so lange unterwegs gewesen war.

"Wer ist unser Freund?", fragte ich meinen Begleiter. "Er scheint auf eine weitläufige und phantasievolle Weise zu sprechen."

"Ich habe ihn noch nie gesehen", sagte M'lan, "aber ich vermute, er ist einer dieser armen Kerle, die, wegen ihrer Hingabe an Opium oder starken Alkohol hierhergeschickt werden, um es auf ruhige Weise zu beenden. Wir haben viele von ihnen überall."

"Aber", sagte ich, "das scheint der schlimmste Ort zu sein, an den man einen solchen Mann schicken könnte - es ist, als würde man einen Mann allein in eine Wildnis mit seiner Reue schicken. Es ist offensichtlich auf der Welt, dass sich Männer inmitten seines Lärms, seiner Ambitionen, seiner Verantwortung erheben. Seevögel und neblige Berge und Regen und Stille sind die schlechtesten Begleiter für einen solchen Mann."

"Aber doch, wie Sie beobachten können, halten Seevögel und neblige Berge und Regen und Schweigen ihre Zungen und nehmen keine Notiz von Peccadilloes. Was auch immer ihre Fehler sein mögen, sie sind keine Skandalhändler. Die Taten in Skye töten keinen Mann. Hier ist es so still wie eine Krähe, es ist nur ein schwarz umrandeter Brief, der in einer fremden Hand adressiert wird und der schwarz umrandete Brief kann ins Feuer geworfen werden. Die arme Mutter klammert sich nicht daran und steckt es weg - und niemand ist ein bisschen weiser. Manchmal ist es zum Vorteil seiner Freunde, dass ein Mann auf dem einsamsten Weg in die andere Welt geht."

Also kamen wir am Bauernhaus vorbei, das bis auf eine rothaarige Maid, die ihren Kopf aus einer Scheune steckte, völlig verlassen wirkte und unsere Schritte zum Ufer des Lochs lenkte. Raues Gras umrahmte einen Halbmond aus gelbem Sand, und auf dem rauen Gras lag ein Boot auf der Seite, und seine pechschwarzen Nähte glitzerten im frühen Sonnenschein. Von diesem Boot haben wir sofort Besitz ergriffen, es an den Meeresrand geschleppt, unsere

Waffen und Proviant hineingeworfen, ebenso Steine für Ballast, Ruder besorgt und vom Ufer abgestoßen.

Wir mussten den großen Hügel umrunden, den wir von der anderen Talseite ins Meer hinabbrechen sahen; und als wir segelten und aufsahen, fraßen Schafe in den grünen Regalen, und immer wieder brach ein weißer Rauch von Seevögeln aus den schwarzen Abgründen hervor.

Langsam umrundeten wir den felsigen Strebepfeiler, der an stürmischen Tagen den Atlantik mit seinem Sprühregen füllte. Eine weitere Landzunge, die noch dunkler und trüber war, zog sich langsam zum Meer hinaus, und in einer Viertelstunde waren wir vom Hauptozean nach Loch Scavaig übergegangen.

Jeder Zug der Ruderer enthüllte einen weiteren Kamm der Cuchullins. Zwischen diesen Bergwällen fuhren wir, leise wie ein Schiff voller Seelen, die zu einigen nordischen Hadern gebracht wurden. Die Cuchullins waren jetzt vollständig sichtbar; und der Anblick auf halber Höhe des Loch Scavaig ist beeindruckender, als wenn man am Ufer des Loch Coruisk selbst steht - vielleicht aus dem Grund, dass die Gebirgsformen auf halber Strecke eine überraschende Unerwartetheit aufweisen. Auf dem ganzen Weg hatten Sie Zeit, sie einigermaßen kennenzulernen und die Vertrautheit hat begonnen, den Eindruck zu trüben. In ungefähr einer halben Stunde stiegen wir auf einer groben Felsplattform aus und landeten genau an der Stelle, auf der laut Sir Walter der Bruce gestanden hatte.

Wenn Sie Ihre Schritte vorsichtig über riesigen Felsbrocken und rutschigen Steinen gehen, stoßen Sie auf die wildeste Szene von Abgeschiedenheit in Großbritannien. Stellen Sie sich einen großen See vor, der mit dunkelgrünem Wasser gefüllt ist und von zerrissenen Abgründen übersät ist. Die Grundmauern sind seit dem Erdbeben mit Ruinen übersät und die Gipfel ragen mit grässlichen Splittern und Gipfeln in den Himmel. Hier gibt es keine Bewegung außer dem weißen Dampf, der aus dem Abgrund steigt. Die völlige Stille lastet auf Ihnen wie eine Bürde: Sie fühlen sich wie ein Eindringling.

Die Hügel scheinen ein Geheimnis zu haben; über eine unaussprechliche Idee nachdenken, die man nie erfahren wird. Sie können sich am Loch Coruisk nicht wohl fühlen und das Unbehagen entsteht in hohem Maße aus dem Gefühl, außerhalb von allem zu sein - dass die vom Donner gespaltenen Gipfel ein Leben haben, in das Sie sich nicht einmischen können. Die dummen Monster sind traurig und ratlos.

Wenn Sie dort stehen, sind Sie beeindruckt von der Vorstellung, dass die Berge still sind, weil sie so aufmerksam zuhören. Und die Berge lauschen. Warum widerhallen sie auf so wunderbare Weise unseren Stimmen? Ruf hier wie ein Achilles in den Schützengräben. Hör mal zu! Der Hügel gegenüber nimmt Ihre Worte auf, wiederholt sie nacheinander und probiert sie neugierig mit der Schwerkraft eines Raben aus. Unmittelbar danach hören Sie eine Vielzahl von himmlischen Stimmen.

"Glaubt, dass zwischen den Gipfeln Geister sind."

Wie seltsam sich die klaren, starken Töne in diesen Granitabgründen wiederholen! Wer konnte sich vorstellen, dass Horror eine so süße Stimme hat! Immer schwächer und musikalischer werden sie. Schwächer, süßer und entfernter, bis sie endlich wie aus dem Nichts vom Himmel auf Ihr Ohr kommen. M'lan feuerte seine Waffe ab und sie hallte in der ganzen Schlacht von Waterloo wider. Wir hielten die

Hügel mit Rufen und dem Schießen von Gewehren beschäftigt und dann führte uns M'lan zu einem geeigneten Ort zum Mittagessen.

Während wir entlang stapfen, erhebt sich etwas von einem Felsen - es ist ein Adler. Sehen Sie, wie großartig die edle Kreatur davonfliegt. Was für ein Flügelschlag! Was für ein Herr der Lüfte! Und wenn Sie Ihre Augen aufschlagen, werden Sie sehen, wie sein Bruder wie ein Fleck unter der Sonne hängt.

Unter M'lans Anleitung erreichten wir die Mittagspause, packten unseren Korb aus, verschlangen unser Brot und kaltes Hammelfleisch, tranken unser in Flaschen abgefülltes Bier, zündeten unsere Pfeifen an und rauchten - in der seltsamsten Gegenwart. Danach packten wir unsere Sachen zusammen, schulterten unsere Waffen und marschierten auf den Spuren des alten Erdbebens auf unser Boot zu.

Als ich wieder an Bord ging und zwischen den felsigen Toren von Loch Scavaig segelte, sagte ich: "Ich würde keinen Tag in dieser Einsamkeit verbringen. Ich sollte vor dem Abend verrückt werden."

"Unsinn", sagte M'lan. "Jäger bauen in Coruisk Zelte auf und bleiben jede Woche dort - im Loch gibt es auch Forellen. Der Fotograf mit seiner Kamera und seinen Chemikalien ist fast immer hier und die Hügel sitzen fest für seine Porträts. Es ist auch so, dass Sie Coruisk gesehen haben, bevor sein Ruhm aufgehört hat. Ihr Freund, der Vermieter, spricht davon, ein schwimmendes Hotel an der Spitze des Loch Scavaig mit Schlafapartments, bestem Fleisch und Getränken und einer Blaskapelle festzumachen. Führen Sie an den Sommerabenden die neuesten Opernlieder auf. Auf der Bühne der Blaskapelle fliegt der letzte Adler nach Harris."

"Der Tourist kommt, und Poesie flieht vor ihm, wie der Rote vor dem Weißen flieht. Seine Tweeds werden eines Tages die heimliche Spitze des Sinai alltäglich machen."

Zu gegebener Zeit erreichten wir Camasunary und zogen das Boot über das raue Gras jenseits des gelben Sandes. Das Haus sah verlassen aus, als wir vorbeikamen. Unser Freund des Morgens saß auf einem Felsen, rauchte und blickte Glen Sligachan an, der immer noch nach dem Auftritt seines Boten aus Broadford Ausschau hielt. Bei unserem Ruf drehte er den Kopf und winkte mit der Hand.

Wir stiegen dann auf den Hügel hinauf und nach Kilmaree hinab. Es war jetzt Abend und als wir nach Hause fuhren, setzte ich mich in den Bug und beobachtete die ungeheure Masse von Blaavin und den wilden Rand der Cuchulhins, der vom Sonnenuntergang gebräunt war. M'lan steuerte und die Ruderer sangen melancholische gälische Lieder, als sie sich ihrer Arbeit widmeten.

Es war elf Uhr nachts, als wir herüberkamen, und die Hügel, die wir verlassen hatten, zerschnitten noch mit mattem Purpur einen blassgelben Himmel; denn im Sommer gibt es in diesen nördlichen Breiten keine richtige Nacht, nur eine mysteriöse Dämmerstunde und ein Funkeln kurzlebiger Sterne.

Der Broadford Fair ist eine großartige Veranstaltung auf der Insel. Die kleine Stadt liegt am Rande einer geschwungenen Bucht und im Schatten eines etwas berühmteren Hügels. Auf dem Hügelkamm befindet sich ein Steinhaufen, die Begräbnisstätte einer Skandinavierin. Die Überlieferung sagt mir, dass sie sich gewünscht hatte, hoch oben im norwegischen Wind zu schlafen.

In einer grünen Schlucht am Fuße steht das Haus von Corachatachin, das Erinnerungen an Johnson und Boswell atmet. Broadford ist eine Poststadt mit einem Kalkofen, einem Gasthaus und vielleicht drei Dutzend Häusern. Es ist ein Ort von großer Bedeutung. Wenn Portree das London von Skye ist, ist Broadford sein Manchester. Die viermal im Jahr stattfindenden Märkte werden auf einem Moorgebiet etwa 1,6 km vom Dorf entfernt durchgeführt.

Es werden nicht nur Rinder verkauft und Bargeld gegen dasselbe eingetauscht, sondern der Skye-Bauer begegnet seinen Verwandten, vom Bruder seines Blutes bis zu seinem Cousin vierzig Mal entfernt. Zu diesen Treffen zieht es ihn nicht nur durch seine Liebe zur Münze, sondern auch durch seine Liebe zur Verwandtschaft und – da die Broadford Mail und der Portree Advertiser noch im Mutterleib der Zeit liegen - durch seine Liebe zum Klatsch. Der Markt ist die Börse des Skye-Mannes, sein Familientreffen und seine Zeitung. Aus dem tiefen Meer seiner Einsamkeit kommt er herauf, um zu atmen und erfrischt wieder zu versinken.

Den Markt in Broadford wollte ich mir ansehen. Am Tag vor dem Markt hatte der jüngere M'Ian etwa vierzig Rinder vom Hügel getrieben und diese wurden unter der Leitung von John Kelly und seinem Hund am frühen Nachmittag in Bewegung gesetzt, damit sie gegen acht Uhr am folgenden Morgen am Treffpunkt anwesend sein konnten, zu welcher Stunde das Geschäft allgemein begann. Ich sah die malerische Truppe vorbeiziehen - wild - schöne Tiere aller Farben - schwarz, rot, cremefarben, dunkelbraun und braun; auch in dieser Größe und so fein gezüchtet, dass man den einen kaum von den anderen unterscheiden konnte. Was für ein Schatz! Wie sie ihre Mäuler warfen! Wie die Atemzüge jedes einzelnen Tieres in einem getrennten Kranz aufstiegen! Wie John Kelly schrie und trieb und wie sein Hund herumtollte! Endlich wurde das Gebrüll der Tiere - die Horde sang nach dieser Art und Weise ihr dunkles "Lochaber no" - schwächer und schwächer das Tal hinauf, und schließlich legte sich auf allem die gewohnte Stille.

Am nächsten Morgen vor Sonnenaufgang folgten M'Ian und ich in einem Karren. Wir kamen die Schlucht entlang, die Fellowes und ich gekommen waren; und auf den Wiesen, über die wir bei dieser Gelegenheit eine Truppe von Pferden sahen, die durch den Nebel des Abends galoppierten, bemerkte ich im nahtlosen Licht, das dem Sonnenaufgang vorausging, Heuschober am Flussufer und einen leeren Karren, der mit seinem Scharlach stand, die Stangen in der Luft. Auf einem näheren Feld stießen ein paar männliche schwarze Hähne mit einem lauten Rauschen ihre kämpferischen Köpfe zusammen. Plötzlich zeigte die Sonne über dem Hügel vor ihm sein strahlendes Gesicht, die kühle Atmosphäre wurde von seinen Feuern durchbohrt und erhellt, die taunassen Birken funkelten, und an den Becken des Gebirgsbachs, entlang dessen Rand unsere Straße aufstieg, flackerte es golden.

Wir kamen an dem See vorbei, an dem uns die Torfmädchen ausgelacht hatten. Ich nahm genau die Stelle zur Kenntnis, an der wir nackten Beinen einen Schilling gegeben hatten und erzählte meinem Begleiter die ganze Geschichte unseres Abendspaziergangs.

Ein oder zwei Meilen nachdem wir das kleine Fischerdorf passiert hatten, mit dem ich früher Bekanntschaft gemacht hatte, betraten wir ein sehr trostloses Landviertel. Es war genau für das Auge, was das Krächzen des Raben für das Ohr ist. Es war eine völlige Trostlosigkeit, in der sich die Natur zu verschlechtern schien und das im schlimmsten Fall. Der Winter konnte die Region unmöglich traurig machen; kein Frühling konnte es mit Blumen verwandeln. Die Hügel trugen den weißen Streifen des Stroms nur zur Verzierung; der felsige Boden kleidete sich in Heidekraut, das nie Purpur schimmern würde. Sogar der Mensch, der Wundertäter, der alles verwandelt, was er berührt, der ein fruchtbares Holland aus den Wellen gerettet hat, der ein marmoriertes Venedig aus Salzlagune und Sumpf gezogen hat, wurde hier besiegt. Die Arbeit war ergebnislos - sie war wie ein Lied ohne Echo. Eine Rasenhütte mit Rauch vom Dach und einem grünen Fleck ringsum, die an das Lächeln eines kranken Kindes erinnerte.

 Allmählich änderte sich jedoch der Aspekt des Landes und wies Spuren der Kultivierung auf und in Kürze stieg der rote Hügel mit dem Steinhaufen der Norwegerin vor uns auf, was Broadford andeutete und zugleich den Abschluss der Reise bedeutete. Nach einer Weile war die Straße voller Rinder, die mit Fluch und Schrei vorwärtsgetrieben wurden. Ab und zu kam ein Karren herbei und unendlich war die Verwirrung und das schreckliche Zungenklirren, als er sich in eine Schafherde oder eine schreckhafte "Dreijährige" stürzte.

 Am Eingang des Marktes wurden die Pferde von den Fahrzeugen abgeschirrt und mit einem um die Vorderbeine geschnallten Lederband zurückgelassen, um auf der Suche nach einem Frühstück herumzuhumpeln. Zu beiden Seiten der Straße standen Herden von Rindern, die wildesten Kreaturen, mit Haaren über den Augen und Hörnern von absurden Ausmaßen. Auf Hügeln, wenig voneinander entfernt, saßen Frauen mit weißen Mützen und scharlachroten Schottenkaro-Plaids neben einer Kuh oder einem Pony oder vielleicht einem Dutzend Schafen und warteten geduldig auf die Fortschritte der Kunden.

Truppen von Pferden wieherten von Pfählen. Auch Schafe standen hier in Massen, wechselten ständig ihren Platz und zerstreuten sich wie Quecksilber, wahnsinnige Hunde und Männer, die an ihren Rändern dahinflogen. Was für ein Klanggewirr! Was für ein Wiehern und Blöken! Was für ein Meckern und Bellen! Unten im Tal waren seit der Morgendämmerung Zelte aufgebaut worden; dort wurden Kartoffeln für Viehhirten gekocht, die die ganze Nacht gereist waren; dort konnte man auch Schnaps erhalten. Zu diesen Plätzen bemerkte ich, wanderten die Vertragsparteien ohne Ausnahme, um einen Handel zu feiern.

Endlich erreichten wir das Zentrum des Marktes, und dort standen John Kelly und seine Tiere, eine Reihe von Viehhirten, die sich um sie bewegten und ihre Eigenschaften untersuchten. Von diesen Männern war mein Freund sofort umzingelt, und es kam zu vielen Scherzen und Verhandlungen und in regelmäßigen Abständen zu Besuchen in einem der vorgenannten Zelte.

John Kelly hatte ein scharfes Auge auf seine Viecher. Lachlan Roy kam vorbei und breitete das Lächeln auf seinem gutmütigen Gesicht aus. Ich irrte eine Zeitlang ziellos umher und wurde dem Lärm und dem Tumult müde. M'Ian hatte mir gesagt, dass er frühestens am Mittag zurückkehren könne und dass er die ganze Zeit auf eigene oder fremde Rechnung verhandeln würde, und das ich mich während dieser Stunden amüsieren müsste, so gut ich konnte.

Als die Neuheit der Szene nachließ, begann ich zu befürchten, dass eine Belustigung nicht möglich sein würde. Plötzlich hob ich den Blick aus dem Lärm und der Verwirrung, da waren die einsamen Berggipfel und der klare Spiegel der Broadford Bay, die gegenüberliegende Küste, die mit all ihren Wäldern grün darin schläft; und siehe da! Der Dampfer aus dem Süden rutschte mit seinem roten Trichter hinein und unterbrach das Spiegelbild mit einer Spur Schaum und störte die ferne Morgenstille mit dem Donnern seiner Paddel. Dieser Anblick löste meine Schwierigkeit für mich in einem Moment. Ich dachte an Dr. Johnson und Boswell.

"Ich werde gehen", sagte ich, "und die Ruinen des Hauses von Corachatachin anschauen, die in der grünen Schlucht unter dem roten Hügel liegen, auf dessen Spitze die nordische Frau begraben ist." So sagte ich und ging.

Ich gestehe, von allen hebridischen Vereinigungen ist Dr. Johnsons Besuch der angenehmste. Wie der Arzt dorthin gekommen ist, ist eine Frage ständiger Verwunderung. Er mochte Bücher, Clubleben, das Dröhnen der Fleet Street, gute Gespräche und witzige Begleiter. Man kann sich nicht vorstellen, welche Anziehungskräfte die regnerischen und überfüllten Inseln auf den Verfasser der "Vanity of Human Wishes" besaßen.

Wordsworth hatte die Liebe zu Berg und See und den Formen der sich ändernden Wolken noch nicht zur Mode gemacht. Scott hatte den Glamour der Romantik noch nicht über das nördliche Land geworfen. Für schöne Landschaften hatte Johnson keinen Sinn. Als Boswell in der Fülle seines Entzückens auf "einen unfassbaren Berg" hinwies, grinste der Arzt aufrichtig "einen fassbaren Hügel". Er kümmerte sich nur um Berge in Büchern und selbst in Büchern kümmerte er sich nicht viel um sie. Die Regenwolke, die Ruskin in Ekstase versetzen würde, konnte dem Moralisten nur die dringende Notwendigkeit eines Regenschirms oder einer Kutsche nahelegen.

Johnson liebte seine Leichtigkeit; und ein Besuch auf der westlichen Insel war zu seiner Zeit eine ernste Angelegenheit - ungefähr so ernst, wie ein Besuch in Kamtschatka in unserer Zeit sein würde. Auf seinen Wanderungen war er Regen und Wind, mittelmäßiger Küche, stürmischer See und der Unterhaltung von Personen ausgesetzt, die weder witzig noch gelehrt waren - die weder poliert wie Beauclerk noch amüsant wie Goldsmith waren - und die über das Epigramm bestenfalls lachten.

Ich erschaudere, wenn ich an den stämmigen Arzt denke, der in diesen Regionen reist und freiwillig für eine Weile alle Londoner Freuden beiseitelegt und bewundere ihn als einen großen Helden. Boswell erinnert an bestimmte Ausbrüche von Petulanz und Milz; aber insgesamt scheint der große Mann mit seinem Abenteuer zufrieden gewesen zu sein. Johnson fand in seinen Wanderungen schöne und hochrassige Frauen, wohlerzogene und kultivierte Männer - und es ist mehr als wahrscheinlich, dass er, wenn er heute auf die Inseln zurückkehren würde, diese bewundernswerten menschlichen Eigenschaften nicht in größerer Fülle vorfinden würde.

Was mich am meisten verwundert, ist der Mut, mit dem der Philosoph auf das Meer gestoßen ist. Ich habe auf einem großen Dampfer mehr als einmal bei der schweren Brandung auf Ardnamurchan gezittert; und doch passierte der Arzt die Stelle in einem offenen Boot auf dem Weg nach Mull, "in philosophischer Ruhe unten liegend, mit einem Windhund im Rücken, um ihn warm zu halten", während der arme Bozzy im Regen oben blieb und sich nach dem lieben Leben an ein Seil klammerte, das ihm ein Seemann zum Halten gab, das seinen aufständischen Magen nach besten Kräften mit frommen Überlegungen beruhigte, und das traurig störte, als eine größere Welle als üblich auftauchte und das Boot mit den Einwänden aufrollte, die gegen ein Schiff aufgrund besonderer Vorsehung erhoben worden waren - Einwände, die Dr. Hawkesworth kürzlich in seinem Vorwort zu "Reisen in die Südsee" wiederbelebt hatte.

Boswells Tagebuch der Tour ist eine köstliche Lektüre. Voller amüsanten Egoismus; unbewusst komisch, wenn er für sich selbst spricht, und gleichzeitig wertvoll, unvergesslich, wunderbar lebendig und dramatisch in der Darstellung, wenn der "Majestätische Lehrer für moralische und religiöse Weisheit" erscheint.

Was für eine einzigartige Fähigkeit der Mann hatte, seinen Helden zu präsentieren, und sich gleichzeitig selbstgefällig in den Hintern zu schreiben! Es bedurfte einer gewissen Vielseitigkeit, um das Kunststück zu vollbringen, würde man meinen. In beide Richtungen begleitet ihn der herausragendste Erfolg. Und doch hat die Absurdität von Boswell die Wirkung von schönster Kunst. Johnson schwimmt, eine riesige Galeone, im Meer von Boswells Eitelkeit und im Gegensatz zu der Leichtigkeit des Elements, in dem es sich bewegt, wirken seine Masse und Höhe umso beeindruckender.

In Skye stößt man immer wieder auf die Spuren der angesehenen Reisenden. Sie waren in Broadford gewesen - und an diesem Morgen beschloss ich, auch nach Broadford zu fahren. Vorsichtig meine Schritte durch den Markt wählend - eine Schafherde auf der einen Seite und eine Kolonne schwarzer Rinder mit großen Hörnern auf der anderen Seite meidend, mit einigen Schwierigkeiten, einem wütenden Stier aus dem Weg zu gehen, der die Straße hinaufstürmte.

Bald hatte ich das Durcheinander hinter mir und war in einer halben Stunde an dem Kalkofen, den Dutzend Häusern, den zehn Läden, dem Gasthaus und der Kirche, die Broadford bilden, vorbeigekommen und schritt entlang der grünen Schlucht, die in Richtung der roten Hügel lief. Endlich kam ich zu einem ungeordneten Steinhaufen, in dessen Nähe ein einzelner Baum wuchs, dessen Rücken sich die Last der Zeit und der Witterung gebeugt hatte und der, obwohl kein Windhauch wehte, nicht mehr eine aufrechte Position wiedererlangen konnte wie ein alter Arbeiter im Urlaub. Dieser Steinhaufen war alles, was vom alten Haus von Corachatachin übriggeblieben war.

Ich ging ehrfürchtiger umher, als wenn es der Steinhügel eines Häuptlings gewesen wäre. Er wird von keinem Geist heimgesucht. Soweit ich weiß, hat kein Kampf vor Ort stattgefunden. Aber hier hat Boswell, nachdem sich Dr. Johnson zur Ruhe gesetzt hatte, in Gesellschaft einiger junger Highland-Blutsverwandter - ah, ich! Eure Enkelkinder müssen tot oder grau davon sein! – fünf gigantische Punschschalen gebraut und gesoffen. Mit welchem wilden Gerede können wir uns vorstellen; und der Freund des "Majestätischen Lehrers für Moral und religiöse Weisheit" ging um fünf Uhr morgens ins Bett und erwachte mit den Kopfschmerzen des Repressaten.

Mittags brach der Arzt mit dem Ausruf herein: "Was, schon betrunken?"

"Sein Tonfall war kein strenges Schimpfen", schreibt der Büßer Bozzy, "also war ich ein wenig erleichtert."

Stellten sich diese jungen Männer vor, als sie an diesem Abend saßen und tranken, dass hundert Jahre später die Menschen über ihre Taten schreiben würden - dass der Geruch ihrer Punschschalen sich selbst überleben würde?

Kein Mensch weiß, welcher Teil seines Lebens in Erinnerung bleiben, was vergessen wird. Eine einzelne Träne, die hastig weggebürstet wurde, ist das Beste, was wir von Xerxes wissen. Man ging um die Ruine herum und dachte neugierig an die geröteten Gesichter, die der Tod schon so lange abgekühlt hat.

Als ich gegen Mittag auf den Markt zurückkam, stellte sich heraus, dass ein beträchtlicher Geschäftscharakter erreicht worden war. Horden von brüllenden Rindern wurden nach Broadford getrieben und Viehhirten strömten auf wunderbare Weise, mit Teertopf und Peitsche bewaffnet und schmierten ihre eigentümlichen Spuren in die zotteligen Häute ihrer Einkäufe.

Einige von ihnen sind heute Morgen mit 500 Pfund in ihren Taschenbüchern hierhergekommen und haben jedes Papier davon ausgegeben, und an diesem Tag in drei Monaten werden sie mit einer ebenso großen Summe zurückkehren.

Als ich mich näherte, waren die Kabinen am Straßenrand - leer, als ich sie einige Stunden zuvor passiert hatte - mit Süßigkeiten, Bändern und billigem Schmuck reichlich gefüllt, und um die hellköpfigen und scharlachroten Mädchen wimmelte es wie Bienen um runde Sommerblumen.

Der Markt hatte seine volle Karriere als Schnäppchenjäger hinter sich, mit Dramtrinken, grobem Flirt und dem Treffen von Freund mit Freund. Als mitten auf der Straße die Passagiere drängten und das Vieh erschreckten, kamen drei fehlgeleitete junge

Herren - Medizinstudenten, wie ich meinte, die in diesen Regionen botanische Forschungen betrieben.

Aber zu deutlich waren sie in Zelten gewesen. Einer von ihnen, begabt mit einem komischen Genie - seine Gefährten waren verzweifelt ernst - warf an einer Stelle der Straße den Kragen seines Mantels zurück, wie es Sambo tat, als er den Applaus der Dreigroschengalerie niederschlug, und führte ein Tänzchen vor einer verwirrten Kuh auf. Crummje wich zurück und scheute, um sich zurückzuziehen. Er, beweglich wie ein Korken, schwankte vor ihr auf und ab und drehte sich mit Schreien und abscheulichen Grimassen, wohin sie auch wandte. Seine Gefährten standen dabei wie Stumme bei einer Beerdigung. Das Kunststück war vollbracht, das Trio taumelte weiter, inmitten des höhnischen Lachens und Verspottens der Gälen.

Kurz darauf begegnete ich M'lan, der sein Geschäft beendet hatte und darauf bedacht war, abzufahren.

"Wir müssen uns das Pferd selbst schnallen", sagte er, "denn dieser Schlingel, John Kelly, ist irgendwo weggegangen. Er ist in und aus Zelten gewesen, seit das Vieh verkauft wurde und ich hoffe darauf, dass er nicht zu Tode kommt. Er hat einen ständigen Streit mit den Kyle-Männern und könnte einen gebrochenen Kopf bekommen."

Als wir uns durch die Menge drängten, erreichten wir den Karren, ließen das Pferd anspannen und wollten gerade anfangen, als Lachlan Roy mit entzündetem Gesicht und ohne Hut heranflog.

"*Maister* Alic, *Maister* Alic, ist mein Gesicht schon rot?" rief er, als er seine Hand auf das Fahrzeug legte.

"Rot genug, Lachlan. Du solltest besser mitkommen, du könntest dein Geld verlieren, wenn du es nicht tust."

"Oh, *Maister* Alic, Liebling, sagt nicht, dass mein Gesicht rot ist - es ist nicht rot, Maister Alic - es ist nicht *vera* rot", plädierte der arme Kerl.

"Kommst du mit oder nicht?" sagte M'lan, als er die Zügel in seiner Hand aufnahm und die Peitsche ergriff.

In diesem Moment kamen drei oder vier Fahrer aus einem Zelt in der Nachbarschaft, und Lachlan hörte, wie sein Name gerufen wurde.

"Ich gehe zurück für meinen Hut. Es wäre nicht anständig, ohne Hut mit Gentlemen zu fahren;" und er zog seine Hand zurück.

Die Viehzüchter riefen erneut und dieser zweite Schrei zog Lachlan an, wie das Licht die Motte anzog.

"Sein Gesicht wird vor dem Abend rot genug sein", sagte M'lan, als wir wegfuhren.

Nachdem wir ungefähr eine Viertelstunde gefahren waren und uns völlig vom Markt befreit hatten, rief M'lan, der seine Augen mit einer gekrümmten Handfläche vor der Sonne abschirmte, plötzlich aus: "Da sitzt ein roter Hund am Straßenrand, ein Stück weiter. Es sieht aus wie John Kellys."

Als wir aufstanden, wedelte der Hund mit dem Schwanz und winselte, behielt aber seine liegende Position bei.

"Kommt", sagte M'lan. "Der Hund spielt die Rolle eines Wächters, und ich gehe davon aus, dass wir seinen Herrn finden werden."

Wir stiegen dementsprechend aus und stellten bald fest, dass John sich auf dem Heidekraut ausstreckt hatte und heftig schnarchte, seine Krawatte war nicht gelöst, sein Hut weg war und die Sonne schien voll auf sein felsiges Gesicht.

"Er ist so betrunken wie die Ostsee", sagte M'lan, "aber wir müssen ihn da rausholen. Auf, John!"

Aber John gab keine Antwort. Wir drückten, zogen und schlugen, aber John blieb unbeweglich. Ich schlug vor, dass etwas Wasser auf sein Gesicht zu gießen und beschaffte etwas von einem nassen Graben in der Nähe, mit dem sein Antlitz benetzt werden konnte. Das schlammige Wasser verursachte lediglich ein Grunzen der Unzufriedenheit.

"Wir müssen seine Ehre als Kämpfer ansprechen", sagte M'lan, und dann kniete er nieder und schrie John ins Ohr: „Ein Mann aus Kyle sagt, er wäre ein besserer Mann als du."

John grunzte trotzig.

„Er sagt, er wird jeden Tag gegen dich kämpfen, den du magst."

„Er sagt, er wird dich treten."

Unter dieser Beleidigung wand sich John sichtlich.

„Tretet ihn", flüsterte M'lan, „so hart wie Sie können. Es ist unsere einzige Chance."

Ich trat und John sprang auf wie ein Pfeil und schlug blind aus. Als er merkte, gegen wen er so feindliche Demonstrationen machte, sanken seine Hände und er stand, als hätte er einen Geist gesehen.

"Haltet ihn", sagte M'lan, "seine Wut hat ihn ernüchtert, er wird im nächsten Moment betrunken sein; bringen Sie ihn sofort in den Karren."

So wurde der klare Moment ausgenutzt, er wurde auf den Rücksitz des Fahrzeugs gehievt, seine Hut wurde besorgt - er war darauf eingeschlafen - und auf den wilden Kopf im Wagen gelegt. Wir nahmen unsere Plätze ein und machten uns auf den Weg, mit dem roten Hund im Schlepptau. John rollte ein oder zwei Mal davon, aber es wurde kein großer Schaden angerichtet und wir luden ihn leicht wieder ein.

Zu Hause setzten wir ihn ab und rieten ihm, seinen wild verworrenen Kopf in den Bach zu tauchen, bevor er nach Hause ging.

In den letzten Wochen hatte ich die Gelegenheit, etwas vom Leben in der Wildnis von Skye mitzuerleben, und war beeindruckt von seiner Eigenständigkeit, nicht weniger als von seiner Abgeschiedenheit.

Eine Skye-Familie hat alles in sich. Die kahlen Berge bringen Hammel hervor, dessen Geschmack und Delikatesse im Süden unbekannt sind. Die Gebüsche schwärmen von Kaninchen; und wenn ein Netz über Nacht auf der Schwarzen Insel aufgestellt wird, gibt es reichlich Fisch zum Frühstück. Der Bauer baut sein eigenes Getreide, seine eigene Gerste und Kartoffeln an, gräbt seinen eigenen Torf und stellt seine eigenen Kerzen her. Er bräunt Leder, spinnt Stoff zottelig wie ein Terrierfell und ein buckliger Künstler verwandelt die Rohstoffe in Stiefel oder Hirtenkleidung. Zweimal im Jahr kommt ein riesiger Korb aus Glasgow, angefüllt mit all dem kleinen Luxus der Haushaltsführung - Tee, Zucker, Kaffee und dergleichen. In kürzeren Abständen kommt ein 10-Gallonen-Fass von Greenock, dessen Inhalt die eisigen Reißzähne des Nordostens listig zeichnen oder die Kälte aus den feuchten Nebeln nehmen kann.

"Was kann man mehr wollen, selbst wenn man ein König ist?"

Und einmal in der Woche bringt der Inverness Courier, wie ein Fenster, das sich plötzlich auf dem tosenden Meer öffnet, ein Rauschen der Außenwelt, ihrer Politik, ihres Geschäfts, ihrer Verbrechen, ihrer

Literatur, ihrer ganzen Vielfalt und ihres schlaflosen Lebens, das die Stille noch deutlicher macht.

Für den Islesman ist das Zifferblatt des Jahres nicht künstlich unterteilt, wie in Städten, nach Parlamentssitzung und Sitzungspause, Studienzeiten, kurzen und langen Ferien, nach dem Aufstehen und Sitzen von Gerichten; noch, wie in glücklicheren Böden, durch nicht wahrnehmbare Abstufungen des farbigen Lichts - das grüne blumige Jahr, das in den Sonnenuntergang der Oktober-Stockrose vertieft wird; die langsame Rötung vollastiger Obstgärten; das allmähliche Vergilben von Weizenebenen.

Nicht durch irgendetwas davon, sondern durch das höhere und wirkungsvollere Element des Tierlebens mit seinen Leidenschaften und Instinkten, seiner Freude und seinem Leiden; Existenzen wie unsere, wenn auch in einer niedrigeren Tonart und unberührt von ernsten Fragen; dieselbe Musik und dasselbe Wehklagen, obwohl sie von unhöflichen und unsicheren Akkorden gespielt werden.

Für den Inselbewohner steigt das Jahr ins Interesse, wenn die Hügel, die noch von geschmolzenem Schnee benetzt sind, mit frisch geernteten Lämmern bevölkert werden und es sich durch die aufeinander folgenden Schritte des Absetzens, Sortierens, Mastens, Verkaufens, endgültigen Aufbruchs und durch das Geld in der Tasche. Das Hirtenleben ist insofern interessanter als das landwirtschaftliche, als es sich um eine höhere Seinsordnung handelt; denn ich nehme an - abgesehen von Erwägungen des Profits -, ein Mutterschaf, mit ihrem Jungen an ihrer Seite, oder ein Widder, "mit prächtigen Hörnern", der das Kraut beschneidet, ist ein angenehmeres Objekt für den ästhetischen Sinn als ein

Feld von Mangelwurzeln, so herrlich sie auch blühen mögen.

Der Hirte wohnt im Bergland, lebt vollständiger im Freien und ist mit allen Phänomenen von Sturm und Ruhe vertraut, wobei sich der Donnerrauch in der Luft windet, der Falke still im atemlosen Blau steht. Er kennt die Gesichter der Hügel, erkennt die Stimmen der Wildbäche, als wären sie eigene Kinder, kann ihre komplizierte Melodie pfeifen, wenn er mittags mit seinem Hund auf dem warmen Hang liegt, Ton in Ton schenkt dem groben Fels, zum kieseligen Grund.

Jedes Mitglied seiner Herde trägt seine besondere Individualität ins Auge und er erkennt das Antlitz eines Tiers wie das Antlitz eines menschlichen Bekannten. Die Schafzucht ist eine malerische Beschäftigung: und ich denke, die Vielzahl von Schafen, die einen Hügel hinabsteigen, sich in blödsinniger Muße ausbreiten in der Eile der Angst zusammenkauern; die Hunde, die mehr vom Scharfsinn als von der Stimme des Hirten getrieben werden und an den Rändern der Herde fliegen und führen, die Form der Herde verändern sind, eine der schönsten Sehenswürdigkeiten der Welt.

Das Melken der Kühe lohnt sich anzuschauen. Die Kühe weiden den ganzen Tag auf den Hügeln herum und werden bei Sonnenuntergang in eine Art grüne Oase inmitten des umgebenden Birkenwaldes getrieben. Der Felswall darüber ist in Abendfarben gekleidet, das Gras ist goldgrün; alles - Tiere, Herden und Milchmädchen werfen lange Schatten. Rundherum stehen die Kühe in malerischen Gruppen. Die Milchmagd nähert sich einer, streichelt sie für einen Moment, zieht ihren Stuhl heran, und sofort zischt die reiche Milch in den Eimer.

Plötzlich entsteht ein gewaltiges Geräusch und drängt sich durch die Birkenholzklumpen hinunter zu einem seichten Bach, der die Oase umgibt. Heraus bricht eine Truppe wild aussehender Kälber, begleitet von einer Truppe wilder aussehender, mit Stöcken und Zweigen bewaffneter Seeigel. Die Kühe wenden ihre wehmütigen Augen; die brüllenden Kälber werden auf der anderen Seite des Baches angehalten und die Seeigel stehen im Wasser, um sie zurückzuhalten. Ein leidenschaftliches Kalb durchbricht jedoch die Kette von Bengeln, stürzt eines in das Bächlein, klettert unter viel gälischem Geschrei über das Ufer und schlendert ungeschickt auf seine Mutter zu. Als er sie erreicht, stößt er wild gegen das angeschwollene Euter, trinkt, sein Schwanz zittert vor Freude; während sie sich umdreht und sein zotteliges Fell mit der Zunge einer Mutter leckt.

In ungefähr fünf Minuten muss er aufhören und marschiert mit einem astbeladenen Seeigel auf jeder Seite wieder über den Bach. Nacheinander dürfen die Kälber kreuzen, jeder macht den gleichen wilden Stoß am Euter, jeder trinkt, der Schwanz zittert ekstatisch; und auf jeder fixiert die Mutter ihre großen geduldigen Augen und leckt das Fell, ob es rot, schwarz, gestromt, dunkel oder cremefarben ist. Als die Kälber über den Bach und wieder zurück waren und die Kühe zu ihrer gewohnten Weide getrieben werden, nähert sich eine Milchmagd mit ihrem Eimer und hält ihn hoch, gibt Ihnen zu trinken, wie Rebecca vor langer Zeit zu dem Diener Abrahams trinken gegeben hat.

Zu diesem Zeitpunkt ist das Gras nicht mehr goldgrün; das rote Licht ist von den felsigen Wällen verschwunden und die Sommerdämmerung wächst in den Mulden und zwischen dem Birkenwäldchen. Von weitem hört man das Geräusch von sich zurückziehenden Kälbern und Bengeln. Die Milchmädchen starten in langer Prozession mit Eimern und Stühlen. Ein Kaninchen kommt aus einem Busch zu Ihren Füßen und huscht das dunkle Feld hinunter.

Und wenn Sie den Hügel hinunter zur Brücke gehen, sehen Sie das feierliche Purpur der Cuchullins, das die gelbe Blässe des Abendhimmels durchschneidet - vielleicht bemerken Sie mit einem Gefühl tiefer Befriedigung, dass auf der Veranda von Mr. M'Ians Haus ein Licht brennt.

"Die Falte", wie das Melken der Kühe genannt wird, ist hübsch genug; aber das beunruhigendste Ereignis des Hirtenlebens ist das Absetzen der Lämmer – weil es Leidenschaften in den Schäfchenherden offenbart, deren Manifestation wir gewohnt sind, in uns selbst als dekorativ zu betrachten.

Von allen Hügeln treiben Menschen und Hunde die Herden in eine Falte oder einen Fank, wie sie hier genannt wird, die aus mehreren Kammern oder Fächern besteht. In diese Fächer drängen sich die Schafe und dann findet die Trennung statt. Die Mutterschafe werden in die Berge zurückgebracht, die Lämmer an einen Ort getrieben, an dem die Weiden reich sind und wo sie Tag und Nacht beobachtet werden.

Mitternacht kommt mit Tau und Sternen; die Lämmer sind friedlich zusammengelegt. Plötzlich sind sie unruhig, fühlen sich unwohl, werden von einem wunden, unbekannten Bedürfnis angestachelt und scheinen wild in alle Richtungen zu streunen. Aber die Hirten sind vorsichtig, die Hunde schnell und sicher, und nach einer Weile ist die Störung beseitigt, und sie sind wieder ruhig.

Gehen Sie jetzt zur Fank. Der Vollmond reitet zwischen den Hügeln und füllt die Täler mit Glanz und schwebenden mysteriösen Düsterkeiten. Hören Sie zu! Sie hören es auf jeder Seite, bis es in der Stille der Ferne verschwindet - die flauschige Rachel, die um ihre Kinder weint! Die Rasenmauern des Fanks liegen im Schatten, aber da scheint sich etwas zu bewegen. Wenn Sie sich nähern, verschwindet es mit einem kurzen Pfeifen und der Eile winziger Hufe.

Wunderbares Geheimnis des Instinkts! Zuneigung umso mehr, als sie so in Dunkelheit gehüllt ist und kaum ihre eigene Bedeutung kennt. Nächte und Nächte lang tummeln sich die Kreaturen an den Turfenwänden und suchen die weggenommenen Jungen.

Aber meine größte Freude hier ist mein Freund, Mr. M'Ian. Ich weiß, dass ich ihn beschrieben habe, als ich ihn zum ersten Mal in seinem eigenen Haus sah; aber jetzt kenne ich ihn besser, natürlich kann ich ihn besser beschreiben. Er würde Sie mit einem Gefühl der Fremdheit in einer Stadt verwirren, auch unter Männern der gegenwärtigen Generation; aber hier schafft er keine Überraschung - er ist ein Naturprodukt der Region, wie die rote Heide oder das Bett des getrockneten Torrents.

Er ist Meister der legendären Überlieferung. Er kennt die Geschichte jeder bedeutenden Familie auf der Insel; er zirkuliert wie ein Saft durch jeden Stammbaum; er ist ein Enthusiast der gälischen Poesie und rezitiert gern Kompositionen einheimischer Barden. Seine Augen leuchten und seine Zunge bewegt sich sanft über die rauen Klumpen der Konsonanten.

Er hat einen Diener, der Dudelsackspieler ist; und als ich diesen Sommer dort wohnte, hörte ich Ronald in der Nähe des Hauses umherirren und sich mit seiner Musik trösten: jetzt ein klagendes Liebeslied, jetzt eine Krönung für den Häuptling, der zu Grabe getragen wurde, jetzt ein Kampfmarsch, dessen Töne zuerst melancholisch und traurig klangen, später immer schneller und eindringlicher wurden, als würde er die aufkommenden Clans zeigen. Ich bin der Narr der Assoziation; und der Baum, unter dem ein König gestanden hat, der Stein, auf den am Morgen eines siegreichen oder katastrophalen Tages ein Banner gepflanzt wurde, das Haus, in dem ein großer Mann das Licht zum ersten Mal erblickte, sind für mich die heiligsten Dinge.

Dieser schmale, graue, scharfäugige Mann - die Scheide ist jetzt stark ausgefranst, die Klinge scharf und hell wie immer – erregt mich wie eine alte Münze mit ihrem halb ausgelöschten Bildnis, einem Druidenstein auf einem Moor, einem Blutfleck auf dem Boden eines Palastes. Er steht vor mir als lebendige Figur und die Geschichte gruppiert sich im Hintergrund. Er sitzt mit mir am selben Brett, und doch hob er Moore in La Coruña hoch und sah, wie die tapferen, sterbenden Augen vor ihrem letzten Vergnügen aufblitzten, als die Hochländer vorbeirannten.

Er legte sich ins Licht von Wellingtons Wachfeuern in den Schluchten der Pyrenäen, um zu schlafen. Um ihn herum tobten die Todesdonnern von Waterloo. Sehr alte Männer haben eine gewisse Schrecklichkeit. Sie sind unter uns, aber nicht von uns. Sie ernten sich aus dem lebendigen Boden und den Kräutern der heutigen Zeit wie felsige Schichten, die Spuren des Gletschers oder der Welle tragen. Ihre Wurzeln schlagen tiefer als unsere und sie ernähren sich von einer früheren Bodenschicht. Sie sind einsam unter den Jungen; sie können keine neuen Freundschaften schließen und sind bereit, fortzugehen. Sie fühlen die "erhabenen Anziehungskräfte des Grabes"; denn auf dem Boden der Kirchhöfe blitzten einst freundliche Augen auf, hörten mit ihnen das Glockenspiel um Mitternacht, sang und prallte der überfüllte Kelch mit ihnen zusammen; und die gegenwärtigen Tom und Harry sind nicht die Tom und Harry, die vor siebzig Jahren hier waren.

Wir sind es gewohnt, die Kürze des Lebens zu beklagen; aber es ist wunderbar, wie lange es trotzdem dauert. Oft verbindet ein einzelnes Leben wie eine Sommerdämmerung zwei historische Tage. Zählen Sie vier Leben zurück und König Charles kniet auf dem Gerüst in Whitehall.

Um M'lan sprechen zu hören, musste man so denken. In diesem Sommer erreichten wir mit ihm in kurzer Fahrt das Culloden Moor. Der alte Herr mit einer traurigen Miene - denn er ist ein großer Jakobit und trägt die Haare des Prinzen in einem Ring - wies auf die Grabstätten der Clans hin. Bestürzt von seiner Art, erkundigte ich mich, wie er ihre roten Ruheplätze kennenlernte. Als ob er beleidigt wäre, richtete er sich auf, legte seine Hand auf meine Schulter und sagte: "Diejenigen, die sie hineingelegt hatten, sagten es mir."

Himmel, wie ein Jahrhundert und ungerade Jahre zusammenbrachen und das blutige Feld - der Kampfrauch noch nicht beseitigt und wo Cumberlands Artillerie den Clansmen sagte, die in dicksten Schwaden schliefen - sich vom Horizont bis zu meinen Füßen aufrollte! Einen ganzen Abend lang wird er sitzen und über sein Londoner Leben sprechen. Und ich kann nicht anders, als den jungen Offizier, der Ende des letzten Jahrhunderts die Bond Street mit Puder im Haar betrat, mit dem alten Mann zu kontrastieren, der jetzt im Schatten von Blaavin lebt.

Bewohner von Städten haben gelegentlich ein Haus gesehen, das den Ruf hat, heimgesucht zu werden und eine Geistergeschichte darüber gehört. Die

Stadtmenschen lachen, wenn diese Geschichten erzählt werden, obwohl das Blut die ganze Zeit abkühlen sollte. Aber in Skye herrscht eine gespenstische Atmosphäre. Männer gehen hier herum, die mit dem zweiten Anblick begabt sind. Seit einigen Jahrhunderten ist die Insel seltsam und unheimlich. Douglas, am Morgen von Otterbourne, laut der Ballade, wurde von abergläubischen Ängsten erschüttert:

"Ich habe einen Traum gehabt ...
Jenseits der Isle of Skye
Sah ich einen Toten einen Kampf gewinnen,
Und ich denke, dieser Mann war ich."

Dann ist das ganze Land voll von Geschichten aus der norwegischen Zeit und von früher - Geschichten, die Dr. Dasent vielleicht zur Kenntnis nehmen sollte, falls er jemals die Hebriden besuchen sollte. Insbesondere Skye ist heimgesucht von Legenden.

Es ist so laut wie Prosperos Insel. Eine solche Legende über Ossian und seine Gedichte traf mich sehr. In der Nähe von Mr. M'Ians Haus befindet sich eine Burgruine, eine hohle Gebäudehülle, Dunscaich genannt, die zu Fingalians Zeiten vom Häuptling Cuchullin erbaut und von ihm zu Ehren seiner Frau so genannt wurde.

Die Ruine steht auf einer felsigen Landzunge mit graugrünen Flechten. Sie ist ziemlich öde und wird nur selten besucht. Die einzigen Geräusche, die dort zu hören sind, sind das Pfeifen der Salzbrise, das Blöken eines verirrten Schafes, das Weinen der Seevögel.

M'Ian und ich saßen an einem Sommertag auf der zerstörten Treppe. Loch Eishart lag ruhig und hell unter der blauen Weite, die nur von einem kriechenden Segel unterbrochen wurde. Auf der anderen Seite des

Lochs erhob sich der große rote Hügel, in dessen Schatten Boswell betrunken war, auf dessen Spitze der Steinhaufen der Skandinavierin thront und aus dem bloßen Himmel, unten auf den Kämmen der Cuchullins, strömte ein großer weißer Dampf, der sich im Sonnenlicht in mächtigem Vlies auf Vlies ansammelte.

Der alte Herr war der Erzähler und die Legende lautet: - Die Burg wurde von Cuchullin und seinen Fingaliern in einer einzigen Nacht erbaut. Der Häuptling hatte viele Gefolgsleute, war ein großer Jäger und schrecklich im Krieg. Mit seinem eigenen Arm zerstörte er ganze Bataillone; und jeden Abend beim Fest sang der Minnesänger Ossians Heldentaten.

Ossian, der einmal zwischen den Hügeln wanderte, wurde von Musik angezogen, die von einem runden grünen Hügel zu kommen schien, auf den die Sonne angenehm schien. Er setzte sich, um zuzuhören, und schlief von der Melodie ein. Er war kaum eingeschlafen, als sich der Hügel öffnete und er die Unterwelt der Feen erblickte. An diesem Nachmittag und in dieser Nacht verbrachte er Feierlichkeiten und am Morgen durfte er zurückkehren. Wieder ertönte die Musik, wieder waren die Sinne des Minnesängers von Vergesslichkeit durchdrungen; und auf dem sonnigen Hügel erwachte er, ein grauhaariger Mann, denn in einem kurzen Nachmittag und Abend waren hundert unserer menschlichen Jahre vergangen.

In seiner Abwesenheit hatte sich die Welt völlig verändert, die Fingalier waren ausgestorben, und die Zwergenrasse, die wir jetzt Männer nennen, waren die Besitzer des Landes.

Ossian sehnte sich nach Kameradschaft und war es leid, seine Lieder den ohrlosen Felsen und Meereswellen zu singen. Er heiratete die Tochter eines

Hirten und im Laufe der Zeit wurde ihm ein kleines Mädchen geboren.

Jahre vergingen, seine Frau starb, und seine Tochter, die inzwischen erwachsen war, heiratete einen frommen Mann - zu dieser Zeit waren die Menschen christianisiert -, der aus seiner Liebe zur Psalmodie Peter der Psalmen genannt wurde.

Ossian, blind vor Alter und bärtig wie die Klippe dort drüben, zog zu seiner Tochter und ihrem Ehemann. Peter war den ganzen Tag auf der Jagd, und wenn er abends nach Hause kam und die Lampe angezündet war, rezitierte Ossian in einer warmen Ecke die wunderbaren Lieder seiner Jugend und feierte die mächtigen Schlachten und Jagden der dickknochigen Fingalians - und in diesen Liedern stand Cuchullin mit erhobenem schrecklichem Speer da und seine schöne Frau saß inmitten ihrer Dienstmädchen, die den Spinnrock betätigten.

Diesen Liedern hörte Peter von den Psalmen aufmerksam zu und schrieb sie sorgfältig in ein Buch, da er so etwas wie ein Literat war. Eines Tages war Peter mehr als sonst bei der Jagd erfolgreich gewesen und hatte auf seinen Schultern den Kadaver eines riesigen Hirsches nach Hause gebracht. Von diesem Hirsch war ein Lauf zum Abendessen ausgewählt und als es gehäutet wurde, fragte Peter triumphierend Ossian: "In den fingalischen Tagen, von denen du singst, hast du jemals einen so großen Hirsch getötet?"

Ossian balancierte den Knochen in seiner Hand, schnüffelte dann heftige Verachtung und antwortete: "Dieser Knochen, so groß du glaubst, könnte in die Vertiefung eines fingalischen Amselbeins fallen gelassen werden."

Peter von den Psalmen, erzürnt über das, was er für eine gewissenlose Behauptung seines

Schwiegervaters hielt, machte sich auf und schwor, dass er seine Seele keine Ruhe finden würde, wenn er sich weitere seiner Lügenlieder anhören müsse und warf die Papiere in die Feuer: Aber seine Frau schoss nach vorne und schnappte sie halb verkohlt aus der Glut.

Bei diesem Verhalten von Peter stöhnte Ossian im Geiste und wollte sterben, um vor dem Neid und der Dummheit der kleinen Leute gerettet zu werden, deren Geist so verkümmert war wie ihr Körper. Als er zu Bett ging, flehte er seine alten Götter an - denn er war ein trauriger Heide und hielt Psalmgesang für nicht besser als das Heulen von Hunden -, wenn auch nur für eine Stunde, die Hunde, die Hirsche und die Amseln von seiner Jugend wiederzubeleben, dass er den ungläubigen Peter verwirren und in Erstaunen versetzen könnte.

Nachdem er gebetet hatte, fiel er in den Schlaf und kurz vor Tagesanbruch weckte ihn eine Last auf seiner Brust. Er streckte die Hände aus und streichelte ein zotteliges Fell. Ossians Gebete wurden erhört, denn auf seiner Brust lag im Dunkeln des Morgens sein Lieblingshund. Er sprach mit ihm, nannte ihn beim Namen, und die treue Kreatur wimmerte und leckte seine Hände und sein Gesicht. Rasch stand er auf und rief seinen kleinen Enkel, und sie gingen mit dem Hund aus.

Als sie an die Spitze einer kleinen Erhöhung kamen, sagte Ossian zu dem Kind: "Stecke deine Finger in deine Ohren, Kleine, sonst mache ich dich für immer taub." Der Junge legte die Finger in die Ohren, und dann pfiff Ossian so laut, dass der ganze Himmel klingelte, als wäre es das Dach einer Höhle gewesen. Dann fragte er das Kind, ob es etwas gesehen habe.

"Oh, so große Hirsche!" sagte das Kind.

"Von dem Trampeln ist es aber nur eine kleine Herde," sagte Ossian; "Wir werden diese Herde vorbeiziehen lassen."

Jetzt rief das Kind: "Oh, so große Hirsche!"

Ossian beugte sein Ohr zum Boden, um das Geräusch ihres Kommens zu hören, und ließ dann, als wäre er zufrieden, den Hund frei, der sieben der dicksten schnell überholte und niederriss. Als die Tiere gehäutet und angezogen waren, tastete sich Ossian zu einem großen See, in dessen Mitte eine wunderbare Ansammlung von Binsen wuchs. Er watete in das Wasser, riss die Binsen auf und brachte den großen Fingalian-Kessel ans Licht, der dort seit mehr als einem Jahrhundert gelegen hatte.

Als er in seinen Steinbruch zurückkehrte, wurde ein Feuer entfacht und der Kessel mit den sieben Kadavern daraufgestellt und bald flog ein höchst wohlschmeckender Geruch, wie ein allgemeines Einladungsschreiben mit allen Winden ins Land. Als die Tiere nach den anerkannten Regeln seiner Vorfahren gedünstet waren, setzte sich Ossian zu seiner Mahlzeit. Da er seit seinem Aufenthalt bei den Feen und der Vernichtung der Fingalier nie genug gegessen hatte, war es seine Gewohnheit, die überflüssigen Falten seines Magens mit neun Holzschienen zusammenzupacken.

Als er nun aß, wurde Schiene um Schiene weggesprengt, wie Knopf um Knopf von der Jacke des fressenden Jungen im Märchenbuch platzte, bis er sich schließlich, als der Kessel geleert war, vollkommen zufrieden auf das Gras sank und still war wie der Ozean, wenn die Flut voll ist. Nachdem er sich erholt hatte, sammelte er alle Knochen - zündete sie an, und der Rauch, der aufstieg, machte das Dach des Firmaments so schwarz wie das Dach der Rasenhütte zu Hause.

"Kleiner", sagte dann Ossian, "geh zum Hügel und sag mir, was du siehst."

"Ein großer Vogel fliegt hierher", sagte das Kind; und sofort landete die große Fingalian-Amsel zu Füßen von Ossian, der sie sofort einfing und erdrosselte.

Das Geflügel wurde nach Hause getragen und war abends zum Abendessen gerupft. Nachdem es verschlungen worden war, rief Ossian nach dem Oberschenkelknochen des Hirsches, der die ursprüngliche Ursache des Streits gewesen war, und ließ ihn vor dem Gesicht des erstaunten und verurteilten Peters der Psalmen in die Kehle des Beins der Amsel fallen.

Ossian starb in der Nacht seines Triumphs, und die einzige Aufzeichnung seiner Lieder ist der Band, den Peter in seiner Wut ins Feuer warf und aus dem er, als er bereits halb verbrannt war, von seiner Frau gerettet wurde.

"Aber", sagte ich, als der alte Herr seine Geschichte beendet hatte, "wie kam es, dass die großen Fingalier während der hundert Jahre, in denen Ossian unter den Feen schlief, ausgerottet wurden?"

"Nun", sagte der alte Herr, "eine Frau war die Ursache dafür, genauso wie eine Frau die Ursache für die meisten anderen Unglücke ist, die auf der Welt passieren. Ich habe Ihnen gesagt, dass dieses Schloss von Cuchullin gebaut wurde und dass er und seine Frau darin lebten. Jetzt war Diarmid der größte, mutigste, stärkste und schönste aller Cuchullin-Krieger, und oft war sein Schwert rot vom Blut der kleinen Leute, die aus Irland hierher strömten.

Jetzt, als Diarmid zum Fest seinen Helm abnahm, befand sich ein Feenmal genau in der Mitte seiner Stirn, über den Augen und zwischen seinen

Locken, und auf diesem Schönheitsfleck konnte keine Frau hinschauen, ohne sich in ihn unsterblich zu verlieben. Eines Nachts gab Cuchulun ein Fest im Schloss, der große Krieger wurde eingeladen und während er mit abgenommenem Helm am Fleisch saß, sah Cuchullins Frau das sternförmige Mal in der Mitte seiner Stirn und verliebte sich unsterblich in ihm. Cuchullin entdeckte die Leidenschaft seiner Frau, und fing heimlich an, den Tod von Diarmid zu planen. Er konnte ihn aus Angst vor seinem Stamm nicht offen töten; also befragte er eine uralte Hexe, die über dem Hügel lebte.

Lange haben sie sich beraten, und schließlich reifte ihr Plan. Nun hatten die Fingalier einen wundervollen Eber, der in Gasken stöberte - die grüne Schlucht, von der Sie wissen, dass sie zu meinem Haus führte - und auf dem Rücken dieses Ebers befand sich eine giftige Borste, die, wenn sie die Hand eines Mannes durchbohrte, diesen vergiftete und ihn zu Tode brachte. Niemand außer der Hexe kannte das Geheimnis der Borste, und die Hexe erzählte es Cuchullin.

Eines Tages, als der Häuptling und seine Krieger ungefähr hier auf den Felsen saßen, wurde die Unterhaltung schlau zum Eber geführt. Cuchullin wettete um seine magische Pfeife, die er um seinen Hals trug, dass der Eber so viele Handbreiten von der Schnauze bis zur Brust bis zur Spitze des Schwanzes hatte. Diarmid setzte sein Schild, den er polierte - das Schild, der sein Spiegel war, mit dessen Hilfe er an einem Kampftag die Augen seiner Feinde zu blenden pflegte – und meinte, der Eber sei gleich wie dieser in der Länge.

Die Krieger hörten den Streit und waren sich uneinig; einige stimmen Cuchullin zu, andere Diarmid.

Schließlich wurde vereinbart, dass Diarmid den Eber abmessen sollte; also gingen er und einige der Krieger. In kurzer Zeit kamen sie lachend zurück und sagten, dass Diarmid seine Wette gewonnen hatte, dass die Länge des Ebers so viele Handbreiten betrug, weder mehr noch weniger. Cuchullin biss sich auf die weißen Lippen, als er sie kommen sah und dann erinnerte er sich, da er sie gebeten hatte, den Eber von der Schnauze bis zum Schwanz zu messen, so wie er dort lag; um seinen Plan auszuführen, hätte er sie bitten müssen, den Eber gegen den Strich zu messen.

Als ihm daher gesagt wurde, dass er seinen Einsatz verloren hatte, geriet er in große Wut, behauptete, dass sie alle verschworen waren, ihn zu täuschen, dass die Handbreiten, die er eingesetzt hatte, die Breite von Diarmids eigenen Händen waren, und erklärte, dass er nicht zufrieden sein würde, bis Diarmid zurückkehren und den Eber von der Schwanzspitze bis zur Schnauze messen würde. Diarmid und der Rest gingen weg; und als er den Eber erreichte, fing er an, ihn vom Schwanz an zu messen, und seine Freunde standen bereit, um zu sehen, dass er richtig maß und jede Handbreite zählte. Er hatte die Wirbelsäule auf halber Höhe gemessen, als ihm die vergiftete Borste in die Hand lief.

"Ah", sagte er und wurde blass, als wäre ihm ein Speer ins Herz geschlagen worden. Um sich zu stützen, fiel er zwei seiner Freunde um den Hals und in ihren Armen starb er. Dann hoben die weinenden Krieger die schöne Leiche auf ihre Schultern und trugen sie zur Burg und legten sie in der Nähe der Zugbrücke ab. Dann kam Cuchullin heraus und als er seinen besten Krieger tot sah, lachte er, als ob ihm ein großes Glück widerfahren wäre, und wies an, die Leiche in die Kammer seiner Frau zu tragen.

Aber Cuchullin hatte schon bald Grund zur Buße. Die kleinen Schwarzhaarigen strömten zu Hunderten und Tausenden mit ihren Booten aus Irland herüber, aber Diarmid war nicht da, um ihnen mit seinem Speer und Schild entgegenzutreten. Jede Woche wurde eine Schlacht geschlagen und die kleinen Leute begannen sich durchzusetzen und als Ossian vor den Feen floh, schliefen alle Fingalianer, mit Ausnahme von zwei, in ihren großen Gräbern - und manchmal stößt der Torfgräber auf ihre mächtigen Knochen, wenn er es ist in den Morast graben."

"Und die beiden Ausnahmen?" sagte ich.

"Na, das ist eine andere Geschichte," sagte M'lan, "und ich werde müde von Legenden. - Nun, wenn Sie es wissen müssen: Die zwei letzten Fingalier machten ihre Flucht von Skye, mit ihnen die magische Pfeife, den Cuchullin seit Hunderten von Jahren trug. Nachdem ein Mann diese Höhle betreten hatte, sah er in der halben Dämmerung des Ortes die Pfeife auf dem Boden und hob sie hoch, sah, dass sie von seltsamster Kunst war und legte sie an seine Lippen, um sie blasen. Er hatte noch nie ein Pfeifgeräusch so laut und doch so süß gehört. Er blies es ein zweites Mal, und dann hörte er eine Stimme: „Gut gemacht, kleiner Mann, pfeife ein drittes Mal, und als er sich zu dem Ort umdrehte, von dem aus das Geräusch kam, sah er einen großen Stein wie einen Mann, der sich auf seinen Ellbogen stützte und zu ihm aufblickte und entlassen Sie uns aus unserer Knechtschaft!

Was für eine Angst hatte der Mann von der Stimme und dem seltsamen, menschlich aussehenden Stein, dass er die Pfeife fallen ließ. Sie fiel auf dem Boden der Höhle, wo sie in tausend Stücke zertrümmert wurde. Der Mann aber lief aus der Höhle. Er erzählte seine Geschichte; und als die Höhle wieder besucht wurde, konnten weder er noch seine Gefährten irgendeine Spur der zerbrochenen Pfeife auf dem Boden sehen, noch konnten sie irgendeinen Felsen entdecken, der einem müden Mann ähnelte, der sich auf seinen Ellbogen stützte und aufblickte."

Ein Korb mit Fragmenten

Der Monat August ist auf das Jahr bezogen, wie der Sonntag auf die Woche. In diesem Monat ruht ein Teil der Arbeitswelt. Bradshaw wird konsultiert, Portmanteaus werden gepackt, Rucksäcke werden umgeschnallt, Dampfboote und Eisenbahnwaggons werden vollgestopft und von Calais nach Venedig schlendert und schaut sich der Tourist um.

Es ist absolut notwendig, dass der Brite jedes Jahr einen Monat lang seine gewohnte Arbeit aufgibt. Er arbeitet hart, steckt Geld in seine Tasche und es ist seine Laune, wenn der August zur Erholung kommt, Hirsche im Hochland anzupirschen, Lachse in norwegischen Fjorden zu töten, auf dem Gipfel des Mont Blanc zu stehen und die Bürgersteige von Madrid, Neapel und St. Petersburg zu durchstreifen.

In den Ferien über die Welt zu eilen, ist eine Sache, die dem angesehenen Briten am Herzen liegt. Zu Hause zu bleiben bedeutet, Kaste und Selbstachtung zu verlieren. Die Leute interessieren sich nicht für den Rhein; aber diesen heiligen Strom müssen sie jedes Jahr sehen oder sterben.

Von allen Gottheiten hat die Mode die eifrigsten Anhänger. Niemand kann sich einer umfassenderen Martyrologie rühmen. Ihre Anbeter sind furchtbar aufrichtig, und so manche geheime Buße erleiden sie, und so manche Geißelung üben sie privat auf sich um Anfang des Monats, in dem englische Touristen mit einem Schauer Gold auf den Kontinent kommen. Es war schon vor einigen Jahren meine Gewohnheit, auf den Hebriden Zuflucht davor zu suchen.

Ich liebe Loch Snizort mehr als das Mittelmeer und finde Duntulme beeindruckender als den Drachenfels. Ich habe die Alpen noch nie gesehen, aber die Cuchullins haben mich zufrieden gestellt. Haco interessiert mich mehr als Karl der Große. Ich gestehe eine starke Zuneigung zu diesen abgelegenen Regionen. Erschöpft und nervös von elf Monaten Arbeit oder Enttäuschung, wird ein Mann die Medizin der Stille und Ruhe finden. Es war angenehm, nach dem Stöbern in Büchern zu beobachten, wie der Kormoran am frühen Morgen mit ausgestrecktem Hals über den hellen Schaum flog. Angenehm, mittags in einer sonnigen Mulde zu liegen, um die Schafe oben blöken zu hören; angenehm am Abend, wilde Geschichten von den Inseln zu hören, die durch das Torffeuer erzählt werden; und das angenehmste von allen, um Mitternacht wach zu liegen, um den Donner der Nordsee in der Ferne zu fangen und an alle Ohren zu denken, die der Klang gefüllt hat.

In Skye ist man frei von einem Jahrhundert; die Gegenwart rollt in die Stille und Abgeschiedenheit.

Der Gewinn aus dem Urlaub ist in erster Linie ein mentaler Nutzen. Ein Mann braucht nicht nur eine Luftveränderung, sondern auch eine Szenenveränderung. Es ist gut, dass er für einen Raum eine andere mentale Atmosphäre atmen sollte - es ist besser, dass er von den vertrauten Sorgen befreit wird, die sich wie Schwalben unter den Traufen seines Geistes aufbauen und die dort ständig wackeln und zwitschern. Neue Luft für die Lunge, neue Objekte für das Auge, neue Ideen für das Gehirn – sollten Ferien einem Mann immer bringen; und diese sind eher in Skye zu finden als an abgelegenen Orten. In Skye wird der Londoner mit einem merkwürdigeren

Fremdheitsgefühl heimgesucht als in Holland oder in Italien.

Die Insel ist noch nicht wesentlich vom Touristen überrannt. Ein Besuch in Skye ist ein Fortschritt in die "dunkle Vergangenheit und den Abgrund der Zeit". Sie kehren der Gegenwart den Rücken und betreten die Antike. Sie sehen alles im Licht von Ossian, wie im Licht eines traurigen Sonnenuntergangs. Mit einem nordischen Murmeln rennen die blauen Löcher herein.

Das Canongate von Edinburgh ist schottische Geschichte in Stein und Limette; aber in Skye stolpert man über noch ältere Sachen. Alles an dem Reisenden ist abgelegen und seltsam. Sie hören eine Fremdsprache. Sie sind von Macleods, Macdonalds und Nicolsons umgeben. Sie treffen auf graue Steine, die aufrecht im Moor stehen und den Ort einer Schlacht oder die Grabstätte eines Häuptlings markieren. Sie hören die Überlieferungen alter Scharmützel; Sie sitzen auf antiken Ruinen, in denen Ossian gesungen haben könnte.

Das Loch dort wurde durch das Banner von König Haco verdunkelt. Prinz Charles wanderte über diese Heide oder schlief in dieser Höhle. Das Land ist dünn besiedelt und seine Einsamkeit wird als Belastung empfunden. Die Abgründe des Storr senken sich großartig über dem Meer; der Adler hat noch seinen Horst auf den Felsvorsprüngen der Cuchullins. Das Rauschen des Meeres ist ständig in Ihren Ohren; die stillen Armeen der Nebel und Dämpfe stehen immer bereit; der Wind ist auf dem Moor böig; und immer und immer wieder werden die Zacken der Hügel von Strudeln heftig verwehten Regens verdeckt.

Und mehr als alles andere ist die Insel von einer subtilen spirituellen Atmosphäre durchzogen. Es ist für den Geist genauso seltsam wie für das Auge. Alte Lieder und Traditionen sind die spirituellen Analoga alter Burgen und Grabstätten und alte Lieder und Traditionen, die Sie in Hülle und Fülle finden.

In der materiellen Luft riecht es nach Meer und da ist ein gespenstisches Etwas in der Luft der Vorstellung. Es gibt prophetische Stimmen zwischen den Hügeln eines Abends. Der Rabe, der über deinen Weg huscht, ist eine seltsame Sache - vielleicht ist eine menschliche Seele durch die Magie eines starken Zauberers in dem Körper gefangen. Sie hören den Strom und die Stimme des Kelpies darin. Sie atmen wieder die Luft von alten Märchenbüchern; aber sie es nördliche, nicht östliche.

Zu welchem besseren Ort kann der müde Mann dann gehen? Dort findet er Erfrischung und Ruhe. Dort bläst ihm der Wind aus einem anderen Jahrhundert entgegen. Die Sahara selbst ist kein größerer Kontrast zur Straße von London als die Skye-Wildnis.

Die Inselkette an der Westküste Schottlands, die sich von Bute in der Mündung des Clyde, geliebt von Invaliden, bis St. Kilda erstreckt und durch eine Wolke von Tölpeln auf die Polarnacht blickt, war ursprünglich ein Teil der Krone Norwegens. In den Anfängen der Geschichte gibt es ein Geräusch der Nordmänner um die Inseln, wie es heute ein Geräusch der Seevögel gibt. Dort kämpfte Anund, wie es in alten Sagen heißt, mit dem stärksten Krieger, der jemals auf Holzbeinen gekämpft hat. Holzfuß wurde er von seinen Anhängern gerufen. Wenn er am härtesten kämpfte, schoben seine Männer einen Holzblock auf ihn zu, und er legte sein verstümmeltes Glied darauf und hielt sich mit der rechten Hand an ihn.

Von den Inseln segelte auch Helgi, halb heidnisch, halb christlich. Helgi war in seinem Glauben sehr gemischt; er war ein guter Christ in Friedenszeiten, aber die Hilfe von Thor war ihm immer sicher, wenn er auf einer gefährlichen Expedition segelte oder in die Schlacht zog.

Alte norwegische Schlösser, die auf der kühnen Landzunge von Skye thronen und doch von der Brandung begeistert sind. Die Seefahrer kommen nicht mehr in ihren dunklen Galeeren, sondern Hügel und Täler tragen antike Namen, die an sie erinnern. Die Einwohner von Mull oder Skye, die den "Verbrannten Njal" lesen, sind am meisten von den Namen der Orte beeindruckt - denn sie sind fast identisch mit den Namen der Orte in seiner eigenen Nachbarschaft.

Die Skye-Landspitzen von Trotternish, Greshornish und Vaternish blicken nach Norden zu den norwegischen Landspitzen, die den gleichen oder einen ähnlichen Namen tragen. Professor Munch von Christiania gibt an, dass die Namen vieler der Inseln Arran, Gigha, Mull, Tyree, Skye, Raasay, Lewes und andere in ihrer ursprünglichen Form norwegisch und nicht gälisch sind.

Die Hebriden haben eine nordische Taufe erhalten. Da diese Inseln zwischen Norwegen und Schottland liegen, fanden die Nordmänner bequeme Trittsteine oder Rastplätze auf dem Weg in die südlicheren Gebiete. Dort errichteten sie provisorische Festungen und gründeten Siedlungen. Zweifellos schaute der Sohn des Nordmanns im Laufe der Zeit auf die Tochter des Kelten und sah, dass sie hübsch war, und eine gemischte Rasse war das Ergebnis von Allianzen.

Bis heute ist auf den Inseln das nordische Element deutlich sichtbar - nicht nur in alten Schlössern, den Namen von Orten, sondern auch in den Gesichtern und der gesamten geistigen Verfassung der

Menschen. Ansprüche reiner skandinavischer Abstammung werden von vielen der alten Familien vorgebracht. Wenn Sie die Inseln auf und ab wandern, begegnen Sie Gesichtern, die keine keltischen Merkmale aufweisen, die die Phantasie tragen

"Noroway ower das faem;"

Menschen mit kühlen, ruhigen, blauen Augen und Haaren, die gelb wie die Morgendämmerung sind; die entschlossen und beharrlich sind, langsam im Puls und in der Sprache; und die sich von dem sie umgebenden explosiven keltischen Element dadurch unterscheiden, wie sich die eiserne Landspitze von der heftigen Welle unterscheidet, die sie wäscht, oder von einem Marmorblock und der erhitzten Handfläche, die gegen sie gedrückt wird.

Die Hebriden sind eine gemischte Rasse; in ihnen sind der Nordmann und der Kelte vereint und hier und da ist ein Schuss spanischen Blutes, der die Wange braun macht und das Auge verdunkelt. Diese südliche Vermischung könnte durch alte Handelsbeziehungen mit der Halbinsel zustande gekommen sein - vielleicht hatte die zerstörte Armada etwas damit zu tun.

Der Hochländer von Sir Walter ist, wie der Indianer von Cooper, weitgehend ein ideales Wesen. Aber da Uncas wirklich Kriegsbemalung, einen Tomahawk trägt, seine Feinde skalpiert und zu gegebener Zeit stoisch sterben kann, besitzt der Hochländer viele der Eigenschaften, die ihm im Volksmund zugeschrieben werden. Scott allein hat nur übertrieben; er hat nicht erfunden.

Er betrachtete den Bezirk nördlich der Grampians mit dem Auge eines Dichters - eine Vision, die schärfer ist als jede andere, die aber alles belastet, ergänzt und verherrlicht - was in der Tat das Ganze in einen Nimbus verwandelt. Der Highlander steht allein unter den Briten. Für Generationen war sein Land durch Berge und Wälder und unzugängliche Pässe gegen die Zivilisation gesperrt.

Während das große Drama der schottischen Geschichte in den Lowlands gespielt wurde, war er in seinen Nebeln mit kleinen Clankämpfen und Rache beschäftigt. Während der Südschotte den Jameses die Treue schuldete, war er den Lords of the Isles und den Duncans und Donalds unterworfen; während der eine an Flodden dachte, erinnerte sich der andere an das "Sair Field of the Harlaw".

Der Hochländer war und ist, soweit die Umstände dies zulassen, ein stolzes, liebevolles, pünktliches Wesen: voller Loyalität, sorgfältig auf soziale Unterscheidung bedacht; mit unbefleckter Treue für seinen Häuptling, einem eifersüchtigen Auge für seine Gleichen.

Er liebte das Tal, in dem er geboren wurde, die Hügel am Horizont seiner Kindheit; sein Sinn für familiäre Beziehungen war stark und um ihn herum weiteten sich die Ringe der Verwandtschaft bis an den Rand des Clans. Der Inselmensch ist ein Hochländer der Hochländer; das moderne Leben brauchte länger, um ihn zu erreichen, und sein feuchtes Klima, seine nebligen Kränze und Dämpfe und die Stille seiner feuchten Umgebung wirkten natürlich weiter auf seinen Charakter ein und prägten ihn.

Er ist liedliebend, "der Einbildungskraft ganz hingegeben"; und aus den natürlichen Phänomenen seiner Gebirgsregion - seinem Nebel und den Regenwolken, der fahlen See des Mondes, Sterne, die durch Dampfspalten blitzen, Wind und gebrochene Regenbögen -, nimmt er seine Poesie und seinen Aberglauben. Seine Nebel leihen ihm das Leichentuch hoch über dem lebenden Herzen, der Meerschaum gibt ihm ein Bild des Weiß der Brüste seiner Mädchen und der Regenbogen von ihrer Röte.

Sein Klima hat ihn zu einem großen Teil zu dem gemacht, was er ist. Er ist ein Kind des Nebels. Seine Lieder sind größtenteils melancholisch; und Sie können in seiner Musik die Eintönigkeit des braunen Moores, das Schlagen der Welle auf dem Felsen, das Seufzen des Windes in den langen Gräsern des verlassenen Kirchhofs entdecken. Das Musikinstrument, an dem er sich hauptsächlich erfreut, macht die Krone und den Schlachtzug am erfolgreichsten.

Das Hochland ist jetzt offen für alle Einflüsse der Zivilisation. Die Bewohner tragen eine Reithose und sprechen genauso gut Englisch wie wir. Alte Herren lesen ihre Zeiten mit einer Brille auf der Nase. Junge Burschen konstruieren "Cornelius Nepos", wie auch in anderen Vierteln der britischen Inseln. Junge Damen stricken, üben Musik und tragen Krinoline.

Aber die alte Abstammung und Zucht sind durch alle modernen Verkleidungen sichtbar: und Ihr Highlander in Oxford oder Cambridge - erkennbar nicht nur an seinem felsigen Gesichtsausdruck, sondern auch an einem Schuss wilden Blutes, einer Exzentrizität, einer Begeisterung oder einer logischen Wendung - ist ebenso ein Kind des Nebels wie sein Vorfahr, der vor drei Jahrhunderten ein "wilder Mann" oder ein "roter Schenkel" genannt wurde; wer könnte, wenn nötig, von ein wenig Haferbrei leben, im Schnee schlafen und mit einer Hand am Steigbügel mit dem schnellsten Pferd Schritt halten, auch wenn der Reiter es so heftig wie möglich anspornen würde.

Es ist jedoch auf den Inseln und insbesondere bei den alten Inselbewohnern, dass der Charakter des Hochlandes an diesem Tag in seiner Reinheit zu finden ist. Dort, in der Wohnung des Eigentümers oder noch mehr in der des großen Schafzüchters - der so gut wie der Laird selbst ist - finden Sie die Gastfreundschaft, das Vorurteil, die Großzügigkeit, den Stolz von Geburt, die Freude an alten Traditionen, die an die Antike erinnern.

Die Liebe zum Wandern und der Stolz auf das Militärleben waren für alle alten Familien charakteristisch. Die Feder ist ihren Fingern fremd, aber sie haben das Schwert fleißig geführt. Sie hatten Repräsentanten auf allen Halbinseln und indischen Schlachtfeldern. Indien war das gewählte Betätigungsfeld. Von den in jeder Familie aufbewahrten Miniaturen sind mehr als die Hälfte Soldaten, und einige haben einen nicht unerheblichen Rang erreicht.

Die Insel Skye hat sich den britischen und indischen Armeen mindestens ein Dutzend Generäle geschenkt. Und in anderen Diensten hat der Islesman sein Schwert gezogen. Marschall Macdonald hatte Hebridenblut in seinen Adern; und mein Freund, Mr. M'Ian, erinnert sich, wie er ihn auf Armadale Castle getroffen hat, als er mit seinen Verwandten auf der Insel gejagt hat und erzählt mir, dass er in seinem langen Mantel wie ein Jesuit aussah.

Und Burschen, denen das Wappen verwehrt ist, sind nach Bengalen gegangen, um Indigo oder nach Ceylon Kaffee zu pflanzen, und sind mit grauen Haaren auf die Insel zurückgekehrt, um dort ihr Geld auszugeben und den steinigen Boden ein wenig grüner zu machen und während ihrer dreißigjährigen Abwesenheit wurde das Gälisch weder ihren Zungen fremd, noch vergaßen ihre Finger ihre Kunst mit den Pfeifen. Die Handfläche löschte die Erinnerung an die Birke nicht aus; noch das langsame Anschwellen der lauen Welle und ihr langes Dröhnen von schaumigem Donner auf dem flachen roten Sand in Madras, die Küsten ihrer Kindheit und der Geruch und Rauch von brennendem Seetang.

Die wichtigsten Namen in Skye sind Macdonald und Macleod. Beide sind von großer Antike, und es ist schwierig, die Quelle von beiden in der Geschichte zu entdecken, wie es ist, die Quelle des Nils in den Wüsten Zentralafrikas zu entdecken. Entfernung appelliert in dem einen Fall an den Geographen, in dem anderen an das Antiquariat.

Macdonald ist rein keltischen Ursprungs. Macleod war ursprünglich ein Nordmann. Macdonald war der Herr der Inseln und kreuzte mehr als einmal seine Schwerter mit schottischen Königen. Die Zeit hat ihm das Königtum genommen und der gegenwärtige Vertreter der Familie ist lediglich ein Baron.

Er sitzt in seinem modernen Schloss von Armadale inmitten angenehmer Lärchenplantagen, mit der Gestalt von Somerlid - dem halbmythischen Begründer seiner Rasse - im großen Fenster seines Saals.

Die beiden Familien heirateten häufig und stritten sich häufiger. Sie steckten einander Eheringe an die Finger und stachen sich gegenseitig in die Herzen. Von den beiden hatte Macleod den dunkleren Ursprung; und um seinen Namen herum verweilte eine dunklere Poesie. Macdonald sitzt in seinem neuen Schloss im sonnigen Sleat mit südlichem Ausblick - Macleod behält sein altes Horstwerk in Dunvegan mit seiner Zugbrücke und den Kerkern. Nachts kann er das Meer auf dem Grund seines Felsens schlagen hören. Seine "Mädchen" sind feucht vom Meeresschaum. Seine Berg- "Tafeln" sind mit den Nebeln des Atlantiks verhüllt. Er hat eine Feenflagge in seinem Besitz. Die

Felsen und Berge um ihn herum tragen seinen Namen, so wie es früher seine Clansmen taten. "Macleods Land" nennen die Menschen noch heute den nördlichen Teil der Insel.

Im Gesang und der Tradition von Skye ist Macdonald wie der grüne Strath mit den Milchmädchen, die bei Sonnenuntergang in der Herde Kühe melken, während Fischer Lieder singen, wenn sie die braunen Netze am Ufer flicken. Macleod hingegen ist von dunklerer und trostloser Bedeutung - wie ein wilder Felsvorsprung von Quirang oder Storr, der vom fliegenden Dampf getrübt wird und mit der Stimme der Explosion und dem Flügel des Raben vertraut ist.

"Macleods Land" blickt nach Norwegen mit den blassen Landzungen Greshornish, Trotternish und Durinish. Der Teil der Insel, den Macdonald besitzt, ist vergleichsweise weich und grün und liegt im Süden.

Die westlichen Inseln liegen hauptsächlich außerhalb der Region der schottischen Geschichte und doch werden sie von der schottischen Geschichte in Abständen merkwürdig berührt, insbesondere Skye. Als König Haco 1263 mit einhundert Schiffen und zwanzigtausend Mann - einer Armada - seine große Expedition gegen Schottland antrat, war diese Zeit ebenso beeindruckend wie die berühmtere und unglücklichere spanische, die einige Jahrhunderte später stattfand.

Von seinen Segeln verdunkelten sich die Skye-Seen. Snizort spricht noch von ihm. Er durchquerte die Kyles, atmete ein wenig in Kerrera ein und raste dann an die Küste von Ayrshire, wo König Alexander ihn erwartete und wo die Schlacht von Largs ausgetragen wurde.

Diese Schlacht nimmt in frühen schottischen Annalen den gleichen Platz ein, den Trafalgar oder

Waterloo in späteren britischen einnehmen. Es steht am Anfang der schottischen Geschichte - klangvoll, melodiös. Leider muss jedoch die Wahrheit gesagt werden - die Schlacht war unentschieden und keine Seite konnte den Sieg erringen. Professor Munch gibt in seinen Notizen zu "Die Chronik des Menschen und der Sudreys" die folgende Darstellung des Kampfes und der Verhandlungen, die ihm vorausgingen:

"Als König Hacon vor Ayr auftauchte und in Arran ankerte, eröffnete König Alexander, der sich mit dem größten Teil seiner Streitkräfte in Ayr oder in der Nachbarschaft der Stadt aufzuhalten schien, Verhandlungen und sandte mehrere Gesandte von den Franziskanern oder Dominikanern in der Absicht, einen Frieden auszuhandeln. König Hacon zeigte sich auch nicht verhandlungsunwillig und bewies dies hinreichend, indem er Eogan von Argyll erlaubte, in Frieden abzureisen und ihn darüber hinaus mit Geschenken belud, unter der Bedingung, dass er sein Bestes tun sollte, um eine Versöhnung herbeizuführen; wenn er es nicht schaffte, zu König Hacon zurückzukehren.

Vielleicht lag es an den Anstrengungen von Eogan, dass ein Waffenstillstand geschlossen wurde, um die Verhandlungen formeller zu beginnen. König Hacon schickte nun eine Gesandtschaft, bestehend aus zwei Bischöfen, Gilbert von Hamar und Heinrich von Orkney, mit drei Baronen an Alexander, den sie in Ayr fanden. Sie wurden gut aufgenommen, bekamen aber keine eindeutige Antwort. Alexander behauptete, er müsse sich mit seinen Räten beraten, bevor er die Bedingungen vorschlage. Nachdem dies geschehen ist, würde er es nicht versäumen, König Hacon über das Ergebnis zu informieren.

Die norwegischen Boten kehrten daher zu ihrem König zurück, der inzwischen nach Bute gezogen war. Am nächsten Tag kamen jedoch Boten von König Alexander und brachten eine Liste der Inseln mit, die er nicht zurücktreten würde, nämlich Arran, Bute und die Cumreys (d.h. im Allgemeinen die Inseln in Kentire), die impliziert, dass er nun angeboten hat, auf seinen Anspruch gegenüber allen anderen zu verzichten.

Es ist sicher nicht verwunderlich, dass er diese Inseln, die den Eingang zum Clyde befehligten, nicht gern in den Händen einer anderen Macht sah. König Hacon hatte jedoch eine andere Liste vorbereitet, die die Namen aller Inseln enthielt, die er für die Krone Norwegens beanspruchte; und obwohl der genaue Inhalt nicht bekannt ist, kann es keinen Zweifel geben, dass zumindest Arran und Bute sich darunter befanden.

Die Saga erzählt, dass es im Großen und Ganzen keinen großen Unterschied gab, aber dennoch keine endgültige Versöhnung erzielt werden konnte - die Schotten versuchten nur, die Verhandlungen zu verlängern, weil der Sommer verging und das schlechte Wetter begann.

Endlich kehrten die schottischen Boten zurück und König Hacon entfernte sich mit der Flotte zu den Cumreys in der Nähe von Largs in Richtung Cuningham, ohne Zweifel mit der Absicht, im Falle eines Scheiterns der Verhandlungen entweder näher zu sein oder zu landen oder nur seine Gegner einzuschüchtern und den Friedensschluss zu beschleunigen, da die Straße an sich weit weniger sicher zu sein schien als die von Lamlash oder Bute.

König Alexander sandte tatsächlich mehrere Nachrichten und es wurde vereinbart, einen neuen Kongress etwas weiter oben im Land abzuhalten, der zeigt, dass König Alexander nun von Ayr zu einem Ort in der Nähe von Largs, vielleicht nach Camphill, gezogen war, der sich (auf der Straße) zwischen Largs bis Kilbirnie befand, wo nach lokaler Tradition der König lagerte.

Die norwegischen Boten waren nach wie vor einige Bischöfe und Barone; die schottischen Kommissare waren einige Ritter und Mönche. Die Verhandlungen waren lang, aber immer noch ohne Ergebnis. Als der Tag sich neigte, versammelte sich endlich eine Menge Schotten, und als die Zahl weiter zunahm, kehrten die Norweger, die sich nicht für sicher hielten, zurück, ohne etwas erreicht zu haben.

Die norwegischen Krieger forderten nun ernsthaft den Verzicht auf den Waffenstillstand, da ihre Vorräte knapp geworden waren und sie plündern wollten. König Hacon sandte dementsprechend einen seiner Söhne, Kolbein, mit einen Brief an König Alexander, um ihn aufzufordern, das von ihm selbst gegebene Wort zurückzufordern und so den Waffenstillstand für beendet zu erklären, schlug jedoch zuvor vor, beide Könige sollten sich an der Spitze ihrer jeweiligen Armeen treffen und eine persönliche Beratung vornehmen.

Nur wenn dies fehlschlug, könnten sie als letztes Mittel in den Kampf ziehen. König Alexander erklärte seine Absicht jedoch nicht deutlich, und Kolbein, müde vom Warten, überbrachte den Brief, holte den von König Hacon zurück und hob damit den Waffenstillstand auf. Er wurde von zwei Mönchen zu den Schiffen begleitet.

Kolbein berichtete König Hacon, dass Eogan von Argyll ernsthaft versucht hatte, König Alexander vom Kampf mit den Norwegern zu überzeugen. Es scheint jedoch nicht, dass Eogan nach seinem Versprechen zu König Hacon zurückgekehrt ist. Dieser

Monarch war jetzt zutiefst verärgert und bat die schottischen Mönche, bei ihrer Rückkehr ihrem König mitzuteilen, dass er die Feindseligkeiten sehr bald wieder aufnehmen würde.

König Hacon löste König Dugald, seinen Bruder Alan M'Rory, Angus von Isla, Murchard von Kentire, und zwei norwegische Kommandeure mit sechzig Schiffen ab, um nach Loch Long zu segeln und die umliegenden Häfen zu verwüsten, während er sich auf die Landung mit der Hauptstreitmacht in Largs vorbereitete, um gegen die schottische Armee zu kämpfen.

Die Abteilung schien auf keinen ernsthaften Widerstand gestoßen zu sein, alle schottischen Streitkräfte waren wahrscheinlich in der Nähe von Largs versammelt. Die Ufer des Loch Lomond und ganz Lennox wurden verwüstet. Angus wagte sich sogar quer durch das Land auf die andere Seite, wahrscheinlich in die Nähe von Stirling, tötete Männer und nahm eine große Anzahl von Rindern mit. Damit kehrten die an Land befindlichen Truppen zu den Schiffen zurück.

Hier jedoch wehte zwei Tage lang (1. und 2. Oktober) ein schrecklicher Sturm, zerstörte zehn Schiffe, und einer der norwegischen Kapitäne wurde krank und starb plötzlich. Auch die Hauptflotte vor Largs litt stark unter dem gleichen Sturm. Er begann in der Nacht zwischen Sonntag (30. September) und Montag (1. Oktober), begleitet von heftigen Schauern.

Ein großes Transportschiff löste sich und bewegte sich auf den Bug vom königlichen Schiff zu, fegte die Gallionsfigur weg und wurde vom Anker beschädigt, bis es schließlich in Richtung der Insel trieb. Auf dem königlichen Schiff war es notwendig gewesen, die üblichen Markisen und Abdeckungen am Morgen zu entfernen (1. Oktober).

Als die Flut begann, drehte sich der Wind ebenfalls, und das Schiff wurde zusammen mit einem anderen Transportschiff und einem Kriegsschiff auf den Hauptstrand geworfen, wobei das königliche Schiff weiter abdriftete. Der König hatte es am Sichersten gefunden, in einem Boot auf Cumrey zu landen, zusammen mit dem Klerus, der die Messe feierte und größtenteils glaubte, der Sturm sei von Hexenhandwerkern aufgezogen worden.

Bald begannen auch die anderen Schiffe zu treiben, mehrere mussten die Masten abtrennen, fünf trieben in Richtung Ufer und drei gingen auf Grund. Die Männer an Bord dieser Schiffe befanden sich nun in gefährlicher Lage, weil die Schotten, die von ihrer erhöhten Position aus sehr gut sehen konnte, was in der Flotte vor sich ging, ihre Abteilungen gegen sie sandten, während der Sturm ihre Kameraden in der Flotte daran hinderte, ihnen zu Hilfe zu kommen.

Sie bemannten jedoch das große Schiff, das zuerst an Land getrieben war und verteidigten sich so gut sie konnten gegen die überlegene Kraft des Feindes, der auf sie zu schießen begann. Glücklicherweise ließ der Sturm etwas nach und der König konnte nicht nur an Bord seiner Schiffe zurückkehren, sondern sandte ihnen sogar einige Hilfstruppen in Booten; die Schotten wurden in die Flucht geschlagen und die Norweger konnten die Nacht an Land verbringen.

Doch im Dunkeln fanden einige Schotten den Weg zum Schiff und nahmen, was sie konnten. Am Morgen (Dienstag, 2. Oktober) ging der König selbst mit einigen Baronen und einigen Truppen an Land, um die wertvolle Fracht des Transports oder was davon übrig war, zu sichern, was ihnen gelang. Jetzt jedoch war die Hauptarmee der Schotten auf dem Vormarsch und der

König, der zunächst an Land bleiben und seine Truppen selbst anführen wollte, wurde von seinen Männern überredet, die befürchteten, er könnte sich einer zu großen Gefahr aussetzen, sich an Bord seines Schiffes zu begeben.

Die Anzahl der an Land verbliebenen Norweger betrug nicht mehr als 1000 Mann, von denen 240 unter dem Kommando des Barons Agmund Krokidans einen Hügel besetzten. Die Übrigen waren am Strand stationiert. Die Schotten, wie es in der Saga heißt, hatten ungefähr 600 Reiter in Rüstung, von denen einige spanische Rosse ritten; sie hatten eine Menge Infanterie, besonders mit Bögen und Lochaber-Äxten gut bewaffnet.

Die Norweger glaubten, dass König Alexander selbst bei der Armee war: Vielleicht ist das wahr. Wir erfahren jedoch von Fordun, dass der wahre Kommandeur Alexander von Dundonald, der Stewart von Schottland, war. Der Schotte griff zuerst den Hügel mit den 240 Männern an. Diese zogen sich langsam zurück, immer dem Feind gegenüberstehend und kämpftend; Aber als sie ihre Schritte bergab nahmen, glaubten die Strandbesetzer, dass sie auf der Flucht waren, da sie es nicht vermeiden konnten, ihre Bewegung zu beschleunigen, während der Impuls zunahm, und eine plötzliche Panik überkam sie für einen Augenblick, der sie viele Menschenleben kostete.

Da die Boote zu voll waren, sanken sie mit ihrer Ladung; andere, die die Boote nicht erreichten, flohen nach Süden und wurden von den Schotten verfolgt, die viele von ihnen töteten; andere suchten Zuflucht in dem oben genannten gestrandeten Schiff: Endlich sammelten sie sich hinter einem der gestrandeten Kriegsschiffe, und es begann ein hartnäckiger Kampf;

die Norweger, jetzt, da die Panik vorbei war, kämpften verzweifelt.

Dann wurden die jungen und tapferen Piers von Curry, von denen sogar Fordun und Wyntown sprechen, vom norwegischen Baron Andrew Nicholasson getötet, nachdem er zweimal durch die norwegischen Reihen geritten war. Der Sturm hinderte König Hacon eine Weile daran, seinen Männern zu helfen und der zehnfach stärkere Schotte begann die Oberhand zu gewinnen. Aber zuletzt gelang es zwei Baronen, mit frischen Truppen zu landen, die Schotten nach und nach auf den Hügel zurückzutreiben und dann in Richtung der Hügel sogar in die Flucht zu schlagen.

Nachdem dies geschehen war, kehrten die Norweger an Bord der Schiffe zurück. Am nächsten Morgen (3. Oktober) kehrten sie an Land zurück, um die Leichen der Getöteten wegzutragen. Alle Leichen wurden, zweifellos in Bute, zu einer Kirche getragen und dort begraben.

Am nächsten Tag (Donnerstag, 4. Oktober) entfernte der König sein Schiff weiter unter die Insel, und am selben Tag traf die Abteilung ein, die nach Loch Long geschickt worden war. Am folgenden Tag (Freitag, 5. Oktober) sandte der König bei schönem Wetter Männer an Land, um die gestrandeten Schiffe zu verbrennen, was ebenfalls ohne Behinderung des Feindes geschehen zu sein schien. Am selben Tag zog er mit der gesamten Flotte zum Hafen von Lamlash.

Mit welch merkwürdiger Besonderheit erzählt die Saga von den Ereignissen dieses uralten Kampfes - so anders als die modernen, bei denen "die Reihen in Dampf gewälzt und die Winde mit Geräuschen gelegt werden" - und wie „Piers of Curry", die zweimal durch die norwegischen Reihen, durch "Türme unter den Kämpfern" geritten waren! Als Beschreiber von

Schlachten wäre Homer seit der Erfindung des Schießpulvers nicht besser als Sir Archibald Alison. Über dieses Scharmützel an der Küste von Ayrshire im 13. Jahrhundert liegen uns genauere Informationen vor als über die Schlacht von Solferino und doch war König Hacon in diesen fünf Jahrhunderten in seinem Grab und Napoleon III. und Kaiser Joseph leben noch. Und "Our Own Correspondent" war zu diesem Zeitpunkt auch nicht auf die Welt gekommen.

Nach der Schlacht segelte Haco nach Norwegen, wo er starb. Dies war die letzte Invasion der Nordmänner und einige Jahre später wurden die Inseln offiziell an Schottland abgetreten.

Obwohl sie abgetreten wurden, konnte man kaum sagen, dass sie von den schottischen Königen regiert wurden. Nach der Beendigung der norwegischen Regierung wurden die Hebriden von den Macdonalds, die sich Lords of the Isles nannten, regiert. Diese Häuptlinge wurden mächtig und führten die langhaarigen Inselbewohner mehr als einmal nach Schottland, wo sie ohne Gnade mordeten, brannten und verwüsteten.

Im Jahr 1411 stieg Donald, einer dieser Inselkönige, auf das Festland herab und wurde vom Earl von Mar in Harlaw bei Aberdeen schwer besiegt. Von einem anderen Potentaten desselben Stammes wurden die Grafschaften Ross und Moray 1456 verwüstet. Auf den westlichen Inseln übten die Macdonalds authentische Souveränität aus; sie waren dem schottischen König treu ergeben, wenn er in ihre abgelegenen Gebiete eindrang, und verleugneten ihn, wenn er sich abwandte. Die Macdonald-Dynastie oder Quasi-Dynastie existierte bis 1536, als der letzte Herr der Inseln ohne Erben starb und es keine Schulter gab, auf die der Mantel seiner Autorität fallen konnte.

Wie die Macdonalds auf ihren Inselthron kamen, war im flackernden Licht der Geschichte nur schwer zu entdecken. Als ich aber mit der Erzählerin die Inseln auf- und abwanderte, schwappte ein Film aus blauem Torfrauch herein, ein staubiger Lichtstrahl strömte durch das grüne Bullauge im Fenster und ich hörte die folgenden Berichte: - Die Zweige der Familie Macdonald, Macdonald of Sleat, Clanranald, der das weiße Heidekraut in seiner Haube trägt, das Analogon der weißen Rose, und das ebenso oft in Blut getaucht wurde, Keppoch, von dem eine ganze Rasse in Culloden fiel, stammten von einem gewissen Godfrey, König von Argyll, ab.

Dieser Godfrey hatte vier Söhne, und einer von ihnen hieß Somerlid, der jüngste, mutigste und schönste von allen. Aber unglücklicherweise war Somerlid ohne Ehrgeiz. Während seine Brüder brannten und verwüsteten und töteten, Ländereien eroberten und mit reichen Erben davonliefen, beschäftigte sich der träge und gutaussehende Riese nach der Mode vielversprechender junger Herren jener Zeit: mit Jagd und Fischerei.

Sein Spiegel war der Strom; er würde lieber einen Lachs als seinen Feind aufspießen; er verbrannte keine Kirchen, die einzigen Kehlen, die er durchschnitt, waren die Kehlen der Hirsche; er liebte es mehr, die Häute von Robben und Ottern zu streicheln als die glänzenden Haare von Frauen. Der alte Godfrey mochte das Aussehen des Jungen, hatte aber eine Verachtung für sein friedliches Verhalten und dachte kopfschüttelnd, er sei wenig besser als ein Neger-do-Weel oder ein dummer.

Trotzdem gab es in Somerlid eine Menge unerwarteter Dinge. Gegenwärtig war er friedlich wie eine Fackel oder ein Leuchtfeuer - still. Die Stunde kam, dass er sich vollkommen änderte; wenn er loderte wie eine brennende Fackel oder ein Leuchtfeuer auf einem Hügel, das gegen den Wind weht.

Es geschah, dass die Männer der westlichen Inseln ihren Häuptling verloren hatten. Es gab niemanden, der sie in den Kampf führte, und es war absolut notwendig, dass ein Anführer gewählt wurde. Schließlich dachten sie an den jungen Jäger, , der auf den Hügeln von Argylishire Hirsche jagte, wem sie ihre Ehre anbieten sollten.

Ein Rat wurde abgehalten; und es wurde beschlossen, eine Deputation nach Somerlid zu schicken, um ihren Fall darzulegen, und um anzubieten, dass er und seine Kinder für immer ihre Häuptlinge sein sollten, wenn er das Amt annehmen würde. In etwa einem halben Dutzend Galeeren setzte die Deputation die Segel und erreichte schließlich den Hof des alten Godfrey.

Als sie sagten, was sie wollten, sandte dieser Potentat sie, um Somerlid zu suchen; und sie fanden ihn beim Angeln. Somerlid hörte ihren Worten mit ungerührtem Gesichtsausdruck zu; als sie fertig waren, ging er ein wenig zur Seite, um über die Sache nachzudenken. Damit trat er vor; "Inselbewohner", sagte er, "da drüben ist ein großer Lachs im schwarzen Teich. Wenn ich ihn fange, werde ich mit euch als euer Häuptling gehen. Wenn ich ihn nicht fange, werde ich bleiben, wo ich bin."

Dem stimmten die Männer der Inseln zu, und sie setzten sich an die Ufer des Flusses, um das Ergebnis zu beobachten. Somerlid warf seine Leine über den schwarzen Teich, und in kurzer Zeit schimmerte der silberne Lachs auf dem gelben Sand des Flussufers. Als sie das sahen, schrien die Inselmenschen vor Freude. Nachdem sie sich von seinem Vater verabschiedet hatte, traten die Auserwählten von Tausenden in die größte Galeere und segelten unter anderen mit einem Häuptling nach Skye.

Wann gab es einen Krieger wie Somerlid? Er verwöhnte und verwüstete wie ein Adler. Er freute sich an der Schlacht. Er rollte seine Kleider in Blut. Er eroberte Insel für Insel; er ging mit leeren Galeeren hinaus und kehrte mit ihnen voller Beute zurück, wobei seine Ruderer sein Lob sangen. Er baute seinen Inselthron auf. Er war der erste Herr der Inseln; und aus seinen Lenden entsprangen alle Herren der Inseln, die es je gab.

Er war ein Macdonald und von ihm stammen die Macdonalds of Sleat ab. Er trug einen eigenen Tartan, den nur der Prinz von Wales und der junge Lord Macdonald, der heute in der Eton-Schule sitzt, tragen dürfen. Und wenn ich zu irgendeinem Zeitpunkt wagte, die Wahrheit dieser Legende zu widerlegen, wurde mir gesagt, dass ich, wenn ich zum Armadale Castle ging, das Bild von Somerlid im großen Fenster des Saals sehen sollte. Das war sicherlich eine Bestätigung der Wahrheit der Geschichte. Es muss sicherlich ein skeptischer Sassenach sein, der es nicht glauben würde, wenn er das gesehen hätte.

Obwohl die Lords of the Isles auf den Hebriden praktisch die Souveränität ausübten, unternahmen die Jameses viele Versuche, ihre Macht zu brechen und sie zu unterwerfen. James I. drang in die Highlands ein und versammelte 1427 ein Parlament in Inverness. Er lockte viele der Häuptlinge an seinen Hof und beschlagnahmte, inhaftierte und hinrichtete mehrere der Mächtigen. Diejenigen, die mit ihrem Leben davonkamen, waren gezwungen, Geiseln zu stellen.

Tatsächlich sahen die schottischen Könige die Hochländer genauso an wie die Borderer. In Momenten unruhiger Zeiten brachen sie in den Highlands auf, genau wie sie in Ettrick und Liddesdale eingebrochen waren, und hingen und hinrichteten rechts und links. Eine der Akten des Parlaments von James IV. erklärte, dass das Hochland und die Inseln in Ermangelung einer ordnungsgemäßen Rechtspflege rechtlos sei; und James V. unternahm 1536 eine Reise zu den Inseln, während der viele der Häuptlinge gefangen genommen wurden.

Ungefähr um diese Zeit starb der letzte Herr der Inseln. Die Jameses waren jetzt Könige der Highlands und Islands, aber sie waren nur Könige im eigentlichen Sinne. Jeder Häuptling betrachtete sich als eine Art unabhängiger Prinz. Die Hochlandhäuptlinge erschienen in Holyrood, es ist wahr; aber sie zogen Dolche und vergossen Blut in der Gegenwart; sie wollten das Zepter nicht verehren; sie brachten ihre eigenen Fehden mit zum schottischen Hof und als James VI. versuchte, diese Fehden im Weinkelch aufzulösen, gelang es ihm nicht.

Die gesetzliche Autorität war 1589 so gering, dass die Insel der Lewes von der Krone an eine Gruppe von fünf Herren verliehen wurde, wenn diese nur die Macht ergriffen und sie in Besitz nahmen - so wie die Länder der rebellischen Maories am heutigen Tag den Kolonisten an der Westküste gewährt werden könnten.

Manches tapfere Schiff der spanischen Armada wurde auf dem Rückzug nach Spanien an den Ufern der Westinseln zerstört; und eine Kanone, die einer von ihnen entnommen wurde, soll auf Schloss Dunstaffnage gelegen haben. Auf den Inseln stößt man noch auf spanische Namen und Spuren spanischen Blutes; und die Kriegsschiffe Spaniens, die auf den trostlosen Landzungen von Skye und Lewes zu Tode kamen, könnten etwas damit zu tun haben. Wo die Vase zerbrochen ist, duftet es noch immer nach Rosen.

Die Verbindung zwischen Spanien und den westlichen Inseln ist kaum mehr als ein bloßer Sturmunfall. Dann kam der Tod von Elizabeth und der Beitritt von James zum englischen Thron; und die Zeit rückte immer näher, dass der Hochländer eine wichtigere Persönlichkeit als je zuvor werden würde; wenn der Claymore seine Spuren in der britischen Geschichte hinterlassen würde.

Auf den ersten Blick ist es verwunderlich, dass die Clans jemals Jakobiten werden sollten. Sie waren jetzt dem Haus von Stuart verbunden. Mit den schottischen Königen befanden sich die Highlands und Islands fast ununterbrochen im Krieg. Wenn ein James unter die Häuptlinge des Nordens kam, trug er sein Todesurteil in seinem Gesicht. Die Geschenke, die er mitbrachte, waren der Gefängnisschlüssel, das Seil und die Axt des Henkers.

Als die Macht von den Lords of the Isles sank, betrachteten die Clans den König, der in Holyrood saß, als ihren nominellen Vorgesetzten. Aber sie waren keinem zentralen Gesetz zugänglich; jeder hatte seinen eigenen Häuptling - war in sich geschlossen, selbstverwaltet und mit seinen eigenen privaten Racheakten und Streifzügen beschäftigt.

Als der Tieflandbürger mit dem Handel beschäftigt war und der Tieflandbauer mit seinen Ernten, ging der Clansman in seinen nebligen Berge wie seine Väter Jahrhunderte vorher; und seine Hand war so vertraut mit dem Griff seines Breitschwertes wie die Hand des Perth-Bürgers mit der Ellwand oder die des Bauern der Lothianer mit dem Pflugschaft.

Der Lowlander war fleißig und kommerziell geworden; der Hochländer liebte immer noch das

Gefecht und den Überfall. Die Niederungen waren reich geworden an Städten, an Geld, an Gütern; das Hochland war nur reich an Schwertkämpfern.

Als Charles Probleme mit seinem Parlament begannen, gab es allmählich Verwendung für die Tapferkeit der Highlands und Montrose war der erste Mann, der sah, wie diese Tapferkeit genutzt werden konnte. Da er selbst ein feudaler Häuptling und voller Feudalgefühle war, appellierte er an die alten Feindseligkeiten der Clans, als er das Banner des Königs hisste. Sein Erzfeind war Argyll; er wusste, dass Campbell ein weithin gehasster Name war; und diesen Hass machte er zu seinem Rekrutierungsunteroffizier. Er bestach die Häuptlinge, aber sein Bestechungsgeld war Rache.

Die Bergbewohner strömten zu seiner Standarte; aber sie kamen, um sich selbst zu dienen, statt Charles zu dienen. Die Niederlage von Argyll könnte eine gute Sache für den König sein; aber damit hatten sie wenig Sorge - es war die süßeste private Rache und richtete ein Jahrhundert des Unrechts wieder gerade. Die Macdonalds of Sleat kämpften unter dem großen Marquis in Inverlochy. Aber der Schäfer von Skye glaubt nur, dass seine Vorfahren bei dieser Gelegenheit ihre erblichen Feinde getötet hatten - er hat keine Ahnung, dass das Interesse des Königs überhaupt in die Sache verwickelt war.

Während der Schlacht saß der blinde Allan mit einem kleinen Jungen an der Burgmauer. Der Junge erzählte, wie die Schlacht verlief und der Barde warf die Vorfälle zu einem Lied zusammen - voller Verachtung und Verspottung, als der Rückzug von Argyll in seiner Galeere beschrieben wird - voller Freude, wenn die Hauben von fünfzehnhundert toten Campbells im Lochy schwammen.

Und das Lied des blinden Allan können Sie an diesem Tag in Skye wiederholt hören. Als die glänzende Karriere von Montrose in Philiphaugh zu Ende ging, waren die Clansmänner, die seine Schlachten für ihn gewonnen hatten, nicht mehr Anhänger des Königs wie vor Jahrhunderten: aber sie hatten ihren Hass befriedigt; sie hatten reichlich Gelegenheit zur Plünderung gehabt; die Häuptlinge hatten eine neue Bedeutung erlangt. Man hatte ihnen die königliche Dankbarkeit und Erinnerung zugesichert; und als sie nur wenig königliches Gold erhielten, wurden ihnen Titel und Würden versprochen. Indem sie unter Montrose kämpften, waren sie in gewisser Weise der Sache des Königs verpflichtet; und als Claverhouse zu einem späteren Zeitpunkt der königlichen Standarte erneut folgten, wurde dieses Argument erfolgreich verwendet.

Sie hatten bereits dem Haus von Stuart gedient; sie hatten Siege für ihn errungen: Der König würde nicht immer in Schwierigkeiten sein. Es würde die Zeit kommen, in der er seine Freunde belohnen konnte. Hätten sie die Hände auf den Pflug gelegt, wäre es eine Torheit, umzukehren.

Und so erhoben sich die Clans ein zweites Mal, und in Killiecrankie durchbrach eine Lawine von Kiltmännern die königlichen Linien und in einer Viertelstunde lag eine disziplinierte Armee in Trümmern und das Bett des wütenden Garry erstickte vor Leichen. Zu diesem Zeitpunkt hatte die Stuart-Sache Einzug in die Highlands gehalten, hauptsächlich aufgrund der Tatsache, dass die Clans zweimal für sie gekämpft hatten. Dann ging ein dunkles Flüstern des Massakers von Glencoe durch die Täler - und die Clansmen glaubten, dass die Prinzen, denen sie gedient hatten, hätten nicht gegen jeden

Gastfreundschaftsanspruch verstoßen und sie auf ihren eigenen Herdsteinen niedergeschossen.

All dies bestätigte das wachsende Gefühl der Verbundenheit mit dem König über dem Wasser. Als der Earl von Mar 1715 aufstand, schloss sich ihm Macdonald von Sleat mit seinen Männern an und, ausgesandt eine Gruppe des Feindes zu vertreiben, die auf einer benachbarten Höhe erschienen war, eröffnete er die Schlacht von Sheriffmuir.

Als Prinz Charles 1745 in Knoydart landete, sandte er Briefe an Macdonald und Macleod in Skye und bat um ihre Hilfe. Hätte der Prinz eine ausländische Truppe mitgebracht, wären sie möglicherweise seiner Bitte nachgekommen. So zögerten sie und beschlossen schließlich, sich auf die Seite der Regierung zu stellen. Kein Mann aus Sleat kämpfte unter dem Prinzen.

Die anderen großen Zweige der Macdonald-Familie, Clanranald, Keppoch und Glengarry, schlossen sich ihm jedoch an; und Keppoch in Culloden, als er feststellte, dass seine Männer gebrochen waren und sich nicht auf Befehl ihres Chefs versammelten, griff die englischen Linien allein an und wurde von einem Kugelhagel niedergeschossen.

Die Herren von Skye erhoben sich nicht auf den Ruf des Prinzen, aber als seine Sache völlig verloren war, kam ihm eine Dame von Skye zu Hilfe und leistete ihm wesentliche Dienste. Weder zu der Zeit noch danach hielt sich Flora Macdonald für eine Heldin (obwohl Grace Darling selbst kein mutigeres Herz hatte), und sie ist bis zum heutigen Tag in der Geschichte bekannt, dass sie mit der weißen Rose im Busen ging.

Als der Prinz Miss Macdonald in Benbecula traf, war er verzweifelt genug. Die Dame hatte den besorgten Wunsch geäußert, Charles zu sehen; und bei ihrem Treffen, das in einer Hütte ihres Bruders stattfand, traf sie Captain O'Neil, einen Offizier, der dem Prinzen angeschlossen war, und im Moment der einzigen Begleiter seiner Wanderungen war. Sie wollten Charles konnte in der Verkleidung ihrer Magd mit nach Skye nehmen. Miss Macdonald stimmte zu. Sie besorgte sich ein Boot mit sechs Ruderern und als sie und ihre Gefährten die Hütte betraten, in der der Prinz lag, fanden sie ihn damit beschäftigt, mit einem Holzspieß das Herz, die Leber und die Nieren eines Schafs zum Abendessen zu braten.

Sie waren natürlich voller Mitgefühl; aber der Prinz, der sowohl den Verstand als auch den Mut seiner Familie besaß, verwandelte sein Unglück in Scherze. Die Partei setzte sich zum Abendessen nicht ohne Rücksicht auf die Gepflogenheiten.

Flora saß zur Rechten und Lady Clanranald, eine von Floras Gefährten, zur Linken des Prinzen. Sie sprachen von St. James, als sie bei ihrer groben Mahlzeit saßen und streckte die Hände der Hoffnung aus, wärmten sich am Feuer der Zukunft.

Nach dem Abendessen rüstete sich Charles in die Kleidung einer Magd. Sein Kleid bestand aus einem geblümten Leinenkleid, einem hell gesteppten Petticoat, einer weißen Schürze und einem Mantel aus Dun Camlet, der nach irischer Art gefertigt war, mit einer Kapuze.

Sie aßen an der Küste; und währenddessen kam ein Bote mit der Nachricht, dass sich eine Armee in der Nachbarschaft auf der Suche nach dem Flüchtling befand, und als Lady Clanranald diese Nachricht hörte, ging sie sofort nach Hause. Sie segelten abends mit schönem Wind, aber sie hatten nicht mehr als eine Liga geschafft, als ein Sturm aufkam, und Charles musste die

Geister seiner Gefährten mit Liedern und fröhlichen Reden stützen.

Sie kamen am Morgen in Sichtweite der blassen Landzungen von Skye, und als sie am Ufer entlangfuhren, wurden sie von einer Gruppe von Macleod-Milizen beschossen. Während die Kugeln herumflogen, legten sich der Prinz und Flora auf den Boden des Bootes. Die Milizen waren wahrscheinlich mäßige Schützen; jedenfalls wurde niemand verletzt.

Nachdem sie eine Weile weitergefahren waren, landeten sie in Mugstot, dem Sitz von Sir Alexander Macdonald. Lady Macdonald war eine Tochter des Earl of Eglinton und eine bekannte Jakobiterin und da alle wussten, dass Sir Alexander mit dem Herzog von Cumberland in Fort Augustus war, hatten sie keine Bedenken, Schutz zu suchen.

Charles wurde im Boot gelassen, und Flora machte sich daran, Lady Macdonald von ihrer Ankunft in Kenntnis zu setzen. Unglücklicherweise befanden sich jedoch ein Captain Macleod, ein Offizier der Miliz, im Haus und Flora musste so gut sie konnte seine Verhöre wegen Charles parieren, dessen Kopf 30.000 Pfund wert war. Lady Macdonald war sehr beunruhigt, dass die Anwesenheit des Prinzen entdeckt werden konnte. Kingsburgh, Sir Alexanders Faktor, war vor Ort und die Damen nahmen ihn in ihr Vertrauen. Nach Rücksprache wurde vereinbart, dass Skye unsicher sei und dass Charles sofort nach Raasay fahren solle, um vorübergehend seinen Wohnsitz bei Kingsburgh zu beziehen.

Während dieser ganzen Zeit blieb Charles am Ufer und fühlte sich wahrscheinlich sehr ähnlich wie ein Charles aus einem anderen Jahrhundert, als er, eingehüllt in Eichenlaub, den Roundhead unter sich reiten hörte. Kingsburgh war bestrebt, ihn mit der

Entschlossenheit seiner Freunde bekannt zu machen, aber dann war da der pestilente Kapitän auf dem Gelände, der sein Ohr im Flüsterton spitzen könnte; und dessen Verdacht, wenn er einmal geweckt wird, in Handeln umwandeln könnte.

Kingsburgh hatte seinem Plan zugestimmt, aber als er ihn in die Tat umsetzte, musste er so leichtfertig vorgehen, dass der blinde Maulwurf keinen Schritt hören sollte. Er schickte eine Dienerin an die Küste, um die fremde Magd mit dem mannhaften Schritt zu informieren, dass er sie besuchen wollte, aber dass sie sich in der Zwischenzeit vor der Beobachtung hinter einem benachbarten Hügel schützen sollte. Kingsburgh nahm Wein und Proviant mit und machte sich auf die Suche nach dem Prinzen. Er suchte eine beträchtliche Zeit, ohne ihn zu finden, und wollte gerade zum Haus zurückkehren, als er in einiger Entfernung ein Huschen zwischen einer Schafherde bemerkte.

Da er wusste, dass Schafe nicht nach dieser Art zu ihrer eigenen Belustigung herumhasten, näherte er sich der Stelle, als der Prinz auf einmal wie eine andere Meg Merrilees auf ihn losfuhr, einen großen Ast in der Faust.

"Ich bin Macdonald von Kingsburgh", sagte der Besucher, "komme, um Euer Hoheit zu dienen."

"Es ist gut," sagte Charles, ihn begrüßend.

Kingsburgh machte dann seinen Plan bekannt, mit dem sich der Prinz einverstanden zeigte. Nachdem Charles sich etwas erfrischt hatte, machten sie sich beide auf den Weg zum Kingsburgh House.

Die Damen in Mugstot waren die ganze Zeit in trauriger Ratlosigkeit und zu dieser Ratlosigkeit konnten sie wegen der Anwesenheit des Hauptmanns der Miliz keinen Ausdruck geben. Da Kingsburgh nicht zurückgekehrt war, konnten sie nur hoffen, dass es ihm gelungen war, den Prinzen zu finden und ihn aus dieser gefährlichen Nachbarschaft zu entfernen. Währenddessen wurde das Abendessen angekündigt, und der Kapitän schenkte den Damen höflich ein. Er trank seinen Wein, zahlte Miss Macdonald sein anmutigstes Kompliment, denn ein Kapitän - wenn auch nur von der Miliz - kann seiner Kleidung nach niemals gleichgültig gegenüber der Gesellschaft sein.

Es gehört zu seinem Beruf, tapfer zu sein, wie es zum Beruf eines Geistlichen gehört, Gnade vor Recht zu sagen. Wir können jedoch sicher sein, dass seine Komplimentrosen wie Brennnesseln stachen. Er sprach natürlich von dem Prinzen - der zu dieser Zeit das Hauptgesprächsthema auf den Inseln war -, vielleicht drückte er einen starken Wunsch aus, ihn zu fangen. All dies mussten die Damen ertragen, versteckten sich, wie es die Art des Geschlechts ist, und versteckten die Herzen unter ihren Gesichtern, die scheinheilig gefasst waren.

Nach dem Abendessen erhob sich Flora sofort, aber ein Blick von Lady Macdonald veranlasste sie, noch ein wenig zu bleiben. Trotzdem floss das Gerede des tapferen Kapitäns weiter und er musste um jeden Preis getäuscht werden. Endlich war Fräulein Flora mit den kindlichsten Gefühlen gerührt. Sie war bestrebt, bei ihrer Mutter zu sein, zu bleiben und sie in diesen schwierigen Zeiten zu trösten. Sie muss wirklich gehen.

Lady Macdonald drängte sie zu bleiben, brachte den tapferen Kapitän dazu, seinen Einfluss geltend zu machen, aber ohne Wirkung. Die mutwillige junge Dame hörte nicht auf die Bitte. Ihr Vater war abwesend und zu diesem Zeitpunkt stand der Anspruch einer Alleinerziehenden auf die Aufmerksamkeit einer Tochter an erster Stelle. Ihre Entschuldigung wurde endlich angenommen, aber nur unter der Bedingung, dass sie bald nach Mugstot zurückkehren und einen längeren Aufenthalt nehmen sollte.

Die Damen umarmten sich, und dann stieg Miss Macdonald auf und begleitet von mehreren Bediensteten, die Prinz Charles folgten, der sich nun in einiger Entfernung auf dem Weg nach Kingsburgh befand. Lady Macdonald kehrte zu dem Kapitän zurück, der selten - ob von der regulären Armee oder von der Miliz - geschickter hinters Licht geführt wurde.

Miss Macdonalds Gruppe bestand, als sie nach dem Prinzen und Kingsburgh ritt, aus Neil M'Eachan, der als Führer auftrat, und Mrs. Macdonald, die von einem männlichen und einem weiblichen Bediensteten begleitet wurde. Sie überholten den Prinzen und Mrs. Macdonald, die ihn noch nie zuvor gesehen hatte, wollte unbedingt einen Blick auf sein Gesicht werfen. Dieses vermied Charles sorgfältig.

Mrs. Macdonalds Dienstmädchen bemerkte das grobe Aussehen der großen weiblichen Gestalt und flüsterte Miss Flora zu, dass sie "noch nie eine so derbe aussehende Frau gesehen habe wie die, mit der Kingsburgh sprach", und drückte ihre Überzeugung aus, dass die Fremde entweder eine Irin oder ein Mann in Frauenkleidern sei.

Fräulein Flora flüsterte als Antwort, "dass sie in ihrer Vermutung richtig war - dass die Amazone wirklich eine Irin war, die sie kannte, da sie sie vorher gesehen hatte."

Die Abigail rief dann aus: "Segne mich, wie umständlich sie mit ihren Klamotten umgeht!"

Fräulein Macdonald, der dieses Gespräch beenden wollte, drängte die Partei zu einem Trab. Die Fußgänger stürmten dann über die Hügel und erreichten Kingsburgh House gegen elf Uhr - die Reiter kamen bald danach an.

Als sie ankamen, gab es einige Schwierigkeiten mit dem Abendessen, da Mrs. Macdonald aus Kingsburgh sich zur Ruhe gesetzt hatte. Als ihr Mann ihr sagte, dass der Prinz im Haus sei, stand sie sofort auf und unter ihrer Leitung wurde die Tafel gedeckt. Die Lebensmittel waren Eier, Butter und Käse. Charles aß herzlich, und nachdem er ein paar Gläser Wein getrunken und eine Pfeife Tabak geraucht hatte, ging er zu Bett.

Am nächsten Morgen gab es eine Diskussion darüber, welche Kleidung er tragen sollte; Kingsburgh, der befürchtete, dass seine Verkleidung bekannt geworden war, drängte Charles, ein Highland-Kleid zu tragen, dem er gerne zustimmte. Da aber die Augen der Bediensteten scharf waren, wurde vereinbart, dass er das Haus in den gleichen Kleidern verlassen sollte, in denen er gekommen war, und dass er auf der Straße seine Kleidung wechseln sollte, um einen Verdacht zu vermeiden.

Als er sich in seine weiblichen Gewänder gehüllt hatte und ins Wohnzimmer kam, bemerkte Charles, dass die Damen eifrig miteinander flüsterten und ihn die ganze Zeit ansahen. Er wollte das Gesprächsthema erfahren und wurde von Frau Macdonald darüber informiert, dass sie sich eine Haarsträhne wünschten. Der Prinz stimmte sofort zu und legte seinen Kopf in Miss Floras Schoß, eine gelbe Haarsträhne wurde abgeschoren - um als liebste Reliquie der Familie gehütet und ebenso eifersüchtig behütet zu werden. Einige seidene Fäden derselben Haarsträhne, die ich selbst gesehen habe.

Mr. M'lan hat etwas davon in einem Ring, der wahrscheinlich mit ihm begraben wird. Nachdem das Haar abgeschnitten worden war, überreichte Kingsburgh dem Prinzen ein neues Paar Schuhe, und die alten - durch die die Zehen ragten - wurden beiseitegelegt und galten nicht weniger heilig als die Haarsträhne. Sie wurden später von einem jakobitischen Herrn für zwanzig Guineen gekauft - der höchste Preis, der jemals für diesen Artikel gezahlt wurde.

Kingsburgh, Flora und der Prinz machten sich dann auf den Weg nach Portree. Kingsburgh trug das Highland-Kleid unter dem Arm. Nach einem kurzen Spaziergang betrat Charles einen Wald und wechselte seine Kleidung. Er trug jetzt einen Tartan-Kurzmantel und eine Weste mit Philabeg, ein Plaid sowie eine Perücke und einen Hut. Hier trennte sich Kingsburgh vom Prinzen und kehrte nach Hause zurück.

Unter der Leitung eines Führers ging Charles dann über die Hügel, während Miss Macdonald die gemeinsame Straße nach Portree entlang galoppierte, um zu sehen, wie das Land lag, und um sich mit den Gerüchten vertraut zu machen, die sich in der Region regten.

Es war sehr schwierig, den Prinzen aus Skye herauszuholen. Einer Portree-Besatzung konnte man nicht trauen, da sie bei ihrer Rückkehr den Aufenthaltsort des Flüchtlings verraten konnte. In diesem Dilemma schlug ein Freund des Fürsten ein Boot vor, das er selbst steuern würde und das sich auf einem der benachbarten Löcher befand. Das Boot wurde von zwei Brüdern mit Unterstützung einiger Frauen über eine Meile sumpfigen Bodens an die Küste geschleppt. Völlig untauglich für die See - undicht wie die alten Brogues, die Kingsburgh so sehr schätzte -, aber die beiden Brüder, die nichts zu befürchten hatten, ließen es starten und ruderten zu Raasay hinüber.

Als die Nachricht kam, dass der Prinz zur Hand war, beschafften sich der junge Raasay, der nicht im Aufstand gewesen war, und sein Cousin Malcolm Macleod, der es gewesen war, ein starkes Boot und zwei Ruderer, die sie zur Geheimhaltung verpflichtet hatten und fuhren nach Skye hinüber. Sie landeten ungefähr eine halbe Meile von Portree entfernt und Malcolm Macleod ging in Begleitung eines der Männer auf das Gasthaus zu, wo er den Prinzen und Miss Macdonald fand.

Es hatte heftig geregnet, und bevor er ankam, war Charles bis auf die Haut durchnässt. Er zog ein trockenes Hemd an und kochte danach ein herzhaftes Mahl mit geröstetem Fisch, Brot, Käse und Butter. Die Leute in der Herberge ahnten nichts von seinem Rang, und mit ihnen redete und scherzte er. Malcolm Macleod war zu diesem Zeitpunkt zum Boot zurückgekehrt, wo er auf das Kommen des Prinzen wartete. Der Führer flehte Charles an, sofort loszugehen, und wies darauf hin, dass das Gasthaus ein Treffpunkt für alle möglichen Leute sei und dass jemand ihn in seiner Verkleidung erkennen könne - zu alledem gab der Prinz bereitwillige Zustimmung; aber es regnete immer noch und er sprach davon, alles zu riskieren und zu warten, wenn es auch die ganze Nacht dauern würde.

Der Führer wurde noch dringlicher und der Prinz erklärte sich endlich bereit zu gehen. Aber bevor er ging, wollte er eine Pfeife Tabak rauchen. Er rauchte seine Pfeife, verabschiedete sich von Miss Macdonald, zahlte ihr einen kleinen Betrag zurück, den er geliehen hatte, gab ihr seine Miniatur und drückte die Hoffnung aus, dass er sie noch bei St. James begrüßen sollte. Am frühen Morgen des Julimorgens, mit vier Hemden, einer Flasche Brandy an einer Seite seines Gürtels, einer Flasche Whisky an der anderen Seite und einem kalten Geflügel in einem Taschentuch, das er unter der Decke trug, schritt er mit einem Führer hinunter zum felsigen Ufer, wo das Boot so lange gewartet hatte.

In wenigen Stunden erreichten sie Raasay. In Raasay blieb der Prinz nicht lange. Er kehrte nach Skye zurück, wohnte in Strath, lebte an fremden Orten und trug viele Verkleidungen - schließlich erreichte er mit Hilfe des Chefs der Mackinnons das Festland.

Zu diesem Zeitpunkt war der Regierung bekannt geworden, dass der Prinz über die Insel gewandert war und Malcolm Macleod, Kingsburgh und Miss Macdonald waren festgenommen worden. Miss Macdonald wurde zunächst in Dunstaffnage Castle eingesperrt und anschließend nach London gebracht. Ihre Inhaftierung scheint nicht sehr streng gewesen zu sein und sie wurde angeblich auf besonderen Wunsch von Frederick, Prinz von Wales in Freiheit gesetzt.

Sie und Malcolm Macleod kehrten zusammen nach Schottland zurück. 1750 heiratete Flora Allan Macdonald, den jungen Kingsburgh, und nach dem Tod seines Vaters im Jahr 1772 zogen die jungen Leute auf die Farm. Hier empfingen sie Dr. Johnson und Boswell. Kurz darauf ging die Familie nach Amerika und 1775 schloss sich Kingsburgh dem Royal Highland Emigrant Regiment an. Danach diente er in Kanada und kehrte 1790 gegen halbes Entgelt nach Skye zurück. Flora hatte sieben Kinder, fünf Söhne und zwei Töchter, die Söhne nach alter Skye-Manier wurden Soldaten und die Töchter die Ehefrauen von Soldaten. Sie starb und wurde auf dem Kirchhof von Kilmuir beigesetzt.

Zum Missfallen der Herren von Skye - in vielen fließt ihr Blut - ist das Grab in einem Zustand völligen Verfalls. Als ich es vor zwei oder drei Monaten sah, war es mit einer Reihe von Brennnesseln überzogen. Diese sind noch immer erhalten. Der Tourist wird Grabsteine verunstalten und Stücke von einer kaputten Büste wegtragen, aber eine Brennnessel, die kühnste oder enthusiastischste, wird er selbst aus dem berühmtesten Grab kaum zupfen und transportieren. Irgendwo muss eine Linie gezogen werden und Vandalismus zieht die Linie bei Brennnesseln - es wird nicht seine eigenen Finger für die Welt stechen.

O Tod! O Zeit! O Männer und Frauen, von denen wir gelesen haben, welche eifrigen, aber nicht verfügbaren Hände strecken wir dir entgegen! Wie würden wir Ihre Stimmen hören, ihre Gesichter sehen, aber das Schweben ihrer Gewänder bemerken! Mit einem seltsamen Gefühl geht man um die Ruinen des Hauses von Cornchatachin herum und denkt an die Debauch, die vor hundert Jahren von einem toten Boswell und jungen Hochland-Blutsopfern gehalten wurde, die auch tot sind.

Aber die Ruine des alten Hauses von Kingsburgh bewegt einen mehr als die Ruine des alten Hauses von Corrichatachin. Am Ufer des Loch Snizort - Wasser, das einst von den Segeln der Haco-Galeeren beschattet wurde - stoßen wir auf die letztere antike Stätte.

Die Umrisse der Wände zeichnen sich durch eine bloße Erhebung auf dem Rasen aus; und in dem Raum, in dem Feuer brannten und kleine Füße klapperten und Männer und Frauen aßen und tranken und die gastfreundliche Pfeife rauchte, wachsen große Bäume. Zu diesem Ort kam Flora Macdonald und der Prinz - sein Kopf war dreißigtausend Pfund wert - in Frauenkleider. Dort ruhten sie sich für die Nacht aus und reisten am nächsten Morgen ab. Und die Laken, in denen der Wanderer schlief, wurden sorgfältig beiseitegelegt und Jahre später zum Leichentuch für die Dame des Hauses. Und die alten Schuhe, die der Prinz trug, wurden von Kingsburgh bis zu seinem Tod aufbewahrt, und danach bezahlte ein "eifriger jakobitischer Herr" zwanzig Guineen für den Schatz.

Diese Liebe für den jungen Ascanius - das Gemetzel von Culloden und das edle Blut, das viele Ebenen rötet, konnte sie nicht auswaschen. Stellen Sie sich seine Meditationen über all diese Hingabe vor, wenn ein alter, besessener Mann in Rom - der Glanz der Krone seiner Vorfahren - aus seinen trüben und beschwipsten Augen verschwindet! Und als Flora die Herrin davon war, kamen Boswell und Johnson mit einer Erkältung im Kopf an denselben Ort. Dort salutierte der Arzt Flora, machte ein paar Komplimente und schlief im Bett, in dem auch der Prinz gelegen hatte. Dort war Boswell in einem herzlichen Humor, und, wie seine Mode war, "gerne für ein fröhliches Glas zu haben." Und all diese Leute sind Geister und weniger.

Und während ich schreibe, steigt der Wind auf Loch Snizort und durch den Herbstregen fallen die gelben Blätter auf die Stellen, an denen der Prinz, der Arzt und die Kröte saßen.

Man mag wissen, dass Papst Dryden im Sessel neben dem Feuer in Wills Kaffeehaus sitzen sah und dass Scott Burns bei Adam Ferguson traf. Es ist auch angenehm zu wissen, dass sich Doktor Johnson und Flora Macdonald kennengelernt haben. Es war wie das Zusammentreffen von zwei weit voneinander entfernten Epochen und Ordnungen der Dinge. Die Fleet Street und die Cuchullins mit ossianischen Nebeln auf ihren Kämmen standen sich gegenüber. Es ist auch angenehm zu wissen, dass der Weise die Dame mochte und die Dame den Weisen mochte. Nach der Abreise des Fürsten war die Ankunft von Dr. Johnson das nächste große Ereignis in der Geschichte der Hebriden. Der Arzt kam und sah sich um, ging nach London zurück und schrieb sein Buch.

Danach gab es viel Krieg; und die Insel-Männer wurden Soldaten und kämpften in Indien, Amerika und auf der Halbinsel. Die Tartans winkten durch den Rauch jeder britischen Schlacht, und es gab keine so verzweifelten Bajonettangriffe wie die, die zum Geschrei des Dudelsacks stürmten. Ende des letzten und zu Beginn des heutigen Jahrhunderts wurde die Hälfte der Farmen in Skye von Beamten mit halbem Lohn gepachtet. Die Armeeliste befand sich auf der Insel, was das Post-Office-Verzeichnis für London ist.

Dann kam Scott mit der ganzen Touristenwelt im Rücken in die Highlands. Dann kam Dr. John M'Culloch durch Skye - ätzend, kritisch, epigrammatisch - und entsetzlich war die Wut, die durch die Veröffentlichung seiner Briefe ausgelöst wurde - die Wut von Männern, insbesondere, die ihm Gastfreundschaft erwiesen und ihm Dienste geleistet hatten. Dann kamen Vertreibungen, Auswanderungen und das Scheitern der Kartoffeln.

Alles wird prosaisch, wenn wir uns der Gegenwart nähern. Dann gründete mein Freund, Herr Hutcheson, seine großartige Flotte von Hochlanddampfern. Während ich schreibe, ist das eiserne Pferd in Dingwall, und es wird bald in Kyleakin sein - durch welche Straße König Haco vor sieben Jahrhunderten segelte. In ein paar Jahren oder so wird Portree vierundzwanzig Stunden von London entfernt sein - diese Zeit wird der Tourist in Anspruch nehmen, diese Zeit wird der schwarzgesichtige Hammel in Anspruch nehmen.

Wenn man die westlichen Inseln auf- und abwandert, kommt man mit Ossian in Kontakt und gerät in ein Meer von Verwirrungen hinsichtlich der Echtheit von Macphersons Übersetzung. Dass schöne Gedichte vor so vielen Jahrhunderten im Hochland verfasst worden sein sollten und dass diese während dieser immensen Zeitspanne in den Erinnerungen und auf den Zungen des einfachen Volkes existierten, ist erstaunlich genug.

Die Grenzballaden sind Kinder in ihrer Blüte, verglichen mit den Legenden und Liedern der Ossianer. Andererseits sollte die Theorie, dass Macpherson, dessen literarische Bemühungen, falls er nicht vorgab zu übersetzen, äußerst arm und dürftig waren, aus reiner Vorstellungskraft Gedichte voller schöner Dinge mit starker lokaler Färbung geschaffen haben, nicht ohne ein seltsames Gefühl der Abgeschiedenheit, mit Helden, die wie durch keltische Nebel verdeckt sind: Gedichte, die von seinen Landsleuten als echt empfunden wurden, die Dr. Johnson verächtlich missbraucht hat und die Dr. Blair mit Begeisterung lobte und die in alle Sprachen übersetzt wurden in Europa; die Goethe und Napoleon bewunderten; aus dem Carlyle seinen "roten Sohn des Ofens" und so manche denkwürdige Aussage gezogen hat; und über die seit mehr als hundert Jahren ein kritischer und philologischer Kampf tobt, bei dem der Sieg zu keiner Seite neigt - dass der arme Macpherson diese Gedichte hätte erschaffen sollen, ist, wenn möglich, verblüffender als ihre Behauptung der Antike.

Wenn Macpherson Ossian erschuf, war er ein Athlet, der einen überraschenden Sprung machte und danach für immer wieder gelähmt war; ein Schütze, der bei seinem ersten Schuss genau die Mitte traf und danach das Ziel nie wieder. Es ist hinreichend bekannt, dass die Hochländer, wie alle halbzivilisierten Nationen, ihre Legenden und ihre Minnesänger hatten; dass sie gern Gedichte und Runen rezitierten; und dass die Person, die in seinem Gedächtnis die meisten Geschichten und Liedern behalten konnte, diese auf den Versammlungen rezitierte, um die alten Torfbrände zu erleuchten, wie Sydney Smith das moderne Abendessen erhellte.

Und es ist erstaunlich, wie viel legendäres Material eine einzelne Erinnerung behalten kann. Zur Veranschaulichung teilt uns Dr. Brown in seiner "Geschichte der Highlands" mit, dass "der verstorbene Kapitän John Macdonald von Breakish, der auf der Insel Skye geboren wurde, im Alter von achtundsiebzig Jahren einhundert bis zweihundert gälische Gedichte wiederholen konnte, die er als ein Junge zwischen zwölf und fünfzehn Jahren (ungefähr um das Jahr 1740) gehört hatte und die in unterschiedlicher Länge und Anzahl von Versen geschrieben wurden und dass er sie von einem alten Mann im Alter von ungefähr achtzig Jahren gelernt hatte, der sie seinem Vater jahrelang vorsang, wenn er nachts ins Bett ging, und im Frühling und Winter, bevor er morgens aufstand.

"Der verstorbene Dr. Stuart, Geistlicher von Luss, kannte "einen alten Hochländer auf der Isle of Skye", der an drei aufeinanderfolgenden Tagen und über mehrere Stunden jeden Tag ohne zu zögern und mit äußerster Schnelligkeit viele tausend Zeilen Poesie der Antike wiederholte, und der seine Wiederholungen viel länger fortgesetzt hätte, wenn der Arzt ihn nicht dazu aufgefordert hätte, aufzuhören."

Zweifellos floh der Arzt vor einem so tosenden Gesang um sein Leben. Ohne Zweifel gab es auf den Inseln eine Unmenge poetischen Materials. Aber als Macpherson auf Bitte von Home, Blair und anderen in die Highlands ging, um Materialien zu sammeln, erhielt er zweifellos gälische Manuskripte. Mr. Farquharson, (sagt uns Dr. Brown) Präfekt der Studien am Douay College in Frankreich, war der Besitzer der gälischen Manuskripe, und 1766 erhielt er eine Kopie von Macphersons "Ossian" und Mr. M'Gillivray, einem Studenten dort an die Zeit, sah sie (Macphersons "Ossian" und Mr. Farquharsons Manuskripte) häufig zusammengetragen und hörte die Beschwerde, dass die Übersetzungen sehr weit hinter der Energie und Schönheit der Originale zurückblieben; und der besagte Mr. M'Gillivray war überzeugt, dass die Manuskripte alle von Macpherson übersetzten Gedichte enthielten, weil er sich sehr deutlich daran erinnerte, dass er, nachdem er die Übersetzungen gelesen hatte, von Herrn Farquharson gehört hatte, dass er alle diese Gedichte in seiner Sammlung besaß.

Dr. Johnson konnte nie ruhig darüber sprechen. "Zeigt mir die Originalmanuskripte", brüllte er. "Lassen Sie Mr. Macpherson das Manuskript in einem der Colleges in Aberdeen deponieren, wo es Leute gibt, die es beurteilen können; und wenn die Professoren die Echtheit bescheinigen, dann wird die Kontroverse ein Ende haben."

Macpherson, als seine Wahrhaftigkeit grob in Frage gestellt wurde, wickelte sich in stolzes Schweigen und verachtete jede Antwort. Schließlich unterwarf er sich jedoch dem Test, den Dr. Johnson vorschlug: In einem Buchhandel ließ er einige Monate lang die Originale seiner Übersetzungen liegen, unter Hinweis darauf, dass alle an der Angelegenheit interessierten Personen sie ansehen und untersuchen dürften, jedoch war Macphersons Stolz verletzt und er wurde danach eigensinniger und unkommunikativer als je zuvor.

Es bedurfte keiner so gewaltigen Anstrengung bei der Herstellung von Manuskripten. Man hätte auf einen Blick erkennen können, dass es sich bei den

Ossianischen Gedichten überhaupt nicht um Fälschungen handelt. Ergebnisse, die Macpherson nicht geschmiedet hat. Auch in der englischen Übersetzung sind die Gefühle, Gewohnheiten und Denkweisen, die beschrieben wurden, größtenteils völlig ursprünglich, wenn man sie liest, wir scheinen die Morgenluft der Welt zu atmen. Die persönliche Existenz von Ossian ist vermutlich ebenso zweifelhaft wie die persönliche Existenz von Homer; und wenn er jemals gelebt hat, ist er großartig, wie Homer.

Ossian zog jeden lyrischen Tunnel in sich hinein, er erweiterte sich in jeder Hinsicht, er leerte Jahrhunderte ihrer Lieder; und durch ein mündliches und zigeunerhaftes Leben führen, das von Generation zu Generation weitergegeben wird, ohne sich dem Schreiben zu verpflichten und deren Umrisse genau festzulegen, ist die Urheberschaft dieser Lieder in einer Vielzahl verankert, wobei jeder Rezitator mehr oder weniger damit zu tun hat. Jahrhunderte lang wurde das schwebende legendäre Material durch den sich verändernden Geist und die Emotionen der Kelten verändert, ergänzt und verändert.

Das Lesen der ossianischen Fragmente ist wie ein Besuch im Skelett einer südamerikanischen Stadt. Wie ein Spaziergang durch die Straßen von Pompeji oder Herculaneum. Diese Gedichte, wenn auch grob und formlos, sind berührend und ehrwürdig wie ein Überbleibsel der Abfälle, deren Namen die Erbauer nicht kennen; deren Türme und Mauern allerdings nicht in Übereinstimmung mit den Lichtern der modernen Architektur errichtet sind. Sie beeinflussen den Geist und regen die Fantasie viel mehr an als edlere und moderne Schriften an; die Räume, die heute kein Dach mehr schützt, wurden vor Jahrhunderten von Leben und Tod, Freude und Leid belebt. Die Wände sind abgetragen und von der Zeit abgerundet, die Steine von den heftigen Tränen des Winterregens weich geschliffen. Auf zerbrochenen Bögen und Zinnen entzündet sich seit Jahrhunderten jedes Jahr im April ein Licht aus wilden Blumen. Und es steht mit Efeu gedämpft, mit Moosen bärtig und mit Flechten von den Sonnen vergessener Sommer befleckt.

Also sind diese Lieder im Original - stark, einfach, malerisch im Verfall; in Mr. Macphersons Englisch sind es Hybriden und Mischlinge. Sie ähneln dem Schloss von Dunvegan, einer amorphen Mauerwerksmasse aller erdenklichen Architekturstile, in der das neunzehn Jahrhunderte gegen das neunzehnte stoßen. In diesen Gedichten schmeckt man nicht nur der Charakter und die Gewohnheit der Urzeit, sondern es gibt auch eine außergewöhnliche Wahrheit der lokalen Farbgebung.

Die Ilias ist von der flüssigen Weichheit eines einsamen Himmels bedeckt. In dem Vers von Chaucer gibt es den ewigen Mai und den Geruch von frischgeblühten englischen Weißdornecken.

In Ossian ist in gleicher Weise der Himmel bewölkt, es gibt einen Wellensturm am Ufer, der Wind singt in der Kiefer. Diese Wahrheit der lokalen Farbgebung ist ein starkes Argument für den Beweis der Echtheit. Ich für meinen Teil werde niemals glauben, dass Macpherson mehr als ein etwas freier Übersetzer war. Trotz Gibbons Spott gehe ich davon aus, dass Ossian gelebt und Fingal gesungen hat. Und darüber hinaus bin ich der Überzeugung, dass diese nebligen, phantasievollen, ossianischen Fragmente mit ihren Helden, die wie Windwolken kommen und gehen, ihren häufigen Erscheinungen, den „Sternen, die durch ihre Formen blinken", ihren Mädchen, schön und blass wie ein Mondregenbogen, an ihrem literarischen Ort jeder Anerkennung wert sind.

Wenn Sie glauben, dass diese Gedichte übertrieben sind, gehen Sie nach Sligachan und sehen Sie, welche wilde Arbeit der Bleistift des Mondlichts auf einer Masse sich bewegender Dämpfe macht. Ist das noch Natur oder ein schon ein Wahnsinnstraum? Schauen Sie sich die wogenden Wolken an, die von der Stirn von Blaavin rollen, alle golden und in Flammen mit der aufgehenden Sonne! Wordsworths Vers spiegelt das Lake Country nicht vollständiger wider als die Gedichte von Ossian die schreckliche Landschaft der Inseln. Grimmig und heftig und trostlos wie der Nachtwind, denn weder mit Rose noch mit Nachtigall hatte der alte Barde zu tun; aber mit der Distel auf der Ruine, den aufrechten Steinen, die die Grabstätten der Helden, den weinenden Gesichtern der Frauen, die im Mond weiß wie Meerschaum sind, der Brise, die allein in der Wüste trauert, den Kämpfen und Freundschaften seiner fernen Jugend und die Flucht der "dunkelbraunen Jahre".

Diese Gedichte sind wunderbare Transkripte der hebridischen Landschaft. Sie sind so neblig wie die Hebriden. Ossian sucht seine Bilder in den feuchten Geistern. Man nehme die folgenden zwei Häuptlinge, die sich von ihrem König getrennt haben: "Sie sinken von ihrem König zu beiden Seiten ab wie zwei Säulen Morgennebel, wenn die Sonne zwischen ihnen auf seinen glitzernden Felsen aufgeht wie ein roter See."

Sie können nicht anders, als das Bild zu bewundern. Ich sah den nebligen Umstand noch heute Morgen, als die königliche Sonne mit seinem goldenen Speer auf die Erde schlug und die Nebelflecke wie schuldige Dinge rückwärts zu ihren Becken rollten. Das eine große Menge poetischer Manuskripte in den

Highlands existierten, wissen wir; wir wissen auch, dass Macpherson, als er dazu aufgefordert wurde, seine Originale vorzulegen sich die Frage stellte: War Macpherson ein kompetenter und treuer Übersetzer dieser Manuskripte? Hat er das Original in seiner ganzen Stärke und Schärfe wiedergegeben? Im Großen und Ganzen übersetzte Macpherson die alten Hochlandgedichte vielleicht so treu wie Papst Homer, aber seine Version ist in vielerlei Hinsicht mangelhaft und unwahr.

Der englische Ossianer ist Macphersons, genau wie die populärste englische Ilias Papstes ist. Macpherson war kein gut ausgestatteter gälischer Gelehrter; seine beliebteste englische Ilias ist die des Papstes. Die Macpherson-Version ist voller Fehler und Missverständnisse in Bezug auf die Bedeutung, und er drückte sich in der modernen poetischen Sprache seiner Zeit aus. Sie finden Echos von Milton, Shakespeare, Pope und Dryden, und diese Echos verleihen seiner gesamten Aufführung einen hybriden Aspekt. Es hat ein buntes Aussehen; ist eine Sache der Widrigkeiten, der Fetzen und Flecken; darin sind die Antike und sein eigener Tag unpassend vermischt - wie Macbeth in einer Perücke oder eine Ruine, die mit neuen und grellen Bannern geschmückt ist. Hier ist Macphersons Version eines Teils des dritten Buches von Fingal:

"Fingal erblickte den Sohn von Starno: Er erinnerte sich an Agandecca. Denn Swaran hatte mit den Tränen der Jugend um seine Schwester mit dem weißen Busen getrauert. Er sandte Ullin von Liedern, um ihn zum Fest der Muscheln zu bitten. Denn Fingals Seele gab die Erinnerung zurück an die erste seiner Lieben! Ullin kam mit gealterten Schritten und sprach mit Starnos Sohn. 'O du, der du in der Ferne wohnst, umgeben wie ein Felsen mit deinen Wellen! Komm zum Fest des Königs und verbringe den Tag in Ruhe. Morgen wollen wir kämpfen, O Swaran und brechen die hallenden Schilde."

„ Heute ", sagte Starnos zorniger Sohn,„ brechen wir die hallenden Schilde. Morgen soll mein Fest ausgebreitet werden, aber Fingal soll auf Erden liegen."

„Mach dich bereit", sagte Fingal mit einem Lächeln. „Heute, oh meine Söhne, werden wir die hallenden Schilde zerbrechen. Ossian, stell dich neben meinen Arm. Gallier, heb dein schreckliches Schwert. Fergus, beuge deine krumme Eibe Fillan, deine Lanze durch den Himmel. Hebe deine Schilde wie der dunkle Mond. Sei dein Speer, der Meteor des Todes. Folge mir auf dem Weg meines Ruhmes."

"Wie hundert Winde auf Morven, wie die Ströme von hundert Hügeln, wie Wolken aufeinanderfolgend über den Himmel fliegen, wie der dunkle Ozean das Ufer der Wüste befällt, so brüllend, so gewaltig, so schrecklich mischten sich die Armeen in Lenas widerhallender Heide. Das Stöhnen der Menschen breitete sich über die Hügel aus, es war wie der Donner der Nacht, als die Wolken auf Cona aufbrachen und tausend Geister auf einmal im hohlen Wind kreischten. Als er in einem Wirbelwind nach Morven kommt, um die Kinder seines Stolzes zu sehen, die Eichen auf ihren Bergen erklingen und die Felsen vor ihm herunterfallen, undeutlich, wie es in der Nacht heller wird, schreitet er größtenteils von Hügel zu Hügel von meinem Vater, als er den Schimmer seines Schwertes wirbelte. Er erinnerte sich an die Schlachten seiner Jugend. Das Feld ist in der Zeit verloren."

"Ryno ging weiter wie eine Feuersäule. Dunkel ist die Stirn Galliens. Fergus stürzte vorwärts mit Füßen des Windes. Fillan, wie der Nebel des Hügels. Ossian, wie ein Stein, kam herunter. Ich jubelte in der Stärke des Königs, viele erfuhren den Tod meines Arms, trübselig der Glanz meines Schwertes, meine Locken waren damals nicht so grau und meine Hände zitterten nicht vor Alter, meine Augen waren nicht in Dunkelheit geschlossen, meine Füße versagten nicht im Kampf."

"Wer kann den Tod des Volkes erzählen, dem die Taten mächtiger Helden, als Fingal, in seinem Zorn brennend, die Söhne von Lochlin verzehrte? Stöhnen schwoll auf, Stöhnen von Hügel zu Hügel, bis die Nacht alles bedeckt hatte. Blass und starr wie eine Hirschherde, versammeln sich die Söhne Lochlins auf Lena."

So schreibt Macpherson. Ich unterziehe mich einer wörtlicheren und getreueren Wiedergabe der Passage, in der bis zu einem gewissen Grad der Wildhoniggeschmack des Originals verkostet werden kann:

"Fingal erkannte den berühmten Sohn von Starn, und er erinnerte sich an die Jungfrau des Schnees: Als sie fiel, weinte Swaran für das junge Mädchen der hellsten Wange.

"Ullin der Lieder (der Barde) nähert sich ihn zum Fest am Ufer zu bitten. Süß dem König der großen Berge war die Erinnerung an seine erste geliebte Magd."

"Ullin des gealterten Schrittes (der Schritt des schwächsten Alters) kam nahe, und so sprach der Sohn von Starn:

Du aus der Ferne, du tapferer, wie in deinen Waffen, zu einem Felsen inmitten der Wogen, komm zum Bankett der Häuptlinge; verbringe den Tag der Ruhe mit einem Festmahl. Morgen sollt ihr die Schilde zerbrechen im Streit, wo die Speere spielen."

"Noch heute ", sagte der Sohn von Starn," noch heute werde ich den Speer auf dem Hügel zerbrechen. Morgen wird dein König tief im Staub sein, und Swaran und seine Tapferen werden ein Bankett veranstalten."

"Morgen lass den Helden schlemmen", sagte lächelnd der König von Morven; „Lasst uns heute die Schlacht auf dem Hügel führen, und brecht den mächtigen Schild. Ossian, steh du an meiner Seite; Gall, du Großer, hebe deine Hand, Fergus, ziehe deine schnelle Saite, Fillan, wirf deine unvergleichliche Lanze. Hebe deine Schilde in die Höhe wie der Mond im Schatten am Himmel; sei dein Speer als Herold des Todes. Folge, folge mir in meinem Ruf."

"Wie hundert Winde in der Eiche von Morven; wie hundert Bäche vom steilen Berg, wie Wolken, die sich dicht und schwarz zusammenziehen; wie der große Ozean am Ufer strömt, so breit, brüllend, dunkel und wild, traf die Mutigen, ein Feuer, auf Lena. Der Ruf der Gastgeber auf den Schultern (Knochen) der Berge war wie ein Strom in einer Nacht des Sturms als die Wolken auf Glenny Cona stoßen, und tausend Geister schreien laut auf dem krummen Wind der Hügel."

"Schnell rückte der König in seiner Macht vor, als der Geist von Treninore, unbarmherziges Gespenst, als er im Wirbel der Wogen kommt für Morven, das Land seiner geliebten Väter. Die Eiche hallt auf dem Berg, vor ihm fällt der Felsen der Hügel; durch den Blitz wird der Geist gesehen - seine großen Schritte gehen von Steinhaufen zu Steinhaufen."

"Verdammt, ich Kleiner, war mein Vater auf dem Feld, als er mit Macht sein Schwert zog; der König erinnerte sich an seine Jugend, als er den Kampf der Täler kämpfte."

"Ryno raste wie das Feuer des Himmels, düster und schwarz war Gall, (ganz schwarz;) Fergus raste wie der Wind auf dem Berg; Fillan rückte vor wie der Nebel im Wald; Ossian war wie ein Felspfeiler im Kampf. Meine Seele freute sich im König, groß war die Zahl der Todesopfer und trostlos unter dem Blitz meines großen Schwertes im Streit."

"Meine Locken waren damals nicht so grau, noch schüttelte meine Hand mit dem Alter. Das Licht meines Auges war unauslöschlich, und ich war unermüdet im Reisen und mein Fuß."

"Wer wird vom Tod der Menschen erzählen? Wer sind die Taten der mächtigen Häuptlinge? Zum Zorn angezündet war der König; Lochlin wurde an der Seite des Berges verbraucht. Ton auf Ton stieg von den Gastgebern auf, bis die Nacht auf die Wellen fiel. Schwach, zitternd und blass wie ein (gejagtes) Reh, Lochlin versammelt sich auf der in Heide gekleideten Lena."

Für diese Übersetzung bin ich meinem gelehrten und erfahrenen Freund, Rev. Mr. Macpherson von Inverary, zu Dank verpflichtet. Für englische Leser scheint die Sonne von Ossian trüb durch einen Nebel der Sprache. Es ist zu hoffen, dass der Nebel eines Tages beseitigt wird - es ist die Pflicht eines von Ossians gelehrten Landsleuten, ihn zu beseitigen.

Es ist nicht anzunehmen, dass sich die ossianischen Legenden heute oft um die Torfbrände der Insel wiederholen. Aber es wird erzählt, dass sie im Wesentlichen denen ähneln, die Dr. Dasent aus dem Nordischen für uns übersetzt hat. Wie die nördlichen Nationen eine gemeinsame Flora haben, so haben sie eine gemeinsame legendäre Literatur.

Übernatürliches gehört zu ihren Geschichten, während die Aurora borealis zu ihren Himmeln gehört. Diese Geschichten, die ich in Skye gehört habe, und viele andere, die aus denselben Wurzeln stammen, haben mich in den Lowlands und in Irland angesprochen. Sie sind voller Hexen und Zauberer; von großen wilden Riesen, die schreien: "Hiv! Haw Hoagraich! Es ist ein Getränk deines Blutes, das meinen Durst in dieser Nacht stillt."

Von wunderbaren Schlössern mit Türmen und Bankettsälen; von Zaubersprüchen und den Seelen von Männern und Frauen, die trostlos in Gestalt von Tieren und Vögeln eingesperrt sind. Als Geschichten können nur wenige von ihnen als perfekt angesehen werden; das übernatürliche Element ist bei vielen stark, aber es bricht häufig unter prosaischen oder lächerlichen Umständen zusammen: Der Zauber atmet irgendwie aus und Sie möchten nicht weiterlesen.

Hin und wieder geht eine geistige und grässliche Vorstellung in eine abstoßende Vertrautheit über und zerstört sich selbst. In diesen Geschichten sind alle Zeiten und Lebensbedingungen seltsamerweise gemischt, und diese Mischung zeigt den Übergang der Geschichte von Zunge zu Zunge über Generationen. Wenn Sie am trostlosen Skye-Ufer einen Holzstamm mit indianischen Schnitzereien entdecken, die durch eine Kruste einheimischer Seepocken schauen, muss kein Prophet feststellen, dass er den Atlantik überquert hat. Indische Schnitzereien beschränken ihre Aufmerksamkeit lediglich auf Skye - auf den Ort, an dem sich der Stamm befindet - und sind ein Anachronismus.

Aber es gibt keinen Anachronismus, wenn man auf die Idee kommt, dass der Baumstamm zu einem anderen Kontinent gehört und dass er seine endgültige Ruhestätte durch Winde und Wellen erreicht hat. Diese alten Highland-Geschichten, die in der Antike beginnen und auf kuriose Weise mit einem Hauch von Gegenwart enden, sind Lektionen in der Wissenschaft der Kritik.

In einer Ballade wird der Anspruch der Ballade auf die Antike durch das Vorhandensein eines Anachronismus, das Herausschneiden einer vergleichsweise modernen Note von Verhalten oder Kleidungsdetails nicht im Geringsten entkräftet - vorausgesetzt, es kann bewiesen werden, dass sie sich verpflichtet hat, eine mündliche Existenz niederzuschreiben. Jede Ballade, die im populären Gedächtnis existiert, nimmt die Farbe der Perioden an, durch die sie gelebt hat, so wie ein Strom die Farbe der verschiedenen Böden annimmt, durch die er fließt. Das andere Jahr versuchte Mr. Robert Chambers, die angebliche Antike von Sir Patrick Spens aus dem folgenden Vers in Misskredit zu bringen

"Oh, spät, spät waren unsere schottischen Lords
Um ihre Kork-Stiefel zu tragen;
Aber lange bevor sie fertig waren,
Hatten sie ihren Kopf verloren"-

Korkstiefel wurden schon unter Alexander III. weder von den schottischen Herren noch von den Herren irgendeiner anderen Nation getragen und doch zu dieser Zeit segelte Sir Patrick Spens auf seiner katastrophalen Reise.

Aber das Erscheinen eines solchen vergleichsweise modernen Details persönlicher Kleidung beeinträchtigt nicht das Alter der Ballade, denn in ihrer mündlichen Übermittlung würde jeder Sänger oder Rezitator die schottischen Herren natürlich mit der besonderen Art von Schuhen ausstatten, die die schottischen Herren an seinem eigener Tag trugen.

Ein solcher Anachronismus beweist nichts, denn ein solcher Anachronismus liegt in der Natur des

Falles und muss in jeder alten Komposition vorkommen, die häufig rezitiert wird und deren Bedingungen nicht eindeutig schriftlich festgelegt wurden. In den alten Highland-Geschichten, auf die ich anspreche, treten die wildesten Anachronismen am häufigsten auf; mit der größten Verachtung der historischen Genauigkeit werden alle Perioden zusammengewürfelt; sie ähneln dem Tanz auf der Außenbühne eines Messestandes vor Beginn der Aufführungen, auf dem sich der Kreuzritter König Richard III., eine Bardame und ein moderner "Swell" treffen, sich unterhalten und sich die Hände vollkommenste Vertrautheit und Abwesenheit von Überraschung schütteln.

Und einige dieser Verstöße gegen die historische Genauigkeit sind aufschlussreich genug und werfen ein Licht auf die Korkstiefel der schottischen Lords in der Ballade. In einer Geschichte sind eine Meerjungfrau und ein General der britischen Armee ineinander verliebt und halten heimliche Treffen ab. Hier ist ein rachsüchtiger Anachronismus, der Mr. Robert Chambers zum Starren und Keuchen bringt. Wie würde er das Alter dieser Geschichte berechnen? Würde er es so alt wie die Meerjungfrau oder so modern wie der britische General machen? Persönlich habe ich nicht den geringsten Zweifel, dass die Geschichte alt ist und dass sie sich in ihrer ursprünglichen Form mit bestimmten Liebesabschnitten zwischen einer Meerjungfrau und einem großen Krieger befasst. Aber die Geschichte lebte über Generationen als Tradition, wurde um die Torfbrände von Skye herumerzählt, und jeder Erzähler gab ihr etwas Eigenes, etwas, das aus dem zeitgenössischen Leben stammte.

Die Meerjungfrau blieb natürlich, denn sie ist sui generis; durchsuchen Sie die Natur und für sie können Sie kein Äquivalent finden - Sie können sie nicht in etwas anderes übersetzen. Beim Krieger ist es ganz anders; er verliert Speer und Schild und wächst auf natürliche Weise in den modernen General mit vergoldetem Sporn, scharlachrotem Mantel und gespanntem Hut mit Federn hinein. Dieselbe Art von Veränderung, die sich aus der Substitution von modernen Details durch alte Details und modernen Entsprechungen durch alte Fakten ergibt, muss in jedem Lied oder jeder Erzählung stattfinden, die mündlich von Generation zu Generation weitergegeben wird.

Viele dieser Geschichten, auch wenn sie in sich selbst unvollkommen sind oder denen ähneln, die an anderer Stelle erzählt werden, sind kurioserweise von keltischen Landschaften gefärbt und von keltischer Vorstellungskraft durchdrungen. Wenn man ihnen zuhört, ist man besonders beeindruckt von einem kahlen, öden, waldlosen Land. Und dieser Eindruck wird durch keine formale Tatsachenfeststellung erzeugt; es ergibt sich teils aus dem Mangel an Schauspielern in den Geschichten, teils aus den Einöden, über die die Schauspieler reisen, und teils aus der Anzahl der Aaskrähen, Raben und bösartigen Bergfüchsen, denen sie auf ihren Reisen begegnen.

"Wie die Krähe" heißt, hüpft und huscht und krächzt durch alle Geschichten. Ihr schwarzer Flügel ist überall zu sehen. Und es ist das häufige Auftreten dieser Bestien und Vögel, die niemals vertraut, niemals domestiziert, immer außerhalb der Wohnung sind, und das böse Omen, wenn sie über den Weg fliegen oder stehlen, was den Geschichten viel von ihrem seltsamen und schrecklichen Charakter verleiht.

Der Kelte haben die Natur noch nicht bezwungen. Er zittert vor den unbekannten Mächten. Er kann nicht locker sein wegen der Angst, die in seinem Herzen ist. In seinen Legenden gibt es keinen lustigen Puck, keinen Ariel, keinen Robin Goodfellow, keinen halb gütigen, halb bösartigen Brownie. Diese Kreaturen leben in Phantasien, die mehr von der Angst befreit sind.

Die Nebel blenden den Kelten an seinem gefährlichen Berghang, das Meer ist weiß auf seine Felsen geschlagen, der Wind biegt sich und zwergelt seinen Kiefernwald; und da die Natur grausam für ihn ist und sein Licht und seine Wärme aus dem Moor und sein reichlichstes Essen aus dem Whirlpool und dem Schaum stammen, brauchen wir uns nicht zu wundern, dass nur wenige die anmutigen Gestalten sind, die seine Phantasie verfolgen.

Der zweite Blick

Der Quirang ist eine der wundervollen Sehenswürdigkeiten von Skye, und wenn Sie ihn einmal besuchen, werden Sie immer wieder glauben, dass der neblige und spektrale Ossian authentisch ist. Der Quirang ist ein Alptraum der Natur; es ähnelt einer der verrückten Tragödien von Nat Lee; es könnte der Schauplatz einer Walpurgisnacht sein; darauf könnte ein norwegischer Hexensabbat abgehalten werden.

Architektur ist gefrorene Musik heißt es; der Quirang ist gefrorener Terror und Aberglaube. Es handelt sich um einen riesigen Turm oder eine Kathedrale aus Fels, die einige tausend Fuß hoch ist und aus der felsige Türme oder Nadeln herausragen. Macbeths seltsame Schwestern stehen auf der verwüsteten Heide und Quirang steht in einer Region, die so wild ist wie sie.

Das Land ist seltsam und ungewöhnlich und erhebt sich hier in Felskämme, wie das Rückgrat eines riesigen Tieres, das dort in Höhlen versinkt, mit Teichen in den Höhlen - schimmert fast immer durch nebligen Regen. An einem klaren Tag mit strahlender Sonne kann der Aufstieg von Quirang angenehm genug sein. Aber an einem klaren Tag, den Sie selten finden, haben die weinenden Wolken des Atlantiks auf spektralen Abgründen und spitzen Felsnadeln ihre Wahlheimat gefunden. Wenn Sie aufsteigen, finden Sie jeden Felsvorsprung und Block rutschig, jeden Tunnel einen Strom, der Wind nimmt Ihnen die Mütze und lässt Ihren karierten Schal wie einen Meteor in die unruhige Luft strömen, weiße, gequälte Nebel, die aus schwarzen Abgründen und Kälbern aufkochen - Grauen durchdringt Ihren Puls, Ihr Gehirn schwimmt auf dem schwindelerregenden Pfad, und der Gedanke an Ihr Zimmer im Dunst der Welt rast über die Seele wie die Erinnerung des gefallenen Adams an sein Paradies.

Dann lernen Sie, was Sie noch nie zuvor gelernt haben, dass die Natur nicht immer gnädig ist; sie hat heftige hysterische Stimmungen, in denen sie sich in Granitabgrund und -gipfel verwandelt und um sich und ihre Gefährten die Winde zieht, die stöhnen und toben, Schleier von lebhaftem Regen. Wenn Sie ein Engländer sind, werden Sie sie gewöhnlich in ihrer liebenswürdigen, wenn ein Skye-Mann in ihrer wilderen Stimmung, kennen.

Niemand ist unabhängig von Landschaft und Klima. Männer sind rassig auf dem Boden, auf dem sie wachsen, so wie Trauben. Ein in fettem Kent oder Sussex, inmitten von schweren Weizen- und Eichelbäumen, aufgewachsener Sachsen muss notwendigerweise ein anderes Wesen sein als der Kelte, der seinen Lebensunterhalt von der trostlosen Seeküste bezieht und der täglich vom Regen durchnässt wird.

Derjenige, der von seiner besten Seite ist, wird ein breitschultriger, klaräugiger Mann mit rotem Gesicht, leicht fettleibig, der fröhlich der Gefahr begegnet, weil er wenig Erfahrung damit hat und weil seine Bedingungen bisher einfach waren, nimmt er natürlich an dass alles gut mit ihm gehen wird; - im schlimmsten Fall ein Schweinefleisch mit seinem Mast zufrieden.

Der andere, nimm ihn von seiner besten Seite, mit schärferem Geist, weil er auf Schwierigkeiten schärfer vorbereitet wurde; wenn nicht unerschrockener, zumindest bewusster; gewohnheitsmäßig melancholischer, aber glücklicher, je düsterer die Wolke, desto blendender der

Regenbogen; - im schlimmsten Fall entweder niedergeschlagen und nervenlos oder hager, misstrauisch und listig wie der bauchgequetschte Wolf.

Im Großen und Ganzen dürfte der Sächsische der Sinnlichere sein; je abergläubischer die Kelten, desto prosaischer wird wohl der Sachsen sein, der im Kreis von Gesehenem und Greifbarem wohnt; der Kelte ist ein Dichter: während der Zorn des Sachsen langsam und bleibend ist, wie das Verbrennen der Kohle; ist der Zorn der Kelten schnell und vergänglich wie die Flamme, die das getrocknete Heidekraut verzehrt: beide sind dem Tod überlegen, wenn die Gelegenheit dazu kommt - der Sächsische von einer großen Stumpfheit, die die Tatsache ignoriert; die Kelte, weil er in ständiger Verbindung mit ihr war und weil er sie gesehen, gemessen und überwunden hat. Der Kelte ist der melancholischste Mann; er hat alles zu abergläubischen Zwecken gemacht, und jedes Objekt der Natur, selbst die unvernünftigen Träume vom Schlaf, sind Spiegel, die den Tod auf ihn zurückblitzen lassen. Er, der am wenigsten von allen Männern, muss daran erinnert werden, dass er sterblich ist. Das Heulen seines Hundes wird ihm diesen Dienst erweisen.

In den Geschichten, die rund um die Torfbrände der Insel erzählt werden, ist es reichlich offensichtlich, dass die Kelten die Natur noch nicht unterdrückt haben. In diesen Geschichten können Sie eine merkwürdige subtile Feindseligkeit zwischen dem Menschen und seiner Umwelt entdecken. Eine Angst vor ihnen, ein Mangel an absolutem Vertrauen in sie. In diesen Geschichten und Liedern ist der Mensch auf der Welt nicht zu Hause. Die Natur ist zu stark für ihn; sie tadelt und zermalmt ihn. Die Elemente, wie ruhig und schön sie auch für den Moment erscheinen mögen, sind im Herzen bösartig und betrügerisch und warten nur auf ihre Zeit. Sie sind wie die Pfote der Katze - weich und samtig, aber mit versteckten Krallen, die kratzen, wenn es am wenigsten erwartet wird.

Und diese merkwürdige Beziehung zwischen Mensch und Natur erwächst aus den klimatischen Bedingungen und den Formen des hebridischen Lebens. In seinen üblichen Berufen reibt sich der Islesman mit dem Tod, wie er es mit einem Bekannten tun würde. Er sammelt wildes Geflügel und hängt wie eine Spinne an einem Faden über einem Abgrund, an dem das Meer dreißig Meter unter ihm schlägt. In seinem verrückten Boot erlebt er Strudel und Schaum. Er ist zwischen den Hügeln, wenn der Schnee fällt, der alles ganz anders aussehen lässt und den Wanderer verwirrt. So ist der Tod immer in seiner Nähe, und dieses Bewusstsein verwandelt alles in ein Omen. Der Nebel, der im Mondlicht den Hang entlang kriecht, ist eine Erscheinung. Im Brüllen des Wasserfalls, oder das Gemurmel der geschwollenen Furt, hört er den Wassergeist nach dem Mann rufen, auf den er so lange gewartet hat. Er sieht Todeskerzen auf dem Meer brennen, die den Ort markieren, an dem ein Boot von einem plötzlichen Gewitter verärgert wird. In einem Nebengebäude hört er spektrale Hämmer klirren, und er weiß, dass dort geisterhafte Kunsthandwerker einen Sarg vorbereiten. Geisterhafte Finger klopfen an sein Fenster, geisterhafte Füße sind um seine Tür; um Mitternacht schreit sein Mobiliar, als hätte es einen Anblick gesehen und könne sich nicht zurückhalten.

Sogar seine Träume sind prophetisch und sprechen für sich selbst oder für andere grausige Themen an. Und so wie es Dichter gibt, die offener für die Schönheit sind als andere Menschen, und deren Pflicht und Wonne es ist, diese Schönheit neu darzulegen; so gibt es auf den Hebriden Seher, die die gleiche Beziehung zur anderen Welt haben, die der Dichter zur Schönheit erfährt, die ihre Geheimnisse kennen und die diese Geheimnisse bekannt machen.

Der Seher erbt seine Macht nicht. Es kommt auf ihn per Zufall, wie Genie oder wie individuelle Schönheit auf Jemanden fällt. Er ist ein einsamer Mann unter seinen Mitmenschen; Erscheinungen kreuzen seinen Weg am Mittag; er weiß nie, in was für ein grässliches Etwas sich der gewöhnlichste Gegenstand verwandeln kann - der Tisch, an dem er sitzt, kann plötzlich zur Ruhestätte eines Sarges werden; und der Mann, der mit ihm beim Trinken lacht, kann im Handumdrehen ein Leichentuch bis zum Hals tragen. Er hört Flussstimmen, die den Tod prophezeien, und schattige und stille Trauerzüge befallen ihn immer wieder. Wenn der Seher eine Vision hat, wissen es seine Gefährten, denn "der innere Teil seiner Augenlider dreht sich so weit nach oben, dass nach dem Gegenstand verschwindet, muss er sie mit den Fingern nach unten ziehen und setzt manchmal andere ein, um sie nach unten zu ziehen, was er als viel einfacher erachtet."

Aus langjähriger Erfahrung mit diesen Visionen und indem er bemerkt, wie genau oder verspätet die Erfüllung eintreten wird, kann der Seher die Bedeutung der Erscheinung, die auf ihn fällt, extrahieren und den Zeitraum ihrer Vollendung vorhersagen. Andere Leute können nichts aus ihnen machen, aber er liest sie, wie der Seemann, der das Signalbuch besitzt, das Signal liest.

Diese Visionen scheinen, wie alles andere auch, Regeln zu entsprechen. Wenn eine Vision am frühen Morgen gesehen wird, wird sie in wenigen Stunden verwirklicht sein - wenn es Mittag ist, wird das Geschehen in der Regel an diesem Tag durchgeführt werden - am Abend oder in dieser Nacht -, wenn nach dem Anzünden der Kerzen, sicherlich in dieser Nacht.

Wenn ein Leichentuch über eine Person gesehen wird, ist es eine sichere Prognose des Todes. Und die Periode des Todes wird geschätzt durch die Höhe des Leichentuchs um den Körper. Liegt es an den Beinen, wird der Tod nicht vor Ablauf eines Jahres zu erwarten sein, und vielleicht kann er einige Monate länger aufgeschoben werden. Wenn es in der Nähe des Kopfes gesehen wird, tritt der Tod in wenigen Tagen auf, vielleicht in wenigen Stunden.

Häuser und Bäume in einer Einöde zu sehen, ist ein Zeichen dafür, dass dort an einem bestimmten Ort Gebäude errichtet werden. Einen Funken Feuer auf die Arme oder die Brust einer Person fallen zu sehen, ist das Zeichen dafür, dass ein totes Kind in Kürze in den Armen dieser Personen sein wird. Es ist ein Zeichen dafür, dass der Tod dieser Person unmittelbar bevorsteht, wenn ein Sitz plötzlich leer zu sehen ist.

Die Seher sollen extrem gemäßigt sein; sie sind weder Trunkenbolde noch Genießer. Sie sind weder Krämpfen noch hysterischen Anfällen ausgesetzt. Es gibt keine Verrückten unter ihnen. Es war noch nie bekannt, dass ein Seher Selbstmord begeht. Die Literatur des zweiten Anblicks ist extrem kurios. Die Verfasser haben vollkommenes Vertrauen in die Beispiele, die sie anführen; aber ihre Beispiele sind alles andere als zufriedenstellend. Sie werden selten aus erster Hand erworben, sie leben fast immer vom Hörensagen; und selbst wenn alles wahr ist, scheint die erklärte Erfüllung nichts anderes als ein eher singulärer Zufall zu sein.

Dennoch werden diese Geschichten von Skye zutiefst geglaubt, und es ist fast so gefährlich, an der Existenz eines Skyeman-Geistes zu zweifeln, wie an der

Existenz eines Skyeman-Vorfahren. In "Abhandlungen auf den zweiten Blick" sind sehr merkwürdige Traktate von Theophilus Insulanus, Rev. Frazer, Martin und John Aubrey, Esq., FRS, zusammengestellt, die darauf hindeuten, dass ein Unglaube an Erscheinungen gleichbedeutend ist mit einem Unglauben an die Unsterblichkeit der Seele. Insofern sind die folgenden Geschichten zu verstehen:

"John Campbell, aus Ardsliguish, in Ardnamorchuann, kehrte 1729 mit Duncan Campbell, seinem Bruder, in die Heimat zurück, als sie sich dem Haus näherten. An einer Stelle bemerkten sie ein junges Mädchen, von dem sie wussten, dass es eines ihrer Hausangestellten war. Sie überquerten die Ebene und die Brüder riefen sie beim Namen. Das Mädchen antwortete nicht, sondern rannte in das Dickicht. Da die beiden Brüder einige Tage fort von zu Hause gewesen waren und erfahren wollten, was in ihrer Abwesenheit geschehen war, verfolgte der John das Mädchen, konnte sie aber nicht mehr finden. Als sie zu Hause ankamen und nachdem sie ihre Mutter begrüßt hatten, erblickten sie das besagte Mädchen und riefen nach ihr. Aber sie vermied die Begegnung und wollte nicht mit ihnen sprechen, woraufhin ihnen gesagt wurde, sie habe dieses Leben am selben Tag verlassen. Ich hörte diese Erzählung von James Campbell in Girgudale, einem jungen Mann von bekannter Bescheidenheit und Offenheit, der die Geschichte mehrmals von dem besagten John Campbell gehört hatte."

Mr. Anderson versicherte mir, dass er am 16. April 1746 (an dem Tag, an dem seine Königliche Hoheit, der Herzog von Cumberland, einen herrlichen Sieg über die Rebellen in Culloden erlangte) mit seinem Ehepartner im Bett lag, als der Tag anbrach. An diesem

Tag hörte er sehr hörbar eine Stimme an seinem Kopfende, die fragte, ob er wach sei. Er antwortete müde, beachtete es aber nicht weiter. Etwas später wiederholte sich die Stimme mit größerer Heftigkeit die Frage, ob er wach wäre. Und er antwortete wie zuvor. Es gab eine Pause, als die Stimme lauter wiederholte, dieselbe Frage stellte und er dieselbe Antwort gab, aber fragte, was die Stimme zu bedeuten hätte; worauf sie antwortete: Der Prinz ist besiegt, besiegt, besiegt! Und in weniger als achtundvierzig Stunden brachte ein Express die willkommene Botschaft der Tatsache ins Land."

"Captain Macdonald von Castletown (von all seinen Bekannten bestätigt, eine Person von vollkommener Integrität zu sein) teilte mir mit, dass ein Knoydart-Mann (der sich an Bord eines Schiffes befand, das im Bereich der Insel Oransay vor Anker lag) nachts aus der Kabine auf das Deck ging. Er wurde anschließend vermisst. Sie kamen zu dem Schluss, dass er von Bord gefallen sein musste. Als der Tag anbrach, zogen sie ein langes Seil mit Haken (von einem Pächterhaus in der Nähe des Ufers), das von der Schiffsseite geworfen worden war, und einige der Haken ergriffen seine Kleidung, so dass sie den Leichnam nach oben nahmen.

Der Besitzer des langen Seils teilte Captain Macdonald mit, dass er selbst und seine Hausangestellten in jeder ruhigen Nacht ein Vierteljahr vor dem Unfall beklagenswerte Schreie an der Küste gehört hatten, an der die Leiche gelandet war. Und nicht nur das, sondern auch von den langen Seilen, hörten alle vor und nach dem Schlafengehen ein seltsames Klirren der Haken ohne das Irgendjemand, Hund oder Katze, die sie berührt hatten."

Das Vorstehende ist ein Beispiel für den allgemeinen Aberglauben, der auf den Inseln vorherrscht. Die Folgenden beziehen sich auf den zweiten Blick.

"Die Lady Coll teilte mir mit, dass ein M'Lean of Knock, ein angesehener älterer Herr, der auf seinem Anwesen lebte, als er vor Sonnenuntergang auf den Feldern ging, eine Nachbarperson auf dem Weg sah, die schon lange krank war, begleitet von einem anderen Mann, und als sie näher kamen, stellte er ihnen einige Fragen, und wie weit sie gehen wollten. Die erste Antwort bestand darin, vorwärts in ein Dorf zu reisen, das er benannte, und dann seine Reise mit einem weiteren fortzusetzen. Am nächsten Tag wurde er frühmorgens zur Beerdigung seines Nachbarn eingeladen, was ihn sehr überraschte, da er ihn am Abend zuvor gesehen und mit ihm gesprochen hatte. Der Bote aber hatte von dem Verstorbenen erfahren, dass er seit sieben Wochen in seinem Bett gefangen gewesen war, und dass er dieses Leben ein wenig vor Sonnenuntergang verließ, etwas über die Zeit, als er ihn in einer Vision am vorhergehenden Tag sah."

"Margaret Macleod, eine ehrliche Frau, teilte mir mit, dass sie als junge Frau in der Familie von Grishornish eine Milchmagd getroffen hatte, die täglich die Kälber in einem Park in der Nähe des Hauses hütete, bei verschiedenen Gelegenheiten eine Frau sah, die sich in Form und Kleidung ähnelte, sich allein und in geringem Abstand von ihr bewegte, und war überrascht über die Erscheinung. Auf dieselbe Art und Weise beunruhigte sie die Erscheinung, weil sie glaubte, dass diese eine fatale Konsequenz für sich selbst darstellte.

In kurzer Zeit wurde sie von einem Fieber befallen, das sie zu ihrem Ende brachte, aber vor ihrer

Krankheit und auf ihrem Sterbebett erklärte sie diesen zweiten Anblick zu mehreren."

„Neil Betton, ein nüchterner, vernünftiger Mensch und Ältester im Rat von Diurinish, informierte mich, wie er es von dem verstorbenen Mr. Kenneth Betton, dem verstorbenen Geistlichen in Trotternish, erfahren hatte, der ein Bauer im Dorf Airaidh auf der Westseite war. Als er gegen Abend mit seiner Arbeit aufhörte, beobachtete er einen Reisenden, der auf ihn zukam, als er in der Nähe der Straße stand, und wartete, da er den Mann kannte, auf sein Kommen. Der Reisende bog von der Straße abrupt zum Ufer ab, an dem er vorbeikam, und als er dies tat, schrie er laut, und nachdem er am Ufer vorbeigekommen war, schrie er laut in der Mitte und ging so weiter, bis er zu einem Fluss kam, der durch die Mitte des Sees lief, den er kaum betrat, als er einen dritten Schrei ausstieß, und sah ihn dann nicht mehr. Als der Bauer nach Hause kam, erzählte er alles, was er gehört und gesehen hatte: So verbreitete sich die Geschichte, bis es von Hand zu Hand zum eigenen Wissen kam, wer den Bauern hinterher gesehen hatte, erkundigte sich knapp bei ihm. In weniger als einem Jahr danach ertranken derselbe Mann und zwei weitere, die in Coillena-Skiddil nach Gatter wollten, im Fluss, wo er hörte, dass er den letzten Schrei ausstieß."

"Einige der Bewohner von Harris, die die Isle of Skye umsegelten und auf das gegenüberliegende Festland wollten, waren seltsamerweise überrascht, als zwei Männer an den Seilen hingen, die den Mast sicherten, aber nicht ahnen konnten, was das bedeutete. Sie verfolgten die Reise, aber der Wind drehte sich entgegen und zwang sie nach Broadford auf der Isle of Skye, wo sie Sir Donald Macdonald vorfanden, der einen Sheriffshof unterhielt, und zwei

Verbrecher dort zum Tode verurteilte. Dieses Boot wurde benutzt, um diese Verbrecher aufzuhängen."

Dies sind einige der Geschichten, die Theophilus Insulanus mühsam zusammengetragen und in gutem Glauben niedergeschrieben hat. Man wird sehen, dass sie mündlich gemeldet werden, immer aus zweiter oder dritter Hand sind und dass, wenn der ursprüngliche Erzähler der Geschichten in den Zeugenstand gestellt werden könnte, ein strenges Kreuzverhör traurige Zerstörungen mit ihm und ihnen anrichten würde.

Aber obwohl sie an sich lächerlich und dumm genug sind, veranschaulichen sie die seltsame gespenstische Atmosphäre, die die westlichen Inseln durchdringt. Jeder der Menschen, unter denen ich jetzt lebe, glaubt an Erscheinungen und den zweiten Anblick. Mr. M'Ian hat selbst einen Geist gesehen, aber er wird nicht bereitwillig darüber sprechen.

Eine mit dem zweiten Anblick begabte Frau wohnt in einer der rauchenden Rasenhütten am Ufer. Nachts, rund um einen steilen Felsen, der das Meer überragt, etwa hundert Meter vom Haus entfernt, wurde oft ein Licht gesehen, das das Böse beherrschte. Jahrelang blieb dort das geduldige Licht. Endlich kletterte ein Junge, der Sohn eines der Bauern, über den Felsen, verfehlte seinen Stand, stürzte ins Meer und ertrank, und von dieser Stunde an war das Licht nie mehr sichtbar. Auf einer Furt zwischen den Hügeln erzählen mir die Leute, dass seit Jahren in Abständen traurige Schreie zu hören sind. Der Strom hat lange auf sein Opfer gewartet, aber ich bin mir sicher, dass er es endlich schaffen wird.

Dass ein Mann dort noch ertrinken wird, ist ein fester Glauben unter den Cottern. Aber wer? Ich vermute, ich werde als die wahrscheinliche Person angesehen. Vielleicht kennt die verdorrte Alte in der Rasenhütte dort drüben die Züge des Verurteilten. Dieses vorherrschende abergläubische Gefühl nimmt einen irgendwie neugierig in Besitz.

Sie können nicht in einer gespenstischen Atmosphäre leben, ohne mehr oder weniger davon betroffen zu sein. Wenn Sie im Bett liegen, hören Sie die Möbel Ihres Schlafzimmers nicht gern knarren. Bei Sonnenuntergang sind Sie misstrauisch gegenüber dem gewaltigen Schatten, der sich neben Ihnen über die goldgrünen Felder schleicht. Sie werden mehr als sonst von den unzähligen und unbekannten Stimmen der Nacht beeindruckt. Allmählich kommen Sie auf die Idee, dass Sie und die Natur fremd sind. Und in diesem Gefühl der Entfremdung lebt der Aberglaube.

Pater M'Crimmon und ich waren Kaninchen schießen gegangen und hatten es satt, uns auf einem grasbewachsenen Hügel auszuruhen. Die gespenstischen Inselgeschichten hatten meinen Verstand in Besitz genommen, und als wir saßen und rauchten, fragte ich, ob der Priester im Allgemeinen an Geister glaubte und im Besonderen an den zweiten Blick. Der hagere Mann mit der feierlichen Stimme und den melancholischen Augen antwortete, dass er an die Existenz von Geistern glaubte, genauso wie er an die Existenz von Amerika glaubte - er hatte Amerika nie gesehen, er hatte nie einen Geist gesehen, aber die Existenz von beiden, über die er nachdachte wurde durch Zeugnis reichlich bestätigt.

"Ich weiß, dass es so etwas wie den zweiten Blick gibt", fuhr er fort, "weil ich selbst davon gewusst habe. Vor sechs oder sieben Jahren war ich bei meinem Freund Mr. M'Ian, so wie ich jetzt bin, und gerade als wir nach dem Abendessen einen Punsch tranken, hörten wir draußen einen großen Aufruhr.

Wir gingen hinaus und fanden alle Hofdiener, die auf dem Gras standen und seewärts starrten. Auf Anfrage erfuhren wir, dass zwei Brüder, M'Millan mit Namen, die jenseits der Grenze zu Stonefield lebte, Fischer von Beruf und mit der Verwaltung eines Bootes bestens vertraut, hier auf die Inseln gekommen waren, um Schwertfische als Köder zu sammeln. Sie steuerten nach Hause, obwohl eine steife Brise wehte, sie segelten weiter und gingen direkt in den Wind.

Ein kleiner Junge, Hector, der in der Kühehaltung beschäftigt war, beobachtete, wie das Boot versuchte, die Spitze zu umrunden. Sofort kam er in die Küche gerannt, in der die Hofdiener zu Abend gegessen hatten. »Männer, Männer«, rief er, »komm schon aber schnell, M'Millans Boot sinkt - ich habe es gesehen."

Natürlich kamen die Männer barhäuptig herausgerannt, und es war das Geräusch, das sie machten, das meinen Freund und mich bei unserem Treffen störte. All dies haben wir in kürzerer Zeit erfahren, wie ich Ihnen gesagt habe. Wir schauten knapp seewärts, aber kein Boot war zu sehen. Mr. M'Ian holte sein Teleskop hervor und trotzdem blieb das Meer vollkommen blau und kahl. Weder M'Ian noch seine Diener konnten dazu gebracht werden, Hectors Geschichte zu glauben - sie hielten es für äußerst unwahrscheinlich, dass an einem vergleichsweise ruhigen Tag so erfahrene Seeleute Schaden erleiden könnten.

Es wurde allgemein vereinbart, dass das Boot den Punkt gerundet hatte, und Mr. M'Ian bewertete den Herdenjungen als falsch alarmiert. Hector beharrte immer noch darauf, dass er gesehen hatte, wie das Boot kenterte und unterging, seine Ohren wegen seiner Hartnäckigkeit in einen lauten Kasten gesteckt bekam, und wurde wimmernd zu seinen Kühen geschickt und in Zukunft aufgefordert, sich um seine eigenen Angelegenheiten zu kümmern.

Dann kehrten die Bediensteten zu ihrem Abendessen in die Küche zurück und gingen mit mir zu unserem Braten zurück, der etwas kalt geworden war. Mr. M'Ian setzte seine Geschichte über den Adler fort, der am frühen Morgen die Schlucht herunterkam und erzählte, wie er ihn endlich schoss und fand, dass er sechs Fuß von Flügelspitze zu Flügelspitze maß.

Aber obwohl Hector die Ohren lang gezogen bekommen hatte, stellte sich heraus, dass er höchstwahrscheinlich die Wahrheit gesprochen hatte. Gegen Abend des nächsten Tages kamen die M'Millan-Schwestern zu dem Haus, um sich nach dem Boot zu erkundigen, das nie zu Hause angekommen war. Die armen Mädchen befanden sich in einem schrecklichen Zustand, als ihnen mitgeteilt wurde, dass das Boot ihrer Brüder die Inseln am vergangenen Nachmittag verlassen hatte.

Es war möglich, dass die M'Millans irgendwohin gegangen waren oder gezwungen wurden, irgendwo Schutz zu suchen - und so gingen die beiden Schwestern, die das beste Herz aufbrachten, das sie konnten, über den Hügel nach Stonefield, als die Sonne in einem Meer wie Blattgold unterging und aussah, als könnte es nie wütend sein oder das Herz haben, etwas zu ertrinken.

Tage vergingen, und das Boot kam nie nach Hause, und die Brüder auch nicht. Am Freitag segelten die M'Millans mit der frischen Brise davon. Die vermissten Seeleute waren mutig, gutaussehend, fröhlich und beliebt an der ganzen Küste, und am Mittwoch segelten nicht weniger als zweihundertfünfzig Boote langsam auf und ab, kreuzten und kreuzten und suchten nach den Leichen.

Ich erinnere mich noch genau an den Tag. Es war trübe und schwül mit wenig Sonnenschein, die Hügel dort (Blaavin und die anderen) standen trübe in einem Rauch der Hitze, und auf dem glatten, fahlen Meer befanden sich die traurigen schwarzen Boote. Sie bewegten sich langsam auf und ab, hin und her. In jedem Boot zogen zwei Männer, und der dritte saß mit den Schleppnetzen im Heck. Der Tag war vollkommen ruhig, und ich hörte durch die erhitzte Luft die feierlichen Impulse der Ruder. Die Bucht war schwarz mit den langsam kriechenden Booten. Ein trauriger Anblick, sagte der gute Priester und füllte seine zweite Pfeife aus einem Tabakbeutel aus Otterhaut.

Ich weiß nicht, wie es war, fuhr der Geistliche fort und hielt seine neu gefüllte Pfeife zwischen Zeigefinger und Daumen; aber als ich auf die schwarzen Punkte von Booten schaute und das Geräusch ihrer Ruder hörte, erinnerte ich mich, dass die alte Mirren, die in einer der Rasenhütten dort lebte, den zweiten Blick hatte; und so dachte ich, ich würde hinuntergehen und sie sehen. Als ich in der Hütte ankam, begegnete ich Mirren, die mit einem Korb voller Schnecken vom Ufer heraufkam, den sie zum Abendessen gesammelt hatte. Ich ging mit ihr in die Hütte und setzte mich.

„Die Bucht heute", sagte ich nur.

„Eine traurige Angelegenheit", sagte Mirren, als sie ihren Korb abstellte.

„Werden sie die Leichen bekommen?"

Mirren schüttelte den Kopf. "Die Leichen sind nicht da, sie sind an Rum vorbei zum Hauptmeer hinausgeschwommen."

„Woher weißt du das?"

„Vor ungefähr einem Monat bin ich ans Ufer gegangen. Ich hörte einen Schrei und als ich aufsah, sah ich von der Spitze ein Boot mit zwei Männern darin in einem Gewitter gefangen und untergegangen. Als das Boot sank, blieben die Männer noch drin - der eine im Fischernetz verwickelt, der andere in den Seilen der Segel, das Hauptmeer zwischen den beiden *Weinen*."

„Das ist eine wörtliche Übersetzung", sagte der Pfarrer in Klammern. "Sie haben zwei Liköre in einem Glas gesehen - den einen, der auf dem anderen schwimmt? Sehr gut; es gibt zwei Strömungen im Meer, und wenn mein Volk etwas beschreiben möchte, das zwischen diesen beiden Strömungen sinkt und schwimmt, verwenden sie das Bild von zwei Likören in einem Weinglas. Oh, es ist eine schöne gälische Sprache, die sich bewundernswert für poetische Zwecke eignet - aber um zurückzukehren:"

Mirren erzählte mir, dass sie die Leichen zwischen den beiden *Weinen* auf See schweben sah und dass die Schleppboote für immer in der Bucht schleppen könnten, bevor sie das bekämen, was sie wollten. Am Abend kehrten die Boote nach Hause zurück, ohne die Leichen der ertrunkenen M'Millans gefunden zu haben."

„Nun", und hier zündete der Pfarrer seine Pfeife an, „sechs Wochen später wurde ein gekentertes Boot in Uist an die Küste geworfen, mit zwei Leichen darin - einer in dem Fischernetz verwickelt, der andere in den Seilen der Segel. Es war das M'Millans-Boot und es waren die beiden Brüder, die drinnen waren. Ihre Gesichter waren ganz von den Hundefischen gefressen; aber die Leute, die mit ihnen in Uist Geschäfte gemacht hatten, identifizierten sie an ihren Kleidern. Ich weiß, dass dies wahr ist", sagte der Geistliche nachdrücklich und schloss die Tür zu allen Argumenten oder Anzeichen von Skepsis.

„Und jetzt, wenn Sie nicht zu müde sind, nehmen wir an, wir versuchen unser Glück in den Gebüschen dort unten? Es war ein berühmter Ort für Kaninchen, als ich letztes Jahr hier war."

In einer Skye Hütte

Ich bin ganz alleine hier. England ist vielleicht überfallen und London erobert worden, was ich nicht weiß. Es ist einige Wochen her, seit mir eine Zeitung, die ich aus Versehen verbrannt hatte, mitteilte, dass die Great Eastern mit dem zweiten amerikanischen Telegrafiekabel in Fahrt gekommen war und auf See gehen wollte. Ich nehme wahr, dass es große Freude gibt. Die menschliche Natur ist erstaunt über sich selbst - sie beglückwünscht sich zu ihrem bemerkenswerten Talent und wird über ihre Errungenschaften in Magazinen und Rezensionen monatelang selbstgefällig schnurren. Eine schöne Welt, Messieurs, die in den Himmel gelangen wird - wenn auch mit der Macht des Dampfes. Eine sehr schöne Welt; trotzdem habe ich mich eine Zeitlang zurückgezogen und möchte lieber nichts von seinen bemerkenswerten Errungenschaften hören. In meiner jetzigen Stimmung schätze ich sie nicht als die Dampfwolke auf der Stirn von Blaavin, die beim Anblick im Feuer des Sonnenaufgangs in nichts zerfällt.

Goethe teilt uns mit, dass er sich in seiner Jugend gern in den biblischen Erzählungen vor dem Marschieren und Gegenmarschieren von Armeen, dem Kanonieren, Kämpfen und Zurückziehen, das sich überall um ihn herum abspielte, versteckte. Er schloss sozusagen die Augen, und ein ganzes kriegsgeschütteltes Europa rollte in Stille und Ferne davon. Und an seiner Stelle, siehe da! Die Patriarchen mit ihren gelbbraunen Zelten, ihren Dienern und Dienstmädchen und unzähligen Herden in wahrnehmbarer Prozession, die die syrischen Ebenen aufhellen.

In dieser grünen Einsamkeit schätze ich die volle Süße der Passage. Hier ist alles still, wie es die Bibel selbst sagt. Ich bin abgeschnitten von früheren Szenen und Mitarbeitern, wie vom mürrischen Styx und der grimmigen Fähre von Charons Boot. Der Lärm der Welt berührt mich nicht. Ich lebe zu weit im Landesinneren, um den Donner des Riffs zu hören.

An diesen Ort kommt kein Briefträger; kein Steuereintreiber. Diese Region hörte nie den Klang der Kirchenglocke. Das Land ist heidnisch, wie zu der Zeit als der gelbhaarige Nordmann vor tausend Jahren landete.

Ich fühle mich fast wie ein Heide. Da ich keinen Kerbstock benutze, habe ich jede Menge Zeit verloren und kenne Samstag und Sonntag nicht. Die Zivilisation ist wie ein Soldatenbestand, sie lässt Sie Ihren Kopf viel höher tragen, lässt die Engel ein bisschen mehr über Ihre fantastischen Tricks weinen und erstickt die Hälfte der Zeit.

Ich habe es weggeworfen und atme frei. Mein Bett ist das Heidekraut, mein Spiegel der Strom aus den Hügeln, mein Kamm und Pinsel die Meeresbrise, meine Uhr die Sonne, mein Theater der Sonnenuntergang, und mein Abendgottesdienst - nicht ohne eine grobe Naturreligion darin - beobachten die Zinnen der die Hügel von Cuchullin schärfen sich in intensivem Purpur gegen das blasse Orange des Himmels oder lauschen den melancholischen Stimmen der Seevögel und der Flut; darüber hinaus schlafe ich, bis mich der früheste Glanz der Morgendämmerung berührt. Ich bin nicht ohne Grund sehr verliebt in meine vagabundierte Existenz.

Meine Hütte liegt an einem der Löcher, die Skye kreuzen. Die Küste ist kahl und felsig, ausgehöhlt in fantastische Kammern; und wenn die Flut kommt, murmelt jede Höhle wie eine Muschel. Das smaragdgrüne Land erhebt sich von häufigem Regen in sanfte pastorale Höhen, und ungefähr eine Meile landeinwärts erhebt sich plötzlich zu Gipfeln aus Bastardmarmor, weiß wie die Wolke, unter der die Lerche mittags singt, und gebadet in rosigem Licht bei Sonnenuntergang.

Vor ihnen liegen die Cuchullin-Hügel und der monströse Gipfel von Blaavin. Dann verengt sich die grüne Straße zum Meer und die Insel Rum mit einer weißen Wolke zieht sich wie ein gigantischer Schatten über den Eingang des Sees und vervollständigt die Szene. Zweimal alle vierundzwanzig Stunden setzt die Atlantikflut an den ausgehöhlten Ufern ein; zweimal zieht sich das Meer zurück und hinterlässt glatte Sandflächen, auf denen Meerjungfrauen mit goldenen Kämmen verführerische Locken glätten könnten; und schwarze Steine, angehäuft mit braunen Flocken und Gewirr, und liebliche Ozeanblüten von Purpur und Orange; und kahle Inseln - bei Flut von einem Schimmer hellgrünen Lichts inmitten des universellen Scheins gezeichnet -, auf denen sich die meisten Seevögel gern versammeln.

Zu diesen Inseln kommen an günstigen Abenden die Krähen und sitzen im Zobelparlament; nach der Auslieferung ihrer Geschäfte starten sie wie mit einem Schuss in die Luft und strömen durch den Sonnenuntergang zu ihrem Rastplatz in den Wäldern von Armadale. Das Ufer versorgt mich als Ort der Bücher und Gefährten.

Natürlich sind Blaavin und die Cuchullin-Hügel die Hauptattraktionen, und ich werde es nie müde, sie zu beobachten. Am Morgen tragen sie einen großen weißen Nebelkaftan; aber der hebt sich vor Mittag ab, und sie stehen mit all ihren Narben und leidenschaftlichen Stromlinien offen zum blauen Himmel, mit vielleicht einer einsamen Schulter für einen Moment, die im Sonnenlicht feucht schimmert. Nach einer Weile dampft ein Dampf aus ihren Abgründen, sammelt sich in seltsamen Formen, knotet und verdreht sich wie Rauch; während oben, sind die schrecklichen Kämme jetzt verloren, jetzt offenbart, in einem Strom von fliegenden Gestellen.

In einer Stunde erhebt sich eine Regenwand, grau wie Granit, undurchsichtig wie Eisen für das Auge, vom Meer bis zum Himmel. Der See ist von dem Wind aufgeraut und die kleinen Inseln, vor einer Sekunde schwarze Punkte, sind Male von brüllendem Schaum. Sie hören heftige Geräusche von seinem Kommen. Anon, das peitschende Gewitter fegt über dich hinweg, und wenn du hinter dir herschaust, siehst du die Birkenwälder und über die Seiten der Hügel, vom Wind getrieben, den weißen Rauch des Regens. Obwohl diese Böen so heftig sind wie Hochland-Bajonette, sind sie selten von langer Dauer, und Sie segnen sie, wenn Sie aus Ihrem Schutz schleichen und auf einen Schlag werden die Wolken von der feuchten Braue von Blaavin zerstreut, und dem Ganzen ist ein neues Element hinzugefügt worden; die Stimme des geschwollenen Baches, der über hundert winzige Katarakte rot rauscht und flussbreit ins Meer rauscht und das Azurblau trübt.

Dann habe ich meine Vergnügungen an diesem einsamen Ort. Die Berge sind natürlich offen, und heute Morgen, im Morgengrauen, fegte ein Reh an mir vorbei wie der Wind, mit der Nase zum feuchten Boden - "Tracking", nennen sie es hier. Vor allem kann ich am verebbten Strand wandern. Hogg spricht von
"Undefiniertes und vermischtes Summen,
Stimme der Einöde, niemals dumm."

Aber weit mehr als das Gemurmel und die Insektenluft des Moorlandes lässt das feuchte Knurren des lebendigen Ufers auf ein überfülltes und vielfältiges Leben schließen. Hat der Leser jemals Rasiermesserfische gejagt? - Ich gebe zu, es ist keine Tigerjagd; doch es hat seine Freuden und Erregungen und kann einen Vormittag für einen untätigen Mann angenehm umbringen.

Auf dem nassen Sand drüben sprudeln die Rasiermesserfische wie die Springbrunnen von Versailles an einem fünften Tag. Der schüchterne Kerl sinkt, wenn er sein feuchtes Feuer entlädt. Wenn Sie ihm schnell durch den Sand folgen, fangen Sie ihn und dann kommt das Tauziehen. Ansprache und Geschicklichkeit sind erforderlich. Wenn Sie kräftig ziehen, schlüpft er aus seiner Scheide und entkommt. Wenn Sie Ihren Geist sanft ausüben, ziehen Sie ihn ans Licht, eine lange, dünne Hülle mit einer weißen, fischartigen Knolle, die an einem Ende wie eine Wurzel hervorsteht. Spülen Sie ihn in Meerwasser aus und werfen Sie ihn in Ihren Korb.

Diese Rasiermesser-Fische sind ausgezeichnet zu essen, sagen die Leute, und wenn sie als Köder verwendet werden, schwimmen keine Fische, die den Meeresstrom schwimmen - Kabeljau, Wittling, Schellfisch, Schlittschuh, breitschultrige purpurrote Brassen - nein, nicht der verhasste Hundefisch selbst. In diesem Sommer wimmelt es in jedem Loch und wird von jedem Fischer verflucht - er kann sich vom Haken halten, und in einer Stunde ist Ihr Boot mit funkelnder Beute beladen.

Wenn Sie dann mit Ihrer Flinte zu den niedrigen Inseln fahren - und Sie können bei Ebbe trocken gehen -, haben Sie die Chance, Seevögel zu fangen. Möwen aller Art sind da, Dooker und Taucher aller Art,

Schwärme schüchterner Brachvögel und Exemplare von hundert Stämmen, denen mein begrenztes ornithologisches Wissen keinen Namen geben kann. Die Solangans fällt wie ein Meteorit vom Himmel ins Wasser. Sehen Sie das einsame Scart mit dem langen, schmalen Flügel und dem ausgestreckten Hals, das auf ein entferntes Vorgebirge schießt. Anon, hoch über dem Kopf, kommt und wirbelt einen Schwarm herrlicher Seeschwalben.

Sie feuern, einer flattert nie mehr, um den Horizont zu überfliegen oder in den Seeglanz zu tauchen. Heben Sie es hoch; ist es nicht schön. Das wilde, scharfe Auge ist geschlossen, aber Sie sehen die zarte Schieferfarbe der Flügel und die langen Schwanzfedern weiß wie der Cremeschaum. Auf der Brust ist ein Blutfleck, kaum heller als das Scharlachrot seines Schnabels und seiner Füße. Legen Sie es nieder, denn seine Gefährten rasen herum und stoßen harte Schreie der Wut und Trauer aus; und hätten Sie das Herz, könnten Sie sie eins nach dem anderen erschießen.

Bei Ebbe kommen wild aussehende Kinder aus Rasenhütten am Hang herunter, um Muscheln zu jagen. Sogar jetzt ist eine Truppe beschäftigt; wie ihre schrillen Stimmen die Weile gehen! Die alte Effie, wie ich sehe, ist heute ein ziemlich malerisches Objekt mit ihrer weißen Mütze und dem roten Schal. Mit einer Blechdose in der einen und einem alten Erntehaken in der anderen Hand stochert sie durch das Gewirr. Mal sehen, welche Beute sie gemacht hat. Sie dreht sich zu unserer Begrüßung um - sehr alt, fast so alt wie die abgenutzten Felsen. Sie könnte die Frau von Wordsworths "Leechgatherer" gewesen sein. Ihre Dose ist voller brauner Krabben und als sie ihre Schürze öffnet, zeigt sie einen großen schwarzen und blauen Hummer - einen Gefährten, den sie allein fangen kann.

Eine seltsame Frau ist Effie und eine großartige. Sie ist vertraut mit Geistern und Erscheinungen. Sie kann Legenden erzählen, die Macht über das abergläubische Blut haben, und mit wenig Überredung wird sie ihre wilden gälischen Lieder singen - von toten Lichtern auf dem Meer, von Fischerbooten, die in Böen untergehen, von unbegrabenen Körpern, die Tag und Nacht die grauen Gipfel der Wellen auf sie herabwerfen und von den Mädchen, die Gott bitten, sie an die Seite ihrer ertrunkenen Geliebten zu legen, obwohl ihr Fleisch von den wilden Fischen des Meeres zerrissen werden sollte.

Regen ist mein Feind hier; und bei diesem Schreiben leide ich an seiner Belagerung. Seit drei Tagen ist diese klapprige Wohnung von Wind und Regen heimgesucht worden. Gestern drang eine Explosion durch die Tür, und das Mietshaus flatterte für einen Moment wie ein Regenschirm, der in einer Böe gefangen war. Alles schien verloren; aber die Tür wurde wieder geschlossen, stark verriegelt und der Feind vereitelt.

Ein Einstieg war jedoch bewirkt worden, und der Teil der angreifenden Kolonne, den ich durch mein geschicktes Manöver eingesperrt hatte, machte sich in Wirbelwind wahnsinnig, stürzte den Schornstein hinauf, zerstreute mein Torffeuer, als es ging, und entkam auf diese Weise.

Seitdem haben sich die windigen Säulen in die Schluchten der Hügel zurückgezogen, wo ich sie in Abständen heulen hören kann; und das einzige, dem ich ausgesetzt bin, ist die Muskete des Regens. Wie grausam der kleine Schuss die Wände putzt! Hier muss ich warten, bis die trübe Belagerung zerbricht.

Der eigene Verstand ist unter solchen Umständen ein langweiliger Begleiter. Ein Sheridan selbst - der es nicht gewohnt ist, das Fest zu erhellen, dessen Geist ein phosphoreszierendes Meer ist, das in seiner Ruhe dunkel ist, aber bei Berührung einen Blitz der Pracht zur Antwort abgibt - wäre es hier oben langweilig wie ein Lincolnshire-Moor um Mitternacht, belebt nur von einer einzelnen Kürbislaterne.

Bücher sind die einzige Zuflucht an einem regnerischen Tag; aber in Skye Hütten sind Bücher selten. Für mich haben sich die Götter jedoch als gütig erwiesen - denn in meiner schmerzhaften Not fand ich hier zwei Bände der alten Monatsrückschau in einem Regal und schlenderte mit beträchtlicher Befriedigung durch diese schmuddeligen literarischen Katakomben.

Was für eine seltsame Menge alter Nebel, die die Autoren sind! Sie zu lesen ist wie ein Gespräch mit den Antidiluvianern. Ihre Meinungen sind längst in Vergessenheit geraten und ähneln heute den rostigen Rüstungen und Gimcracks eines alten Kuriositätengeschäfts. Mr. Henry Rogers hat einen schönen Aufsatz über den "Ruhm und die Eitelkeit der Literatur" verfasst - in meinen eigenen Gedanken kann ich aus diesem schmuddeligen Material vor mir einen genaueren Rahmen erstellen. Diese Aufsätze und Kritik wurden für brillant befunden, als sie letztes Jahrhundert erschienen; und darin gepriesene Autoren betrachteten sich zweifellos als ziemlich hübsche Fliegen, die in reinem kritischem Bernstein für die Inspektion und Bewunderung der Nachwelt aufbewahrt wurden.

Ich stelle fest, dass die Bände von 1790 bis 1792 veröffentlicht wurden und eine Periode wunderbarer literarischer Aktivität aufweisen. Ganz zu schweigen von Romanen, Geschichten, Reisen, Farcen,

Tragödien, und mehr als zweihundert Gedichte, kurz und lang, werden verurteilt; und einigen von ihnen - mit ihren Namen und den Namen ihrer Autoren, die ich in den letzten zwei Tagen zum ersten Mal kennengelernt habe - wird die Unsterblichkeit zugesichert. Vielleicht haben sie es verdient; aber sie sind untergegangen wie der Präsident des Dampfschiffs und haben keine Spur hinterlassen.

Im Großen und Ganzen arbeiteten diese monatlichen Kritiker hart und mit angemessenem Geist und Geschick. Sie hatten ein stolzes Gespür für die Wichtigkeit ihres Handwerks, sie legten das Gesetz mit großer Schwere fest und schüttelten von kritischen Bänken aus ihre schrecklichen Perücken gegen die Täter. Wie es jetzt aussieht!

"Lassen Sie uns mit einem weiteren Auszug verwöhnen", sagte einer. Beide Tränen sind längst versiegt - wie jene, die auf der Wange eines Pharaos funkelten. Hören Sie diesen anderen, streng wie Rhadamanthus. Siehe, die Pflicht, sich gegen die menschliche Schwäche zu wehren!

"Es tut uns leid, die Gefühle eines jungen Mannes zu verletzen. Aber unser Urteil darf nicht durch irgendeinen Umstand voreingenommen sein. Warum werden Männer unsere Meinung einholen, wenn sie wissen, dass wir nicht schweigen können und nicht lügen!"

Hören Sie auf diesen Propheten in Israel, der das Knie nicht zu Baal gebeugt hat, und sagen Sie, wenn er keinen klagenden Anflug von Pathos hat: "Schöne Worte sind keine schönen Gedichte. Es vergeht kaum ein Monat, in dem wir nicht sind verpflichtet, dieses Dekret zu erlassen. In diesen Tagen der universellen Häresie werden unsere Dekrete nicht mehr respektiert als die Bullen des Bischofs von Rom."

Oh, das würden Männer hören, das würden sie ihre Herzen zur Weisheit neigen! Eine Besonderheit, die ich bemerkt habe - die Werbeblätter bilden einen integralen Bestandteil der Bände. Und genau wie der tabaklose Mann, den wir am Eingang von Glen Sligachan getroffen haben, das Papier geraucht hat, in das seine Pigtail-Rolle eingewickelt war, als ich fertig war. Die Kritik, die ich an den Anzeigen geäußert habe, fand sie umso amüsanter.

Konnte nicht der heutige Zeitschriftenkäufer dem Beispiel des unbekannten Islesman folgen? Hängen Sie davon ab, dass die Werbeblätter für den Leser des nächsten Jahrhunderts sein werden Interessanter als die Poesie oder die Essays oder die Geschichten. Die beiden Bände waren ein Glücksfall, aber endlich wurde ich des alten literarischen Friedhofs müde, auf dem der Dichter und sein Kritiker in derselben Vergessenheit schlafen Bücher, und stellte sie in ihre Regale, der Regen pfefferte die Wände so beharrlich wie als ich sie abnahm.

Am nächsten Tag regnete es noch. Es war unmöglich auszugehen; die Bände des Monatsberichts bestanden aus Apfelsinen und konnten keine weitere Belustigung oder Interesse erbringen. Was war zu tun? Ich habe Zuflucht bei der Muse gesucht. Bestimmte Vorstellungen waren in mein Gehirn eingedrungen - bestimmte Geschichten hatten mein Gedächtnis in Besitz genommen -, und diese beschloss ich zu ändern und schließlich zu beseitigen. Hier sind "Gedichte geschrieben in einer Skye Hütte."

Der kompetente Kritiker wird auf einen Blick erkennen, dass es sich um die abscheulichsten Plagiate handelt - das habe ich, wie ich überall den Himmel als "blau" und das Gras als "grün" bezeichnet habe, jedem englischen Dichter ab Chaucer gestohlen; er wird auch anhand gelegentlicher Verwendungen von "all" und "and" feststellen, dass es sich um die reinsten tennysonischen Echos handelt. Aber sie haben ihren Zweck erfüllt - sie haben für mich die Müdigkeit der Regentage getötet, was mehr ist, als sie wahrscheinlich für den Kritiker tun. Hier sind sie:-

Der Brunnen

Der Brunnen schimmert an einer Bergstraße
Wo Reisende nie kommen und gehen
Aus der Stadt, stolz oder arm
Das ärgert die dunkle Ebene unten.

Alles still wie die Laute,
Die in einer Ruine lange gelegen hat;
Alles leer wie das Gehirn eines Toten –
Der Weg, den der menschliche Fuß nicht geht,

Das fadenartige Ferne läuft
Zu wilden Gipfeln, deren zentraler Turm
Verabschiedet sich von der sinkenden Sonne,
Guten Abend bis zum Morgenfeuer.

Das Land erstreckt sich darunter,
In Finsternis des Holzes und Grau der Heide;
Die Wagen mit den mächtigen Ladungen
Schwarzer Punkt auf weißen Landstraßen;

Der stationäre Rauchfleck
Ist von Turm und Burgfelsen gekrönt;
Eine stille Linie von Vapouly White,
Der Zug schleicht vom Schatten zum Licht;

Der Fluss fährt zum Meer

In einer weiten und endlosen Ebene
Weit entfernt von der arbeitenden Brust
Vom Donner, der sich über den Westen neigt.

Eine grobe Verschwendung von Grau,
Die Landschaft erstreckt sich Tag für Tag;
Aber seltsam der Anblick am Abend
Verteidigt die Berge und die Täler;

Ofen und Schmiede, bei Tageslicht zahm,
Erheben ihre ruhelosen Flammentürme,
Und ein breites Leuchten ausstrahlen
Nach der Regenwolke, die niedrig hängt;

Je dunkler und dunkler die Stunde wird,
Wilder ihre Farbe, ihre Macht,
Bis durch die Blendung in Hirtenstall,
Die Mutter singt ihr Baby im Bett:

Von Stadt zu Stadt watet der Hausierer
Durch purpurrote Lichter und Schatten.
So sanft fallen die Herbstnächte
Die Stadt blüht in Lichter auf;

Jetzt hier, jetzt da, ein plötzlicher Funke
Spuckt das Licht der Dämmerung im Dunkeln;
Aus der Ferne schimmert ein Halbmond;
Die Dunkelheit über dem Tal bricht.

In Glühwürmchen; schnell, seltsam fair,
Eine Brücke von Lampen springt durch die Luft,
Und hängt in der Nacht; und plötzlich scheint
Die prächtigen Linien der langen Straße.

Intensiv und hell diese feurige Blüte

Auf der Brust der Finsternis;
Endlich scheitern die Sternenhaufen,
Aus der Ferne blass die glänzenden Halbmonde,

Bis der ganze wundersame Festzug stirbt
Im grauen Licht eines feuchten Himmels.
Hoch steht dieser einsame Bergboden
Über jedem menschlichen Geräusch;

Doch von weitem sieht es
Nacht ängstlich von wütenden Öfen;
Das Aufleuchten der Stadt stolz,
Die Helligkeit in der Wolke.

Die törichten Leute suchen nie
Weiser Rat von diesem stillen Gipfel,
Obwohl von seiner Höhe es aussieht
Allsehend wie das Auge Gottes,

Den Bauern auf dem Abgrund verfolgen,
Der Arbeiter in der geschäftigen Stadt;
Obwohl aus dem nahen Morgengrauen
Der Tag wird am Berg gezogen –

Ob die schrägen Linien des Regens
Füllen Sie den Bach und schüttel die Scheibe;
Oder Schnitter, müde, halt
Auf Garben unter einem blendenden Gewölbe

Unbeschattet von einer Dampffalte
Obwohl von diesem Berggipfel alt
Der wolkige Donner bricht und rollt,
Durch tiefe nachhallende Seelen;

Obwohl daraus Hornhaut das zornige Licht,
Wessen Forky Shiver den Anblick vernarbt,
Und zerreißt den Schrein vom Boden zur Kuppel,
Und lässt die Götter ohne Zuhause.

Und immer in dieser Unterwelt,
Um die sich die müden Wolken legen
Der Schrei von dem, der kauft und verkauft,
Das Lachen der Brautglocken.

Brechend von den Kathedralentürmen;
Der Hausierer pfeift über die Moore;
Die sonnenverbrannten Schnitter, lustige Korps,
Mit Stöcken dahinter und Getreide davor;

Der Jäger jubelt seinen Hunden zu,
Bauen Sie einen Klang aus vielen Klängen auf.
Wie Instrumente verschiedener Töne
Das schläfenschüttelnde Stöhnen der Orgel,

Stolze Trompete, Beckenschrei,
Bauen Sie eine vollkommene Harmonie auf:
Als Rauch, der die Türme der Stadt ertränkt,
Wird von zwei Millionen Bränden gespeist;

Wie Mitternacht zieht ihre komplexe Trauer
Aus Schluchzen und Heulen von Ast und Blatt:
Und an diesen günstigen Tagen
Wenn die Erde frei von Nebel und Dunst ist,

Und der Himmel ist still wie ein Ohr
Traurige, liebevolle Worte zum Hören,
Streuechos der Welt werden geblasen

um diese Felsnadeln

Der traurigste Klang hinter der Sonne,
Tausend Erden-Stimmen verschmelzen zu einer.
Und rein schimmert der Kristall gut
Inmitten der schrecklichen Stille;

Auf dem Himmel ist sein Auge immer weit,
Morgens und abends;
Und als Liebhaber in den Augen
Und die Gunst seiner Jungfrau hell,

Beugt sich zu seinem Gesicht und spioniert stolz
In den klaren Tiefen der Augen des Aufschwungs
Der mächtige Himmel darüber verbeugt sich
Sieht herab die zerfallende Wolke.

Seine Runde Sommerblau immens,
In den Umfang eines Hofes gezeichnet,
Und verweilt die Vorstellung dort,
Als es einmal selbst mehr rein fair ist.

Woher kommt das Wasser?
So rein in diese steinerne Tasse?
Sie kommen aus Regionen hoch und weit,
Wo der Wind weht und der Stern scheint.

Der stille Tau, den der Himmel destilliert
Um Mitternacht auf den einsamen Hügeln;
Die Dusche, die Ebene und Berg verdunkelt,
Auf dem der strahlende Regenbogen schwimmt:

Die Ströme aus der Donnerdüsternis,
Loslassen wie durch den Knall des Untergangs,
Der wirbelnde Wasserspeier, der knackt
In eine Geißel der Katarakte,

Vom durstigen Boden verschluckt werden,
Und Tag und Nacht ohne Ton,
Durch Mergelufer und Erzgürtel
Sie filtern durch eine Million Poren,

Verlust jedes Fouls und trüben Flecks:
So gespeist von so mancher Tropfader,
Der Brunnen, durch stille Tage und Jahre,
Füllt sich sanft wie ein Auge mit Tränen.

Herbst

Glücklicher Tourist, befreit von London,
Das Rauschen der Planeten in der Zeit!
Hier sitzen mit Aufgabe rückgängig gemacht,
Ich muss die Stadtglockenspiele auflisten
Noch vierzehn Tage. Wie ich sehe
Auf Pentlands Rücken, wo der Mittag häuft
Nebel und Dämpfe: alte St Giles
Krone im schwülen Dunst:
Ein Kamm der alten Stadt
Rauchkranz, malerisch und still;
Cirque of Crag und Templed Hill,
Und Arthurs Löwe, der sich hinlegt
In Uhr, als ob die Nachrichten von Flodden
Stirr'd ihn noch - meine Phantasie fliegt
Abfälle und Moore unbemerkt egalisieren
Purpling 'unter dem tiefhängenden Himmel.
Ich sehe die Obstgärten, stumm und sanft:

Ich sehe die Garben; gewoben vom Schnitter,
Verschwommen vom Pferdeatem, durch gelbes
September Mondlicht, rollen stolze Wellen.
Bei diesem köstlichen Wetter
Der Apfel reift Reihe für Reihe,
Ich sehe die Schritte der Heide
Säuberungsleisten: hin und her
Im Wind schluckt der Unruhige
Drehen und zwitschern; auf der Klippe
Die Asche mit all ihren scharlachroten Beeren
Tänze über einen Brand, der sich beeilt
Springend von Zacke zu Zacke:
Jetzt plappert es über seichte Stellen
Wo große Schuppen von Sonnenlicht flackern
Nahe gegen das Ufer schneller
Läuft in so manchem welligen Grat;
Anon in lila Pools und Mulden.
Es schlummert: und hinter der Brücke,
Auf die eine Truppe wilder Kinder klettert,
Ein plötzlicher Strahl kommt heraus
Und schreckt eine erschrockene Forelle ab
Über goldene Steine, durch Bernstein.
Heute erinnert sich die Hälfte
Mit einem Seufzer,
In den Septembermonaten
Lange vorbei,
Manch ein einsamer Spaziergang
Mit einer überfließenden Seele
Wenn der Mondstrahl weiß wird
Auf den Weizenfeldern war Freude;
Wenn das Flüstern des Flusses
Eine Sache, die es für immer aufzuzählen galt;
Beim Ruf des einsamen Vogels
Tiefer als alle Musik;
Wenn der unruhige Geist zitterte

Über ein prophetisches Buch
Auf wessen Seiten lebte das Summen
Von einem Leben, das kommen würde;
Wenn ich, wie ein junger Mann,
Lang ersehnt nach Übermaß an Leidenschaft
Melancholie, Ruhm, Vergnügen
Gesprungen bis zum Maß eines Liebhabers;
Für eine unbekannte Erfahrung
Um diesen tödlichen Zaun freizuschalten,
Und lassen Sie die Geister
Eine Welt voller Wunder, süß und seltsam
Und dachte: O Freude, alle Freuden oben!
Erfahrung würde wie Liebe konfrontiert sein.
Wenn ich geträumt hätte, wäre das die Jugend
Blüte wie ein Apfelbaum,
Das schickste im extremsten Alter
Würde in dem Geist Salbei wohnen,
Wie die Mauerblume auf der Ruine,
Mit seinem Lächeln beim Erinnern
Wie die Mauerblume auf der Ruine,
Je heller das Wrack war, in dem es wuchs
Ah, wie sehr erinnert man sich
Gedächtnisbalsamierte September!
Aber ich fange auch an,
Ich habe einen halben Tag verschwendet.
Der Westen ist rot über der Sonne,
Und meine Aufgabe ist es, frei zu arbeiten.
Die Natur wird keine Ruhe geben
Mit einer Schönheit ohne Verwendung:
Frühling, obwohl freudlos,
Reift Pflaume und reift Birne.
Oh weicher, weicher Obstgartenast!
O gelbe, gelbe Weizenebene!
Bald wird Schnitter seine Stirn abwischen,
lernt ihr neuestes Getreide kennen,

Oktober, wie ein mutiger Zigeuner,
Pflücken Sie die Beeren in der Gasse,
Und November, alter Holzfäller,
Gegen die Kälte
Durch Wind und Regen stapfen.

Frühlingszeit

In der Fülle der Hoffnung und des Lebens
Wenn man wie ein Instrument spielt
Aus Leidenschaft göttliche Gedanken;
Wenn der Abendstern eine Amtszeit innehat,
Lieben wir die Nachdenklichkeit der Herbstluft,
Die liedlosen Felder, Stoppeln, Wälder:
Denn wie ein Prinz in seiner Pracht seufzen mag,
Weil die Pracht seine übliche Abnutzung ist,
Jugendkiefern in der Gleichheit der Freude:
Und der alles versuchende Geist, unzufrieden
Mit allem, was man wissen kann, Verführer
Selbst mit melancholischen Bildern,
Sitzt an düstere Bankette, brütet über Gräbern,
Versucht die Grenze der Trauer zu überwinden
(nicht ohne prophetischen Nervenkitzel)
Könnte man mit einem Schwert selber setzen
Den Höhepunkt fantastischer Trauer
Aber wenn das Blut fröstelt, die Jahre vergehen,
Je mehr wir dem Herbst ähneln, desto mehr
Lieben wir die Auferstehungszeit des Frühlings.
Und der Frühling ist jetzt um mich herum.
Schneeglöckchen kamen;
Krokusse schimmerten auf dem Gartenweg
Wie Scheinwerfer auf der Bühne.
Aber sie sind weg.

Und jetzt vor meiner Tür brennt die Pappel,
Fackel entzündete sich an einem Smaragdfeuer.
Die blühende Johannisbeere eine rosige Wolke;
Eine Narzisse mit Kapuze, eine voll ausgeblasen:
Die sonnige Mavis vom Baumgipfel singt;
Im fliegenden Sonnenlicht funkeln Truppen
Von Buchfinken ruckeln hier und da; unter
Das Gebüsch der Amsel rennt, dann flitzt,
Mit klapperndem Schrei
In der gezogenen Furche pirscht der Turm,
Ein blasser metallischer Glanz auf dem Rücken;
Und wie ein singender Pfeil empor geschossen
Weit außer Sicht ist die Lerche im Blau.
Heute morgen, wenn die stürmische Märzfront
Ist mit Juni maskiert und mit süßen Atem,
Spatzen fliegen in den Ulmen
Raben krächzen, dann fließen zu den Feldern,
Und von dort, klappen und krächzen wieder,
Ich schaue in müßiger Stimmung,
Weit unten am Hafen und am Meer –
Der Dampfer auf halber Strecke im Firth
Die dunkelbraunen Segel so groß wie ein Käfer
Von zerstreuten Fischerbooten
Durch einen Schleier von zartem Dunst gesehen,
Die Küste von Fife mit alten Städten gebilligt, -
So kurios, seltsam wie heute, wie die Königin,
In wessen Lächeln lag die glitzernde Axt des
Sieh sie von ihrem Turm von Holyrood an,
Seufzte nach Frankreich und drehte, duckte dich
Aus dem Schatten, Darnley, an ihrer Seite.
Dahinter dehnt sich die wundersame Stadt aus
Mit Burg, Turm und Säule aus der Reihe

Vom welligen Pentland bis zur Säule
Das erinnert an die Männer, die gefallen sind
In dem Krieg, der in Waterloo zu Ende ging.
Weiß glänzen die Säulen gegen den Hügel,
Während das Licht vorbei blinkt.
Die wundersame Stadt,
Die hält keinen Sommer im Sommer,
Ohne Tore, sondern nimmt es zu ihrem Herzen!
Der mächtige Schatten der Burg fällt
Mittags durch tiefe Gärten wehen Rosen
Und hör auf das Wagenrad.
Hoch das Kapital, das im Ausland aussieht,
Mit dem großen Löwen Couchant an der Seite,
Die Ebenen mit Wäldern und Städten geprägt.
Oben Leiths rauchbedeckte Türme und Masten;
Unten der Forth, wandert langsam mit Inseln
Zum azurblauen Ozean, der sich weit ausbreitet,
Woher kommt der Morgen –
Wenn nicht aus deinen Türmen?
In Sonnenschein getaucht, zarter Schatten,
Durch blauere Himmel rollte eine hellere Sonne,
Der Reisende würde dich Peer of Rome nennen,
Florenz mit dem weißen Turm am Berghang.
Hitze tritt auf die Bürgersteige
Und genial flammende Augen.
Scott wohnte in dir,
Die am besten ausgestattete der Halbgötter;
Apollo, mit einem tiefen norduinbrischen Grat,
Und Jeffrey mit scharfem Kritikergesicht,
Und Lockhart mit römischem Geschmack,
Und Wilson mit seinen großartigen Gaben,
Die Hügel seiner Bäche im Donnerregen;

Chalmers, mit schlummernden Deckeln,
Den Propheten verschleiern; und Miller auch
Granit unter glattgemahlenen Männern;
Von allen edlen Rassen bleibt nur eine übrig,
Aytoun - mit silbernem Horn an seiner Seite,
Das hallte durch die Schluchten der Romantik –
Schade, dass es so selten an seiner Lippe ist!
Dieser Ort ist schön; wenn das Jahr kommt.
Von den Schneeglöckchen bis zur Dämmerung
Räume, mit nackten Ästen überfüllt sind,
Sind Ufer aus Laub, Kastanienblüten,
Weitaus schöner. Wie in vergangenem Sommer,
Aus dem roten Dorf unter dem Hügel,
Wenn das lange Tageslicht endet in der Stille
Kommt die Heiterkeit der Kinderspiele:
Klare süße Höhen wie zwei Reihen von Mädchen
Vorrücken und dabei singen
Schnappschüsse einer alten Ballade
Und durch bloßes Alter zerfallen –
Ein kindliches Drama von Arbeitern,
In Hemdsärmeln an den offenen Türen rauchen,
Mit einer seltsamen Süße im Herzen.
Wenn Dunkelheit kommt, die Stimmen enden,
Die Ziegelöfen leuchten, der entfernte Kuchen,
Bricht wie Aarons Stab in Feuerknospen aus;
Und mit einer Plötzlichkeit das Licht,
Das auf Inchkeith schlummert,
Sich vergrößert und wieder schrumpft.
Das dunkle Meer an der dunkleren Küste
Die alten Städte kannten Queen Mary
Glitzer, wie Feuerfliegen, hier und da.
Komm, Sommer, aus dem Süden

Von Blume zu Blume, bis zur Blütezeit,
Dann verweile auf der Rose!

Dansciacil

Auf einer Ruine am Wüstenufer,
Ich saß an einem friedlichen Herbsttag,
Sah zu, wie ein glänzender Dampfstrahl strömt
Über Blaavin, Vlies auf Vlies.

Die blaue Flotte streckte sich ohne Segel davor.
Felsbrocken liegen am Ufer.
Dahinter stehen sturmbleiche
Strebepfeiler und ein Klagelied aus Stein.

Und auf der Ruine des Nordmanns sitzend,
Während durch die Dämpfe unten
Ein Felsvorsprung aus Blaavin schimmert,
feucht und flüchtig,

Ich hörte diese Geschichte erzählt:
"Die Nacht sang die Hexe und die Burg wuchs
Von der Spitze mit Turm und Turmkrone:
Die ganze Nacht sang sie - als der Morgentau
fiel
Es wurde rund herum gebaut.

Aus dem Morgen Bernstein weit öffnen,
Ein Schiff mit Rudern und einem Drachenkopf
Kam und trug den Bräutigam Sigurd.
Braut Hilda, rote Wange.

Und im magisch erbauten Hexenschloss
Sie wohnten viele Jahre in der Süße der Braut,
Bis Tumult in Norwegen, Blut wurde vergossen,

Dann griff Sigurd nach seinem Speer.

Die Islesmen kamen mit dem Nordmann.
Jan Sigurd führte sie – viele gespaltene Schädel,
Unter seiner Kampfaxt
Blutbemalt bis zum Anschlag,

Er lag bei Sonnenuntergang,
(bei niedergeschlagenem Anführer und Stamm)
In seinem Gesicht Verachtung und Schmerz,
starr in ewigem Stirnrunzeln.

Brachten sie den blutigen Mann nach Hause,
Bleiche Hilda zu ihrem Haar des frechen Goldes;
An diesem Tag war sie eine glückliche Braut,
in dieser Nacht eine Frau, grau und alt.

Der Tote ließ seine Augen unter den Brauen
Von Hilda, in einem Kind, dessen Sprache
Gespickt von Schwert, Speer
Von Galeeren am Strand.

Hilda sang ihm Lieder von nördlichen Ländern,
Seltsame Lieder von Geist und Segel,
Lieder von Wölfen, Eisbergen, Magie,
Verzauberte Seen und Berge.

Die Jahre bauten ein riesiges Grab auf,
Mit Locken, Augen, die durch Männer schauen;
Eine Leidenschaft für die lange Welle
Von streunenden Vätern zog er.

Unter den zerklüfteten Inseln ritt er,
Wie ein Adler nahm und zerriss er seine Beute;

Seine Galeeren sinken tief von Kampfesbeute
Auf dem freudigen Weg nach Hause.

Er ragt mit vollem Arm mit dem Speer empor
Haare wie eine Flamme nach hinten:
In der untergehenden Sonne rufen Ruderer
Den Ruhm seines Namens.

Einmal, im Meer seine Kampfgaleeren kreuzte,
Wandte sich seine kranke Mutter ab,
Stand dem eiskalten Tod gegenüber,
Stellt sich der polaren Nacht.

Endlich kamen seine Masten durch den Nebel:
Goss seine wildäugigen Bänder auf den Strand:
Die wilde, liebevolle, sterbende Frau drehte sich
Und küsst seine Waisenhände,

Lehnte ihren Kopf an seine mächtige Brust
In reinem Inhalt wohl wissend so zu leben
In einer einzigen Stunde konnte der Tod
Leben nehmen oder geben.

Murmeln, wie ihre sterbenden Finger nahmen
Abschied von Wange, Stirn, liebevoll ertrinken
In gelbbraunen Haaren - Ich kann nicht dulden
Hier unter der Erde zu schlafen.

Meine Frauen durch meine Gemächer weinen:
Ich würde keinen Träne verschwenden:
Als sie die Länge nach Hause brachten
Mit fettem Blut befleckt und geklebt,

Ich weinte alle Tränen aus. Unter meiner Art

Ich kann nicht schlafen; also auf Marscos Kopf,
Direkt auf dem Weg des norwegischen Windes
Siehst du und machst mein Bett!

Der Nordwind weht an diesem einsamen Ort
Wird mich trösten. Küss mich, mein Torquil!
Fühle die heißen Tränen in meinem Gesicht.
Wie leicht ist es zu sterben!

Die Abschiedsarme um ihn legten sich
Klammerte; ein Mund wurde erhoben,
Suchte in der Dunkelheit - bevor sie sich trafen
Die Augäpfel sind fixiert und glasiert.

Lieber diesen Kuss, durch Schmerz und Tod,
Nie berührt mit der Lippe! Neben dem Bett
Der Nordmann kniete bis zum Sonnenuntergang
Rief dann an die Kommoden der Toten,

Wer, in ihr Gesicht schauend, war entmutigt
Als sie lebte, war sie empört über Brände.
In der versammelten Dunkelheit trugen die Züge
Ein Blick, der ihrem Vater gehörte.

Und aufwärts zu einem Meeresspiegel
Mit Klage wurde die Prinzessin geboren,
Nach Norden schauend, mit Sanftmut,
Und dem feuriger Morgen.

In diesem Sinne lief die Geschichte:
Und über dieses subtile Gefühl des Todes brüten
Das seufzt durch die glücklichen Tage,

Das Zittern, das Entzücken unseres Atems,

Ich dachte, hätte die alte Frau gebeugt gesehen
Durch Trauer in ihrem Zuhause - und trotzdem
Die strahlenden Wogen der herbstlichen Wolke
Fließen auf dem monströsen Hügel

Edenbain

Der junge Edenbain galoppiert
Rüber nach Kilmuir,
Die Straße war rau,
Aber sein Pferd war sicher,
Die mächtige Sonne nimmt
Ein herrliches Meeresbad,
Gold das Grün gemacht
Von Tal und Strath.
Kümmerte sich nicht um den Sonnenuntergang,
Für Gold Rock noch Isie:
Über sein dunkles Gesicht huschte
Ein geheimnisvolles Lächeln.
Sein Cousin, der Große
Londoner Kaufmann war tot,
Edenbain war sein Erbe –

"Ich werde Land kaufen", sagte er.
Männer fürchten den Tod. Wie soll ich!
Wir leben und lernen! "Glaube,
Der Tod hat mir gemacht
Die schönste Wendung.
Jung, gutaussehend, dreißig –
(Hallo Roger!)
Ich werde jedes Vergnügen kosten
Das Geld kann kaufen.

"Duntulm und Dunsciach
Darf über meine Geburt lachen.
Lass sie lachen! Pater Adam
Wurde aus Erde gemacht.
Was sind Wurmschlösser?
Und alte Vorfahren,
Gegen einen modernen Mann
Mit allmächtigem Gold?"

Er sah sich reiten
Zur Kirche und zum Markt,
Hüte heben, Arme stupsen,
"Das ist Edenbain da!"
Er dachte an jedes Mädchen
Er hatte in seinem Leben gekannt,
Konnte man sich nicht auf eine Süße festlegen
Für eine Frau zu zupfen.

Heim Edenbain Galopp,
Mit Stolz in seinem Herzen
Als er plötzlich hochzog
Sein Pferd erschrak.
Die Straße, die kahl war
Wie die Einöde zuvor,
War mit Menschen bedeckt
Hundert und mehr.

„Es war eine schleichende Beerdigung.
Und Edenbain zog
Sein Pferd an die Seite von
Der Straße. Er wusste
Im Karren rollt vorbei
Dass ein Sarg gelegt wurde –
Aber wessen? Die genauen Umrisse
Wurden von einem Plaid versteckt.

Der Korb wurde übergeben. Die Trauernden
Kamen hinterher marschiert:
Vorne sein eigener Vater,
Grauhaarig, steinblind;
Und weit entfernte Cousins,
Sein eigenes Lager und Rennen,
Kam in der Stille hinterher,
Eine Wolke auf jedem Gesicht.

Gemeinsam spazieren und Mugstot
Und feurige Seele Ord,
Wen sechs Tage zuvor
Er war an seinem Brett abgereist.
Dahinter kam der rotbärtige
Söhne von Tormore
Mit wem er betrunken war
Knapp zwei Wochen zuvor.

"Wer ist tot? Kennen sie mich nicht?"
Dachte der junge Edenbain,
Mit einem seltsamen Schrecken
Im Herzen und im Gehirn.
In einem Moment das Schwarze
Kriechende Beerdigung war weg,
Und er saß auf seinem Pferd
Allein auf der Straße.

"Es ist der zweite Anblick," schrie er;
"Es ist seltsam, dass ich vermisse
Mich selbst, unter den Trauernden!
Wessen Bestattung ist das?
"Mein Gott! Tismyown!"
Und das Blut verließ sein Herz,
Als er an den Toten dachte

Der lag im Wagen.

Die Sonne, bevor er versank
Sein herrliches Meeresbad,
Sah Edenbain durchbohrt
Der goldgrüne Strath.
Vorbei an einem Hirten
Beim Wachen raste ein Pferd,
Mit Edenbain gezogen
Am Steigbügel eine Leiche.

Peebles

Ich liege in meinem Schlafzimmer bei Peebles
Die Fenstervorhänge gezogen,
Während über Weide und Kiefer stiehlt
Die stille Morgendämmerung.

Und durch die tiefe Stille hörte ich
Mit einem erfreuten, halb wachen Blick,
Zu dem Geräusch, das durch die antike Stadt
lief
Den seichten Tweed.

Für mich war es eine Erkenntnis
Vom Traum; und ich fühlte mich wie einer
Wer zuerst die Alpen oder die Pyramiden sieht,
Weltalt, in der untergehenden Sonne;

Zuerst überqueren die lila Campagna,
hält die wunderbare Kuppel
Welcher Gedanke an Michael Angelo hing
In der goldenen Luft Roms.

Und den ganzen Sommer über

Ich fühlte es in der Tat eine Freude
Immer wieder zu mir selbst flüstern;
Dies ist die Stimme des Tweeds.

Von Dryburgh, Melrose und Neidpath,
Norham Castle braun und kahl,
Die Sonne scheint auf das fröhliche Carlisle,
Und den Busch über Traquair,

Ich träumte: aber der größte Teil des Flusses,
Das, glitzernde Meile auf Meile,
Floss durch meine Vorstellungskraft,
Wie durch Ägypten fließt der Nil.

War es die absolute Wahrheit oder ein Traum?
Dass der wache Tag verleugnet,
Dass ich mehr im Strom gehört habe, als er lief,
Als wenn Wasser auf Steinen bricht?

Jetzt die Hufe eines fliegenden Mosstrooper,
Jetzt ist eine halb gefangene Bluthundbucht
Der plötzliche Knall eines Jagdhorns,
Der Grat von Walter Scott?

Wer weiß? Aber davon bin ich überzeugt,
Das aber für die Balladen und Klagen
Das macht tote Dinge, Aktien und Steine,
Errichte erbärmliche Wälder und Täler.

Der Tweed war so arm wie der Amazonas,
Dass es in all den Jahren, in denen es
Kann aber sagen, wie schön der Morgen rot war,
Wie süß das Abendgold.

Jubilation der Sergeant M`Turk zum Zeugnis der Hochlandspiele, Inverness 1864

Hurra für den Hochlandruhm!
Hurra für den Highland-Ruhm!
Für die Schlachten des großen Montrose,
Und der Pass des tapferen Graeme!
Hurra für die Ritter und Adligen
Das erhob sich an ihrer Stelle,
Und das würde zu Ruhm und Reichtum führen
Für Charlies hübsches Gesicht!

Für den grünen Lochaber
Er führte seine kleinen Clans an:
Die aufsteigende Haut der Dudelsäcke spürt
Sir John bei Prestonpans.
Ein Mal mehr sammeln wir Ruhm
In Falkirk's Schlacht
Bevor die Tartans in blau getaucht lagen
Auf schwarzem Drumossie festgemacht.

Als die müde Zeit vorbei war,
Als der Kopf vom Nacken fiel,
Wolfe hört den Schrei: "Sie rennen, sie rennen!"
Auf den Höhen über Quebec.
In der Festung von Ticonderoga
Wir sind auf Schwert und Schild gefallen:
Hurt Moore wurde hochgehoben, um zu sehen
"Seine zweiundvierzigste" Ladung.

Und ja, die Pfeife war am lautesten.
Und aye die Tartans flogen,
Die erste freie blutige Maida
Zu bläulicherem Waterloo.

Wir nahmen manche See, meine Jungs,
Wir kämpften unter so manchen Himmel,
Und hier hat der Kampf am heißesten gewütet
Dass die Tartans am dicksten lagen.

Wir landeten, Jungs, in Indien,
Wenn wir im Kern unseres Herzens sind
Eine bittere Erinnerung brennt wie die Hölle –
Die Trümmer in Cawnpore.
Wir nahmen den Marsch durch die Ofenheide,
    Kümmert euch um die Haufen der Erschlagenen,
    Wie wir ihm durch seine Kämpfe folgen
Tapferer "Havèlock der Däne."

Hurra für den Hochlandruhm!
Hurra für die Highland-Namen!
Gott segne Sie, edle Herren!
Gott liebe dich, hübsche Damen!
Und höhne nicht an den muskulösen Gliedern,
Und die Stärke unserer Hochlandmänner –
Wenn die Bajonette das nächste
Sie können dann alle benötigt werden.

    Diese Verse hatte ich kaum in meiner besten Hand herausgeschrieben, als ich beim Aufschauen feststellte, dass der Regen vor lauter Müdigkeit aufgehört hatte und dass große weiße Dämpfe aus den feuchten Tälern aufstiegen. Endlich war es soweit - die Belagerungsarmee hatte die Belagerung aufgehoben; und, besser als alles, angenehm wie das Geräusch von Blüchers Kanone am Abend von Waterloo, hörte ich das Geräusch von Rädern auf dem sumpfigen Boden: und gerade als die verdorrten Regenwolken bei Sonnenuntergang in ein mürrisches Rot brannten, hatte ich die M'lans, Vater und Sohn, in meinem Zimmer. Sie kamen, um mich mitzunehmen.

Ich werde heute Nacht bei Mr. M'lan bleiben. Eine Hochzeit hat zwischen den Hügeln stattgefunden, und die ganze Partei wurde gebeten, eine Nacht daraus zu machen. Die mächtige Küche wurde für diesen Anlass geräumt; Fackeln stehen fest, bereit zum Anzünden; und ich höre bereits das erste Gemurmel des Dudelsackgewitters. Der alte Herr trägt einen strahlenden und vergnügten Ausdruck und schwört, dass er mit der Braut von der ersten Rolle gehen wird.

Alles ist vorbereitet; und schon jetzt kommt die Brautpartei die steile Hügelstraße herunter. Ich muss raus, um sie zu treffen. Morgen kehre ich zu meiner Hütte zurück, um zuzusehen; denn das Wetter ist jetzt schön geworden, die sonnigen Nebel versammeln sich auf den Kämmen von Blaavin - Blaavin, auf den sich der Himmel zu lehnen scheint.

Der Weg des Verpächters

Das Innere von Skye zu betreten ist wie eine Reise in die Antike. Die Gegenwart ist hinter Ihnen, Ihr Gesicht ist Ossian zugewandt. In der stillen, stillen Wildnis denkt man an London, Liverpool, Edinburgh oder eine andere großartige Stadt, in der man leben und arbeiten kann, als an etwas, von dem man in einer früheren Existenz wusste. Sie atmen nicht nur die Luft der Antike; aber alles an Ihnen ist eine wahre Antike.

Die mit Rasen bedeckte Hütte am Straßenrand ist ein Exemplar eines der ältesten Baustile der Welt. Der krumme Spaten, mit dem der Crofter den sauren Boden umdreht, entführt Sie in die Fabel. Sie entfernen einen Steinhaufen auf dem Moor und kommen zu einer mit Fahnen versehenen Kammer, in der sich eine Handvoll menschlicher Knochen befindet - von denen niemand etwas sagen kann.

Duntulm und Dunsciach murmeln auf ihren Klippen, aber das Lied, das die vorbeiziehende Milchmagd singt, ist älter als sie. Sie stoßen auf alte Schwerter, die einst hell und blutrünstig waren; alte Broschen, die einst Plaids umklammert hatten; alte Kirchhöfe mit Schnitzereien unbekannter Ritter an den Gräbern; und alte Männer, die die Jahre des Adlers oder der Krähe geerbt zu haben scheinen.

Diese menschlichen Antiquitäten sind auf ihre Weise interessanter als alle anderen: Sie sind die wertvollsten Gegenstände der Tugend, mit denen sich die Insel rühmen kann. Und manchmal, wenn Sie Ohr und Auge offenhalten können, stolpern Sie über Lebensformen, Beziehungen von Herrn und Diener, die so alt sind wie die Burg auf dem Felsen oder der Steinhaufen des Häuptlings auf dem Moor.

Barzahlung ist nicht die "einzige Verbindung zwischen Mensch und Mensch". In diesen abgelegenen Regionen ist die Zuneigung Ihrer Bediensteten zu Ihnen erblich bedingt als Familienname oder Familienornament. Ihr Pflegebruder würde bereitwillig für Sie sterben. Und wenn Ihre Pflegeschwester die Aufschrift Ihres Epitaphs hätte, wären Sie der tapferste, stärkste und hübscheste Mann, der jemals in Schuhleder oder aus Leder gegangen ist.

Das Haus meines Freundes Mr. M'lan befindet sich am Ufer eines der großen Löcher, die die Insel kreuzen. Und da es zu Schmuggelzeiten gebaut wurde, blicken seine Fenster geradewegs das Loch hinunter in Richtung offenes Meer. Infolgedessen diente es nachts, wenn es angezündet wurde, allen Zwecken eines Leuchtturms: und die Kerze im Verandafenster wurde, wie man mir erzählt, oft von der rauen Besatzung, die eine Ladung Rotwein oder Brandy aus Bordeaux befördert, ängstlich beobachtet.

Gleich gegenüber, auf der anderen Seite des Lochs, befindet sich der große, schroffe Rand der Cuchullin-Hügel. Auf dem trockenen Sommergras kann man sehen, dass es sich unter dem Einfluss von Licht und Schatten fast so verändert, wie sich der Ausdruck eines menschlichen Gesichts ändert. Hinter dem Haus ist der Boden rau und gebrochen, jede Höhle ist gefüllt, jeder Hügel ist mit Birken übersät, und zwischen den grünen Inseln tummeln sich tagsüber Kaninchen, und abends sitzen sie auf den Lichtungen und waschen ihre unschuldigen Gesichter.

Nach ein oder zwei Kilometern öffnet sich eine Schlucht in sanfte grüne Wiesen, durch die ein Bach fließt und auf diesen Wiesen schneidet und sichert Mr. M'lan, wenn das Wetter es zulässt, sein Heu. Der Bach ist normalerweise ruhig genug, aber nach einem heftigen Regenfall oder wenn ein Wasserspeier zwischen den Hügeln aufgeplatzt ist, fällt er mit aller Macht ab und trägt alles, was sich davor befindet. In solchen Fällen kann sein Brüllen eine Meile entfernt zu hören sein.

Über eine Pistole aus dem Haus wird der Fluss von einer Plankenbrücke überquert, und bei schönem Wetter ist es eine große Freude, sich dort hinzusetzen. Der Bach fließt träge über Felsen, an den tiefsten Stellen in Purpur oder Portwein, und siehe da! Hinter Ihnen rutscht durch den Bogen ein Sonnenstrahl, und direkt unter dem Auge schimmert ein plötzlicher Abgrund von strahlendem Bernstein.

Das Meer ist bei Ebbe, und das Ufer ist mit Steinen und dunklen Unkrautmassen bedeckt; und die Felsen, die hundert Meter entfernt sind - in ihren Mulden befinden sich Teiche mit klarem Meerwasser, in denen Sie neugierige und zart gefärbte Ozeanblüten finden -, sind mit orangefarbenen Flechten bedeckt, die einen reizvollen Kontrast zu den Massen von gelbbraunen Löchern und Steinen bilden.

Auf der einen Seite das verstreute Ufer, auf der anderen das scharfe Blau des Meeres. Hinter dem Blau des Meeres erheben sich die großen Hügel, über deren Kämme ein strahlender Dampf strömt. Unmittelbar links läuft ein Sporn hohen Bodens zum Meeresrand aus - die flache Oberseite ist glatt und grün wie ein Billardtisch, die Schafe fressen weiß wie Billardkugeln - und am Fuße dieses Felsvorsprungs eine Reihe von Hütten werden gesammelt. Sie sind verlieren sich in einem azurblauen Rauchschleier, man riecht den eigentümlichen Geruch von Torfgestank, man sieht die Netze zum Trocknen im Gras liegen, man hört die Stimmen von Kindern.

Unmittelbar über und hinter den Hütten und dem Hochplateau fällt der Hügel zurück, die ganze Brust von Birkenholz zottelig; und ganz oben sehen Sie eine Lichtung und einen Streifen von weißen Steinstraßen, die in eine andere Region führen, die so einsam und schön ist wie die, in der Sie sich gerade befinden.

Und während Sie halbmüde auf der Brücke sitzen - eine Biene, die in einer glockenförmigen Blume in der Nähe Ihres Stocks knabbert -, tanzen die Möwen über Ihnen stille Quadrillen, der weiße Blitz eines Kaninchens von Wäldchen zu 20 Meter vor der Küste hört man ein scharfes Pfeifen, dann einen Schrei, und als man sich umsieht, steht M'Ian selbst auf einer Höhe, seine Figur ist klar gegen den Himmel gerichtet. Sofort lassen die Männer, die das Boot am Ufer basteln, die Arbeit fallen und stehen und starren, und aus dem Rauch, der die Hütten umhüllt, stürzt ohne Hut Lachian Dhu oder Donald Roy, der in seiner Hast eine Geflügelbrut verstreut und sich wundert, was seinen Herrn zu solch ungewohnter Anstrengung bewegt hat.

Das Weiße Haus meines Freundes ist ein einsames Haus, keine andere Wohnung der gleichen Art befindet sich in einem Umkreis von 13 Kilometern. Im Winter schlagen Wind und Regen mit einem besonderen Trotz; und das Donnern des Meeres kriecht in Ihre schlafenden Ohren, und Ihre Träume handeln von Brechern und Riffen und sinkenden Schiffen und den Schreien von Ertrinkenden. Im Sommer sonnt es sich so zufrieden auf seinem grünen Hügel; grünes Gras, dessen Kopf das Gänseblümchen im sanften Wind wedelt, läuft bis zur Tür der Veranda.

Aber obwohl es einsam genug ist - so einsam, dass Sie, wenn Sie gebeten werden, mit Ihrem nächsten Nachbarn zu speisen, aufsteigen und reiten müssen -, gibt es weit mehr Hütten als die, die wir am Ufer unter dem glatten grünen Plateau gesehen haben, auf dem Schafe fressen.

Wenn Sie nach Westen gehen - und es ist ein unwegsamer Weg -, da Ihr Kurs über gebrochene Felsbrocken führt, kommen Sie zu einer kleinen Bucht mit einem Adlernest einer Burg, die auf einer Klippe thront, und dort finden Sie ein Schulhaus und ein halbes Dutzend Hütten, der blaue Rauch dampfte aus den Ritzen in den Wänden und Dächern. Dunkle Torfpyramiden stehen herum, Schafe und Kühe fressen auf den Weiden, Möwen weben ihre ewigen Tänze darüber, und tagsüber murmelt der Schulraum wie ein Bienenstock - nur eine viel weniger angenehme Aufgabe als das Sammeln von Honig ist. Hinter dem Haus im Osten verbirgt sich eine weitere Ansammlung von Hütten. Und in einem von diesen lebt der interessanteste Mann im Ort. Er ist ein alter Rentner, der in verschiedenen Gegenden der Welt gedient hat und häufig habe ich gesehen, dass er eine Schnur in seinem Zopf trägt.

Ich teilte sein Glas von Usquebaugh und hörte ihn, als er auf einem Stein im Sonnenschein saß, Geschichten vom Kasernenleben in Jamaika erzählen; von waldigen Wildnissen mit herrlichem Unterholz, von Parasiten, die wie flatternde Feuerzungen kletterten, und von den lauten Städten der Affen und Papageien in den oberen Zweigen.

Ich habe ihn auch sehr kritisch über die verschiedenen Rumsorten gehört. Von jeder feurigen Verbindung hatte er eine katholische Wertschätzung, aber Rum war sein besonderer Favorit - er war für ihn wie ein griechischer Text für Porson oder ein alter Meister für Sir George Beaumont.

Wie Sie sehen, war das Haus von Mr. M'Ian zwar in gewisser Weise alleinstehend, es war jedoch nicht gänzlich vom Anblick und Verstand menschlicher Behausungen verschont geblieben. Auf der Farm existierten vielleicht Frauen und Kinder, etwa sechzig Seelen; und zu diesen war die Beziehung des Meisters eigenartig, und vielleicht ohne eine Parallele in der Insel.

Als Mr. M'Ian vor fast einem halben Jahrhundert die Armee verließ und Anführer wurde, fand er auf seiner Farm Cottages und hielt ihre Anwesenheit für so selbstverständlich, wie man sie auf seinen Felsen finden sollte. Sie hatten ihre Hütten, für die sie keine Miete bezahlten; sie hatten ihre Maisfelder und Kartoffelböden, für die sie keine Pacht bezahlten. Dort waren sie schon immer gewesen und dort würden sie, soweit es Mr. M'Ian betraf, bleiben. Er hatte seinen eigenen Code der großzügigen altmodischen Ethik, an den er sich festhielt; und der Mann, der hart für die Armen war und davon träumte, sie von den Orten zu vertreiben, an denen sie geboren wurden, schien ihm die gesamte Runde der Gebote zu brechen.

Infolgedessen rauchten die Hütten immer noch am Uferrand und zwischen den Birkenholzklumpen. Die Kinder, die auf dem Grün spielten, als er zum ersten Mal hier eintraf, wuchsen im Laufe der Zeit auf und heirateten; und bei diesen Gelegenheiten sandte er ihnen nicht nur etwas, worüber sie sich lustig machen konnten, sondern er gab ihnen - was sie mehr schätzten - seine persönliche Anwesenheit; und er machte es zu einem Ehrenpunkt, als die Zeremonie vorbei war, die erste Rolle mit der Braut zu tanzen.

Wenn alte Männer oder Kinder krank waren, wurden herzliche Grüße und Medikamente aus dem

Haus geschickt. Wenn ein alter Mann oder ein altes Kind starb, versäumte Mr. M'Ian nie, an der Beerdigung teilzunehmen. Er war ein Friedensrichter; und wenn Streitigkeiten zwischen seinen eigenen Häusern oder zwischen den Häusern anderer aufkamen - zum Beispiel, als Katy M'Lure Effie M'Kean beschuldigte, Kartoffeln gestohlen zu haben, als Red Donald in einer Angelegenheit, die mit dem Verkauf eines Dutzends Lämmer zu tun hatte, gegen Black Peter wütete, als Mary in ihrer Wut über den Verlust ihres Schatzes Belly (auf die der Schatz seine Treue übertragen hatte) die offenkundigsten Verstöße gegen die Moral vorwarf - die konkurrierenden Parteien traten mit Sicherheit vor meinen Freund; und so manches grobe Gericht habe ich gesehen, das er an der Tür seiner Veranda abhielt.

Argumente wurden für und wider erhört, Zeugen wurden untersucht, Beweise ordnungsgemäß gesichtet und abgewogen, ein Urteil gefällt und der Fall abgewiesen. Ich glaube, diese Entscheidungen haben auf lange Sicht genauso viel Befriedigung gebracht wie diejenigen, die in Westminster oder im Edinburgh Parliament-House getroffen wurden.

Gelegentlich stand auch ein einzelnes Mädchen oder ein einzelner Schäfer vor der Verandatür, um zu beschwören, dass sie unschuldig an der Schuld oder dem ihrer Anklage unterworfenen Unrecht waren. Mr. M'Ian würde herauskommen und die Geschichte hören, die Partei ihre Unschuld eidlich betonen lassen und eine schriftliche Bescheinigung darüber vorlegen, dass er in seiner Gegenwart an diesem und jenem Tag so und so das Gewisse geschworen hatte, die Anschuldigungen waren unbegründet, falsch und böswillig. Bewaffnet mit dieser Bescheinigung würde das Mädchen oder der Hirte triumphierend abreisen. Er oder sie hatte die Tortur mit einem Eid hinter sich gebracht, und nichts konnte sie weiter berühren.

Mr. M'lan hat die Pacht für die gesamte Farm bezahlt. Ihm aber zahlten die Bauern keine Pacht, weder für ihre Hütten noch für ihre Getreidefelder und Kartoffelböden. Aber die Bewohner waren keineswegs nur Pächter - sie nahmen und gaben nichts zurück. Die aktivsten der Mädchen waren Dienstmädchen unterschiedlichen Grades in Mr. M'lans Haus; der klügste und stärkste der Jungs handelte als Hirten und ähnliches; und diese erhielten natürlich Löhne.

Die erwachsenen Männer unter den Croftern waren im Sommer meistens im Süden im Einsatz oder unternahmen Fangexpeditionen; so dass sich die ständigen Bewohner des Hofes hauptsächlich aus alten Männern, Frauen und Kindern zusammensetzten. Bei Bedarf fordert Mr. M'lan die Dienste dieser Personen genauso wie die Dienste seiner Haushaltsdiener und sie erfüllen diese ebenso schnell.

Wenn die Krähen aus dem Mais gehalten werden sollen oder die Kühe aus dem Rübenfeld, wird ein Bengel unerbittlich von seinen Spielen und Gefährten vertrieben. Wenn ein Boot außer Betrieb ist, wird der alte Dugald zur Arbeit geschickt. Wenn seine Aufgabe erledigt ist, wird er mit einem zehnminütigen Gespräch und einem Glas Spirituosen im Haus belohnt. Bei schönem Wetter wird jedem Mann, jeder Frau und jedem Kind befohlen, auf das Heufeld zu gehen, und Mr. M'lan töpfert den ganzen Tag unter ihnen und achtet darauf, dass niemand seine Pflicht verliert. Wenn sein Mais oder seine Gerste reif sind, wird sie von den Häusern geschnitten, und wenn die Ernte abgeschlossen ist, gibt er der gesamten Splitterpopulation ein Tanz- und Erntehaus.

Aber zwischen Mr. M'lan und seinen Croftern geht kein Geld; nach einem stillschweigenden Verständnis soll er ihnen Haus, Getreidemehl, Kartoffelmehl geben, und sie sollen ihn mit Arbeit belohnen. Mr. M'lan ist, wie man sehen wird, konservativ und hasst Veränderungen. und das soziale System, von dem er umgeben ist, trägt einen alten und patriarchalen Aspekt für ein modernes Auge.

Es ist ein Überrest des Clanship-Systems. Das Verhältnis von Splitter und Reißnagel, das ich beschrieben habe, ist ein bisschen altertümlich, genauso interessant wie das alte Schloss auf der Klippe - interessanter, weil wir das alte Schloss vor allem deshalb schätzen, weil es eine uralte Lebensform darstellt und hier verweilt noch ein Fragment der alten Lebensform selbst.

Sie graben ein uraltes Werkzeug oder eine Waffe in einem Moor aus und legen es vorsichtig in ein Museum: Hier befindet sich sozusagen das uralte Werkzeug oder die Waffe im tatsächlichen Gebrauch.

Zweifellos hat das System von Mr. M'lan schwerwiegende Mängel: Es verewigt das vergleichsweise Elend der Bewohner, es lähmt die persönliche Anstrengung, es erzeugt eine unedle Zufriedenheit; auf der anderen Seite versüßt es schmutzige Zustände, soweit sie durch Freundlichkeit und gute Dienste versüßt werden können. Wenn das System von Mr. M'lan schlecht ist, macht er das Beste daraus und schöpft so viel Trost und Befriedigung wie möglich sowohl für sich selbst als auch für andere.

Die Sprache von Mr. M'lan war so altmodisch wie er selbst; antike Dinge tauchten auf seiner Zunge auf, so wie antike Dinge auf seiner Farm auftauchten. Sie haben auf dem einen ein altes Grab oder ein altes Gerät gefunden, auf dem anderen ein altes Sprichwort oder ein altes Stück eines gälischen Gedichts. Nachdem ich ungefähr zehn Tage bei ihm geblieben war, gab ich die Absicht bekannt, meinem Freund, dem Vermieter, einen Besuch abzustatten, mit dem Fellowes damals zusammen war und der etwa vierzig Meilen entfernt im Nordwesten der Insel lebte.

Der alte Herr war gegen schnelle Entscheidungen und Bewegungen und bat mich, noch eine Woche bei ihm zu bleiben. Als er feststellte, dass ich entschlossen war, warf er einen Blick auf das Wetter und die Nebelschwärme, die sich auf Cuchullin versammelten. Dabei murmelte er: "Mache meine Galeere fertig", sagte der König, "ich werde am Mittwoch nach Norwegen segeln." "Wirst du", sagte der Wind, der herumfliegend mitgehört hatte, was gesagt wurde, "du solltest besser zuerst nach meinem Abschied fragen."

Zwischen dem Vermieter und M'lan gab es viele Ähnlichkeiten und Unterschiede. Beide waren Skye-Männer von Geburt, beide hatten die größte Liebe zu ihrer Heimatinsel, beide hatten das Management von Menschen, beide hatten kluge Köpfe und Herzen mit der besten Textur. Aber an diesem Punkt endeten die Ähnlichkeiten und die Divergenzen begannen.

Mr. M'lan war noch nie außerhalb der drei Königreiche gewesen. Der Vermieter hatte den größten Teil seines Lebens in Indien verbracht und kannte sich eher mit Ryot-Hütten, Palmenhainen und Tanks aus, in denen die Indigopflanze brodelte, als mit den Häusern von Skye Cotters und den Prozessen der Schafzucht.

Er kannte die Straßen von Benares oder Delhi besser als die von London; und als er nach Hause kam, drängte Hindostanee gelegentlich Gälisch auf seine Zunge. Auch der Vermieter war reich, hätte auch in den südlichen Städten als reicher Mann gelten können; er besaß viele Kilometer Moorland, und die Gezeiten von mehr als einem weit gewundenen Loch stiegen und kräuselten sich an Ufern, die ihn Meister nannten.

Bei meinem Freund, dem Vermieter, gab es eine Art Widerspruch, eine Art Mischung oder Vermischung entgegengesetzter Elemente, die nicht ohne Faszination war. Er war in gewisser Hinsicht in zwei Welten ansässig. Er mochte Bewegung; er hatte eine großartige Verachtung der Entfernung: Für ihn schien die Welt vergleichsweise klein; und er würde mit so viel Gelassenheit von Skye nach Indien starten, wie andere Männer den Nachtzug nach London nehmen würden.

Er bezahlte Steuern in Indien und er bezahlte Steuern in Skye. Sein Name war auf den Märkten von Kalkutta genauso mächtig wie auf dem Muir of Ord. Er las die Hurkaru und den Inverness Courier. Er hatte das anmutige Salaam des Ostens gekannt, wie er jetzt die berührten Hauben seiner Hirten kannte. Und als man mit ihm lebte und sich mit ihm unterhielt, erinnerte man sich jetzt an die grüne westliche Insel, auf der sich Schafe ernährten, an denen tropische Hitze, Perlen und Gold, Moscheen und Zinnen über Palmengürteln glitzerten.

In seiner Gesellschaft reisten Sie in der Vorstellung vorwärts und rückwärts. Sie sind zwanzig Mal am Tag über Land gefahren. Jetzt haben Sie den Dudelsack gehört, jetzt den eintönigen Schlag des Tom-Toms und das scharfe Zusammenprallen der silbernen Becken. Sie gingen ständig vor und zurück, wie ich schon sagte. Sie waren morgens mit deinem halben Glas Bitter im Westen, Sie waren beim Abendessen mit dem Curry im Osten. Sowohl Mr. M'lan als auch der Vermieter hatten das Management von Menschen, aber ihre Managementmethoden waren völlig unterschiedlich.

Mr. M'lan akzeptierte Angelegenheiten, wie er sie fand, und brachte nichts hervor, änderte nichts, um sich und anderen das Leben so angenehm wie möglich zu machen. Der Vermieter, wenn er sein Eigentum betrat, explodierte jede alte Form der Nutzung, regierte tatsächlich über seine Mieter; würde keinen Faktor, Mittelsmann oder Vermittler zulassen; traf sie von Angesicht zu Angesicht und machte es mit ihnen aus.

Die Folge war, dass die armen Leute manchmal zutiefst verwirrt waren. Sie erhielten ihre Befehle und führten sie aus, ohne das endgültige Ziel des Vermieters zu kennen - so wie der Seemann, der die Navigationsprinzipien nicht kennt, Seile zieht und Segel reift und nicht feststellt, dass er dadurch viel gewinnt Tag für Tag umgibt ihn der Seehund, aber zu gegebener Zeit steigt eine Wolke am Horizont auf, und er ist endlich im Hafen.

Wie M'lan vorhergesagt hatte, konnte ich nur aus seinem Haus ausziehen, wenn das Wetter die Erlaubnis erteilte, und diese Erlaubnis schien das Wetter nicht zu gewähren. Seit einigen Tagen regnete es, wie ich es noch nie zuvor regnen sah; auch ein Wasserspeier war zwischen den Hügeln aufgeplatzt, und der Bach floss in mächtiger Flut herab.

Es gab tolle Leute im Haus. Das Heu von Mr. M'lan, das in großen Stapeln in den Talwiesen gebaut wurde, war in Gefahr, und das feurige Kreuz wurde durch die Hütten geschickt. Bis zu den Heufeldern wurde jeder verfügbare Mann mit Karren und Pferden geschickt, um die Stapel an eine Stelle zu bringen, an der das Wasser sie nicht erreichen konnte; während an der Brücke näher die Hausfrauen und -jungen mit langen Pfosten stationiert waren, und was grobunzeitgemäße Geräte keltischen Einfallsreichtums nahelegen konnten, Stapel und Binder abzufangen und herauszufischen, die der diebische Strom seewärts mit sich trug.

Diese Stapel und Binder dienten zumindest zum Einstreuen von Rindern. Drei Tage lang hielt der regnerische Sturm an; endlich, am vierten, rollten Nebel und Regen wie ein riesiger Vorhang im Himmel auf, und dann waren wieder die Birkenholzklumpen und das helle Meer und die rauchenden Hügel zu sehen und weit entfernt auf dem Meeresboden Rum und Canna ohne einen Wolkenfleck auf ihnen, schlafend in der farbigen ruhe des frühen Nachmittags.

Dieser Aufstand des elementaren Vorhangs war, soweit es die plötzliche Wirkung betraf, wie der Aufstand des Vorhangs der Pantomime auf der Transformationsszene - auf einmal war eine schmuddelige, durchnässte Welt zu einer brillanten geworden, und all das neu aufgedeckte Farbe und Brillanz versprachen, dauerhaft zu sein.

Von dieser glücklichen Wetteränderung profitierte ich natürlich sofort. Gegen fünf Uhr nachmittags wurde mein Karren zur Tür gebracht; und nach einem Abschiedsbecher mit Mr. M'Ian, der sowohl seinem ankommenden als auch seinem abreisenden Gast einen Trankopfer schenkte, fuhr ich auf meiner Reise nach Portree und in das ungeahnte Land, das jenseits von Portree lag: Dunvegan, Duntuim, Macleods Tische und Quirang.

Ich fuhr mit einer angenehmen Erheiterung des Geistes die lange Schlucht hinauf. Ich war der Sonne dankbar, denn sie hatte mich aus der regnerischen Gefangenschaft befreit. Auch die Fahrt war hübsch; der Strom rollte schaumig herab, der Geruch der nassen

Birken lag in der strahlenden Luft, jeder Berggipfel war seltsam und doch sanft ausgeprägt; und rückblickend schauten die blauen Cuchullins nach mir, als ob sie mich verabschieden würden!

Endlich erreichte ich die Spitze des Tals und trat auf ein Hochplateau des Moores, in dem sich dunkle Tintentarne mit großen weißen Seerosen befanden und als ich über das Plateau kam, stürzte ich mich auf die Parlamentsstraße, die wie ein breiter weißer Gürtel Skye umgibt. Besser die Straße, auf der man fahren kann, findet man nicht in der Nachbarschaft von London selbst!

Und gerade als ich abstieg, konnte ich nicht anders, als hochzusehen. Die ganze Szene war von höchster Schönheit - exquisit ruhig, exquisit bunt. Zu meiner Linken befand sich ein kleiner See mit einem weißen Rand aus Seerosen. Ein Felsvorsprung warf einen Schatten auf halbem Weg darüber. Unten, am Ufer des Meeres, befand sich die Farm von Knock mit weißen Nebengebäuden und angenehmen Anbauflächen, das Schulhaus und die Kirche, während auf einer niedrigen Landzunge die alte Burg der Macdonalds baufällig war.

Noch weiter unten erstreckte sich der glatte, blaue Sound von Sleat, ohne ein Segel oder eine Rauchfahne, um die Weite zu durchbrechen, und mit einer ganzen Ansammlung von Wolken, die sich am Horizont türmten, um bald ihre Abendfarben zu tragen. Ich lasse den Anblick langsam in mein Phantasiestudium einfließen, damit ich ihn nach Belieben reproduzieren kann; danach fuhr ich auf angenehmen Abfahrten mit grünen Hügeln rechts und links und entlang des Straßenrandes wie eine Ehrenwache die violetten Stängel des Fingerhuts zur Isle Oronsay hinunter.

Der Abendhimmel wurde rot über mir, als ich auf die Isle Oronsay fuhr, die insgesamt aus vielleicht fünfzehn Häusern besteht. Sie liegt am Rande einer hübschen Bucht, in der der Ruf des Fischers ständig zu hören ist und in die der Clansman zweimal oder dreimal in der Woche dampft, wenn er aus dem Süden kommt oder geht. In einiger Entfernung befindet sich ein Leuchtturm mit rotierendem Licht - tagsüber ein leeres Gebäude, aber wenn die Nacht hereinbricht und die volle Aktivität einsetzt -, der nun einen Strahl nach Ardnamurchan sendet, der jetzt mit einem feurigen Pfeil die Dunkelheit von Glenelg durchdringt.

In Isle Oronsay befindet sich ein Kaufmannsladen, in dem jeder erdenkliche Artikel erhältlich ist. Auf der Isle Oronsay lässt der Postläufer eine Tüte fallen, wenn er weiter zum Armadale Castle fährt.

Auf der Isle Oronsay habe ich mit meinem Freund Mr. Fraser gegessen. Von ihm erfuhr ich, dass das kleine Dorf, wie M'Ians Haus, von heftigen Regenfällen heimgesucht worden war.

Auf dem Abendbrottisch stand ein Teller mit Forellen. "Woher glaubt Ihr, habe ich diese beschafft?" fragte er.

"Von einer Angeltour vielleicht."

"Keine solche Sache; ich fand sie auf meinem Kartoffelfeld."

"Auf Ihrem Kartoffelfeld! Wie kam es dazu?"

"Nun, Sie sehen den Bach, der durch den Regen von drei Tagen angeschwollen ist, sprang über ein Kartoffelfeld von mir am Hang und hat die Kartoffeln weggetragen und sie in einem liegengelassen. Die Skye-Bäche haben ein einfaches Gefühl von Ehrlichkeit!"

Ich lächelte über die Einbildung und erklärte meinem Gastgeber das Gesetz der Entschädigung, das

das Universum durchdringt, wofür ich die Forellen auf dem Tisch als leuchtendes Beispiel anführte. Herr Fraser stimmte zu; aber er hielt die Natur für einen schlechten Schätzer - seine Kenntnis der Äquivalenzlehre war leicht mangelhaft -, dass die Forellen gut genug waren, aber keine Erstattung für die Kartoffeln, die nun fort waren.

Am nächsten Morgen nahm ich meine Reise wieder auf. Die Straße war hübsch genug, solange sie am Meer entlangführte. Aber bald verließ sie die Küste und trat in eine Einöde von braunem eintönigem Moorland ein.

Das umliegende Land ist reich an Moorhuhn und war der beliebteste Schießstand des verstorbenen Lord Macdonald. Am Straßenrand hatte seine Lordschaft einen Stall errichtet und das Dach mit Blech bedeckt; und so blitzte es in einiger Entfernung auf, als wäre der Koh-i-noor in dieser düsteren Region versehentlich heruntergefallen.

Als ich weiterging, begannen sich die Hügel über Broadford zu erheben; dann fuhr ich den Hang hinunter, auf dem der Markt stattfand - die Zelte waren alle angeschlagen, aber die Pfähle steckten noch im Boden - und nachdem ich an den sechs Häusern, dem Kalkofen, der Kirche und den beiden Kaufhäusern vorbeigefahren war, hielt ich an der Tür und schickte das Pferd zum Stall, um es zu füttern und eine Stunde auszuruhen.

Nach dem Verlassen von Broadford fährt der Reisende am Rand des Salzwasserbands entlang, das zwischen Skye und der Insel Scalpa fließt. In diesem engen Sound kommt der Dampfer nie vorbei und wird nur von den leichteren Segelbooten angesteuert. Scalpa ist eine hügelige Insel mit einer Länge von drei oder vier Meilen, eineinhalb Meilen breit, graugrün gefärbt und baumlos wie Ihre Handfläche. Es war der Geburtsort vieler Soldaten.

Nachdem Sie Scalpa passiert haben, steigt die Straße an und Sie bemerken, nach etwa einer Stunde, dass die häufigen Bäche ihre Farbe geändert haben. Im Süden der Insel fallen sie herab, als wären die Hügel mit Sherry bewachsen - hier sind sie blass wie flaches Meerwasser. Dieser Unterschied im Farbton ergibt sich natürlich aus einem Unterschied im Bett.

Über Broadford kommen sie durch das moosige Moorland herunter, hier laufen sie über Marmor. Die Insel ist voller Mamor; und es ist nicht unmöglich, dass die Bildhauer des 20. Jahrhunderts die Steinbrüche von Strath und Kyle und nicht die Steinbrüche von Carrara bevorzugen. Aber Reichtum ist nötig, um diese Mineralienschätze freizulegen. Die feinen Qualitäten von Skye-Marmor werden erst erhalten, wenn sie von einer goldenen Spitzhacke geöffnet werden.

Sobald Sie Scalpa passiert haben, nähern Sie sich Lord Macdonalds Hirschwald. Sie haben jetzt die Flanke der Cuchullins umrundet und nehmen sie nach hinten, und Sie reiten auch sehr eng an ihren Basen vorbei. Die Straße ist voll von wilden Anstiegen und Abfahrten, und auf der linken Seite befinden Sie sich einige Meilen lang in ständiger Gegenwart eines Felshügels, der nach oben zu einem unsichtbaren Gipfel abfällt, einer überhängenden Wand aus nassem, schwarzem Abgrund. Der gezackte Grat schneidet den Himmel wie eine Säge.

Gelegentlich öffnen sich diese Gebirgsformen und fallen zurück, und Sie sehen die steilsten Täler, die kein Mann kennt. Insgesamt sehen die Hügel hier merkwürdig aus. Jedes ist mit Linien so eng gesäumt wie das Gesicht eines Mannes von hundert Jahren, und diese unzähligen Fadenkreuze sind mit einem blassen

Graugrün wie durch eine mineralische Korrosion herausgearbeitet.

Wenn Sie weitergehen, sind Sie seltsamerweise beeindruckt von der Idee, dass ein riesiges chemisches Experiment seit einigen Tausenden von Jahren durchgeführt wird. Dass die Region das Labor der Natur ist und dass sie ihre Säuren und ungeahnten Kombinationen über diese faltigen Hügel verschüttet hatte. Man denkt nie an Grün im Zusammenhang mit diesem Netz aus Graugrün, sondern nur an Rost oder an eine metallische Verfärbung.

Sie können sich vorstellen, dass ein Schaf, das an einem dieser Hügel gefüttert wird, mit Sicherheit vergiftet wird. Insgesamt ist der Anblick sehr großartig, sehr beeindruckend und sehr unangenehm, und mit der lebhaftesten Zufriedenheit, wenn Sie eine der langen Abfahrten niedergehen, kehren Sie den Bergmonstern den Rücken und sehen vor sich die grüne Insel Raasay, mit seinem imposanten modernen Herrenhaus, das sich im Sonnenschein sonnt. Es ist wie ein Übergang von der Welt der Zwerge in die Welt der Menschen.

Ich bin bei Sonnenschein und Regen durch Lord Macdonalds Hirschwald gefahren und muss gestehen, dass die Landschaft unter den letztgenannten atmosphärischen Bedingungen die imposantere ist.

Vor einigen Monaten bin ich in der Postkutsche von Sligachan nach Broadford gefahren. Es wehte ein starker Wind, die Sonne war hell und folglich eine große Menge sonniger Dämpfe. Mit einem Schlag, jede halbe Stunde oder so, wurde die turbulente Helligkeit von Wind und Wolke von heftigen Regenböen ausgelöscht. Sie konnten den kommenden Regensturm sehen, der wie ein Musselintuch auf Sie zuwehte. Daraufhin raste es in seiner Stärke und Dunkelheit, die langen geraden Wasserlinien prasselten auf Straße und Fels und wirbelten in Sumpf und Teich. In der unglücklichen Postkutsche raste es, widersetzte sich dem karierten oder wasserfesten Umhang und machte jeden bis auf die Haut nass.

Die Post raste weiter, so gut es ging, durch die Dunkelheit und die Wut, und dann kam der Sonnenschein wieder und ließ jedes Regenbecken auf der Straße fast zu hell für das Auge glitzern. In den sonnigen Abständen gab es ein großes Laufen und Eilen von hoch aufragenden Dämpfen, wie ich sagte; und als eine leuchtende Masse einen der Hügel schlug oder für eine Weile einen der entfernteren gezackten Kämme bedeckte, war die Erschütterung für das Auge so fühlbar, dass sich das Fahrzeug betrogen anfühlte und die Stille unnatürlich schien.

Und als die riesige Masse vorbeikam, um auf eine andere Bergbarriere zu stoßen, war es einzigartig zu bemerken, in welchem langsamen Ausmaß und mit welcher offensichtlichen Zurückhaltung sich die nachlässigen Röcke ablösten. Ich erinnere mich lebhaft an all diese Auswirkungen von Regen und windigem Dampf, und ich nehme an, dass die Lebhaftigkeit teilweise auf den beklagenswerten Zustand eines Mitreisenden zurückzuführen war.

Er war ein bescheidener Mann von fünfzig Jahren. Er war in Zobel gekleidet, sein Mantel mit dem Schwalbenschwanz war nackt, und alles schien für einen kleineren Mann gemacht zu sein. Zwischen den Handgelenken seines Mantels und seinen schwarzen Fadenhandschuhen war ein unangenehmer Zwischenraum. Er trug einen Hut und hatte gegen die Elemente weder den Schutz von Plaid noch von Regenschirm. Niemand kannte ihn, niemand erklärte er sein Geschäft.

Nach meiner eigenen Vorstellung musste er an einem Ort jenseits von Portree beerdigt werden. Er war kein Geistlicher - er könnte ein Schulmeister gewesen sein, der sich in einer abgelegenen Gegend grün gefärbt hatte. Natürlich ließen sich ein oder zwei der regnerischen Böen auf den sanftmütigen Mann in den nackten Zobeln nieder. Er tauchte aus einem von ihnen auf und ähnelte einem schleppenden Turm, und der Regen strömte von der Krempe seines fleischigen Hutes wie von der Traufe eines Häuschens. Ein Passagier reichte ihm seine Geistflasche, der Mann mit dem sanften Gesicht nahm einen herzlichen Zug und erwiderte diesen klagend: "Ich bin nur schlecht gekleidet, Sir, für dieses gottverwirrte Klima."

Ich denke oft an die Äußerung des armen Mannes: Es war das einzige, was er den ganzen Weg sagte; und wenn ich daran denke, sehe ich wieder den Regen, der wie ein wehendes Tuch auf mich zugepustet wird, und den Ansturm, die Erschütterung, den Aufbruch und den langsamen Widerwillen, der von der Bergseite abfällt der sonnigen Wolke. Der klagende Ton des armen Mannes ist der Anker, der diese Dinge in meiner Erinnerung hält.

Der Wald ist natürlich baumlos. Auch Hirsche sind dort nicht häufig zu sehen. Obwohl ich es oft überquert habe, habe ich nur einmal ein Geweih gesehen. Vorsichtig kroch ich auf sie zu, schützte mich hinter einem Felsvorsprung des Hügels, zu dem die Herde lag, und stürmte dann mit einem Halloo auf sie zu. Im Nu waren sie auf den Beinen, und die schönen Kreaturen, Reh und Rehkitz, ein Hirsch mit verzweigtem Kopf, gingen davon. Sie stürzten über einen Strom, krönten eine Eminenz nach der anderen und verschwanden. Ein solcher Anblick wird nur selten beobachtet; und der Reisende, der durch die braune

Einöde geht, sieht gewöhnlich kein Lebenszeichen. In Lord Macdonalds Hirschwald sind weder Bäume noch Hirsche zu sehen.

Wenn Sie den Wald verlassen haben, kommen Sie auf eine Felsnadel, die am Meeresufer thront. Dann passieren Sie das kleine Dorf Sconser; und, die scharfe Flanke eines Hügels umdrehend, reisen Sie entlang Loch Sligachan zum Sligachan Inn, ungefähr ein paar Meilen entfernt.

Dieser Gasthof ist ein berühmter Rastplatz für Touristen. Es gibt gute Angelbäche, ich soll es verstehen, und durch Glen Sligachan können Sie Ihren Weg nach Camasunary finden und das Boot von dort zum Loch Coruisk nehmen, wie wir es getan haben. In dieser Schlucht hätte der Bote den Tabak unserem besonderen Freund bringen sollen. Wenn Sie gehen, können Sie vielleicht sein Skelett finden, wissenschaftlich durch die Aaskrähe und den Raben artikuliert.

Von der Innentür aus dringen die Kämme der Cuchullins wild in den Himmel ein, und in der näheren Umgebung gibt es andere Hügel, die man nicht als schön bezeichnen kann. Monströs, abnormal, chaotisch ähneln sie den anderen Hügeln auf der Erdoberfläche, so wie Hindu-Gottheiten Menschen ähneln. Der Berg, dessen scharfe Flanke Sie gedreht haben, nachdem Sie an Sconser vorbeigegangen sind, kann jetzt gemächlich inspiziert werden und ist meiner Meinung nach äußerst hässlich.

Im Sommer ist er kupferrot mit großen, zerlumpten Grünflecken, die von der ganzen Welt so aussehen, als ob die kupferhaltige Masse grün verrostet wäre. Auf diesen Grünflächen ernähren sich die Rinder von März bis Oktober.

Sie ködern in Sligachan, können Forellen essen, die ein paar Stunden zuvor im Bach hin und her geschossen sind, und fahren dann gemächlich nach Portree, während die untergehende Sonne die Wildnis in Gold und Rosa kleidet. Und auf dem ganzen Weg folgen Ihnen die Cuchullins. Die wilde, unregelmäßige Kontur, die keine Vertrautheit kennt, verfolgt Sie in Portree wie in fast jedem Viertel von Skye.

Portree faltet zwei unregelmäßige Reihen weißer Häuser, von denen die eine steil über die andere ragt, um eine edle Bucht, deren Eingang von felsigen Abgründen bewacht wird. In einiger Entfernung sind die Häuser weiß wie Muscheln, und wie im Sommer sind sie alle im grünen Laub eingebettet. Und wenn das Gefühl der Hübschheit bei näherer Bekanntschaft beträchtlich nachlässt, ist noch genug übrig, um Sie zu befriedigen, solange Sie dort bleiben, und um es zu einem angenehmen Ort zu machen, über den Sie nachdenken können, wenn Sie fort sind.

Das untere Haussortiment besteht hauptsächlich aus Lagerhäusern und Fischgeschäften; das Obergeschoss des Haupthotels, die beiden Banken, das Gerichtsgebäude und die Geschäfte. Ein Pier läuft in die Bucht hinaus und hier, wenn es die Gezeiten erlauben, kommt der Dampfer auf dem Weg von oder nach Stornoway und entlädt sich. Bei Ebbe liegt der Dampfer in der Bucht, und ihre Fracht und Passagiere kommen mit Booten an Land.

Er kommt normalerweise nachts an; und bei Ebbe untermalen die Ankunft das Brennen von bunten Lichtern an den Mastköpfen, das Hin- und Herhüpfen von geschäftigen Laternen, das Kommen und Gehen der Pierboote mit erleuchteten Kielwasser und gespenstische Feuer auf den Ruderblättern, das

Klappern von Ketten und dem Schock der Kurbel hebt die Fracht aus dem Laderaum, der allgemeine Trubel und Sturm der gälischen Rufe und Verwünschungen.

In der Bucht befindet sich ständig die Yacht des Touristen, und an der Hoteltür fährt sein Karren ständig ab oder kommt an. In den Hotelpartys werden Quirang oder der Storr besucht und an den Abenden der Markttage sitzen Bauern und Viehhändler in den großen öffentlichen Räumen über Punschbechern und diskutieren geräuschvoll über die Preise und die Qualität der Vorräte. Neben dem Hotel und dem Pier, den Banken und dem bereits erwähnten Gerichtsgebäude gibt es in der kleinen Inselstadt noch weitere Sehenswürdigkeiten - drei Kirchen, ein Postamt, ein Armenhaus und eine Tuchmanufaktur.

Und es ist mehr als auf den ersten Blick ersichtlich - einer der Jameses landete hier bei einem Besuch der Inseln, Prinz Charles war hier auf dem Weg nach Raasay, Dr. Johnson und Boswell waren hier; und irgendwo auf dem grünen Griff, auf dem die hübsche Kirche steht, ist ein Mörder begraben - der genaue Ort des Grabes ist unbekannt, und so bekommt der gesamte Hügel die Ehre, was nach dem Recht nur einem einzigen Yard davon gehört.

In Portree hält sich der Tourist selten lange auf; er geht es in vierzehn Tage durch. Es scheint dem Besucher kein besonders bemerkenswerter Ort zu sein, aber alles ist relativ in dieser Welt. Es ist ein Ereignis für den Islesman in Dunvegan oder den Point of Sleat, nach Portree zu reisen, genau wie es ein Ereignis für einen Yorkshireman ist, nach London zu reisen.

Wenn Sie Portree verlassen, befinden Sie sich in Macleods Land und stellen fest, dass sich der Charakter der Landschaft geändert hat. Rückblickend sind die Cuchullins wild und blass am Horizont, aber alles um sie herum ist braun, weich geschwollen und eintönig. Die Hügel sind rund und niedrig, und außer wenn ein gelegentlicher Felsbrocken wie eine Warze an ihren Seiten auftaucht, sind sie glatt wie ein Seehundrücken. Sie haben eine graugrüne Farbe und können nach oben streifen.

Der Mann drückte einem Hirten einmal meine Bewunderung für die Cuchullins aus und erwiderte, während er mit seinem Arm über die gesamte Palette fegte: "Es gibt dort kein Essen für zwanzig Wether!" Hier gibt es jedoch genügend Nahrung, um den Schönheitsmängel auszugleichen.

Ungefähr drei Meilen von Portree entfernt stoßen Sie auf ein einsam aussehendes Schulhaus am Wegesrand und einige Meter weiter auf eine Straßenkreuzung. Ein Wegweiser weist Sie darauf hin, dass die Straße rechts nach Uig und die Straße links nach Dunvegan führt.

Da ich derzeit auf dem Weg nach Dunvegan bin, gehe ich nach links und sehe nach einer Stunde das blaue Loch Snizort. Skeabost sitzt weiß am Rand. Weit im Landesinneren ist Snizort, wie eines dieser schwankenden Schwerter, die mittelalterliche Maler in die Hände von Erzengeln legen, auf Wanderschaft geraten. Es ist die merkwürdige Mischung aus Salzwasser und Weideland, aus Seefahrerleben und Hirtenleben, die diesem Teil der Insel seinen Reiz verleiht.

Die Löcher sind eng und man könnte sich fast vorstellen, dass ein starker, lang gestreckter Mann darüber schreien könnte. Die Möwe streift über den fressenden Schafen, der Hirte kann das mit Mehl beladene Segel der Schaluppe beobachten, das von Punkt zu Punkt kriecht. In der geistigen Atmosphäre des Landes vermischen sich der Aberglaube von Meer und Moor wie zwei Gerüche.

Von allem Orte, die ich in Skye gesehen habe, hat Skeabost einen Tieflandblick. Es gibt fast keine Rasenhütten in der Nachbarschaft zu sehen; die Häuser sind aus Stein und Kalk gebaut und ordentlich weiß getüncht. Die Hügel sind niedrig und glatt; an den unteren Hängen werden Mais und Weizen angebaut; und aus einiger Entfernung sieht das Grün der Kultivierung wie ein fühlbares Lächeln aus - ein merkwürdiger Kontrast zu dem eintönigen Viertel, durch das Sie ungefähr eine Stunde lang gefahren sind.

Wenn Sie am Gasthaus vorbeifahren und über die Brücke fahren, bemerken Sie, dass sich im steinigen Bach eine Insel befindet, die mit Ruinen übersät ist. Der Skye-Mann mag es, seine Toten auf Inseln zu begraben, und dieser im Bach bei Skeabost ist ein überfüllter Friedhof. Ich forderte den Strom und ging eine Stunde lang zwischen den Gräbern und zerbrochenen Steinen umher. Es gibt Spuren einer alten Kapelle auf der Insel, aber die Tradition lässt noch nicht einmal den Namen des Erbauers oder das Datum seiner Errichtung erahnen. Es gibt alte Platten, die seitlich liegen, mit den Figuren liegender Männer mit Schwertern in den Händen und Inschriften, die jetzt nicht mehr zu entziffern sind. Es gibt das Grab eines Skye-Geistlichen, dem man vertrauen kann, dass sein Epitaph zu seiner Zeit ein brennendes und leuchtendes Licht war - eine Evangeliumskerze, die die Dunkelheit der Hebriden erleuchtete.

Ich habe noch nie einen Kirchhof gesehen, der so aufgeschüttet und offensichtlich überfüllt war. Hier stürzen sich Laird, Tacksman und Cotter gegenseitig in den Tod. Hier wird niemand einem Neuankömmling Platz machen oder die Mauer seinem Nachbarn geben.

Und wenn man auf der kleinen zerstörten Insel der Stille und der Toten stand und den Fluss zu beiden Seiten perfekt hörte, musste man sich überlegen, was für ein malerischer Anblick eine Beerdigung im Hochland sein würde, die mit heulender Pfeifenmusik über die Moore kroch und den Fluss heulte und seine Träger, die dem Toten unter den älteren Toten Platz machten, so gut sie konnten.

Und dieser Anblick, so wird mir gesagt, kann jede Woche im Jahr gesehen werden. Auf dieser Insel laufen alle Beerdigungen der Landschaft zusammen. Auch hier konnte man sich vorstellen, dass dieser von Flussgeräuschen gesäumte Raum der Stille bei Mondschein ein unheimlicher Ort sein würde. Die zerbrochene Kapelle, die seitlich liegenden geschnitzten Platten, als wäre der Tote unruhig geworden und hätte sich umgedreht, und die Grabsteine, die unter den verschiedensten Winkeln aus dem Hügelboden ragten, würden in der Tinte des Schattens und des Silbers appellieren von Mondstrahl. Unter solchen Umständen hörte man im vorbeifließenden Strom mehr als das bloße Brechen von Wasser auf Steinen.

Nachdem Sie den Fluss und die Insel der Gräber passiert haben, gehen Sie zwischen Hecken hinunter zur Skeabost-Kirche, zur Schule, zum Postamt und zum Schloss. Danach steigen Sie den steilen Hügel in Richtung Bernesdale und seiner Kolonie von Rasenhütten hinauf und wenn Sie die Spitze erreichen, haben Sie einen edlen Blick auf den flachen blauen Minch und die Skye-Landzungen, die jeweils steil und abrupt sind und Sie irgendwie an ein Pferd erinnern, das plötzlich zurückgehalten wurde.

Die fließenden Linien dieser Landzungen deuten auf eine weitere Bewegung hin, und dann schrumpfen sie auf einmal auf sich selbst zurück, als fürchteten sie das Dröhnen von Brechern und den Geruch der Sole. Die großartige Vision ist jedoch nicht von langer Dauer, da die Straße schnell in Richtung Taynlone Inn abfällt. Beim Abstieg sah ich zwei nackte Mädchen, die zu einer Egge kletterten und sie auf einem kleinen Stück vertieftem Boden auf und ab zogen.

Als ich im Gasthaus saß, begann ich mich zu erinnern, wie oft ich im Süden von der Not der Skye-Leute und dem Unbehagen der Skye-Hütte gehört hatte. Während meiner Wanderungen hatte ich die Gelegenheit, einige dieser Wohnungen zu besuchen und zu sehen, wie Angelegenheiten innerhalb abgewickelt wurden.

Ehrlich gesagt ist die Hochlandhütte kein Modellgebäude. Es ist windoffen und für Regen fast immer durchlässig. Ein altes bodenloses Heringsfirkin, das im Dach steckt, dient normalerweise als Schornstein, aber der blaue Torfgestank verdeckt diese Öffnung und dampft absichtlich durch die Tür und die Ritzen in Wänden und Dach. Das Innere ist selten gut beleuchtet - was für ein Licht da ist, geht eher vom orangefarbenen Schein des Torffeuers aus, auf dem ein großer Topf kocht, als von der schmalen Scheibe mit ihrem großen flaschengrünen Bullauge. Die Sparren, die das Dach tragen, sind schwarz und glänzend mit Ruß, wie Sie an plötzlichen Lichtblitzen erkennen können. Die Schlafmöglichkeiten sind begrenzt und die Betten bestehen aus Heidekraut oder Farnen. Der Boden ist festgestampfte Erde, die Möbel sind spärlich; es gibt kaum einen Stuhl - Hocker und Steine, die von mehreren Generationen glatt getragen werden, müssen es stattdessen tun.

Ein Teil der Hütte ist nicht selten ein Stall und der Atem der Kuh vermischt sich mit dem Geruch von Torfgestank. In einer solchen Hütte gibt es manchmal drei Generationen. Die Mutter steht draußen und strickt, die Kinder krabbeln mit dem Terrier und dem Geflügel auf dem Boden, und ein Strahl bewölkten Sonnenscheins aus der schmalen Scheibe schlägt die silbernen Haare des Großvaters in der Nähe des Feuers, der Fischernetze flickt für die Rückkehr von seinem Schwiegersohn aus dem Süden.

Neige ich dazu, entsetzt meine Hände zu heben, wenn ich so eine Wohnung sehe? Sicherlich nicht. Ich habe nur eine Seite des Bildes gegeben. Die Hütte, von der ich spreche, schmiegt sich unter einen Felsen, auf dessen Spitze die Esche und die Birke tanzen. Die Smaragdmoose auf dem Dach sind weicher und reicher als die Samtstoffe der Könige.

Zwanzig Meter weiter finden Sie einen Brunnen, der in den Hundetagen kein Eis braucht. In einiger Entfernung, von felsigem Schelf zu Schelf, brennt ein Berg mit reichlich Forellen in den braunen Becken. In einer Entfernung von einer Meile ist das Meer, das nicht umsonst ab- und abfließen darf; denn im Rauch trocknet eine Reihe von Fischen; und auf dem Boden schlägt ein dreijähriger, lockiger Bengel den Terrier mit der scharlachroten Kralle eines Hummers.

Wenn ich eintrat, sah ich neben der Tür auch einen Haufen Austernschalen. In der Hütte gibt es gutes Essen, wenn auch manchmal etwas spärlich; ohne Luft, die Farbe auf die Wange eines ungültigen, reinen Wassers zurückwirft, spielen, trainieren, arbeiten. Dass die Menschen gesund sind, können Sie an ihren kräftigen Gestalten, braunen Gesichtern und dem Alter erkennen, das viele erreichen; dass sie fröhlich und unbeschwert sind, das Gelächter, das das

Torffeuer eines Abends umrundet, kann als ausreichender Beweis angesehen werden. Ich protestiere, ich kann nicht schlecht über die Hochlandhütte reden.

Ich habe in diesen Wohnungen gesessen, inmitten des blauen Rauchs, und erhielt gastfreundliche Begrüßung und fand unter den Insassen gesunden Menschenverstand, Fleiß, familiäre Zuneigung, Zufriedenheit, Frömmigkeit, Glück. Und da ich gehört habe, wie Philanthropen mit mehr Eifer als Diskretion behaupten, dass diese Wohnungen eine Schande für das Land sind, in dem sie sich befinden, habe ich an Bezirke großer Städte gedacht, die ich gesehen habe, an böse Gerüchen und Anblick und Geräuschen; von mit Lumpen gefüllten Fenstern; von weiblichen Gesichtern, die dich als ein traurigeres Inferno betrachten als das von Dante; von Gesichtern von Männern, die die Bruchstücke des gesamten Dekalogs enthielten, von Gesichtern, die Sie mehr verletzten als ein Schlag es würde: von mit Gin vergifteten Säuglingen, von Kindern, die für das Gefängnis und die Kolosse gezüchtet wurden.

Es gibt schlimmere Gerüche als Torfrauch, schlimmere Nachbarn als eine Kuh oder eine Geflügelbrut; und obwohl ein paar Mädchen, die eine Egge schleppen, unseren modernen Vorstellungen kaum entsprechen, dürfen wir nicht vergessen, dass es schlechtere Beschäftigungsverhältnisse für Mädchen gibt. Ich stehe nicht für die Hochlandhütte auf; aber in einer dieser verrauchten Kabinen würde ich tausendfach lieber meine Tage verbringen als im Cowgate von Edinburgh oder in einer der Straßen, die von Seven Dials ausgehen.

Nachdem ich drei oder vier Tage gereist war, sah ich auf der anderen Seite eines langen, blauen, flussartigen Lochs das Haus des Vermieters. Ab dem Punkt, an dem ich jetzt innehielt, hätte mich ein Boot in einer halben Stunde über den See bringen können, aber als sich die Straße um die Spitze des Lochs schlängelte, hatte ich noch ungefähr acht oder zehn Meilen Zeit, um zu gehen, bevor meine Reise beendet war. In der Zwischenzeit war das Loch bei Ebbe und die Sonne ging unter.

Auf dem Hügel, zu meiner Linken, verlief eine lange Straße mit Hütten, die mit rauchigen Kränzen bedeckt waren, und vor jeder verlief ein Streifen bebauten Bodens bis zu der Straße, die das Ufer umsäumte. Kartoffeln wuchsen in einem Streifen oder Los, Rüben in einem zweiten, Mais in einem dritten, und da sich diese Ernten in verschiedenen Stadien des Fortschritts befanden, ähnelte der gesamte Hang von der Straße der Hütten abwärts einer jener Gegenscheiben, die sparsame Hausfrauen durch das Zusammennähen von Patches mit verschiedenen Mustern anfertigen.

Entlang der Straße hinter den Hütten fuhr ein Karren vorbei; auf dem dahinter liegenden Moory Hill zog sich eine Schafherde, die von Männern und Hunden getrieben wurde, zusammen und dehnte sich aus wie Quecksilber. Die Frauen strickten an den Hüttentüren, die Männer arbeiteten in den vorgelagerten Feldern. In all dieser Szene der fröhlichen und glücklichen Beschäftigung, bei Männern und Frauen, bei Rüben, Hafern und Kartoffeln, bei Häuschen, die in azurblauen Filmen aus Torfgestein eingebettet waren, fiel das rosige Licht auf - ein hübsches Schauspiel genug. Von der ganzen Hügellandschaft aus atmete Ruhe, Zufriedenheit, Glück und eine gewisse nüchterne Schönheit des Nutzens. Mensch und Natur schienen in vollkommener Übereinstimmung und Harmonie zu sein

- der Mensch war bereit zu arbeiten, die Natur zu geben, um zu wachsen. Bis zum Ende des Lochs ging die Straße schnell bergab, und ganz oben hatte sich ein kleines Dorf niedergelassen.

Es enthielt ein Gasthaus, ein Schulhaus, in dem sonntags Gottesdienste abgehalten wurden; eine Schmiede, eine Händlerwerkstatt - in Skye werden alle als Händler bezeichnet - und neben einem Bach, der von felsig steil nach steil rann, eine Getreidemühle, deren großes Rad sich in einem Wassernebel von selbst verlor. Die Tür und die Fenster waren staubig vom Mehl.

Hinter dem Dorf lag ein Stück schwarzes Moorland, das von Abflüssen und Gräben durchschnitten wurde, und von den schwarzen Hütten, die aus dem Moor gewachsen zu sein schienen, und den hier und da kranken Grünflächen konnte man sehen, dass die öde und abscheuliche Region seine Kolonisten hatte, und dass sie tapfer versuchten, einen Unterhalt daraus zu wringen.

Wer waren die Hausbesetzer auf dem schwarzen Moor? Hatten sie ihre schwierigen Bedingungen als eine Frage der Wahl akzeptiert oder waren sie von einer überlegenen Macht dorthin verbannt worden? Hatten die Bewohner dieser abgelegenen Hütten die gleiche Beziehung zu den Dorfbewohnern oder den blühenden Häuschen am Hang, die der Zigeuner zum englischen Bauern oder der Indianer zum kanadischen Bauern hatte?

Ich hatte damals niemanden, der mich darüber informierte. In der Zwischenzeit fiel der Sonnenuntergang auf diese abgelegenen Wohnhäuser und verlieh ihnen die Schönheit und Verbesserung der Farbe, wodurch ein Abfluss für einen Moment funkelte, ein weit entferntes Becken in Blattgold verwandelt und im Gegensatz zu allgemeiner Wärme und Glut wiedergegeben wurde noch schöner der Rauch, der die Häuser überschwemmte.

Trotzdem war der Eindruck, den man machte, freudlos genug. Sonnenuntergang geht nur ein kleines Stück weit, um menschliches Elend zu überwinden. Es entzündet das Fenster der Hütte, kann aber die Leiche nicht zum Leben erwecken. Es kann an der Kette eines Gefangenen funkeln, aber mit all seinem Funkeln macht es die Kette nicht zu einer mit dem Feuerzeug. Elend ist oft malerisch, aber die Bildhaftigkeit ist in den Augen anderer, nicht in ihren eigenen. Das schwarze Moorland und die verbannten Hütten hielten mich für den Rest meiner Fahrt in Erinnerung.

Alles an einem Mann ist mehr oder weniger charakteristisch; und im Haus des Vermieters fand ich die seltsame Mischung von Hemisphären, die ich zuvor in seinem Vortrag und in seiner Betrachtungsweise bemerkt hatte. Sein Haus war äußerlich schlicht genug, aber seine Möbel waren seltsam und weit hergeholt.

Das Innere seiner Veranda war mit Hirschköpfen und Elefantenstoßzähnen geschmückt. Er würde Ihnen Relikte der Highlands und Kuriositäten aus geplünderten östlichen Palästen zeigen. Er hatte die winzige Porzellantasse, aus der Prinz Charles in Kingsburgh Tee trank, und den Siegelring, der von den toten Fingern von Tippoo Saib entfernt worden war.

In seiner Waffenkammer standen moderne Hinterlader und Revolver sowie Streichhölzer aus China und Nepal. An den Wänden befanden sich Lochaber-Äxte, Lehmpilze und Schilde, die möglicherweise in Inverlochy eingesetzt worden waren, abscheuliche Falten, afghanische Dolche, kurios gebogene Schwerter und mit Edelsteinen besetzte Scheiden.

In der Bibliothek lehnte sich der letzte neue Roman an die "Institute of Menu". Auf dem Salontisch standen neben Büchern, die von der geduldigen Hindu-Kunsthandwerkerin als Kartenetui aus Elfenbein gearbeitet worden waren, Schnürsenkel, chinesische Rätsel, die das gesamte europäische Verständnis verblüfften und seltsame Gottheiten in Silber und Bronze.

Während der Vermieter abwesend war, konnte ich mir diese merkwürdig sortierten Artikel vorstellen, die mit einem Gefühl der Inkongruenz auffielen: Aber zu Hause schien jeder ein Teil von sich zu sein. Er war mit dem indischen Gott so eng verwandt wie mit Prinz Charles Tasse. Die Asche und Birke der Highlands tanzten vor seinen Augen, die Handfläche stand in seiner Fantasie und Erinnerung.

Und dann umgab er sich mit allen Arten von Haustieren und lebte mit ihnen auf engstem Raum. Als er den Frühstücksraum betrat, bellten und durchsuchten seine Terrier ihn und sprangen umher; sein großer schwarzer Hasenhund, Maida, erhob sich von dem Teppich, auf dem er sich geaalt hatte, und steckte seine scharfe Nase in seine Hand; seine Kanarienvögel brachen in emulgierende Musik ein, als wäre Sonnenschein in den Raum gekommen; der Papagei auf der Veranda kletterte mit den Klauen am Käfig entlang, ließ sich auf seiner Stange nieder, schwankte einen Moment lang mit dem Kopf auf und ab und wurde von einem Husten gepackt. Als er hinausging, folgte ihm der schwarze Hasenhund; der Pfau, der im Schutz der Lärchen auf dem Kies stolzierte, entfaltete seinen Sternenfächer. Im Stall drehten sich seine Pferde um, um an seinen Kleidern zu riechen und sich die Stirn streicheln zu lassen: als er kam, brach ein melodischer Donner aus dem Hundezwinger; sie hörten auf seine Stimme und zähmten für einen Moment die wilden Cairngorms. Als andere näherkamen, zerzausten sie ihr Fell und stießen scharfe Wutschreie aus.

Nach dem Frühstück war es seine Gewohnheit, den Papagei zu einem langen eisernen Gartensitz vor dem Haus zu tragen - wo, wenn überhaupt Sonnenschein zu haben war, sie sicher waren, ihn zu finden - und den Käfig neben sich zu stellen, und zu rauchen. Der Papagei würde um den Käfig klettern, den Kopf nach unten hängen und mit einem Auge, das vielleicht ein Jahrhundert lang auf die Welt geschaut hatte, einen schlauen Blick auf Sie werfen.

Dann bestand Polly selbstständig darauf, den Kessel aufzusetzen und dass der Junge den Mund halten sollte. An einem besonderen Morgen, während der Vermieter rauchte und der Papagei heulte und pfiff, kamen mehrere Männer, gekleidet in raues Gewand, das vielen Dienst gesehen und viele Flicken kannte, den Weg entlang und grüßten respektvoll.

Der Vermieter erwiderte den Gruß, warf das Ende seiner Zigarre weg und ging weiter, um ihre Botschaft zu erfahren. Das Gespräch war auf Gälisch: Zuerst langsam und allmählich, es beschleunigte sich und brach in heftige Auseinandersetzungen aus; und bei diesen Gelegenheiten bemerkte ich, dass der Vermieter sich ungeduldig auf den Fersen drehte, ein oder zwei Schritte zurück zum Haus marschierte und dann, sich umdrehend, zurückkehrte.

Er argumentierte in der unbekannten Sprache, gestikulierte und beeindruckte offenbar seine Auditoren von etwas, das sie nicht erhalten wollten, denn in Abständen sahen sie einander in die Gesichter - ein Blick, der deutlich andeutete: "Haben Sie jemals so etwas gehört?" und gaben Äußerungen wie gemurmeltes Mist, Mist, Mist der

Meinungsverschiedenheit und des demütigen Protests. Endlich war die Sache einvernehmlich geregelt, die Deputation - jeder Mann machte eine kurze, plötzliche Verbeugung, bevor er seinen Hut aufsetzte - zog sich zurück, und der Wirt kehrte zu dem Papagei zurück, der jetzt mit einem Auge, jetzt mit einem anderen Auge dem Verfahren zugesehen hatte. Er setzte sich leicht genervt.

"Diese Leute wollen mehr essen", sagte er, "und ein oder zwei sind schon ziemlich tief in meinen Büchern."

"Führen Sie dann regelmäßige Konten bei ihnen?"

"Natürlich. Ich gebe nichts für nichts. Ich möchte ihnen so viel Gutes tun, wie ich kann. Sie sind wie meine alten Ryots, nur der Ryot war geschmeidiger und unterwürfiger."

"Woher kommen Ihre Freunde?", fragte ich.

"Aus dem Dorf da drüben", er deutete über das schmale blaue Loch.

"Hübsche Polly! Polly!" Der Papagei kletterte den Käfig auf und ab und ergriff dabei die Drähte mit Schnabel und der Klaue.

"Ich möchte etwas von Ihren Dorfbewohnern wissen. Die Bauern auf dem Hügel scheinen bequem genug zu sein, aber ich möchte etwas von dem schwarzen Land und den einsamen Hütten dahinter wissen."

"Oh", sagte er lachend, "das ist meine Strafregelung - ich werde mit Ihnen morgen hinüberfahren."

Dann stand er auf, warf einen Stein in das Gebüsch, woraufhin Maida raste, steckte die Hände für einen Moment in die Hosentasche und marschierte ins Haus marschierte.

Am nächsten Morgen fuhren wir zum Dorf hinüber, und es sah hübsch genug aus, als wir ausstiegen. Das große Wasserrad der Mühle surrte fleißige Musik, Mehl flog durch Tür und Fenster. Zwei oder drei Leute standen beim Händler. In der Schmiede wurde ein Pferd gefesselt, und darin waren glänzende Funkenschauer und das fröhliche Klirren von Hämmern.

Der Sonnenschein brachte reinen Bernstein in die Teiche des stürzenden Feuers, und in einem davon spülte ein Mädchen Leinen, wobei das Licht ihr Haar in einer kräftigeren Farbe berührte.

Unsere Ankunft im Gasthaus sorgte für ein wenig Aufsehen. Der staubige Müller kam heraus, der Schmied kam an die Tür und strich sich mit der Hand die Schürze herunter, das Mädchen stand aufrecht neben der brennenden Seite und beschattete ihre Augen mit der Hand, einer der Männer im Laden des Händlers ging hinein, um Nachrichten zu erzählen, die Arbeiter auf den Feldern stoppten die Arbeit gestoppt, um zu starren.

Die Maschine wurde kaum wieder in Ordnung und die Pferde zum Stall gebracht, als die Hausherrin sich darüber beklagte, dass das Dach undicht war, und sie und der Vermieter gingen hinein, um dasselbe zu inspizieren. Ein wenig allein gelassen, konnte ich beobachten, dass die Leute, als sie sahen, dass mein Freund angekommen war, entschlossen waren, ihn zu gebrauchen, und hier und da bemerkte ich, dass sie ihre krummen Spaten niederlegten und auf das Gasthaus zukamen.

Eine alte Frau, die ein weißes Taschentuch um den Kopf gebunden hatte, setzte sich auf einen Stein gegenüber, und als der Vermieter auftauchte - die Sache mit dem undichten Dach war geregelt -, stand sie mit freundlicher Genehmigung auf.

Sie hatte eine Beschwerde einzureichen, einen Vorteil zu erbitten, ein Unrecht zu beheben. Ich konnte natürlich kein Wort der Unterhaltung verstehen, aber merkwürdig scharf und fragend war ihre Stimme, mit einem leichten Verdacht auf das Wimmern der Bettlerin, und von Zeit zu Zeit gab sie einen tiefen Seufzer von sich, strich mit beiden Händen die Schürze runter.

Ich vermute, dass die alte Dame ihre Sache gewonnen hatte, denn als der Vermieter einen Witz beim Abschied machte, kam der merkwürdigste Sonnenschein der Belustigung in die verdorrten Züge, zündete sie an und veränderte sie und gab einem für eine fliegende Sekunde eine Vorstellung davon, was sie in ihrem mittleren Alter gewesen sein muss, vielleicht in ihrer frühen Jugend, als sie zusammen mit anderen Mädchen einen Schatz hatte.

Im Gegenzug besuchten wir die Händlerwerkstatt, die Schmiede und die Mühle. Dann fuhren wir am Schulhaus vorbei - ein verwirrtes Murmeln, durch das die scharfe Stimme des Lehrers in Abständen drang - und bogen in eine schmale Straße ein, stießen auf die schwarze Region und die verbannten Hütten.

Die gepflegte Hügellandschaft schien in der Sonne, die Hütten rauchten, die Leute arbeiteten in ihren Höfen - alles sah fröhlich und angenehm aus; und unter dem hellen Himmel und dem glücklichen Wetter wirkte die Strafsiedlung nicht annähernd so abstoßend wie damals, als ich sie einige Abende zuvor bei Sonnenuntergang gesehen hatte. Die Häuser waren grob, aber sie schienen ausreichend wetterfest zu sein.

Jeder von ihnen befand sich in einer kleinen Kultivierungsoase, einem kleinen Kreis, in dem das saure Land durch die Arbeit zu einem grünen Lächeln gebracht worden war. Jede kleine Domäne war von einer niedrigen Turfenmauer umschlossen, und oben auf einer von diesen fraß ein wild ziegenaussehendes Schaf, das, als wir näherkamen, erschreckt heruntersprang und sich dann umdrehte, um die Eindringlinge anzusehen.

Das Land war sauer und steinig, die Wohnungen von den rauesten Materialien umrahmt, und die Leute - denn sie alle kamen ihm entgegen, und an jeder Turfenmauer hielt der Vermieter einen Levée ab -, besonders die älteren Leute, gaben einem irgendwie die Idee von abgenutzten Werkzeugen. In einer undurchsichtigen Weise erinnerten sie an verbogene und verzogene Ruder, zerschlagene Spaten und stumpfe Spitzhacken.

Auf jeder Figur stand harte, unermüdliche Mühe geschrieben. Arbeit hatte ihre Körper verdreht, ihre Ledergesichter gesäumt und verzogen, ihre Hände rissig gemacht und ihre Locken gebleicht. Ihre Phantasie musste Jahre und Jahre der Arbeit zurücklaufen, bevor sie zu dem ursprünglichen Jungen oder Mädchen gelangen konnte. Trotzdem kümmerten sie sich fröhlich um eine Art, zufrieden und redselig.

Der Mann nahm den Hut ab, die Frau ließ sie mit freundlicher Genehmigung fallen, bevor sie in das Ohr des Vermieters strömte, wie die Wand des Hauses repariert werden wollte, wie die Schafe eines Nachbarn aus Bosheit und Neid in den Mais getrieben worden waren, es wurde vermutet, wie viel neues Saatgut für die Aussaat im nächsten Jahr benötigt würde, und all die anderen Gegenstände, die ihre Welt ausmachten.

Und der Vermieter, sein schwarzer Hund zu seinen Füßen liegend, setzte sich auf einen Stein oder lehnte sich gegen die Rasenmauer und hörte sich das Ganze an und beriet sich über den besten Weg, das verfallende Haus zu reparieren und herauszufinden, wie des Angeklagten Schafe es schafften, in den Mais des Beschwerdeführers zu kommen, urteilte und versprachen dem alten Donald neuen Samen und ging zu den Soldaten.

Seine Funktionen waren vielfältig, wenn er unter seinen Leuten ein- und ausging. Er war nicht nur Vermieter - er war Blutegel, Anwalt, Gott. Er verschrieb Medikamente, setzte gebrochene Knochen auf und band verstauchte Knöchel zusammen. Er war Schiedsrichter in hundert kleinen Streitereien und dämpfte, wohin er auch ging, jede Flamme des Zorns aus.

Auch war er, als es gebraucht wurde, nicht ohne seelischen Rat. Auf seinem Land würde er kein ungetauftes Kind zulassen; wenn Donald betrunken war und sich auf einem Markt prügelte, würde er, wenn die unvermeidlichen Kopfschmerzen und die Übelkeit verschwunden waren, vorbeischauen und die Gelegenheit ansprechen, zu Donalds großem Unbehagen und seinen vielen Errötungen; und mit der bettlägerigen Frau oder dem gelähmten Mann, der jahrelang so konstant wie eine Statue in der Ecke der Hütte gesessen hatte - genau dort, wo der fleckige Sonnenstrahl durch die Scheibe ihn mit einem großen flaschengrünen Knopf traf – führte er ernsthafte Gespräche und äußerte Worte, die gewöhnlich aus den Lippen eines Geistlichen kamen.

Wir gingen dann durch die Hütten auf dem Hügel, und dort wurden noch eine Reihe von Levées abgehalten. Ein Betrüger beklagte sich darüber, dass sein Nachbar ihn in der einen oder anderen Angelegenheit ausgenutzt habe: Der gute Name eines anderen Mannes sei von einer skandalösen Zunge verwechselt worden, und es müsse eine ausgiebige

Entschuldigung ausgesprochen werden, sonst würde der Betrüger den Betrüger vor den Sheriff bringen. Norman hatte sich für einen Tag Neils Pflug geliehen, den Schacht gebrochen und sich auf Aufforderung zur Wiedergutmachung geweigert, was zu anstößig war, um es zu wiederholen. Der Mann aus Sleat, der vor ein oder zwei Jahren in diese Gegend gezogen war und mit dem die Welt wohlhabend umgegangen war, wollte auf dem nächsten Markt eine weitere Kuh kaufen - sollte er daher die Kuhfarm pachten dürfen, die neben der lag eine, die er schon besaß?

Zu diesen Häusern gab der Vermieter ein aufmerksames Ohr, stand neben dem Rasendeich, lehnte sich gegen die Wände ihrer Häuser, setzte sich in den Torfrauch - die Kinder versammelten sich in der äußersten Ecke und betrachteten ihn mit Ehrfurcht. Und so lernte er alle Angelegenheiten seines Volkes kennen - das Schulden hatte, einen zweifelhaften Kampf mit der Welt führte und Geld auf der Bank hatte; und da er täglich unter ihnen war, war er ständig damit beschäftigt, zu warnen, zu unterwerfen, zu ermutigen und zu tadeln.

Er war auch nicht immer Sonnenschein, er blitzte auch gelegentlich. Der tropische Tornado, der Häuser öffnet und Bäume spaltet, lag im Rahmen seiner Stimmungen sowie des sanften Windes, der das frisch gejagte Lamm streichelt. Gegen Gier, Faulheit, Unehrlichkeit flammte er wie ein siebenfach erhitzter Ofen. Als er feststellte, dass dieses Argument keine Auswirkung auf die Hartnäckigen oder Schweinsköpfe hatte, änderte er plötzlich seine Taktik und stieg in einen Schauer von Spreu hinab, der für die Gälen eine unbekannte und schreckliche Kraft darstellte und die Gegenwehr auflöste, wie Salz eine Schnecke auflöst.

Der letzte Splitter war angeschaut worden, das letzte Levée war abgehalten worden, und wir stiegen dann auf die Hügelkrone, um die Spuren einer alten Festung oder eines Dun zu besichtigen, wie die Leute von Skye es nennen. Diese Ruinen, die dicht über die Insel verstreut sind, sollen von immenser Antike sein - so alt, dass Ossian in jedem zu einem Kreis von Fingalian-Häuptlingen gesungen haben könnte. Als wir die Festung erreichten - eine lose Ansammlung mächtiger Steine, die kreisförmig verstreut waren und ein paar grobe Reste eines Eingangs und eines überdachten Weges aufwiesen -, setzten wir uns hin, und der Vermieter zündete eine Zigarre an.

Unten lag das mit Rauch bedeckte kleine Dorf. Weit rechts erstreckte sich Skye in den Ozean, blasse Landzunge nach Landzunge. Vorne, über einer schwarzen Moorwildnis, erhoben sich die konischen Formen von Macleods Tischen, und man dachte an die "unruhige, helle Atlantikebene" dahinter, den endlosen Wellengang und Schimmer von Wassergraten, die Wolken von Seevögeln, die plötzlichen schimmernden Umwälzungen eines Wals und seines Verschwindens, die rauchige Spur eines Dampfers am Horizont, das Wenden von Schiffen mit weißen Segeln. Auf der linken Seite gab es nichts als feuchte Wildnis und Hügel, und etwas an einem Hang blitzte im Sonnenschein wie ein Diamant. Ein Falke, der oben im intensiven Blau palpitiert, der Hasenhund spitzte die Ohren und schaute wachsam hinaus. Der Vermieter zählte mit seinem Fernglas die Schafe, die ein paar Meilen entfernt am Hang fraßen. Plötzlich schloss er das Glas und legte sich zurück auf das Heidekraut, wobei er eine weiße Rauchsäule in die Luft blies.

"Ich nehme an", sagte ich, "wie Sie heute unter Ihren Mietern ein- und ausgehen, so ziemlich das Gleiche ist, was Sie früher in Indien getan haben?"

"Genau. Ich kenne diese Burschen, jeden Mann von ihnen - und sie kennen mich. Wir verstehen uns sehr gut. Ich weiß alles, was sie tun. Ich kenne all ihre Geheimnisse, all ihre Familiengeschichten, alles, was sie sich wünschen und alles, was sie fürchten. Ich glaube, ich habe ihnen etwas Gutes getan, seit ich unter ihnen war."

"Aber", sagte ich, "ich möchte, dass Sie mir Ihr Strafvollzugssystem erklären, wie Sie es nennen. Inwiefern unterscheiden sich die Menschen auf dem kultivierten Hügel von den Menschen auf dem schwarzen Boden hinter dem Dorf?"

"Bereitwillig. Aber ich muss voraussetzen, dass das Verschenken von Geld für wohltätige Zwecke in neun von zehn Fällen bedeutet, Geld ins Feuer zu werfen. Es nützt dem Schenkenden nichts: Es schadet dem Empfänger absolut. Sie sehen, ich habe die Leitung dieser Leute selbst in die Hand genommen und für sie ein Schulhaus gebaut, das wir auf dem Weg nach unten besichtigen werden. Ich habe ein Geschäft gebaut, wie Sie sehen, eine Schmiede und eine Mühle. Ich habe alles für sie getan, und ich bestehe darauf, dass ein Mann, der mein Mieter wird, mir die Miete zahlt. Wenn ich nicht darauf bestehe, würde ich mich selbst und ihn beleidigen. Die Leute dort unten im schwarzen Land hinter dem Dorf, die ich unbedingt zurückfordern möchte, zahlen keine Miete. Sie sind kaputte Männer, gebrochen manchmal durch ihre eigene Schuld und Faulheit, manchmal durch schuldhafte Unvorsichtigkeit, manchmal durch die Umstände. Wenn ich einen Mann dort niederlasse, baue ich ihm ein Haus, mache ihm ein Stück Land zum Geschenk, gebe ihm Werkzeuge, falls er sie benötigt, und stelle ihn an die Arbeit. Er hat die gesamte Kontrolle über alles, was er produzieren kann. Er verbessert mein Land und kann, wenn er fleißig ist, ein angenehmes Leben führen. Ich werde keinen Armen auf meinem Platz haben: Der bloße Anblick eines Armen macht mich krank."

"Aber warum nennen Sie die schwarzen Länder Ihre Strafsiedlung?"

Hier lachte der Vermieter. "Weil, sollte einer der Crofters auf dem Hügel, entweder von Faulheit oder Fehlverhalten, in Rückstand geraten, ich ihn sofort bestrafe. Ich bestrafe ihn, indem ich ihn unter die Leute schicke, die keine Miete zahlen. Es ist, als würde ich seinem Arm die Streifen eines Sergeanten entziehen und ihn zu den Reihen erniedrigen; und wenn es irgendeinen Geist in dem Mann gibt, versucht er, seine alte Position wiederzugewinnen. Ich wünsche meinem Volk, sich selbst zu respektieren und die Armut im Entsetzen zu halten."

"Und kommen viele wieder auf den Hügel zurück?"

"Oh, ja! Und sie sind umso besser für ihre vorübergehende Verbannung. Ich wünsche mir auf keinen Fall einen dauerhaften Aufenthalt. Wenn einer dieser Burschen einsteigt und ein bisschen Geld verdient, habe ich ihn sofort hier oben. Ich ziehe die Grenze bei einer Kuh."

"Wie?"

"Wenn ein Mann durch Beschäftigung oder Entbehrung genug Geld gespart hat, um eine Kuh zu kaufen, ist das schwarze Land für ihn nicht mehr der richtige Ort. Er kann Miete zahlen, und er muss sie bezahlen. Ich möchte all diese Burschen aufrühren, ihnen ein wenig ehrlichen Stolz entgegenbringen und Selbstachtung."

"Und wie gelangen sie zu Ihrem System?"

"Oh, sie murrten zuerst ziemlich viel und dachten, die Grenzen seien hart, aber als sie herausfanden, dass meine Pläne zu ihrem Vorteil waren, sind sie jetzt zufrieden. In diesen schwarzen Ländern, wie Sie sehen, züchte ich nicht nur Mais und Kartoffeln. Ich erziehe und trainiere Männer, was die wertvollste Ernte von allen ist. Aber lassen Sie uns gehen. Ich möchte, dass Sie meine Gelehrten sehen. Ich glaube, ich habe ein oder zwei kluge Jungs da unten."

In kurzer Zeit erreichten wir das Schulhaus, ein schlichtes, substanziell aussehendes Gebäude, das auf halbem Weg zwischen dem Gasthaus und den verbannten Hütten stand. Da vereinbart wurde, dass weder der Schulmeister noch die Schüler die geringste Ahnung haben sollten, dass sie an diesem Tag besucht werden sollten, wurde es uns ermöglicht, die Schule in ihrem gewöhnlichen Aspekt zu sehen.

Als wir eintraten, trat der Meister vor und schüttelte dem Vermieter die Hand, die Jungen zogen ihre roten Vorlocken, die Mädchen ließen ihre besten Höflichkeiten verlauten. Ich setzte mich auf einen Stuhl und bemerkte die kahlen Wände, eine große Karte, die an einer Seite hing, den Ofen mit einem Haufen Torf, die mit Tinte beschmierte Bank und die Reihe der Mädchenköpfe in Schwarz, Rot, Gelb und Braun. Als sie es verwunden hatten, sammelten sich die Jungen barfuß und in zerlumpten Kilts am Fenster. Die Mädchen betrachteten uns mit einem schüchternen, neugierigen Blick; und in einigen der sommersprossigen Gesichter gab es Ansätze von Schönheit oder zumindest von Gemütlichkeit.

Die Augen von allen, Jungen wie Mädchen, funkelten über unseren Personen und nahmen alles still zur Kenntnis. Ich glaube nicht, dass ich jemals zuvor so neugierig betrachtet worden war. Man wurde überall von flüchtigen Augen wie von Stecknadeln gestochen. Wir waren gekommen, um die Schule zu untersuchen, und die Besichtigung wurde durch eine Ausstellung von Heften geöffnet. Als wir diese öffneten, fanden wir Seiten mit der Überschrift "Emulation ist eine großzügige Leidenschaft", "Emanzipation macht den Menschen nicht" in sehr fairer und lesbarer Handschrift.

Dem Schulmeister drückten wir unsere Zufriedenheit aus; er verbeugte sich tief und das Prickeln der dreißig oder vierzig neugierigen Augen wurde noch schärfer und schneller. Der Schulmeister forderte dann diejenigen auf, die geografisch untersucht werden wollten - so sehr ein Oberst Freiwillige für eine verlorene Hoffnung suchen könnte - und in dreimal sechs Gelehrte, gekiltet, unterschiedlichen Alters und unterschiedlicher Größe, aber alle schockiert und leidenschaftlich, wurden in einer Linie vor der großen Karte aufgestellt. Am Ende wurde einem kleinen Kerl ein Lineal in die Hand gegeben, der mit seinem Blick auf den Schulmeister und seinem eifrig nach vorne gebeugten Körper darauf zu warten schien, dass das Signal für ein Rennen gegeben wurde.

"Nummer eins, weisen Sie auf den Fluss Tejo hin."

Nummer eins belastete die Halbinsel mit seinem Herrscher ebenso leidenschaftlich wie sein Urgroßvater höchstwahrscheinlich die Franzosen in Quebec.

"Durch welches Land fließt der Tejo?"
"PortugaL"
"Wie heißt die Hauptstadt?"
"Lissabon."

Nachdem Nummer eins seinen Devoir vollendet hatte, wurde der Herrschaftsstab an Nummer zwei übergeben, der den Verlauf der Donau nachverfolgte und mehrere Fragen mit beträchtlicher Intelligenz beantwortete. Nummer fünf war ein kleiner Kerl; er wurde gebeten, auf Portree hinzuweisen, und als die westlichen Inseln zu hoch im Norden hingen, um ihn zu erreichen, sprang er auf sie zu.

Er landete das erste Mal in der Nordsee aber beim zweiten Versuch hat er Skye mit seinem Lineal sehr ordentlich getroffen. Die Nummern drei, vier und sechs sprachen sich anerkennenswert aus - Nummer vier, die ein wenig über Konstantinopel schwatzte -, sehr zum Ärger des Schulmeisters.

Dann wurden Schiefer gestellt und die sechs Geographen - die waren die, glaube ich, durch die Schule auf das Rechnen vorbereitet. Da ich Prüfer war und keine Lust hatte, in tiefe Gewässer zu gelangen, beschränkten sich die Bemühungen meiner gekilteten Freunde auf meine Bitte hin auf die gute alte Regel der einfachen Hinzufügung.

Rief der Schulmeister, zehn oder elf Zahlenreihen. Sechs Schläge mit dem Schieferstift waren zu hören, und dann begann das arithmetische Tauziehen. Jedes Gesicht war sofort hinter einer Tafel verborgen, und wir konnten das schnelle Klappern der Stifte hören. Plötzlich gab es einen hastigen Rausch, und der Rothaarige, der in Konstantinopel herumgeirrt war, blitzte mit ziemlich gut ausgearbeiteter Summe auf seiner Tafel zu mir herum. Ein Blitz ging noch durch einen Schiefer, dann noch einen, bis die sechs fertig waren. Alle Antworten stimmten überein und ich fand die Zahlen richtig.

Dann wurden Bücher beschafft, und wir hörten englische Lektüre. Mit lauter Stimme, als würden sie jemanden auf einem gegenüberliegenden Hügel ansprechen, und mit barbarischer Intonation, lasen die kleinen Burschen jeweils etwa ein Dutzend Sätze vor. Hin und wieder brachte ein großes Wort einen Leser in Bedrängnis, wie ein hoher Zaun einen Kirchturmjäger bringt; hin und wieder ging ein Leser ein Wort durch, während ein Jäger eine Hecke durchlief, die er nicht klären konnte - aber im Großen und Ganzen verdienten sie die Belobigung, die sie erhielten.

Der Vermieter drückte seine Befriedigung aus und erwähnte, dass er im Gasthaus zwei Körbe mit Stachelbeeren für die Gelehrten zurückgelassen hatte. Der Schulmeister verneigte sich wieder; und obwohl die Augen der Gelehrten so hell und neugierig waren wie zuvor, hatten sie ihre Köpfe zusammengelegt und flüsterten jetzt fleißig.

Die Schulen in Skye stehen in der gleichen Beziehung zu den anderen Bildungseinrichtungen des Landes wie eine Rasenhütte zu einem Stein- und Kalkhaus. Diese Schulen sind dünn auf und ab der Insel verteilt, und die Schüler können aufgrund der zurückgelegten Entfernungen und den landwirtschaftlichen Tätigkeiten, mit denen sie sich in Abständen beschäftigen, nicht gleichmäßig daran teilhaben.

Der Schulmeister ist normalerweise ein Mann ohne überragende Intelligenz oder Aneignung; er wird elendig vergütet, und seine Lehrmittel und Geräte wie Bücher, Karten usw. sind mangelhaft. Trotzdem ist eine Rasenhütte besser als kein Unterschlupf, und eine Skye-Schule ist besser als gar keine Schule. Die Schule, die wir gerade besucht hatten, war ein authentisches Licht in der Dunkelheit.

Dort lernten Jungen und Mädchen lesen, schreiben und chiffrieren - schlichte und häusliche

Leistungen, aber Leistungen, die den Schlüssel aller Türen tragen, die zu Wohlstand und Wissen führen. Der Junge oder das Mädchen, der oder das geschickt lesen, schreiben und rechnen kann, ist für den Kampf des Lebens nicht schlecht gerüstet; und obwohl die Schule, die der Vermieter eingerichtet hat, in ihren Formen und Unterrichtsweisen schlicht und unauffällig ist, unterrichtet sie diese zumindest mit erträglichem Erfolg. Für den Gebrauch, den die Schüler im späteren Leben von ihnen machen, sind die Schüler selbst verantwortlich.

Orbost und Dunvegan

Pünktlich um neun Uhr am nächsten Morgen hörte ich das Geräusch von Rädern auf dem Kies, und Malcolm und sein Karren standen vor der Tür. Nach einer kleinen Verspätung nahm ich meinen Platz im Fahrzeug ein und wir fuhren los.

Malcolm war ein dickgesetzter, gut gelaunter, rothaariger und schnurriger kleiner Kerl, der bei Bedarf einen halben Tag lang still sein konnte, aber bei Bedarf auch einen halben Tag ununterbrochen reden konnte. Während des Fahrens und besonders dann, wenn die Fuchsstute eine verminderte Geschwindigkeit aufwies, setzte er eine Flut von Ausrufen in Gang.

"Weiter", sagte er, als er die Zügel schüttelte, für die Peitsche, die er gnädigerweise verschonte, "woran denkst du?"

"Hoots! Scheiße, Scheiße, Scheiße! Ich schäme mich für dich!"

"Nun denn, schrei!"

Diese Vorwürfe schienen das Herz der Stute zu berühren, denn bei jedem Ausruf raste sie vorwärts, als hätte die Peitsche sie berührt.

Auf dem Weg von Grishornish nach Dunvegan, etwa ein paar Meilen von der letzten Stelle entfernt, zweigt rechts eine Straße ab, die durch die Heidewüste abwärts führt. Ungefähr vierzig Meter weiter kommen Sie zu einer Brücke, die eine Rinne überspannt, und in diese Rinne springen drei Bäche und werden zu einem, und dann fließt der einzige Bach auch nach rechts mit flachem Fall und raschen Schlägen, der Begleiter der absteigenden Straße.

Die Straße bis zur Brücke ist steil und an der Brücke sprang Malcolm herunter und ging mit den Zügeln in den Händen weiter. In der langsamen

Fortkommen folgt Ihr Auge natürlich der Straße und dem Strom; und jenseits der Flanke eines Hügels, der allmählich in die purpurfarbene Dunkelheit des welligen Moorlandes abfällt, erhaschen Sie einen Blick auf ein Stück blaues Meer, einige weiße, zerbrochene Klippen, die hineinfallen; und, auf diese Klippen gelehnt, eine große grüne sonnige Straße mit dem weißen Punkt eines Hauses darauf.

Der Blick auf das Meer, die weißen Klippen und das sonnige Grün ist angenehm. Der Hügel, den Sie erst noch erklimmen müssen, hält die Sonne von Ihnen fern, und ringsum sind niedrige melierte Eminenzen. Sie starren auf das ferne sonnendurchflutete Grün und haben sich damit zufriedengegeben. Beginnen Sie, den Boden über und auf beiden Seiten der Brücke zu untersuchen, und stellen Sie fest, dass diese über viel pastoralen Reichtum und Vielfalt verfügen. Der Hauptteil ist mit Heidekraut bedeckt, aber in Ihrer Nähe gibt es Stellen mit Farnen und weiter zurück sind weiche Bänke und Grünflächen, auf denen Kühe stöbern und wiederkäuen könnte und die nur die Vergoldung des Sonnenscheins erfordern, um sie schön zu machen.

"Welche Brücke ist das?" fragte ich Malcolm, der immer noch mit den Zügeln in seiner Hand nebenher stapfte.

"The Fairy Bridge" - und dann wurde mir gesagt, dass die Fee bei Sonnenuntergang auf den grünen Hügeln und Weideplattformen sitzt und den Kühen Lieder singt; und wenn ein Reisender die Brücke überquert und den Hügel hinaufarbeitet, wird sie ihn sicher begleiten.

Da dies unser eigener Kurs war, fragte ich: "Wird die Fee jetzt oft gesehen?"

"Nicht oft. Es sind die alten Leute, die über sie Bescheid wissen. Die Hirten hören sie manchmal singen, wenn sie den Hügel hinunterkommen. Vor Jahren wurde ein Hausierer tot auf der anderen Straßenseite gefunden, und es wurde angenommen, dass die Fee war mit ihm gegangen. Aber ich habe sie selbst nie gesehen oder gehört - nur die Alten erzählen davon."

Und so kommen Sie in einem modernen Karren langsam an einem der heimgesuchten Orte in Skye vorbei!

Ich glaube, Malcolm muss gesehen haben, dass mich diese Art von Gespräch interessierte.

"Haben Sie jemals von der Schlacht um die Deiche in Trompon Kirk gehört, Sir?", und er zeigte mit seiner Peitsche auf die gelbgrüne Straße, die in Klippen zum Meer hin abbrach.

Ich antwortete, dass ich nie hatte und Malcolms Erzählung floss sofort weiter.

"Sehen Sie, Mr., es gab eine Fehde zwischen den Macdonalds vom Festland und den Macleods von Trotternish; und an einem Sonntag, als die Macleods in der Kirche waren, kamen die Macdonalds mit voller Flut und befestigten ihre Boote an den gewölbten Felsen am Ufer - denn dort unten ist es eine seltsame Küste voller Höhlen und natürlicher Brücken und Bögen. Nun, nachdem sie ihre Boote befestigt hatten, umzingelten sie die Kirche, verschlossen die Tür und zündeten sie an. Bis auf eine Frau, die sich durch ein Fenster quetschte - es war so eng, dass sie eine ihrer Brüste hinter sich ließ - und mit der Nachricht davonkam und mit ihrem Weinen und dem Anblick ihres blutigen Gesichts das Land aufhob. Die Leute - obwohl es Sonntag war - erhoben sich, Männer und Frauen, und kamen zur brennenden Kirche, und dort begann der Kampf. Die Männer von Macleods Land kämpften, und die Frauen hoben die stumpfen Pfeile auf und spitzten sie auf Steine und gab sie dann den Männern. Die Macdonalds wurden schließlich geschlagen und liefen zu ihren Booten. Aber zu diesem Zeitpunkt war es Ebbe; und was sahen sie außer den Booten, in denen sie gekommen waren und die sie an den felsigen Bögen befestigt hatten und die nun in der Luft hingen! Wie ein Otter haben sich die Macdonalds, als ihr Rückzug ans Meer abgeschnitten wurde, gegen die Männer von Macleods Land gewandt und gekämpft, bis der letzte von ihnen fiel, und in den Sandschichten lief ihr Blut rot ins Meer. Zu dieser Zeit kam die Flut weiter als jetzt, und die Leute hatten einen Rasendeich gebaut, um sie von ihren Ernten abzuhalten. Dann nahmen sie die Leichen der Macdonalds und legten sie nebeneinander am Fuße des Deiches ab und warfen sie über herüber. So wurden sie begraben. Und nachdem sie den Deich umgestürzt hatten, waren sie verärgert, denn sie dachten, das Meer könnte hereinkommen und ihre Ernte zerstören. Das ist der Grund, warum die Schlacht die Schlacht der umgeworfenen Deiche genannt wird. "

"Die Männer von Macleods Land würden die Verwüstung der Deiche bereuen, als Bruce die Streitaxt, mit der er am Abend vor Bannockburn und als er beide Armeen sah, den Schädel des englischen Ritters knackte, der herabstürmte ihm."

Von meiner Bemerkung unbeeindruckt fuhr Malcolm fort: "Vielleicht, Sir, haben Sie den Sciur von Eig gesehen, als Sie im Dampfer vorbeikamen?"

"Ja, und ich kenne die Geschichte. Die Macdonalds waren in einer Höhle eingepfercht, und die Macleods schwebten über der Insel und konnten keine Spur von ihnen finden. Dann kehrten sie in hohem

Bogen zu ihren Booten zurück, um am nächsten Morgen abzureisen. Dort war in der Nacht ein heftiger Schneefall, nicht wahr? Und als die Macleods segeln wollten, wurde auf der Spitze des Sciur die Fährte eines Mannes festgestellt, der herausgekommen war, um zu sehen, ob die Eindringlinge verschwunden waren. Die Macleods kehrten zurück, und durch die Spuren im Schnee verfolgten sie den Mann zu seinem Versteck. Dann häuften sie Zweige an und legten Feuer auf das Holz, das sie an der Höhlenmündung beschaffen konnten und erstickte alle, die darin Zuflucht gesucht hatten."

"Die Macdonalds haben die Kirche in Trompon dort unten niedergebrannt. Die Knochen der Macdonalds liegen bis heute in der Höhle, sagen sie. Ich würde sie gerne sehen."

"Aber glauben Sie nicht, dass es eine schreckliche Rache war? Eig war einer der sicheren Orte der Macdonalds, und die Leute in der Höhle waren hauptsächlich alte Männer, Frauen und Kinder. Glauben Sie nicht, dass es ein sehr barbarisches Handeln war, Malcolm?"

„Ich weiß es nicht", sagte Malcolm. "Ich bin selbst ein Macleod."

Bis ich die Geschichte von Lady Grange gehört hatte, die auf dem Kirchhof von Trompon schläft, hatten wir uns auf dem steilen Aufstieg ziemlich gut gemüht. Auf unserem Weg hörten wir weder Feengesang, noch begleitete uns eine überirdische Gestalt. Vielleicht brauchte man für die Hexerei die untergehende Sonne. Als wir die Spitze des Hügels erreichten, waren die pyramidenförmigen Formen von Macleods Tischen deutlich zu sehen, und dann setzte sich Malcolm neben mich in den Karren.

Macleods Tische, zwei Hügel, die so hoch sind wie Arthurs Sitz, oben flach wie jeder Esstisch im Land, von dem sie tatsächlich ihren Namen beziehen, und tief im Frühling mit einem Schneetuch bedeckt; Macleods Jungfrauen, drei Felsspitzen, die schier aus dem Meer ragen und wie Frauen geformt sind, um deren Füße sich ständig schaumige Kränze formen, flüchten und verschwinden - welch Zauber in den Namen von Felsspitzen und flachen Hügeln für den, der sie trägt der Name von Macleod, und wer kann sie sein eigen nennen! Was ist moderner Reichtum - ohne Assoziationen, ohne Poesie, die wie Schnee in der heißen Hand eines Verschwenders schmilzt - im Vergleich zu jenem alten Landbesitz, der für das Auge patentiert ist, der Ihren Namen trägt und um den sich Legenden versammeln? Ihr, als Urgroßmutter mit blauen Augen und hellem Haar; als das heiße Temperament Ihres Urgroßvaters und die Riffelung seiner Stirn, wenn er die Stirn runzelte!

Diese kühnen Wahrzeichen des Familienbesitzes müssen von der Familie mit besonderem Interesse betrachtet werden. Sie machen das weiße Blatt, auf das Sie - ein Schatten von mindestens fünfzig Jahren - von der Camera Obscura des Schicksals projiziert werden. Die Tische und die Jungfrauen tragen ewig Ihren Namen, während Sie - der einzelne Macleod - so vergänglich sind wie der Nebelkranz des Morgens, der auf dem einen schmilzt, oder die vorübergehende Form des vom Wind geblasenen Schaums, der auf der Basis nur wenige Augenblicke hält. Der Wert dieser Dinge ist spirituell und kann nicht durch das Klicken des Hammers des Auktionators oder das Fließen des Sandes der Sanduhr auf dem Anwalts-Tisch beeinträchtigt werden, nachdem die Urkunden gelesen und die Gebote abgegeben wurden. Reichtum ist mächtig, aber er kann diese Dinge nicht mehr kaufen als Liebe, Ehrfurcht oder Frömmigkeit. Jones mag die Tische und die Jungfrauen kaufen, aber er besitzt sie nicht; er ist für immer ein Außerirdischer: sie tragen den alten Namen, sie träumen den alten Traum. Wenn die Armut all Ihren Dienern die Farbe genommen hat, bleiben sie treu.

Wenn eine Airlie im Begriff ist zu sterben, marschiert ein geisterhafter Soldat mit einer Trommel um das Schloss herum. Rothschild konnte mit all seinen Millionen die Dienste dieses Schlagzeugers nicht kaufen. Was nützt der Kauf eines Anwesens heute?

Es ist niemals ganz deins; der alte Besitzer hält Teilbesitz bei dir. Es ist wie eine Witwe zu heiraten; Sie halten ihr Herz, aber Sie halten es in Partnerschaft mit den Toten.

Ich wäre eher der schlichteste englische Yeoman, dessen Familie seit der Heptarchie eine Farm besitzt, als der reichste Bankier in Europa. Die Mehrheit der Männer ist wie Araber, ihre Zelte werden heute Nacht hier aufgeschlagen und morgen geschlagen. Nur diejenigen Familien, die seit Jahrhunderten Land besitzen, können ein dauerhaftes Zuhause beanspruchen.

In solchen Familien herrscht ein edles Gefühl der Kontinuität, des ungebrochenen Weiterfließens des Lebens. Die Bilder und die Möbel sprechen von Vorfahren und Ahnen. Der Name Ihres Vorfahren steht in Ihren Büchern, und Sie sehen die Bleistiftmarkierungen, die er an den Stellen angebracht hat, die ihm gefallen haben. Die Kette, die Ihre Tochter trägt, hingen an der Brust der Ahnen, von der sie ihr Lächeln und ihre Augen bezieht. Der Turm, der heute Nacht im nüchternen Sonnenuntergang krächzt, krächzte vor ein paar Generationen vor den Ohren des

Vertreters Ihres Hauses - in jeder Hinsicht derselbe, es sind nur die einzelnen Türme, die sich geändert haben. Das laubige Gemurmel des Waldes prägt Ihren und nur Ihren Namen. Wie für diese Macleods –

„Das ist Orbost, Sir, das Haus unter dem Hügel", sagte Malcolm und zeigte mit der Peitsche auf den Boden, offensichtlich müde von der langen Stille. „Dort links sind die Cuchullins. Von hier aus sind wir in einer halben Stunde da."

Und genau in einer halben Stunde, mit Macleods Tischen hinter uns, kamen wir am Garten und den Büros vorbei und stiegen auf die Gänseblümchen-Wiese vor dem Haus.

Nachdem ich eine Stunde lang herumgewandert war, entschied ich, dass ich lieber in Orbost wohnen sollte als in irgendeinem anderen Haus in Skye, wenn ich die Wahl hätte. Und doch ist bei Orbost nur das Haus selbst zu beanstanden. Erstens handelt es sich um eines dieser eleganten, ausdruckslosen Häuser im italienischen Stil, mit denen man in den Vororten von Großstädten vertraut ist, und als solches passt es nicht zur Landschaft und zur spirituellen Atmosphäre der Insel.

Es ist zu modern und zu sehr Villa. Es ist so unschuldig an einer Legende wie die Post. Es glaubt nicht an Geistergeschichten. Es hat einen schäbigen und skeptischen Blick; und da es nicht auf die Insel gebracht wurde, hat die Insel es nicht gebracht. Um ihn herum sind Bäume nicht gut gewachsen; es sind bloße verkümmerte Stämme, nackt, heiser, windgeschrieben. Die glatt geschnittenen Wände weisen keine Flechten oder Verfärbungen auf. Kein einziger Schornstein oder Giebel wurde von liebevollem Efeu eingehüllt. Es sieht aus wie ein Haus, das den Ort "eingeschnitten" hat und in das der Ort zurück "eingeschnitten".

Zweitens ist das Haus dumm gelegen. Es dreht eine kalte Schulter auf der großartigen gebrochenen Küste; auf den zehn Meilen glitzernden Meeres, auf denen die Sonne Millionen von Silbermünzen überschüttet, verschwindet immer ein neuer Schauer als der letzte auf Rum mit einem Schleier aus Dunst am höchsten Punkt; bei den lyrischen Cuchullins - denn obwohl sie aus hartem Granit bestehen, geben sie einem immer die Vorstellung von Leidenschaft und Tumult; auf den wilden Landzungen von Bracadale, die nacheinander schwächer und schwächer in die Ferne verschwinden; - bei alledem dreht das Haus eine kalte Schulter zu, und auf einer Wiese, auf der einige Dutzend Hengste fressen, und auf einem niedrigen Streifen von Moory Hill jenseits, aus dem die Häuschen ihren Torf schöpfen, starrt es mit all seinen Türen und Fenstern gespannt.

Aber Achtung, außer diesem, konnten die Anspruchsvollsten nichts gegen Orbost einzuwenden, zumindest was die Schönheit anbelangt. Die Gesichter der Skye-Leute, die ständig wie Feuersteine gegen Wind- und Regenangriffe eingesetzt werden, sind alle um die Augen gefüttert und verzogen und in den Häusern von Skye möchten Sie natürlich etwas von demselben wettergegerbten Aussehen sehen.

Orbost mit seiner glatten Front und den nicht zu blinzelnden Fenstern macht die Geeignetheit der Dinge unerträglich. Über den Innenraum kann sich niemand beschweren; denn beim Betreten sind Sie sofort von einer angemessenen Antike und Ehrwürdigkeit umgeben. Der Speisesaal ist groß und nicht ausreichend beleuchtet, und an den Wänden hängen zwei von Raeburns Halblängen - deren Besitz an sich ein Beleg für die Seriosität einer Familie ist - und mehrere Porträts von Damen mit veralteten Taillen und

Kopfbedeckungen Militärs in der Uniform des letzten Jahrhunderts. Die Möbel sind dunkel und massig; die Mahagonizeichnungstiefe und -farbe vom Alter und vom Gebrauch; der Teppich wurde so blank getragen, dass das Muster fast verschwunden ist.

Das Zimmer war nicht aufgeräumt, freute ich mich zu sehen. Ein kleiner Tisch neben dem Fenster war mit einem Stapel Papieren bedeckt. In einer Ecke standen Gewehre und Angelruten, und ein Fischkorb lag neben ihnen auf dem Boden. Der runde staubige Spiegel über dem Kaminsims - der die seltsame Fähigkeit besaß, Ihre Größe zu verringern, so dass Sie sich in seiner Tiefe in beträchtlicher Entfernung sahen - hatte Papierreste zwischen seinem vergoldeten Rahmen und der Wand festgeklebt.

Aufgrund dieser Papierreste kam ich zu dem Schluss, dass das Haus der Wohnsitz eines Junggesellen war, der gelegentlich nach dem Abendessen rauchte - was in der Tat der Fall war, dass zum Zeitpunkt meines Besuchs nur der Hausherr zu Hause war. Im Salon auf der anderen Seite der Lobby saßen möglicherweise eingespannte Damen aus der Zeit von Königin Anne und tranken Tee aus kleinstem Porzellan-Tassen. Die Möbel waren elegant, aber es war die Eleganz eines alten Beaus.

Die Vorhänge waren reichhaltig, aber sie hatten Farbe verloren, wie die Wange einer alten Jungfrau. In einer Ecke stand ein Buffet mit rissigen Porzellanstücken. Auf dem zentralen Tisch lagen kuriose indische Ornamente, ein Band Clarissa Harlowes und ein weiterer Band der poetischen Werke von Alexander Pope - der Einband verblasst, das Papier dunkel. Hatte der letzte Leser sie dort gelassen?

Sie erinnerten mich an die Laute - wie man sie heute in Pompeji sehen kann -, die die Tänzerin in einem müßigen Moment von sich gaben. In einer dunklen Ecke stand ein Klavier offen, aber die Elfenbeintasten waren gelb geworden, und alle Stimmfülle war durch die Fingersätze toter Mädchen aus ihnen herausgeschlagen worden. Ich berührte sie und hörte die metallische Klage über Missbrauch, Alter, völlige Einsamkeit und Vernachlässigung.

Ich dachte an Ossian und die Flucht der dunkelbraunen Jahre. Es war das erste Mal, dass sie lange miteinander gesprochen hatten. Auch der Raum schien von einem Geruch verwelkter Rosenblätter durchdrungen zu sein, aber ob dieser Geruch im Sinne oder in der Vorstellung lebte; es wäre nutzlos, nachzufragen.

Orbost liegt angenehm in der Sonne, und ich könnte mir vorstellen, dass Malvolio im Garten spazieren geht - so schlank, so sonnig, so förmlich, so uralt. Der Schatten auf dem Zifferblatt zeigte das Alter des Tages an. Bäume, die an den warmen Backsteinmauern kreuzten, streckten lange Arme aus, auf denen Früchte reiften. Die Biene hatte den Kopf so tief in eine Rose gesteckt, dass sie ihn kaum wieder herausholen konnte, und so summte und zappelte sie ungeduldig mit den Blättern – wie ein Millionär mit Banknoten.

Und dann waren Sie nicht ohne scharfe Kontraste: Aus der sonnigen Wärme und dem blumigen Geruch haben Sie Ihre Augen gehoben, und Macleods Tische erhoben sich in einer Atmosphäre der Fabel; und oben im Wind über Ihnen, den Kopf hin und wieder in wachem Blick drehend, überflog eine schneeweiße Möwe, die - wie Schneider manchmal sitzen - müde war, auf den Wellen des Meeres zu tanzen.

Orbost erhebt sich hoch über dem Meer, und wenn Sie sich ausgiebig amüsieren möchten, müssen

Sie die Allee entlang zu dem steinernen Sitz gehen, der an der Straße liegt, die sich am Rand der zerbrochenen Klippen entlang windet und durch viele Kurven und Kurven reicht. Der Wasserspiegel in einer Entfernung von ungefähr einer Viertelmeile, wo sich ein Bootshaus befindet, und Boote, die am oberen oder seitlichen Kielrand liegen, und ein Stück gelben Sand, auf dem die Flut fließt, cremige Linie nach cremiger Linie. Von hier aus bricht der Boden zuerst in einer Klippenwand zusammen, dann in riesigen Felsbrocken, die so groß sind wie Kirchen, danach in buschigem Untergrund mit Hütten an den gemütlichsten Stellen.

Jede Hütte war von den schönsten blauen Rauchfilmen umhüllt und überall auf diesem unebenen Boden gibt es enge, gewundene Pfade, auf denen eine Kuh immer vorsichtig getrieben wird oder ein wildes, indisch aussehendes Mädchen Wasser aus einer kühlen Quelle darunter holt.

Hier können Sie ruhig die Weite des blendenden Meeres entdecken, ein einziges Segel, das den unruhigen Schimmer bricht. Weiter schlafende Rum auf dem silbernen Boden; und, in einem merkwürdigen Winkel gefangen, die Cuchullin-Hügel - erinnern Sie an einen gestrandeten Eisberg, zersplittert, gespalten, vielgestaltig, den die Sonne in all ihren Jahrhunderten nicht zu schmelzen vermochte. Und Sie können feststellen, dass es in den höheren Corries lange Schneestreifen gibt.

Rechts, jenseits des Bootshauses, bricht ein großer Hügel, der wie ein Seehund mit braunen und olivfarbenen Flecken bedeckt ist und hier und da von felsigen Terrassen durchzogen wird, in Abgründen bis zur Meereslinie ab. Zwischen ihm und dem Hügel, auf dem Sie sitzen und der sich nach oben neigt, sehen Sie den Beginn einer tiefen Schlucht, in ihrer Weichheit und Grünheit, die Bilder von pastoralem Frieden suggeriert, das Heimbringen reicher Eimer durch Milchmädchen, das Niederlegen von Rinder in nüchternen rötlichen Sonnenuntergängen.

"Was für eine Schlucht ist das, Malcolm?"

"Oh, Sir, es gehört nur zur Farm."

"Ist da ein Haus drin?"

"Nein, aber da sind die Ruinen von einem Dutzend."

"Wie kommt das?"

„Sehen Sie, die alten Macleods hielten gern ihre Cousins und Groß-Cousins bei sich, und so lebte Captain Macleod an der Mündung des Tals, und Major Macleod an der Spitze, und Colonel Macleod über dem Hügel. Nach dem Ende des französischen Krieges war niemand außer einem Macleod auf dem Kirchhof von Dunvegan die Trompete geblasen worden. Wenn Sie heute einen Häuptling sehen wollen, müssen Sie nach London, um ihn zu holen. Sir, Dun Kenneths Prophezeiung hat sich bewahrheitet: *In den Tagen von Norman, dem Sohn des dritten Normannes, wird es ein Geräusch in den Türen des Volkes geben und im Haus der Witwe heulen, und Macleod wird es nicht haben viele Herren mit seinem Namen werden ein fünfreihiges Boot um die Jungfrauen rudern!* Die Prophezeiung hat sich bewährt, und die Tische gehören nicht mehr Macleod - zumindest einer von ihnen nicht."

Nachdem wir durch Orbost gewandert waren, setzten wir uns wieder in den Karren und fuhren nach Dunvegan Castle. Als wir uns Dunvegan näherten, stießen wir auf einen dieser gewundenen See-Löcher, die - kaum breiter als ein Fluss - weit ins Landesinnere fließen und eine geheimnisvolle Sicht und Geräuschkulisse mit sich bringen, das gleitende Segel, den Seevogel, der hoch gegen den Wind zur Tür des

Hirten schlägt, der ein halber Seemann unter seinen blökenden Herden ist.

Auf der anderen Seite des Meeres und beinahe im Hagel Ihrer Stimme wirkten ein Bauernhof und Nebengebäude wie ein Kampf gegen den Himmel. Als wir am Ufer entlangfuhren, befanden sich Boote und Netze, und hier und da kleine Häuser. Die Leute bewegten sich geschäftlich auf den Straßen.

Wir kamen an einer Kirche, einem Kaufmannsladen und einem Postamt vorbei. Wir näherten uns offensichtlich einem Dorf von Bedeutung; und auf der rechten Seite gaben die Kastanien, Lärchen und Aschen, die jede Höhle füllten und jeden Abhang bedeckten, genügend Hinweis darauf, dass wir uns der Burg näherten.

In der Mitte dieses Waldes bogen wir rechts in eine schmale Straße ein, an der eine Mauer entlangführte, und hielten an einer schmalen Hintertür an. Hier läutete Malcolm eine Glocke - die moderne Annehmlichkeit, die etwas von meiner vorgefassten Vorstellung einer Annäherung an den alten Bergfried abweicht; wenn er ein Horn geblasen hätte, hätte ich mich vermutlich besser zufrieden gefühlt - und zu gegebener Zeit wurden wir von einer kleinen Dame empfangen. Die Glocke war schlecht, aber der leuchtende Garten, in den wir traten, war schlechter - weiche Rasenflächen, ein riesiger Stern aus Geranien, umgeben von Halbmonden aus Calceolarias mit Krempen Lobelien.

Der Garten war von einer großen Mauer umgeben, gegen die Obstbäume gerichtet waren. Als ich an Dunvegan dachte, war mein Verstand unbewusst angefüllt mit öden und ossianischen Bildern, aufgetürmten Steinen, die Distel wehte mit dem Bart im Wind, Flocken von Seeschaum flogen darüber - und siehe, ich läutete eine Glocke, als wäre ich in der Regent Straße, und durch eine ordentliche Maid wurde ich in einen Garten eingelassen, der Kensington nicht in Verruf gebracht hätte!

Nachdem wir durch den Garten gegangen waren, betraten wir einen Platz aus wilden Wäldern, in denen sich feines Holz befand, und die Romantik begann sich zu beleben. Malcolm führte mich dann zu einem Nebengebäude und zeigte auf einen geschnitzten Stein über der Tür, auf dem die Arme der Macleods und Macdonalds geviertelt waren.

"Schauen Sie dort," sagte er, "Macleod hat den Stein in seine Scheune gebaut, die über seinem Kamin in seinem Esszimmer gelegen haben sollte."

"Ich sehe den Stierkopf von Macleod und die Galeere von Macdonald - waren die Familien in irgendeiner Weise verbunden?"

"Oftmals mehr durch einen blutigen Dolch als durch einen goldenen Ehering. Aber trotz all ihrer Streitereien haben sie mehr als einmal untereinander geheiratet. Dunvegan war ursprünglich eine Hochburg des Macdonald."

"In der Tat! Und wie sind die Macleods in den Besitz gekommen?"

"Das erzähle ich Euch", sagte Malcolm. "Macdonald von Dunvegan hatte keinen Sohn, aber seine einzige Tochter war mit Macleod von Harris verheiratet, und ein junger Häuptling wuchs in Macleods Schloss auf. Die Macdonalds wussten, dass sie Niemanden zum Führen haben würden, wenn der alte Mann tot war. Sie überlegten, wen sie als Häuptling wählen sollten, und gleichzeitig überlegte Macleods Frau genauso besorgt, auf welche Weise ihr Sohn in Dunvegan sitzen sollte. Nun, während all diese Überlegungen und Pläne heimlich in Skye und Harris vor sich gingen, befahl Macdonald, der Macleod besuchen wollte, seinen Lastkahn und seinen Ruderern, in Bereitschaft zu sein. Als Macleod hörte, dass sein Schwiegervater kommen würde, ging er in seinem Lastkahn aus, um ihn auf halbem Weg zu treffen, und ihn mit aller Ehre zu seiner Burg zu eskortieren. Macleods Lastkahn war größer und stärker als Macdonalds und hielt eine größere Anzahl von Ruderern, und während seine Männer zogen, saß der Häuptling in der Hecklenkung, und seine Frau saß an seiner Seite. Sie befanden sich in die Mitte des Kanals als ein schwerer Nebel herunterkam, aber immer noch zogen die Männer, und immer noch steuerte Macleod. Plötzlich stellte Macleod fest, dass er direkt auf den Lastkahn seines Schwiegervaters zulief, und als er gerade seine Hand am Steuer hatte, um den Kurs zu ändern und einen Zusammenstoß zu vermeiden, packte ihn seine Frau hart und flüsterte ihm ins Ohr: „Macleod, Macleod, es gibt nur diesen Kahn zwischen Euch und Dunvegan." Macleod nahm den Hinweis zur Kenntnis, steuerte geradeaus, schlug in Macdonalds Kahn ein und versenkte ihn im Nebel und segelte nach Dunvegan, was er im Namen seines Sohnes beanspruchte. Auf diese Weise ist, wie die alten Leute sagen, Macleod hier in Besitz gekommen."

Dann schlenderten wir über die hügeligen Pfade, und in einer abrupten Kurve befand sich der alte Bergfried auf seinem Felsen, ein Bach prasselte in unmittelbarer Nähe, die Flut war weit zurückgezogen, das lange Ufer voller Wellen und Wirrwarr, über ihm die Seemöwen als der Flaggenstab, wie die Dohlen über den Kathedralentürmen in England fliegen. Es war grau wie der Fels, auf dem es stand - an den Wänden hingen dunkle Efeu-Wandteppiche, aber auf den ersten Blick sah es enttäuschend modern aus.

Ich dachte an die mächtige Muschel von Tantallon, die zum Bass blickte und einen verfilzten Flechtenbart im Seewind schwenkte, und begann, nachteilige Vergleiche anzustellen. Das Gefühl war Torheit, und bei besserer Bekanntschaft mit dem Gebäude ließ es nach. Dunvegan ist bewohnt, und Sie können nicht gut gelüftete Laken, ein gut gekochtes Abendessen und die Ehrwürdigkeit des Verderbens in einem Gebäude haben. Trost und Verfall sind niemals Gefährten.

Dunvegan erinnert an ein Fragment einer alten Ballade, das mit dem Einführungskapitel eines modernen Herausgebers, historischen Erläuterungen, kritischen Kommentaren, sowie einem Glossarindex versehen ist. Das Dutzend grober Strophen, in denen sich eine ganze leidenschaftliche Welt wie im Spiegel eines Zauberers befindet, ist bei weitem der wertvollste Teil des Bandes, obwohl es, was die Masse anbelangt, in keinem Verhältnis zur Nebensache steht, die drum herum gewachsen ist. Dunvegan ist vielleicht das älteste bewohnte Gebäude des Landes, aber der antike Teil ist von geringem Ausmaß. Ein Teil davon soll im neunten Jahrhundert erbaut gewesen sein.

Ein Turm wurde im fünfzehnten, ein weiterer Teil im sechzehnten und der Rest mit anderen Händen und in unregelmäßigen Abständen seitdem hinzugefügt. Ein nicht unbedeutender Teil ist fraglos modern.

Das alte Teil des Schlosses blickt zum Meer und der Eingang ist durch einen steilen und schmalen Torbogen zu erreichen - der vielleicht von Macleod of Harris heraufgekommen ist, nachdem er den Lastkahn seines Schwiegervaters im nebligen Minch versenkt hatte.

In einem Spalt in der Mauer, der eine Seite dieses Eingangs bildet, wurde kürzlich ein Brunnen entdeckt; er war gebaut worden - niemand weiß, wie lange es gedauert hat - und als man es schmeckte, war das Wasser vollkommen süß und rein. In den alten Tagen der Auseinandersetzung und des Feuers hat es vielleicht manchen Hals gekühlt, der von der Belagerung durstig war.

Der modernste Teil des Gebäudes, sollte ich mir vorstellen, ist die gegenwärtige Fassade, die, wenn Sie sich der Brücke nähern, die die Schlucht fest ausfüllt, nicht ohne eine gewisse Größe und einen gewissen Adel ist. Der Felsen, auf dem die Burg steht, ist an drei Seiten vom Meer umgeben; und gut, wie der alte Haufen bei Ebbe ansah, konnte man sich vorstellen, wie sehr sich sein Aussehen verbessern würde, wenn all die umfassende Hässlichkeit von Sand und Gewirr ausgelöscht und der Felsen von dem Azurblau und der Stille des Ozeans umhüllt wäre.

Unter solchen Umständen in einem Schlafzimmer bei Dunvegan zu schlafen, muss wie in einem Schlafzimmer im Märchenland sein. Sie könnten eine Meerjungfrau unter Ihrem Fenster singen hören und in das Mondlicht schauen, siehe, sie erhebt sich aus den glitzernden Wellen und der gefährlichen Schönheit ihrer Brüste und Haare.

Nachdem wir die Burg von verschiedenen Punkten aus gesehen hatten, gingen wir mutig über die Brücke und läuteten die Glocke. Nachdem wir einige Zeit gewartet hatten, wurden wir von einem Mann aufgenommen, der - die Familie war zu dieser Zeit von zu Hause aus - als einzige Person im Besitz zu sein schien. Er war äußerst höflich, erklärte sich freiwillig bereit, uns alles zu zeigen, und bedauerte, dass in der längeren Abwesenheit seines Herrn die Teppiche und Möbel im "Salon" zugedeckt worden waren.

Der bekannte englische Patois klang im Schloss eines Macleod seltsam! Auf seine Aufforderung hin betraten wir eine unmöblierte Halle mit nach links und rechts verlaufenden Galerien, und auf den Holzbrüstungen einer dieser Galerien war das große Banner von Macleod ausgebreitet - ein riesiges weißes Blatt, auf dem das Wappen und die Legende des Hauses in Purpur eingearbeitet waren.

Wir stiegen die Treppe hinauf und gingen durch geräumige, teppichlose Zimmer, in deren Mitte sich die Möbel stapelten und die mit einer Markise bedeckt waren. Durch jedes Fenster erhielten wir einen Blick auf das Blaue Loch und die wilde Landzunge von Skye. In den meisten Fällen blieben in den Zimmern die Familienbilder hängen, einige waren in Ordnung, andere bedauerlich genug, aber alle interessant, da sie auf den ungebrochenen Fluss der Generationen hindeuteten.

Hier war Rory More, der unter James VI. zum Ritter geschlagen wurde. Hier war die Macdonald-Dame, deren Heirat mit dem Macleod jener Zeit der Anlass war, dass die Wappen der Familien auf dem Skulpturenstein vereinigt wurden, den wir über der Tür der Scheune draußen errichtet sahen. Hier war ein hochmütig aussehender junger Mann von fünfundzwanzig Jahren, und dort war derselbe Mann mit sechzig Jahren, grimmig, runzlig, misstrauisch aussehend - ähnlich wie das frühere Porträt nur im Stolz von Auge und Lippe. Hier waren Macleods Schönheiten, die heirateten und in anderen Häusern Mutter wurden; dort drüben waren Schönheiten aus anderen Burgen, die hier Mutter waren, grauhaarig wurden und starben, was für ein oder zwei

Generationen eine Reminiszenz an ihre Züge in der Familie hinterließ. Hier war der böse Macleod, jenseits des Verschwenders, in dessen Händen das Familienvermögen zerfloss, und dort stand der tapfere Soldat mit ausgestrecktem Arm, Elefanten und indischen Tempeln und bildete einen angemessenen Hintergrund.

Die Zimmer waren geräumig, und jedes Fenster bot einen herrlichen Blick aufs Meer. Aber aus ihrem unmöblierten und zerlegten Zustand entstand eine Art ossianische Verwüstung, die, wie es für einen ständigen Bewohner trostlos gewesen sein muss, der Vorstellung des stündigen Besuchers ein gewisses düsteres Vergnügen bereitete.

Der Mann ging im alten Teil des Schlosses die Treppen hoch und runter und zeigte uns die Kerker, in die die Macleods ihre Gefangenen eingemauert hatten. Ich hatte mir vorgestellt, dass diese aus dem Felsen geschöpft worden wären, auf dem die Burg stand. Ob es solche gab, kann ich nicht sagen; aber bei Kerzenschein spähte ich in mehr als einen steinernen Schrank, der in die mächtige Wand eingelassen war - dessen Eingang die Gewänder der Dame jeden Abend gekehrt haben müssen, als sie ins Bett ging -, wo die gefangenen Fohlen der Familie eingesperrt waren.

Vielleicht bildete die unmittelbare Nähe des Gefangenen, vielleicht das Fegen von Kleidungsstücken an der Kerkertür, vielleicht das zufällig gehörte Stöhnen oder Klirren von Manacle die exquisite Lust und das Aroma von Rache. Männer halten ihre liebsten Schätze in ihrer Nähe; und es könnte sein, dass die Nachbarschaft des Elenden, die er hasste - so nah, dass der Klang der Feiern ihn manchmal erreichen konnte - Macleod dankbarer war als sein Begräbnis in einem weit entfernten Gewölbe, vielleicht um vergessen zu werden.

Wer weiß! Es ist schwierig, sich in die Herzen dieser alten Seekönige zu versetzen. Wenn ich mich nicht irre, wird derzeit einer der Kerker als Weinkeller genutzt. Also ändert sich die Welt und die Mode davon! Wo der Macleod von vor drei Jahrhunderten seinen Gefangenen hielt, hält der Macleod von heute seinen Rotwein. Aus welchem Gebrauch die größte Befriedigung hervorgegangen ist, wäre eine seltsame Spekulation.

Über eine schmale Wendeltreppe erreichten wir das interessanteste Zimmer in Dunvegan - den Fairy Room, in dem Sir Walter Scott einst schlief. Dieses Zimmer befindet sich im alten Teil des Gebäudes, es blickt auf das Meer und seine Mauern sind von enormer Dicke. Ich könnte mir fast vorstellen, dass seit Sir Walters Zeiten niemand mehr dort geschlafen hat.

In der Zeit meines Besuchs gab es weder ein Bett noch einen Stuhl, und es schien ein allgemeiner Abstellraum zu sein. An den Wänden hingen rostige Breitschwerter, Dolche, Zielscheiben, Pistolen und indische Helme und Gewirke aus gewirktem Stahl an Gestellen, waren aber mit dem Alter und der Vernachlässigung so verfallen, dass eine Berührung sie ausfranste, als wären sie aus Kammgarn gewebt worden. Es gab auch gekrümmte Krummsäbel, kurios zusammengesetzte Dolche und zwei zerlumpte Regimentsflaggen - die zweifellos durch den Kampfrauch an der Front der Angriffslinien gestürzt waren -, und diese letzten, von denen ich vermutete, waren von dem Soldaten nach Hause gebracht worden, dessen Porträt ich gesehen hatte. Eines der modernen Zimmer.

Von Motten gefressene Bände waren in einem Chaos aus rostigen Waffen, Krügen und Lampen verstreut. In einer Ecke lag eine riesige Eichenkiste mit einer umwickelten Kette, aber der Deckel war kaum geschlossen, und durch die schmale Öffnung ragte eine Papierrolle hervor, die von 1715 bis zu einem bestimmten Zeitpunkt mit verblassener Tinte aufbewahrt wurde - in dem zweifellos einige merkwürdige Gegenstände eingebettet waren. Auf allem lag der Staub und die Vernachlässigung von Jahren. Der Raum selbst war in eine halbe Dämmerung getaucht.

Der fröhlichste Sonnenstrahl wurde ernst, wenn er über die korrodierten Waffen fiel, von denen es keinen antwortenden Schimmer gab. Spinnweben trieben aus den Ecken der Wände - die Spinnen, aus denen sie hervorgingen, waren vor langer Zeit an Alter gestorben. Meines Erachtens wäre es fast unmöglich, in der Spukkammer zu lachen, und wenn Sie das tun, werden Sie von einem seltsamen Echo überrascht, als würde Sie etwas verspotten. In der Wohnung lag ein schwerer Geruch. Sie haben Staub eingeatmet und sind verfallen.

Ich setzte mich auf den hölzernen Koffer, um den die Kette gewickelt war, und untersuchte mit Malcolms Hand im Griff eines Breitschwerts die Kerben an der Klinge.

"Gibt es in Dunvegan nicht eine magische Flagge? Die Flagge war das Geschenk einer Fee, wenn ich mich richtig an die Geschichte erinnere."

"Ja", sagte Malcolm, einen imaginären Gegner verletzend, und dann die Waffe an die Wand hängend; "aber sie wird in einer Glasvitrine aufbewahrt und niemals Fremden gezeigt, zumindest wenn die Familie zu Hause ist."

"Wie ist Macleod in den Besitz der Flagge gekommen, Malcolm?"

"Nun, die alten Leute sagen, dass einer der Macleods sich in eine Fee verliebt und sie dort draußen auf dem grünen Hügel getroffen hat. Macleod versprach, sie zu heiraten, und eines Nachts gab ihm die Fee eine grüne Fahne und sagte ihm, dass, wenn entweder er oder eine seiner Rassen in Bedrängnis war, die Flagge geschwenkt werden sollte, und Erleichterung sicher sein würde. Dreimal könnte die Flagge geschwenkt werden, aber nach dem dritten Mal könnte sie ins Feuer geworfen werden, da ihre Macht für immer verloren wäre. Ich weiß in der Tat nicht, wie es war, aber Macleod verließ die Fee und heiratete eine Frau."

"Ist daran etwas Erstaunliches? Würden Sie nicht lieber eine Frau als eine Fee heiraten?"

"Vielleicht, wenn sie so reich war wie die Frau, die Macleod geheiratet hat", sagte Malcolm mit einem Grinsen. "Aber als die Fee von der Ehe hörte, war sie in großer Wut. Sie verzauberte Macleods Land, und alle Frauen brachten tote Söhne und alle Kühe brachten tote Kälber zur Welt. Macleod war in großer Bedrängnis. Er würde bald keine jungen Männer mehr haben, um seine Kämpfe zu führen, und seine Pächter würden bald keine Milch oder Käse mehr haben, um ihre Pachten zu bezahlen. Der Schrei seines Volkes kam zu ihm, als er in seinem Schloss saß, und er schwenkte die Flagge und als nächstes Tag über dem Land gab es lebende Söhne und lebende Kälber. Ein anderes Mal, vor einer Schlacht, wurde er heftig bedrängt und fast geschlagen, aber er schwenkte die Flagge wieder und bekam den Sieg und tötete viele seiner Feinde."

"Dann wurde die Flagge nicht zum dritten und letzten Mal geschwenkt?"

"Nein. Zum Zeitpunkt der Kartoffelfäule, als die Leute in ihren Hütten verhungerten, dachte man, er hätte es winken und die Fäule stoppen sollen. Aber die Flagge blieb in ihrer Hülle. Macleod kann es jetzt nur noch einmal winken; und ich bin sicher, er ist wie ein Mann mit seinem letzten Guinea in der Tasche - er gibt es nicht gern aus. Aber vielleicht, Sir, möchten Sie zum Flaggenstab klettern und die Aussicht sehen."

Wir verließen dann die Spukkammer, gingen durch den Raum, in dem die Porträts hingen, und stiegen die schmale Wendeltreppe hinauf, deren Wände, ob aus Seefeuchtigkeit oder aus einer Besonderheit des im Bau verwendeten Kalks, mit einer dicken Decke bedeckt waren glitzernder Salzschorf - und tauchten schließlich auf dem befestigten Plateau auf, von dem die Fahnenstange sprang.

Der riesige Mast war vor ein oder zwei Monaten gefallen und jetzt mit einem Seil gespleißt und mit Holzblöcken abgestützt worden. Ein paar Tage vor der Katastrophe sei ein junger Bursche aus Cambridge an die Spitze geklettert - zum Glück des jungen Burschen sei es dann nicht gefallen, sonst hätten er und Cambridge sich für immer getrennt.

Von unserem luftigen Sitzplatz aus war der Ausblick wunderbar großartig. Von der Brust des Hügels, der alles in eine Richtung absperrte, rollte auf die Burg Woge auf Woge buntes Laub herab. Der Garten, durch den wir eine Stunde zuvor gegangen waren, war nur ein Fleck heller Farbe. Das kleine Spielzeugdorf schickte seine Rauchsäulen hoch. Es gab den braunen steinigen Strand, die Boote, die Netze, das gewundene, schlangenartige Loch und die dunklen, sich weit ausdehnenden Landzungen, die auf der glatten See des Sommers schliefen.

Mit welcher Schönheit von strahlendem Blau floss das Meer überall hinein, trug die Stille und den fremd aussehenden Vogel in die Einsamkeit des Landesinneren und umgürtete mit seiner Herrlichkeit den Felsen, auf dem die Burg des Häuptlings seit zehn Jahrhunderten stand, und stand vor der Tür des Schäferrufs auf die braunen Kinder mit den Stimmen vieler Wavelets, um mit ihnen auf Halbmonden aus gelbem Sand zu spielen!

Zu Hause fragte ich: "Wohnt der Laird hier viel?"

"Nein, in der Tat", sagte Malcolm; "er lebt hauptsächlich in London."

Und daraufhin dachte ich, wie angenehm es für einen Mann sein muss, mit seiner noch zu schwingenden Fahne, seinen Kerkern, seinen Spukkammern, seinen großen hageren Räumen mit Porträts von Männern und Frauen aus dem hohlen, bögen Schloss zu fliehen, wem er sein Blut abgenommen hat, seine Rache- und Verbrechertraditionen - und seinen Wohnsitz in einer Villa im luftigen Hampstead oder im klassischen Twickenham oder sogar in einer halbvorstädtischen Residenz in der Nähe von Regent's Park zu nehmen.

Die Villa in Hampstead oder Twickenham ist ordentlich und modern und wenn Sie in das Haus hineingehen, gehen Sie ohne vorherige Assoziationen ein. Es ist wahrscheinlich nicht so alt wie Sie. Die Wände und Räume sind seltsam, aber Sie wissen, dass Sie und sie sich nach und nach angenehm kennenlernen werden.

Dunkle Familiengesichter fallen nicht aus der Vergangenheit auf Sie herab. Die Luft in dem Raum, in dem Sie sitzen, ist nicht von dem Geruch von Blut befleckt, der vor Hunderten von Jahren vergossen wurde. Sie und Ihre Wohnung sind nicht die einzigen Hüter schrecklicher Geheimnisse. Die Schatten des Feuerlichts an den Dämmerwänden nehmen keine entmutigenden und abschreckenden Formen an. Ihre Vorfahren tyrannisieren Sie nicht mehr. Sie entkommen der düsteren Vergangenheit und leben im Licht und mit den Stimmen von heute. Sie sind Sie selbst - Sie sind nicht länger ein Glied in einer blutverkrusteten Kette. Sie betreten den Genuss Ihrer Individualität, wie Sie den Genuss eines neu ererbten Nachlasses betreten.

Im modernen London trinkt man Nepenthe und Dunvegan ist vergessen. Wäre ich der Besitzer einer verwunschenen Burg, um die seltsame Steine schweben, würde ich wie aus einem schlechten Gewissen davon fliegen und im Strudel des lebendigen Lebens alle Gedanken meiner Vorfahren verlieren. Ich sollte an die Gegenwart appellieren, um mich vor der Vergangenheit zu schützen. Ich sollte ins Parlament gehen und Blue-Books studieren und mich mit der besseren Regulierung von Alkali-Werken und der Entwässerung von Stoke Pogis beschäftigen. Kein Vorfahr konnte mich damals berühren.

"Es ist ein seltsamer alter Ort, Dunvegan", sagte Malcolm, als wir an der Fairy Bridge vorbeifuhren, "und viele seltsame Dinge sind darin passiert. Haben Sie jemals gehört, Sir, wie Macdonald of Sleat - Donald Gorm oder Blue Donald, wie er genannt wurde - eine Nacht bei Macleod von Dunvegan zu einer Zeit verbracht, als es Streit zwischen ihnen gab?"

"Nein, aber ich werde froh sein, die Geschichte jetzt zu hören."

"Nun", fuhr Malcolm fort, "an einem stürmischen Winterabend, als die Wände von Dunvegan vom Regen der Wolke und dem Sprühnebel des Meeres benetzt waren, ging Macleod hinaus, bevor er sich zum Abendessen setzte, um einen Blick auf das Wetter zu werfen. „Die Nacht eines Riesen bricht an, meine Herren", sagte er, als er eintrat, „und wenn Macdonald of Sleat am Fuße meines Felsens nach einem Nachtschutz suchte, konnte ich es wohl nicht ablehnen." Dann setzte er sich mit seinen Herren im Fackellicht oben auf den langen Tisch. Als sie mit dem Essen zur Hälfte fertig waren, kam ein Mann mit der Nachricht herein, dass der Lastkahn von Macdonald of Sleat angekommen wäre. Auf dem Weg nach Harris wurde Macdonald vom Wetter zurückgedrängt - er befand sich am Fuße des Felsens und bat ihn um Unterkunft für die Nacht für sich und seine Männer. „Sie sind willkommen", sagte Macleod. Der Mann ging weg, und in kurzer Zeit kamen Macdonald, sein Pfeifer und sein zwölfjähriger Leibwächter nass vom Regen und müde herein. Jetzt stand auf dem Tisch der Kopf eines Ebers, der für einen Macdonald immer ein böses Zeichen ist, und als Donald Gorm die Schüssel bemerkte, saß er mit seinen Männern um ihn herum am Fuß des langen Tisches, unter dem Salz, und weg von Macleod und den Herren. Als Macleod dies sah, machte er sich einen Platz neben sich und rief: "Macdonald of Sleat, komm und setz dich hierher!" "Danke", sagte Donald Gorm, "ich bleibe, wo ich bin; Aber denke daran, wo immer Macdonald of Sleat sitzt, ist das der Kopf des Tisches." Als das Abendessen zu Ende war, begannen die Herren, über ihre Heldentaten auf der Jagd und ihre Taten im Kampf zu sprechen und sich gegenseitig ihre Dolche zu zeigen. Macleod zeigte seinen, der sehr hübsch war, und er wurde von Gentleman zu Gentleman den langen Tisch hinuntergereicht, jeder bewunderte ihn und reichte ihn dem nächsten, bis er schließlich zu Macdonald kam, der ihn weitergab und nichts sagte. Macleod bemerkte dies und rief: "Warum zeigst du nicht deinen Dolch, Donald? Wie ich höre, ist es sehr gut?" Dann zog Macdonald seinen Dolch und hielt ihn mit der rechten Hand hoch. Jetzt war Macleod ein starker Mann, aber Macdonald war ein stärkerer, und so konnte Macleod ihn nicht als Lügner bezeichnen. Aber da er dachte, er würde als nächstes erwähnt, sagte er: „Und wo ist die nächste beste Hand, um einen Dolch auf den vierundzwanzig Inseln nach Hause zu schieben?" „Hier", rief Donald Gorm und hielt seinen Dolch in der linken Hand und schwang ihn in Macleods Gesicht, der unter seinen Herren saß und sich ärgerlich auf die Lippen biss. Als es also zur Schlafenszeit kam, erzählte Macleod Macdonald, dass er für ihn eine Kammer in der Nähe seiner eigenen vorbereitet hatte und dass er frisches Heidekraut für den Pfeifer und den Leibwächter von zwölf Jahren in eine Scheune gelegt hatte. Macdonald dankte Macleod, erinnerte sich aber an den Kopf des Ebers auf dem Tisch und sagte, dass er mit seinen Männern gehen würde und dass er für seine Couch die frische Heide auf dem Boden des Schwans vorzog. "Bitte, Macdonald of Sleat", sagte Macleod und drehte sich auf dem Absatz um. Nun geschah es, dass einer der zwölfjährigen Leibwächter einen Schatz im Schloss hatte, aber er hatte keine Gelegenheit, mit ihr zu sprechen. Aber als sie einmal mit einem Teller am Tisch vorbeikam, legte sie den Mund an das Ohr des Mannes flüsterte: „Bitten Sie Ihrem Herrn, sich vor Macleod in Acht zu nehmen. Die Scheune, in der Sie schlafen, wird um Mitternacht rot und aschfarben sein." Die Worte des Schatzes strömten wie eine kleine Brise über das Ohr des Mannes, aber er behielt die Farbe seines Gesichts. Als Macdonald und seine Männer in die Scheune kamen, wo die frische Heide ausgebreitet worden war, um darin zu schlafen, erzählte er die

Worte, die ihm ins Ohr geflüstert worden waren. Macdonald zögerte nicht und führte seine Männer leise durch die Hintertür der Scheune zu einem hohlen Felsen, der sich gegen den Wind erhob, und dort schützten sie sich selbst. Um Mitternacht war das Meer rot vor dem Spiegel des Brennens Scheune, und der Morgen brach auf grauer Asche an. Die Macleods dachten, sie hätten ihre Feinde getötet; aber stellen Sie sich ihr Erstaunen vor, als Donald Gorm mit seinem zwölfjährigen Leibwächter an der Burg vorbei zum Fuß des Felsens marschierte, wo sein Lastkahn festgemacht war und sein Pfeifer vor ihm spielte. „Macleod, Macleod, Macleod von Dunvegan, ich fuhr meinen Dirk in das Herz deines Vaters, und als Bezahlung für die Gastfreundschaft von gestern werde ich es noch in das Heft seines Sohnes treiben."

"Macleod of Dunvegan muss ein großer Schlingel gewesen sein", sagte ich; "und ich hoffe er hat seine Desserts bekommen."

"Ich weiß es in der Tat nicht", sagte Malcolm. "Aber wenn Donald Gorm ihn erwischte, konnte er ihn kaum verfehlen." Dann fügte er hinzu, als ob die Idee, dass ein Teil der Schmach mit ihm verbunden sei, missbilligt würde: "Ich bin nicht einer der Dunvegan Macleods; ich komme von den Macleods von Raasay."

Duntulm

Das Haus des Vermieters war mehrere Tage lang in nebligen Regen gehüllt worden. Es ergoss sich nicht gerade nach unten, es klapperte nicht an Tür und Fenster, es hatte keine Aktion wie im Süden, was es umso quälender machte, denn in der Aktion gibt es immer irgendeine Art von Erheiterung; auf jeden Fall haben Sie die Vorstellung, dass es sich bald abnutzen wird, dass "es zu heiß ist, um lange zu arbeiten, Hardy."

Eine ungeheure Menge Feuchtigkeit wurde in der Atmosphäre gehalten und stieg in einem weichen, stillen, nicht wahrnehmbaren Nieselregen herab. Es schien nicht so schlimm, wenn man aus dem Fenster darauf schaute, aber wenn man sich auf den Kies wagte, war man im Nu nass bis auf die Haut. Weiße feuchte Dämpfe lagen tief auf den Hügeln jenseits des Lochs; weiße feuchte Dämpfe lagen auf dem aufsteigenden Boden, wo die Schafe fraßen; weiße feuchte Dämpfe verbargen die Spitzen der Lärchen, die das Haus vor den Südwestwinden schützten. Der Himmel war eine feuchte Decke, und alles spürte seinen Einfluss.

Während des ganzen Tages lag Maida träumend auf dem Teppich vor dem Feuer. Der melancholische Papagei saß in seinem Käfig und griff in Abständen - nur der Abwechslung halber - den weißen Zuckerstückchen zwischen den Drähten an oder schwebte sich mit dem Kopf nach unten und beäugte Sie schief. Die Pferde stampften und scharrten in ihren Ställen. Der durchnässte Pfau, der vor ein paar Tagen noch nie müde war, seinen Sternenschwanz zu zeigen, las eine Lektion über die Instabilität des menschlichen Ruhmes. Das öde Meer, das die unkrautigen Pfeiler von

Tyrus plätscherte; Napoleon in St. Helena, seine unzähligen Armeen, die Donner seiner Kanonen, die die Hauptstädte erblassen ließen, verschwanden und kamen wie ein Traum vom letzten Jahr ums Leben, und hätten nicht beeindruckender sein können. Es lag auf dem Gartensitz, ein Klumpen schleppender Federn und grau wie ein Hecken-Spatz.

Der Vermieter schloss sich in seinem Zimmer ein und schrieb Briefe gegen den Abgang der indischen Post. Wir lasen Romane und gähnten und machten uns gegenseitig durch Unterhaltungsversuche elend - und immer noch hingen die Wolken tief auf Hügeln und aufsteigendem Boden und großer Plantage wie zuschlagspflichtige Schwämme; und doch kam der Nieselregen gnadenlos, geräuschlos herunter, bis die Welt durchnässt war.

Am vierten Tag gingen wir die Treppe hinauf, warfen uns auf unsere Betten und schliefen ein, bis uns der Gong zum Abendessen weckte. Ich schob mein Gesicht hastig in ein Becken mit kaltem Wasser, räumte die zerzausten Locken auf, stieg aus, als die Suppe weggenommen wurde, und wurde großartig ausgelacht.

Irgendwie wirkten die Geister der Partei leichter; der Despotismus des Regens lastete nicht so schwer auf ihnen; Ich fühlte mich fast sportlich veranlagt; und kurz nach dem Dessert, als ein oder zwei Mal Wein im Umlauf war, brannten rosige Lichter auf den Scheiben.

Ich ging sofort zum Fenster und dort strahlte die Sonne große Lanzen der Pracht aus, und Armeen von feurigen Nebeln erhoben sich von den Hügeln und strömten aufwärts, herrlich wie Seraph-Bänder oder die verklärten Geister des Martyriums. Der nach Westen abfallende See war glattes Gold, die nassen

Bäume funkelten, jede Pfütze war sonnenvergoldet. Ich schaute auf das Barometer und sah das Quecksilber wie Hoffnung in der Brust eines Mannes aufsteigen, wenn das Glück ihn anlächelt. Die Vorhänge wurden zurückgezogen, um das rote Licht vollständig in den Raum zu lassen.

"Ich mag es, diesen feurigen Rauch auf den Hügeln zu sehen", sagte der Vermieter, "es ist immer ein Zeichen für schönes Wetter. Jetzt genügt es nicht mehr, dass Sie sich hier hinlegen wie auf dem Strand liegende Boote, ohne etwas zu tun. Das müssen Sie. Ich gebe Ihnen morgen nach Tiffin Einführungsbriefe, einen Karren und einen Mann, und in einer Woche oder so kommen Sie zurück und sagen mir, was Sie von Duntulm und Quirang halten. Sie dürfen keine Angst vor einem Schauer haben oder davor, Ihre Füße in einem Moor nass machen?"

Und so schickte uns der Vermieter am nächsten Tag nach der Unterredung in die Wildnis, als würde ein Falkner seinen Falken in die Luft werfen.

Der Tag war schön, die Hitze wurde durch eine angenehme Brise gemildert, große weiße Wolken schwammen in der blauen Leere, und immer wieder kam ein Regenschauer mit einem Sonnenstrahl auf der Ferse über unseren Weg. Wir fuhren am Dorf vorbei, an den Hütten vorbei, die auf der Spitze des gepflegten Hügels verliefen, stiegen auf Skeabost und den Bach mit der Insel der Gräber hinunter und erreichten zu gegebener Zeit das einsame Schulhaus an der Kreuzung des Straßen.

Hier bogen wir nach links ab, fuhren am Ostufer des Loch Snizort entlang und stiegen leicht hinauf. Etwa vier oder fünf Meilen später verließen wir die Parliamentary Road und fuhren auf Kingsburgh hinunter. Ich machte Fellowes auf die Ruinen des alten

Hauses aufmerksam und sprach mit ihm über den Prinzen, Flora Macdonald, Dr. Johnson und Boswell.

Nachdem wir eine Viertelstunde dort herumgeschlendert waren, gingen wir zum heutigen Haus hinunter, dessen Giebel mit Efeu bedeckt war und dessen Türen und Fenster angenehm nach Rosen und Honig dufteten. Zu dem Herrn, der damals den Hof besetzte, trugen wir einen Brief des Vermieters, stellten aber auf Nachfrage fest, dass er einige Tage zuvor geschäftlich nach Süden gegangen war. Dieser Herr war Junggeselle, das Haus wurde nur von Bediensteten gemietet, und natürlich konnten wir in Kingsburgh nicht bleiben.

Das war eine Enttäuschung; und als wir zum Karren zurückgingen, erzählte ich meinem Gefährten von angenehmen zehn Tagen, die ich dort drei oder vier Sommer zuvor verbracht hatte. Ich sprach mit ihm über den damaligen Kingsburgh - einen freundlichen großzügigen christlichen Highland-Gentleman; von seiner offenen Tür und offenem Gruß, warm und gastfreundlich; von seinem Christentum, so offen und gastfreundlich wie seine Tür; von der Fülle an Fleisch und Getränken und den Haushaltsfrömmigkeiten, die jemals um einen Segen zu bitten schienen. Ich sprach von der angenehmen Familie, so zahlreich, so vielfältig; die Großmutter, gefangen genommen in einem Sessel, aber niemals ärgerlich, niemals mürrisch; die, auf den Lippen von neunzig, das Lächeln von fünfundzwanzig trug; die von ihrer Bibel aufschauen konnte, mit der sie wie mit dem Weg in ihr Schlafzimmer vertraut war, um die Nachrichten des Augenblicks zu hören und sich dafür zu interessieren; die mit dem Licht der goldenen Stadt in ihren Augen zuhören und in die Schwierigkeiten eines Mädchens wegen ihres weißen Kleides und ihres ersten Tanzes geraten konnte. Es gibt nichts, was so gut hält wie ein gutes Herz; nichts was die Zeit so zum Kern versüßt.

Ich sprach von Kingsburgh selbst, arglos, ritterlich, gastfreundlich; von seinen Schwestern eine Witwe, eine Jungfrau; von seinem tapferen Soldaten-Neffen aus Indien; von seinen hübschen Nichten mit ihren englischen Stimmen und ihrer englischen Wildrosenblüte, die das Heidekraut und den Nebel liebten, und dem blauen Loch mit den Möwen, die darüber fegen, aber am allermeisten von ihm; von seinen Söhnen, tief im Gorilla-Busch, und für deren Geschichten und die Geschichte ihrer Abenteuer und Heldentaten die Ohren der Großmutter immer offen waren.

Ich sprach auch über die Gäste, die während meines Aufenthaltes kamen und gingen - der Soldat, der Künstler, der mysteriöse Mann, der, soweit wir wussten, weder Name, Beruf noch Land hatte, der ohne Eltern und Vorfahren war - wer war er selbst allein; von den Krocketspielen auf dem sonnigen Rasen, von den Picknicks und Ausflügen, von den Büchern, die in der kühlen Dämmerung des Mooshauses gelesen wurden, vom rauchenden Parlament, das an regnerischen Tagen im Stall gehalten wurde, von der ruhigen Zigarre im Freien vor dem Zubettgehen.

Es waren die angenehmsten vierzehn Tage, an die ich mich je erinnert habe und bevor ich meinem Begleiter alles erzählt hatte, hatten wir unsere Plätze im Karren eingenommen und waren auf dem Weg nach Uig ziemlich weit fortgeschritten.

Uig ist von Kingsburgh ungefähr fünf Meilen entfernt; die Straße ist hoch über dem Meer und wenn Sie entlangfahren, sehen Sie die nördlichen Landzungen von Skye. Der breite blaue Minch und Harris, die sich wie eine Wolke am Horizont erheben; und wenn der

Tag schöner ist, werden Sie den Handel von Meer und Himmel genießen, die unzähligen Farbtöne, die von den Wolken auf den wässrigen Spiegel geworfen werden, die Matte aus funkelndem Licht, das sich unter der Sonne ausbreitet, die grauen Duschen auf den entfernten Landzungen, die Spuren von Luftströmungen auf dem mobilen Element zwischen.

Die Wolken wandern von Form zu Form - was in einem Moment einem Drachen ähnelt, ähnelt im nächsten etwas anderem; das Vorgebirge, das vor zehn Minuten dunkel war, ist jetzt im Sonnenlicht gelbgrün. Das wässrige Pflaster ist mit Farbtönen verziert, aber mit Farbtönen, die sich ständig verändern und verändern.

In der weiten Aussicht herrscht völlige Stille, aber keine Ruhe. Was ist mit schwimmendem Dampf, der proteusartig von Form zu Form wandert - obskure Schauer, die fließen - drohende Windstöße - vergoldete und vergoldete Sonnenstrahlen - der riesige, eindrucksvolle, mimetische Boden, der Anblick, den Sie sehen, wenn Sie sich den Steilhang Straße von Kingsburgh nach Uig hinaufarbeiten, ist voller Bewegung.

Es gibt keine Ruhe in der Natur, sagen Sie; und die Wolken verändern sich wie Meinungen und Königreiche und die Körper und Seelen der Menschen. Materie ist ein Strom, der fließt, ein Feuer, das brennt. Durch eine schärfere Chemie als unsere könnten die Atome, aus denen der Körper Adams besteht, noch irgendwo festgehalten werden.

Sobald Sie den höchsten Punkt der Straße erreicht haben, sehen Sie die Bucht von Uig. Sie sind beim Fahren oder Gehen hoch darüber, der Boden ist auf der anderen Seite gleich hoch, und etwa eine Meile landeinwärts, an einem großen Sandstrand, rollen die

Gezeiten in langen weißen Linien, die sich gegenseitig verfolgen. Auf dem tiefen Wasser außerhalb der Gezeiten schwankt eine Yacht; am Ufer steht ein Herrenhaus mit Fahnenmast, und oben in der Bucht stehen mehrere Häuser, eine Kirche und ein Schulhaus, die aus Stein und Kalk gebaut sind.

Wenn der Minch draußen wütend ist und die Landzungen mit Gischt wäscht, ist Uig die Zuflucht, die der Fischer und der Untersetzer suchen. Wenn sie einmal die felsigen Portale betreten haben, sind sie in Sicherheit. Die Straße steigt jetzt zum Ufer hinab; auf halber Strecke gibt es ein Gasthaus mit niedrigem Dach, schwach beleuchtet und mit Stroh gedeckt - im Großen und Ganzen das vielleicht vielversprechendste Gebäude in der Nachbarschaft.

Hier haben wir angehalten. Wir waren bereits fünfundzwanzig Meilen gefahren, und als wir an diesem Abend nach Duntulm weiterfahren wollten, wollten wir uns unbedingt ein frisches Pferd besorgen. Die gute Luft hatte unseren Appetit geweckt, und wir waren gespannt auf das Abendessen, oder welchen Ersatz für das Abendessen es geben könnte. Unser Fahrer spannte das Pferd aus, und wir betraten ein kleines Zimmer, das jedoch makellos sauber war, und klopften mit den Fingerknöcheln auf den Verkaufstisch.

Als die rothaarige Magd eintrat, stellten wir fest, dass die Speisekarte aus Brot und Butter, Käse, Whisky, Milch und hartgekochten Eiern bestand - eine sehr zufriedenstellende Speisekarte, die wir gerne in Betracht zogen. Es gibt kein solches Gewürz wie den Hunger, der durch Bewegung im Freien verdient wird. Als die Vianden vor uns platziert wurden, haben wir sie mannhaft angegriffen. Das Brot und die Butter verschwanden, die hart gekochten Eier verschwanden, wir zuckten nicht vor den Scheiben Ziegenmilchkäse zusammen; Dann teilten wir den Whisky zu gleichen Teilen auf, gossen ihn in Schalen mit Milch und tranken genüsslich.

In der Mitte des Festes trat der Wirt ein - er trug den Kilt, die einzige Person, die ich beinahe bei meinem Aufenthalt auf der Insel gesehen hatte -, um Vorkehrungen für das frische Pferd zu treffen. Er gab zu, dass er ein Tier besaß, aber da er einen Karren hatte und einen Fahrer, war er der Meinung, dass die drei zusammen gehen sollten.

Dem widersprachen wir mit der Begründung, da wir bereits ein Fahrzeug und einen Fahrer hatten und sie keineswegs müde waren, wäre eine solche Änderung, die er vorschlug, unnötig. Wir sagten ihm auch, dass wir nur eine Nacht in Duntulm bleiben wollten und dass wir am Mittag des folgenden Tages wieder mit seinem Pferd in seiner Herberge sein würden.

Der Wirt schien von unseren Darstellungen nur wenig bewegt zu sein, und gerade als der Sieg aus dem Gleichgewicht geriet, kam mir die glänzende Idee, er solle mit seinem eigenen Whisky bestochen werden. Bei dem Klopfen auf dem Verkaufs-Tisch erschien die rothaarige Frau, der Befehl wurde erteilt, und im Nu wurde ein Jorum Bergtau produziert. Dies entschied, der Wirt legte die Waffen der Auseinandersetzung nieder, und nachdem wir uns feierlich betrunken hatten, ging er für das frische Pferd aus, und in einer Viertelstunde waren wir in Ordnung und stiegen langsam die steile Hügelstraße hinunter nach Uig.

Wir fuhren durch das Dorf, wo anscheinend viel gebaut wurde, und begannen dann, die Hügelstraße zu erklimmen, die sich dahinter erhob. Entlang des Berges verlief diese Straße so kurios im Zick-Zack, dass der Karren direkt unter Ihnen stand und Sie fast einen Keks hineinwerfen konnten - die eine Maschine in östlicher Richtung zur anderen West - würde zehn Minuten dauern, bis es den Punkt erreicht, den Sie erreicht hatten.

Endlich erreichten wir die Spitze des wellenförmigen Aufstiegs, gingen durch ein oder zwei Kilometer Moorwildnis, wo wir eine lange Reihe von Frauen trafen, die Torfgatter nach Hause brachten, und dann im frühen Sonnenuntergang den langen Hügel hinunter, der führte nach Kilmuir.

Als wir weiterfuhren, ließ Mugstot uns darauf aufmerksam machen - eine schlichte weiße Wohnung zu unserer Linken, in der Macdonald lebte, nachdem er Duntulm verlassen hatte und während Armadale noch baute. Auch über diesen Ort hielt die Parliamentary Road an. Wir konnten nicht mehr so reibungslos fahren wie auf einem englischen Turnpike. Der Weg war jetzt eng und steinig, und der Karren rumpelte und ruckelte auf äußerst beunruhigende Weise.

Auch in der letzten Stunde hatte die Szenerie ihren Charakter geändert. Wir stiegen nicht länger einen Hügel hinab, auf den die Nachmittagssonne angenehm schien. Unser Weg lag immer noch am Meer entlang, aber über uns befanden sich hohe Klippen mit großen Felsblöcken, die zu ihren Füßen lagen. Unter uns und bis zum Meeresspiegel abfallend lagen Felsbrocken übereinander, und gegen diese brodelte und brodelte die Flut.

Die Sonne ging auf dem Minch unter, und der unregelmäßige violette Umriss von Harris war am Horizont deutlich zu erkennen. Vor einiger Zeit hatten wir weder ein Haus gesehen, noch war unser Weg von einem einzigen Menschen gekreuzt worden. Die Einsamkeit und Trostlosigkeit der Landschaft wirkten sich auf einen aus. Alles war ungewohnt und bedeutungslos.

Die Straße, auf der wir fuhren, war wie eine Straße in der "Faery Queen"; entlang derer ein Ritter, dessen Sonnenuntergang auf seiner Rüstung tanzt, auf der Suche nach einem gefährlichen Abenteuer sein könnte. Das Kinn der Sonne ruhte jetzt auf dem Minch, die überhängenden Klippen waren rosig, und die felsige Straße schien endlos zu sein.

Endlich gab es eine plötzliche Wende, und auf einem kleinen Felsvorsprung mit zerbrochener Mauer und Schlupfloch vor dem roten Licht stand Duntulm - das Schloss aller anderen, die ich am liebsten gesehen hätte. Als wir den steinigen Weg hinuntergingen, kam uns die unangenehme Idee in den Sinn, dass Duntulm, zu dem wir einen Einführungsbrief des Vermieters brachten, - wie der Besitzer von Kingsburgh - geschäftlich nach Süden gegangen sein könnte. Wir hätten in dieser Nacht kaum nach Uig zurückkehren können, und dieser Gedanke versteifte die Mauer aus rosigen Klippen über uns und trübte das Sieden des Minch unter den zerbrochenen Felsbrocken darunter.

Da die Spannung schlimmer war als die Gewissheit, drängten wir auf das Uig-Pferd und hielten in kurzer Zeit mit der zerbrochenen Burg hinter uns am Haus. Duntulm hatte uns kommen sehen, und als wir ausstiegen, stand er vor der Tür, sein Gesicht war im Winter gastfreundlich wie ein Feuer, und seine ausgestreckte Hand war der beste Beweis für gute Wünsche.

In einem Moment verschwanden die kahlen roten Klippen und das obdachlose Brodeln des Minch zwischen den zerbrochenen Steinen aus meiner Erinnerung. Wir haben unsere Namen genannt und den Einführungsbrief überreicht.

"Es gibt keine Notwendigkeit", sagte er, als er den Brief in die Tasche steckte, "Höflichkeit vor der Zeremonie. Sie sind natürlich meine Gäste. Kommt herein. Der Brief wird mir sagen, wer Ihr seid."

Und so wurden wir in das kleine Wohnzimmer getragen, bis unsere Schlafzimmer fertig waren, und dann gingen wir die Treppe hinauf, wuschen unsere Hände und Gesichter, zogen uns um und als wir den Salon betraten, zischte die Teekanne auf dem Tisch, und mit unserem Gastgeber saß ein Fotograf - bärtig wie alle heutigen Künstler -, der sich am Nachmittag auf Flora Macdonalds Grab verabredet hatte.

Als der Tee zu Ende war, wurden wir in einen anderen Raum gebracht, in dem Materialien für das Brauen von Punsch aufbewahrt wurden. Durch das Fenster erblickte ich die Spektralburg, das Meer, auf dem das Licht starb, und den purpurnen Rand von Harris am Horizont. Und dort, in der entlegensten Ecke von Skye, unter Menschen, die ich noch nie zuvor gesehen hatte und die von Klippenwänden und dem rauschenden Meer umgeben waren, auch in einer Region, in der es keine richtige Nacht gab, muss ich zugeben, bei Bewusstsein gewesen zu sein von einem angenehmen Gefühl der Fremdheit, der Entfernung von allen üblichen Denk- und Lokalitätszuständen, an die ich mich manchmal gerne erinnere und die ich immer wieder genieße.

In dieses Gefühl trat das fremde Land ein, durch das ich an diesem Tag gefahren war, das fremde Zimmer, in dem ich saß, die fremden Gesichter, die mich umgaben, das fremde Gerede; dennoch bin ich mir fast sicher, dass es durch die eigentümliche Spirituosenflasche auf dem Tisch in nicht unerheblichem Maße verstärkt wurde. Diese Flasche hatte eine hellgrüne Farbe und bestand aus zwei hohlen Halbkugeln wie Sandglas, wobei das Mundstück natürlich die obere Hemisphäre überragte. Von der oberen zur unteren Hemisphäre sprangen vier hohle Arme, durch die der Schnaps floss und der Flasche ein merkwürdig quadratisches Aussehen verlieh.

Ich hatte noch nie eine solche Flasche gesehen, und ich nehme an, bis ich nach Duntulm zurückgehe, sehe ich eine solche wahrscheinlich nicht. Ihre Form war eigenartig, und diese Eigenart tauchte in seiner Seltsamkeit von allem anderen auf. Wir saßen dort, bis das Licht auf dem Meer erloschen war und die Wolke auf Harris niedergegangen war, und dann wurden die Kerzen hereingebracht.

Aber der zerbrochene Turm von Duntulm blieb in meiner Erinnerung, und ich begann, mich danach zu erkundigen. Mir wurde gesagt, dass es lange der Sitz der Macdonalds war, aber nachdem die Familie vom Geist Donald Gorms vertrieben worden war, zogen sie nach Mugstot.

"Donald Gorm!"

Ich sagte; "wurden sie vertrieben von dem unruhigen Geist des Donald, der Macleod an seinem eigenen Tisch in Dunvegan missachtete - der, als er gebeten wurde, seinen Dolch zu zeigen, ihn Macleod und seinen Herren gegenüber im Fackellicht hochhielt mit dem Ausruf: "Hier ist es, Macleod von Dunvegan, und in der besten Hand, um es auf den vierundzwanzig Inseln der Hebriden nach Hause zu schieben?"

"Sie wurden vom Geist desselben Donald vertrieben", sagte unser Gastgeber. "Dieser Häuptling war von einer chronischen und tödlichen Krankheit heimgesucht worden und nach Edinburgh gezogen, um sich dort unter die Obhut der Blutegel zu stellen. Sein Körper lag auf einem Krankenbett in Edinburgh, aber sein Geist streifte durch die Gänge und Galerien des

Schlosses. Die Leute hörten die Geräusche und das Zuschlagen von Türen und das Winken von Tartans auf den Treppen und wussten nicht, dass es der Geist war von ihrem kranken Herrn, der sie beunruhigte. Es wurde jedoch herausgefunden. Die Diener wurden durch die überirdischen Stimmen und die Geräusche des Weinens, das Winken von schattenhaften Tartans und das Auswringen von schattenhaften Händen aus ihrem Verstand erschreckt und erklärten, dass sie nicht länger in der Burg bleiben würden. Schließlich sagte ein junger Mann aus Kilmuir, er würde die ganze Nacht im Flur sitzen, wenn sie ihm ein Schwert und eine Bibel und viel zu essen und zu trinken geben würden und zu der Erscheinung sprechen. Sein Angebot wurde angenommen, und er setzte sich mit gezogenem Schwert und offener Bibel auf dem Tisch vor sich zum Abendessen in die große Halle. Um Mitternacht hörte er, wie sich Türen öffneten und schlossen und Schritte auf der Treppe erklangen, und bevor er wusste, wo er sich befand, stand Donald Gorm in Tartan wie zum Fest oder zur Schlacht auf dem Boden und sah ihn an. "Was willst du mit mir, Donald?", fragte der junge Mann. „Ich war letzte Nacht in Edinburgh", sagte der Geist: „Und ich bin heute Nacht in meinem eigenen Schloss. Hab keine Angst, Mann; in dem kleinen Kiesel, den du mit Finger und Daumen von dir wegschiebst, steckt mehr Kraft als in meinem ganzen Körper. Sagen Sie Donald Gorm Og - ("Donalds Sohn, wissen Sie", interpolierte der Fotograf), Donald Gorm Og solle sich für das Recht gegen die Macht einsetzen, großzügig für die Menge sein und eine wohltätige Hand für die Armen ausstrecken. Weh mir! Weh mir! Ich habe mit einem Sterblichen gesprochen und muss heute Abend das Schloss verlassen." Der Geist von Donald verschwand und der junge Mann blieb allein im Flur sitzen. Donald starb in Edinburgh und wurde dort begraben; aber nach seinem Tod ging sein Geist hier wie zu Lebzeiten umher, bis die Familie gezwungen war, zu gehen. Früher war es ein schöner Ort, aber seit Jahren bröckelt es und ist jetzt zerbrochen und hohl wie ein Hexenzahn. Die Geschichte, die ich Ihnen erzählt habe, wird von allen Fischern, Hirten und Milchmädchen in der Nachbarschaft mit Leidenschaft geglaubt. Ich denke, Mr. Maciver, der Geistliche in Kilmuir, ist der einzige in der Nachbarschaft, der nicht daran glaubt."

Diese Geistergeschichte hat der Fotograf aufgezeichnet, und als das erledigt war, gingen wir ins Bett. Am nächsten Morgen gingen wir hinaus, um das alte Schloss zu besichtigen, und fanden es nur eine Muschel. Verglichen mit seinem Auftritt in der Nacht zuvor, als es in Erleichterung gegen den roten Himmel stand, war es seltsam unscheinbar; ein Fragment eines Turms und ein Teil der flankierenden Mauer standen aufrecht; es gab Spuren von Bauten am Hang in der Nähe des Meeres, aber der Rest war nur ein Schutt von gefallenem Mauerwerk. Es war in jeder Hinsicht verwüstet worden; die Elemente hatten es abgenutzt und zertrümmert, die Bewohner des Distrikts hatten es vor Jahren zu einem Steinbruch gemacht und daraus Häuser, Nebengebäude und Deiche gebaut, sodass die Vergangenheit den Zwecken der Gegenwart diente.

Schafe, die für den Londoner Markt bestimmt waren, ernteten die Kräuter um die Basis - was auf merkwürdige Vergleiche hindeutete und die Antike und die Gegenwart in einen schärferen Kontrast brachte.

Während wir über die Ruinen schlenderten, kam der Fotograf herauf und unter seiner Anleitung besuchten wir den Kirchhof von Kilmuir, auf dem Flora Macdonald ruht. Wir gingen die steinige Straße entlang, die wir in der Nacht zuvor gefahren waren - die

Klippen in letzter Zeit so rosig, grau genug und das Sieden des frischen Meeres zwischen den Felsblöcken und Schindeln unter ihnen eher berauschend als sonst.

Nach einem Spaziergang von ungefähr ein paar Kilometern verließen wir die Straße, stiegen einen grasbewachsenen Hügel auf und fanden dort den Friedhof, der von einer niedrigen Steinmauer umschlossen war. Alles war in schrecklichem Verfall. Das Tor stand offen, die Grabsteine waren zerbrochen und unkenntlich gemacht, und über dem Grab der Heldin wuchsen Brennnesseln üppiger als jede Ernte, die ich bisher auf der Insel gesehen hatte.

Skye hat nur ein historisches Grab - und hinterlässt es so. Als er dem Fotografen unsere Überraschung ausdrückte, erzählte er uns, dass ein Londoner Bildhauer, der hier vorbeiging und dessen Herz bei dem Anblick in ihm brannte, an mehreren Tischen im Bezirk angeboten hatte, ein Bronzemedaillon der berühmten Dame gratis auszuführen, vorausgesetzt, seine Gäste würden sich verpflichten, es richtig zu platzieren und eine passende Inschrift auf dem Sockel zu setzen.

"Ich weiß, der Vorschlag wurde gemacht", sagte der Fotograf, "denn der Bildhauer hat mir selbst davon erzählt. Sein Vorschlag wurde noch nicht aufgegriffen, und er wird wahrscheinlich auch jetzt noch nicht aufgegriffen. Das Land, in dem das Grab von einer Heldin so behandelt wird, ist es nicht wert, eine Heldin zu haben. Trotzdem" - er musterte den Ort kritisch, mit dem Kopf ein wenig zur Seite geneigt - "macht es ein malerisches Bild, wie es aussieht - vielleicht besser als wenn es ordentlich aufgeräumt wäre."

Wir holten eine Brennnessel aus dem Grab und kehrten dann zum Frühstück nach Duntulm zurück.

Kurz nach dem Frühstück war unser Karren an der Tür und gefolgt von Duntulm und dem Fotografen in einer ähnlichen Maschine machten wir uns auf den Weg nach Quirang.

Eine Fahrt von ein paar Stunden brachte uns zum Fuß des einzigartigen Berges. Wir kippten unsere Fahrzeuge, ließen die Pferde herumlaufen und pflückten das kurze Gras. Auf den Gipfel hoch nahmen wir unser Mittagessen als Picknick mit.

Dann begannen wir mit dem Aufstieg. Der Tag war schön, der Himmel wolkenlos, und in einer Stunde arbeiteten wir uns an der felsigen Nadelspitze vorbei, und in fünfzehn Minuten erreichten wir das flache grüne Plateau. Hier haben wir zu Mittag gegessen, Lieder gesungen und Heldenreden gehalten, in denen wir uns gegenseitig Gesundheit wünschten.

Ich war zuvor bei Regen, Wind und Dampf auf den Quirang gestiegen und konnte ihn jetzt unter den verschiedenen atmosphärischen Bedingungen kaum wiedererkennen. Dann war jeder Stein rutschig, jeder Tunnel ein Strom, die Spitze der Nadel im fliegenden Nebel verloren, alles sah spektral, seltsam und abnormal aus.

Bei der gegenwärtigen Gelegenheit sahen wir es in hellem Sonnenlicht; und wie die Basaltsäulen, die zerschmetterten Abgründe, die vorspringenden, in Schrecken versunkenen Felsen an Schönheit gewannen! Wir lehnten uns auf dem weichen, grünen Gras zurück - seltsamerweise fanden wir Gras, das von fantastischen Felsen umgeben war - und hatten durch Risse des alten Erdbebens die schönsten Blicke der kartenähnlichen Welt in schwachem Seeazur.

Eine Stunde vielleicht lagen wir dort; und dann begann der lange Abstieg. Als wir die Karren erreichten, tauschten wir einen Abschiedsbecher aus, und dann kehrten Duntulm und der Fotograf nach Hause zurück, und wir machten uns auf den Weg nach Uig.

Als wir in Uig ankamen, aßen wir zu Abend - die Speisekarte war identisch mit der am Vortag; die hartgekochten Eier, vielleicht nur ein bisschen härter gekocht; und nachdem wir uns dann mit dem gekilteten Wirt niedergelassen hatten - dem erstaunlich gemäßigten Angeklagten -, stiegen wir unser eigenes Pferd aus, und als die untergehende Sonne den Minch hinter uns glänzend machte, machten wir uns auf den Weg nach Portree.

Es war elf Uhr nachmittags bevor wir die kleine Stadt erreichten, schien der Mond klar, ein oder zwei streunende Kerzen funkelten in den Häusern, und als wir die Hoteltür erreichten, wurde das Gebäude beleuchtet - es war ein schöner Tag gewesen, die Preise für Vieh waren gut, und bei Whisky Punsch verbrüderten Bauer und Viehzüchter.

Am nächsten Morgen war am weichen Himmel der wilde Umriss der Cuchullins, mit dem wir uns wieder bekannt machen sollten. Irgendwie werden diese Hügel niemals müde, man wird nie mit ihnen vertraut, Intimität kann sie nicht mehr veralten als es die Schönheit von Cleopatra könnte. Von der Hoteltür aus betrachtete ich sie so interessiert wie vor zehn Jahren, als ich sie vom Deck des Dampfers vor Ardnamurchan aus mit ihren Wolken am Horizont erblickte.

Während des Frühstücks im öffentlichen Raum kamen Landwirt und Viehzüchter vorbei - die feurigeren tranken blasses Ale anstelle von Tee. Nach dem Frühstück fuhren wir wieder mit dem Karren gemächlich in Richtung Sligachan - die wunderschönen Berge verlieren allmählich die Zartheit des Morgens und werden müde und heiser, stehen mit scharfen

Kanten gegen das Licht, werden rau mit felsigem Knauf und Strebepfeiler und grau runzlig mit Schluchten.

Als wir das Gasthaus erreichten, fanden wir es voller Gesellschaft, Glocken, die ständig klingelten, ein halbes Dutzend Maschinen an der Tür und eine Gruppe Herren in Knickerbockern, angefangen mit Ruten und Fischkörben. Hier gaben wir den Karren an den Wirt zurück und begannen, uns an die öde Schlucht zu wenden, die sich zwischen dem Gasthaus und Camasunary erstreckte.

Obwohl Sie in Glen Sligachan die eigentlichen Cuchullins aus den Augen verlieren, sind Sie von ihren äußeren und weit ausstrahlenden Ausläufern umgeben. Die Schlucht ist ungefähr acht Meilen lang und unvorstellbar wild und verlassen. Auch beim Gehen werden die Fadenkreuze der Hügel mit der blassgrünen Tönung herausgearbeitet, die ich als charakteristisch für die Hügel aus Lord Macdonalds Hirschwald festgestellt hatte und die die Idee des Überlaufens chemischer Flüssigkeiten, metallischer Korrosionen und Verfärbungen hervorrufen. Es gibt keinen richtigen Weg, und Sie gehen in den losen Trümmern der Ströme; und in Glen Sligachan, wie in vielen anderen Teilen von Skye, stößt Sie die Landschaft auf seltsame Weise ab und treibt Sie in sich hinein.

Sie haben ein gesteigertes Gespür für Ihre eigene Individualität. Die enormen Mengen, ihr allmähliches Zurückweichen zu unsichtbaren Kämmen, ihre völlige Bewegungslosigkeit, ihre strenge Stille machen Ihnen Angst. Sie sind sich ihrer Gegenwart bewusst und möchten kaum etwas sagen, um nicht belauscht zu werden. Sie können nicht lachen. Sie würden keinen Witz für die Welt machen.

Glen Sligachan wäre der richtige Ort, um sich selbst zu prüfen. Dort würden Sie ein Gefühl für Ihre eigenen Gemeinheiten, Selbstsüchte, dürftige Ausweichmanöver von Wahrheit und Pflicht entwickeln und herausfinden, was für einen schäbiger Kerl Sie im Herzen haben - und wenn Sie zu Ihren stillen Beichtvätern aufschauen, werden Sie keine Gnade in ihren grimmigen Gesichtern finden.

Ich weiß nicht, wie sich Berge auf die Menschen auswirken, die gewöhnlich unter ihnen leben, aber wohl wie sie sich auf die Fremden einwirken, die sie im Herzen ernst nehmen. Durch diese Schlucht stapften wir still und als zwei Drittel der Strecke zurückgelegt waren, war es ein Gefühl der Erleichterung, als sich ein See vor uns ausbreitete.

Der Anblick von irgendetwas Beweglichem, von einem Element, das glitzern und grübeln und tanzen konnte, nahm den Sinn der steinernen Ewigkeiten, grau und faltig wie die Spuren lang vergessener Leidenschaft, für immer zuhören, für immer stumm. Nachdem wir den See umrundet hatten, der fröhlich an seinem Rand plätscherte, und über einen langen Felsbrocken geklettert waren, sahen wir eine niedrige Flanke von Blaavin, die Bucht von Camasunary, das Haus und genau das Boot, das M'lan uns an dem Tag ausgeliehen hatte, als wir Loch Coruisk besuchten. Der tabaklose Mann war nirgends zu sehen, und ich fragte mich, ob sein Bote noch aus Broadford zurückgekehrt war.

Als wir auf dem Hügel ankamen, mussten wir den Hang hinunter nach Kilmaree fahren und da ich bei meiner Rückkehr von Loch Coruisk unter der Führung von M'lan angenehm heruntergekommen war, glaubte ich natürlich, dass ich bei dieser Gelegenheit als Führer auftreten könnte.

Aber in absteigenden Hügeln gibt es ein Händchen wie in allem anderen. Zuallererst habe ich den schmalen Fußweg oben verloren; als wir dann das Loch Eishart erreichen mussten und das Loch Eishart deutlich sichtbar unter uns lag, führte ich direkt dorthin; aber irgendwie gerieten wir immer wieder an das falsche Ufer eines pestilenten Stroms, der durch Abgründe und Schluchten auf dem wohl umständlichsten Weg zum Meer gelangte. Diesen Bach haben wir mindestens ein Dutzend Mal durchquert, und manchmal droht die Gefahr eines Untergangs.

Es war jetzt spät am Nachmittag und das Wetter hatte sich geändert. Die Gipfel der Hügel begannen sich im Nebel zu verlieren, und lange Reihen von Meernebel schlichen sich über das untere Gelände. In Abständen regnete es langsam. Wie ich vermutete, fanden wir den unvermeidlichen Strom wieder in unserer Front und kamen - glücklicherweise zum letzten Mal - mühsam darüber hinweg. Nachdem wir ungefähr hundert Meter weitergegangen waren, gelangten wir auf den verlorenen Pfad, und in fünfzehn Minuten standen wir am Ufer des Lochs und beobachteten die fliegende Menge atlantischen Nebels und die grünen Wellen, die mit ihren weißen Kappen darunter rollten.

Es stellte sich nun die Frage: Auf welche Weise könnten wir Mr. M'Ian erreichen? In Kilmaree gab es keine Fähre, aber am Ufer standen verschiedene Boote, und ein paar schaukelten auf dem unruhigen Wasser am steinigen Pier. Es gab mit Sicherheit genug Boote, aber wo waren die Bootsleute?

In der Nachbarschaft waren sicher Männer zu finden, die uns gegen Bezahlung hinüberführen würden. Wir leiteten unsere Schritte zur Lodge in Kilmaree, die unscheinbar wirkte, und drangen nach einigem Schwierigkeiten in den Bereich der Büros und Nebengebäude ein. Hier fanden wir ein paar Männer, die Stöcke hackten, und sie sprach sich mein Gefährte an, der als Geschäftsmann und Jurist der Sprecher bei solchen Gelegenheiten war.

"Wollen Sie heute Abend zu Mr. M'Ian gehen?" sagte der Älteste, verzichtete auf seine Aufgabe und stand mit seiner Axt in der Hand auf.

"Ja, wir sind besonders darauf bedacht, rüberzukommen. Können Sie uns mitnehmen?"

"Ich weiß es nicht. Sie sehen, wir sind keine Fährmänner. Wenn wir Sie mitnehmen, müssen wir unsere Arbeit verlassen."

"Natürlich müssen Sie; aber wir werden Sie für Ihre Mühe bezahlen."

Hier tauschten die beiden Männer ein oder zwei gälische Sätze aus, und dann fragte der ältere Holzhacker: "Kennen Sie Mr. M'Ian?"

"Oh ja, wir kennen ihn sehr gut."

"Erwartet er Sie heute Nacht?"

"Nein; aber wir sind gespannt auf ihn, und er wird sich freuen, uns zu sehen."

"Ich bin nicht sicher, ob wir Sie hinüberbringen können", sagte der Mann zögernd; "Sie sehen, der Meister ist von zu Hause, ein 'der Wind steigt, ein' wir sind keine Fährmänner, ein 'wir müssen ein Boot ausleihen, ein'" - wo er noch mehr zögerte - "es würde Sie kosten etwas."

"Natürlich wird es. Was verlangen Sie."

"Wären Ihnen zehn Schilling zu viel?"

"Nein, wir geben Ihnen zehn Schilling", sagte Fellowes und schloss das Geschäft ab.

"Und", sagte ich, als ich wie eine schnelle Anklage von Lanzenträgern auf ein halb unorganisiertes Bataillon stieß und den Sieg vervollständigte, "wir geben Ihnen auch im Haus ein Glas Whisky, wenn Sie rüberkommen."

Die Männer warfen ihre Äxte nieder, zogen ihre Jacken an, die an den Nägeln an den Wänden hingen, und sprachen geschäftig auf Gälisch. Sie führten zum kleinen steinigen Pier, an dem die Boote festgemacht hatten.

"Da steigt ein Sturm auf", sagte einer der Männer, als er ein Boot an einem Seil zum Pier zog, "und es wird nicht einfach sein, Sie zu überqueren, und es wird noch schwieriger, uns selbst zurückzuholen."

Da wir jedoch auf diese Äußerung keine Antwort gaben, beschäftigten sich die Männer damit, das Boot in Ordnung zu bringen, die Rollock-Stifte zu testen, Steine auf Ballast zu rollen, das Segel und die Seile zu untersuchen und dergleichen. In kurzer Zeit nahmen wir unsere Plätze ein und dann zogen die Männer langsam in die entgegengesetzte Richtung von Herrn M'lans Haus zum Meer, um den Wind zu fangen, der frisch im Landesinneren wehte.

Dann wurde der Kurs des Bootes geändert, die Ruder verschifft, das Segel ausgeschüttelt, und wir gingen mit langen Rucken durch die grüne See. Der Schaum sammelte sich hoch am Bug, zischte an den Seiten und bildete eine lange weiße Spur hinter. Der ältere Mann saß mit dem Seil des Segels in der Hand und blinzelte bei dem Wetter von Zeit zu Zeit scharf. Wenn er nicht so beschäftigt war, war er gesprächig.

"Er ist ein guter Gentleman, Mr. M'lan, ein sehr guter Gentleman; eine sehr guter für die Armen."

"Ich verstehe", sagte ich, "dass er der großzügigste Mensch ist."

"Er ist das; er lässt niemals einen armen Mann ohne eine Mahlzeit an seiner Tür vorbeigehen. Vielleicht, Sir, werden Sie ein Freund von ihm sein?"

"Ja, wir sind beide Freunde von ihm und Freunde seines Sohnes auch."

"Vielleicht sind Sie Verwandte von ihm? - Er hat viele Beziehungen im Süden des Landes."

"Nein", sagte ich, "kein Verwandter, nur ein Freund. Rauchen Sie?"

"Oh ja, aber ich habe meinen Spleuchan vergessen."

"Ich kann Sie mit Tabak versorgen", sagte ich, und als seine Pfeife angezündet wurde, wurde er still.

Wir hatten jetzt einen Durchmesser von zwei Dritteln, und die weißen Wassernebel hingen tief an der vertrauten Küste, als wir uns näherten. Allmählich wurden die bekannten Objekte im Abendlicht definiert - das Birkenholzwäldchen, die Hütten am Ufer, das Haus, die Klippen, hinter denen die Wolken auf halber Höhe lagen. Als wir uns dem steinigen Kai näherten, stellten wir fest, dass wir Gegenstand beträchtlicher Spekulationen waren.

Es war nur selten so, dass ein Boot gegenüber der Küste von Strathaird stand, und durch unser Glas konnten wir eine Gruppe von Dienern sehen, die an der Ecke der schwarzen Küche standen und unsere Bewegungen beobachteten, und Mr. M'lan selbst kam mit seinem Fernrohr heraus. Als der Kiel auf den Kieselsteinen rieb, stiegen wir aus.

"Nun, meine Männer", sagte Fellowes, "kommen Sie zum Haus und nehmen Sie Ihr versprochenes Glas Spirituosen!"

Zu unserem Erstaunen lehnten die Männer ab; sie konnten es kaum erwarten, umzukehren.

"Aber Sie müssen kommen", sagte mein Begleiter, der als Verfolger fungierte, "denn bevor ich Sie bezahlen kann, muss ich Herrn M'lan bitten, mich als Souverän zu ändern. Kommen Sie mit."

Wir stiegen zum Haus hinauf und wurden von Mr. M'lan, Vater und Sohn, auf der mit Efeu bedeckten Veranda begrüßt.

"Übrigens", sagte Fellowes, "ich möchte, dass Sie mich als Souverän wechseln, da wir zehn Schilling haben, um diese Männer zu bezahlen."

"Haben die Schurken diese Summe in Rechnung gestellt, weil sie Sie hergebracht haben? Es ist Erpressung; fünf Schilling reichen völlig aus. Lassen Sie mich los und sprechen Sie mit ihnen."

"Aber", erwiderte Fellowes, "wir betrachten die Forderung nicht als maßlos. Wir haben mit ihnen verhandelt. Und waren so besorgt, hier zu sein, dass wir sie gerne doppelt bezahlt hätten."

"Hören Sie auf", rief M'lan, als er seinen Hut aufsetzte und seinen Stock ergriff. "Warum, Sie Schlingel, haben Sie diesen Herren zehn Schilling in Rechnung gestellt, weil Sie sie über das Loch gebracht haben? Sie wissen, dass Sie gut genug bezahlt sind, wenn Sie die Hälfte bekommen."

"Sir", sagte der ältere Mann respektvoll, während beide ihre Hüte berührten, "wir nehmen nur, was Sie wollen; alles, was Sie wollen, Mr. M'lan."

„Sehen Sie nicht das Unheil, das Sie anrichten und die Missachtung, die Sie durch diese Art von Dingen auf das Land bringen? Ich glaube nicht die Hälfte der Geschichten. Diese Dummköpfe" - wo der alte Herr durch ein schnelles Zurückschieben seines Daumens auf uns hingewiesen hat - "könnten nach Hause in den Süden gehen und an die Zeitungen über Sie schreiben."

"Das Geschäft, das die Herren gemacht haben, war zehn Schilling", sagte der Mann, "aber wenn Sie denken, wir haben zu viel verlangt, nehmen wir sechs. Aber es ist für Sie, wir nehmen es, nicht für sie."

"Ihr seid ehrliche Leute", schrie der alte Herr, als er die Münzen in die Handfläche des älteren Mannes goss; "Alick, bring ihnen einen Dram raus."

Der Dram, dem ein oder zwei gälische Worte vorausgingen, auf die Mr. M'Ian nickte, wurde gebührend geschluckt, und die Männer, die ihre Hauben berührten, stiegen zu ihrem Boot hinunter. Der alte Herr führte den Weg ins Haus, und wir hatten kaum die Veranda erreicht, als mein Begleiter sich daran erinnerte, dass er etwas zurückgelassen hatte, und rannte hinunter, um es zu holen. Er kehrte nach einer Weile zurück und gab mir im Laufe des Abends zu verstehen, dass er die Bootsleute gesehen und sein Versprechen vollständig umgesetzt hatte.

Der Wind hatte sich in der Nacht verändert und am nächsten Morgen herrlich ausgebrochen - kein Dunstfleck auf den Cuchullins; der lange Abschnitt von Strathaird ist wunderbar ausgeprägt; das Loch hell im Sonnenlicht.

Als wir zum Frühstück gingen, fanden wir Mr. M'Ian alleine. Sein Sohn, sagte er, war seit vier Uhr morgens auf dem Hügel und versammelte die Lämmer. Gegen Mittag würden er und seine Assistenten sie an der Fank brandmarken. Als das Frühstück vorüber war, blieben die Mitbewohner, die Briefe zu schreiben hatten, im Haus. Ich und der alte Herr gingen hinaus.

Wir gingen die Schlucht hinauf, und als wir uns der Fanke näherten, sahen wir eine Reihe von Männern, deren Plaids mit darauf gelegten Schäferhunden auf die Turfenwände geworfen waren. Eine dicke Torfrauchsäule stieg auf und roch leicht in einer Entfernung von einer halben Meile. Es waren keine Schafe zu sehen, aber die Luft war voller Blöken - erfüllt von den klaren, klagenden Höhen unzähliger Mutterschafe und dem Heiserkeitsbaa von Tupfern.

Als wir ankamen, fanden wir die engen Kammern und Körperteile an einem Ende der Bank, die mit Lämmern überfüllt waren, so eng zusammengekeilt, dass sie sich kaum bewegen konnten, und zwischen diesen Kammern und Kammern wurden vorübergehende Absperrungen errichtet, so dass kein Tier von einer zur anderen gelangen konnte andere. Die Hirten müssen an diesem Morgen schwere Arbeit geleistet haben.

Es war erst elf Uhr, und seit der frühen Morgendämmerung waren sie und ihre Hunde über ein Gebiet von zehn Meilen gelaufen, hatten jede Hügelkuppe gefegt, jedes Tal besucht und Schafherden hinunter zu dieser zentralen Stelle gebracht. Nachdem die Tiere heruntergekommen waren, begann das Sortieren. Die perfektesten Mutterschafe - die dazu bestimmt waren, die Mütter der nächsten Lammbrut auf der Farm zu sein - wurden in einer Kammer untergebracht. Die zweitbesten, deren Schicksal es war, in Inverness verkauft zu werden, wurden in einem Kongen von Abteilen untergebracht, von denen das eine in das andere mündete. Die minderwertigen Qualitäten besetzten einen eigenen Platz: Diese sollten auch in Inverness verkauft werden, aber zu niedrigeren Preisen als die anderen.

Der Fank ist ein großes quadratisches Gehege; die Fächer, in denen sich die meckernden Herden drängten, nahmen etwa die Hälfte des ummauerten Raumes ein, der Rest war vollkommen leer. Eines der Fächer öffnete sich in diesen Raum, aber eine vorübergehende Barriere verhinderte jegliches Entweichen. Direkt an der Mündung dieser Barriere konnten wir die weiße Asche und das trübe orangefarbene Glühen des Torffeuers sehen, in dem sich ein halbes Dutzend Brandeisen erhitzten.

Als alles vorbereitet war, betraten zwei oder drei Männer diesen offenen Raum. Einer nahm seinen Platz auf einem großen glatten Stein neben dem Torffeuer ein, ein zweiter sprang in die kämpfende Masse von Köpfen und Vliesen, ein dritter öffnete die Barriere leicht, zog ein kämpfendes Lamm an den Hörnern hervor und übergab es der Fürsorge des Mannes, der auf dem glatten Stein saß. Dieser Würdige brachte das Tier geschickt zwischen die Beine, so dass es sich nicht mehr wehren konnte, legte seinen Kopf auf seinen Oberschenkel, ergriff das orange Glühen des glühenden Torffeuers einer der glühenden Heizstäbe und zischte und eine leichte Rauchwolke zog es in diagonaler Richtung über die Nase.

Bevor das Tier ausreichend gebrandmarkt wurde, musste das Eisen zweimal oder dreimal aufgetragen werden. Es wurde dann losgelassen und trabte blökend in den freien Raum, machte vielleicht eine merkwürdige Bewegung auf dem Weg wie in Bravour oder schüttelte hastig den Kopf, als wäre ihm Schnupftabak in die Augen geworfen worden.

Den ganzen Tag geht dieses Branding weiter. Das Torffeuer wird bei Bedarf aufgefüllt; ein anderer Mann setzt sich auf den glatten Stein; um zwei Uhr bringen eine Reihe von Frauen das Abendessen aus dem Haus, und währenddessen sitzt der junge Mann mit einem Notizbuch in der Hand an der Turfenwand und notiert die Anzahl der Lämmer und ihre jeweiligen Qualitäten.

Jeder Landwirt hat seine eigene Marke, und anhand dieser kann er ein Mitglied seines Bestands identifizieren, wenn es vom rechten Weg abkommt. Die Marke ist für den Landwirt das, was eine Marke für einen Hersteller ist. Diese Marken sind den Viehzüchtern vertraut, so wie die Marken von Wein und Zigarren den Kennern in diesen Artikeln vertraut sind. Die Operation sieht grausam aus, aber es ist nicht ganz klar, dass die Schafe darunter leiden.

Während sie sich unter dem Brandeisen befinden, sind sie vollkommen ruhig - weder meckern noch kämpfen sie, und wenn sie aussteigen, zeigen sie kein Anzeichen von Unbehagen, außer dem bereits erwähnten hochgebundenen oder unruhigen Kopfschütteln - wenn dies tatsächlich Anzeichen von Unbehagen sind — eine Schlussfolgerung, die kein Schafzüchter in irgendeiner Weise zulassen wird. In ungefähr einer Minute fressen sie Kräuter im offenen Bereich der Bank oder wenn der Tag warm ist, liegen sie so gelassen in den kühlen Schatten der Wände, als wäre nichts passiert.

Wir lehnten uns an die Wand und sahen ungefähr eine Stunde lang zu, bis ein paar hundert Lämmer gebrandmarkt waren. Dann gingen wir die Schlucht hinauf, um eine Stute und ein Fohlen zu inspizieren, auf die Mr. M'lan besonders stolz war.

Als er in Richtung des Hauses zurückkehrte, machte der alte Herr mich darauf aufmerksam, was für Gräben angelegt worden waren, welche Mauern in meiner Abwesenheit errichtet worden waren, und zeigte mir auf der anderen Seite des Baches, welches Reisig er im nächsten Frühjahr für Kartoffeln roden wollte, welche Felder, die er den Leuten für ihre Ernten geben würde, welche Felder er für seinen eigenen Gebrauch reservieren würde.

Auf diese Weise fließend, mit Plan und kleinem Detail der Farmarbeit, drehte er sich plötzlich mit einem seltsamen Gesichtsausdruck zu mir um. "Ist es nicht seltsam, dass ein Kerl wie ich, der am Rande des Grabes steht, Tag für Tag herumtöpfert und an Rüben und Hafer, Mutterschafe, Kühe und Fohlen denkt? Die

Chancen stehen gut, dass ich Hafer säe und niemals ernten werde - dass ich weg sein werde, bevor die Blüte auf meine Kartoffeln kommt."

Die Seltsamkeit davon hatte mich schon oft beeindruckt, aber ich sagte nichts.

"Ich nehme an, es ist das Beste, dass ich mich für diese Dinge interessiere", fuhr der alte Herr fort. "Der Tod ist so nahe bei mir, dass ich ihn hören kann, als wäre er eine verrückte Trennwand. Ich weiß, dass er da ist. Ich kann ihn sich ständig bewegen hören. Mein Interesse an der Farm ist die Trennwand, die uns trennt. Wenn sie weg wäre, sollte ich von Angesicht zu Angesicht bei ihm sein."

Mr. M'Ian war vielleicht der älteste Mann auf der Insel und er mochte es nicht, über sein fortgeschrittenes Alter zu sprechen. Ein Mann mit fünfundfünfzig möchte vielleicht als jünger angesehen werden, als er wirklich ist. Der Mann über neunzig hat diese Eitelkeit überlebt. Er ist normalerweise so stolz auf die Jahre, die er gezählt hat, wie der Kommandeur der Schlachten, die er gewonnen hat, oder der Millionär des Reichtums, den er erworben hat. In Bezug auf sein hohes Alter ist ein solcher unter seinen Mitmenschen einzigartig.

Nach einer kleinen Pause floss Mr. M'Ian weiter: "Ich erinnere mich noch sehr gut an die Nacht, in der das Jahrhundert hereinbrach. Mein Regiment lag damals in der Stadt Galway in Irland. Wir waren alle am Abend beim Abendessen im Quartier von Major M'Manus, unserem kommandierenden Offizier. Sehr fröhlich, Lieder singen und auf die Schönheiten anstoßen, die wir kannten. Nun, als zwölf Uhr die Major-Rose schlug und in einer fließenden Schüssel die Gesundheit des Fremden vorschlug - das neunzehnte Jahrhundert - gepaart mit der Hoffnung, dass es ein besseres Jahrhundert sein würde als das andere. Ich bin mir nicht sicher, ob es ein bisschen besser war, zumindest bis jetzt. Seit dreißig Jahren bin ich der einzige Überlebende dieses lustigen Tisches."

"Fünfundsechzig Jahre sind eine lange Rückschau, Mr. M'Ian."

Der alte Herr ging weiter und lachte vor sich hin. "Was für Dummköpfe Männer sind - vor allem Ärzte. Ich war kurz darauf mit einer Lebererkrankung sehr krank und wurde nach Edinburgh geschickt, um dort die großen Ärzte und Professoren zu konsultieren. Sie sagten mir, dass ich im Sterben liege; dass ich nicht viele Monate zu leben hätte. Die Dummköpfe! Sie sind tot, ihre Söhne sind tot, und hier bin ich, in der Lage, noch zu gehen. Ich nehme an, sie dachten, ich würde ihre Sachen mitnehmen."

Zu diesem Zeitpunkt hatten wir das Haus erreicht. Mr. M'Ian ließ seinen weißen Hut und sein Personal auf der Veranda zurück. Dann ging er zum Schrank und holte einen kleinen Spirituosenkoffer heraus, in dem er bittere List bewahrte. Er gab Fellowes und mir - Fellowes hatte seine Briefe zu diesem Zeitpunkt fertiggestellt - ein winziges Glas, das er selbst in gleicher Menge nahm. Wir gingen dann alle raus und setzten uns auf einen Felshügel in der Nähe des Hauses, das nach Meer aussah, und sprachen bis zum Abendessen über Sir John Moore und Wellington.

Wir blieben ein paar Tage bei den M'Ians und fuhren am dritten nach Ardvasar, um dort am Nachmittag den Dampfer auf dem Weg nach Portree zu erwischen.

Als wir langsam die Schlucht hinauffuhren, sagte mein Begleiter: "Dieser alte Herr ist meiner Meinung nach Blaavin, Coruisk, Glen Sligachan und alles andere wert. Auf seine Art ist er genauso malerisch und seltsam wie sie. Wenn er geht, wird die Insel einen ihrer besonderen Reize verloren haben."

"Er ist ein gründlicher Islesman," sagte ich; "und für ihn bildet Blaavin einen angemessenen Hintergrund wie die Wüste für den Araber oder die Prärie für den Pawnee - Indianer. Wenn er stirbt, wird es wie das Sterben des letzten Adlers sein. Er ist ungefähr das Ende des alten Bestandes. Die jüngere Generation der Himmelsmenschen wird niemals so sein wie ihre Väter, sie haben allgemeinere Informationen als ihre Ältesten, sie haben weniger Vorurteile, sie sind besser zu beraten, viel weniger hartnäckig und eigenwillig - aber sie sind im Vergleich dazu charakterlos. Jahre, in denen sie die Insel in ihren eigenen Händen haben werden, werden zweifellos bessere Schafe produzieren, feinere Wollqualitäten werden nach Süden geschickt, hier und da werden großartige Hotels errichtet - aber für alles, was Skye zahm geworden ist: es wird das Unbezahlbare verloren haben - den menschlichen Charakter; und wird Blaavin ähneln, der von seinen Nebelkränzen geschoren wurde."

Als wir den Gipfel des Tals erreichten und uns auf der Parliamentary Road in der Nähe des Seerosensees niederließen, machten wir uns auf den Weg nach rechts in Richtung Sleat. Wir kamen an der Farm von Knock, den weißen Nebengebäuden, der Kirche und dem Schulhaus, dem alten Schloss am Ufer vorbei, und als wir weiter fuhren, konnten wir unsere Augen angenehm auf den bebauten Boden richten, mit einer malerischen Hütte, die hier und da thront; die hohen Massen der Knoydart Hills und der Sound of Sleat dazwischen.

Sleat ist der am besten bewaldete, sonnigste und am besten gepflegteste Teil der Insel und wenn man die Straße entlanggeht, ist der Reisende von Anzeichen fröhlicher Fleiß und Zufriedenheit getroffen.

Wenn Sie sich Armadale Castle nähern, können Sie kaum glauben, dass Sie überhaupt in Skye sind. Die Hecken sind so schlank wie englische Hecken, die Lärchenplantagen, die die zum Meer gerichteten Seiten der niedrigen Hügel bedecken, sind von keiner Lärchenplantage im Land zu übertreffen. Die Armadale-Farm ist ein Vorbild für Sauberkeit, die Armadale-Porter-Lodges sind ordentlich und weiß.

Wenn man durch die Öffnungen von wirklich edlen Bäumen einen Blick auf das Schloss selbst erhaschen kann, ein hübsches, modern aussehendes Gebäude, das sich aus eng rasierten Rasenflächen erhebt, fällt es einem schwer zu glauben, dass man sich nur wenige Meilen von der Trostlosigkeit entfernt die sich zwischen Isle Oronsay und Broadford befindet und erstreckt. Große Herren und große Sitze, unabhängig von dem Essen, das sie sich einfallen lassen, sind für ein Land von höchstem Nutzen.

Aus der Ferne ist Duntuim Macdonald hierhergekommen und hat sich niedergelassen, und um ihn herum lachen die steinigen Hügel in Grün. Groß ist die Macht des Goldes. Lassen Sie einen Souverän in den Hut des Bettlers fallen, der am Wegesrand sitzt, und in sein Gesicht bringen Sie ein angenehmes Licht. Schenken Sie an Land, was Gold kaufen kann, Arbeit und von der steinigsten Trockenheit, die Sie machen können, einen Smaragd.

Ardvasar liegt ungefähr eine Meile von den Armadale-Plantagen entfernt und zählt vielleicht zwanzig Häuser. Ein einfaches Gasthaus steht am Wegesrand, wo Erfrischungen beschafft werden können; es gibt einen Händlerladen, der mit Waren verschiedenster Art gefüllt ist. In diesem kleinen Ort residiert auch eine sehr wichtige Persönlichkeit - der Agent der Herren Hutcheson, der durch das Kommen und Gehen der Dampfer unterrichtet wird.

Bei unserer Ankunft erfuhren wir von der Agentin, dass der Dampfer bei dieser Gelegenheit ungewöhnlich spät sein würde, da er zwischen Ardnamurchan und Eig noch nicht gesichtet worden war. Höchstwahrscheinlich würde sie Ardvasar erst um zehn Uhr nachmittags verlassen.

Es ist schwierig, irgendwo die Zeit totzuschlagen. Aber bei diesem kleinen Skye-Clachan ist es schwieriger als überall sonst. Wir fütterten das Pferd und gaben es und den Karren an Mr. M'lan zurück. Wir saßen im Gasthaus und schauten ziellos aus dem Fenster; wir gingen die Schlucht entlang und sahen den Bach in braunen Becken schlafen und dann in winzigen Wasserfällen weiterlaufen.

Wir sahen die jungen Barbaren im weiten Grün vor den Häusern spielen; wir saßen im Geschäft des Händlers; wir stiegen auf die Spitze der Eminenzen und schauten seewärts, und stellten uns liebevoll vor, dass wir eine Rauchfahne am Horizont sahen. Der Nachmittag war vorbei, und dann tranken wir Tee im Gasthaus.

Dadurch war der Dampfer einige Zeit sichtbar gewesen und war zu Eig hineingegangen. Nach dem Tee trugen wir unsere Fallen zum steinigen Pier und stellten sie in das Boot, das uns zum Dampfer bringen würde, wenn er in der Bucht lag. Danach verbrachten wir eine Stunde damit, Männern zuzusehen, wie sie in einem Steinbruch in der Nähe einen riesigen Stein sprengten. Wir sahen den Zug liegen, die Männer huschten davon, und dann gab es einen dumpfen Knall, und der riesige Stein fiel leise in Trümmern um.

Als wir zum Pier zurückkehrten, versammelten sich die Passagiere: Mit ihren Hunden fuhren die Fahrer - alte Frauen in scharlachroten Plaids und weißen Mützen - nach Balmacara oder Kyle. Ein Matrose, frisch aus China, in seinen besten Kleidern, mit einem bunten Papagei in einem Weidenkäfig, den er einigen jungen Leuten in Broadford überbrachte.

Auf dem steinigen Pier warteten wir eine beträchtliche Zeit, und dann kam der Agent von Herrn Hutcheson, begleitet von ungefähr einem halben Dutzend Männern, in Eile herunter; in das Boot gelangten wir alle gebündelt, Viehzüchter, Hunde, alte Frauen, Seefahrer, Papagei, und alle, das Boot abgeschoben, der Agent stand im Bug, die Männer beugten sich zu ihren Rudern, und da wir zwanzig waren, waren wir schnell von Pier zum Clansman in die Bucht gegenüber der Burg gerutscht.

Als die Sommernacht zu Ende ging, dampfte der Clansman aus der Armadale Bay. Auf dem Deck waren noch zwei oder drei Damen zu sehen. Eingewickelt in ihre Plaids und mit ihren Hunden um sie, rauchten die Viehzüchter mittschiffs. Jäger in Knickerbockern rauchten auf dem Hurrikandeck; und von der Steuerung kam in Abständen ein Stoß von Hundedonnern aus den Leinen von Zeigern und Setzern, die sich dort versammelten.

Als die Nacht hereinbrach, wurde die Luft kalt, die letzte Dame verschwand, die Jäger zogen sich von ihren luftigen Sitzstangen zurück, mittschiffs wurde die Pfeife des Viehzüchters zu einem Punkt von intensivem Rot. In der beleuchteten Kabine tranken die Herren Whisky und diskutierten, je nach Stimmung, über Politik, Wetter, Kursschwankungen und den Zustand des Auerhahns.

Unter diesen saßen wir; und mein Begleiter geriet in ein Gespräch mit einem jungen Mann aufgeregter Art und mit einem unruhigen Auge. Ich konnte auf einen Blick sehen, dass er zu derselben Klasse gehörte wie mein tabakloser Freund von Glen Sligachan. Fellowes schenkte er seine gesamte Biographie, teilte ihm den Namen seiner Familie mit - die übrigens eine edle Person war - und gab freiwillig die Information weiter, dass er im Mittelmeergeschwader gedient und von einem Kriegsgericht vor Gericht gestellt worden war für ein Vergehen, dessen er völlig schuldlos war, und durch das Zeugnis schändlicher Zeugen den Dienst entlassen worden war.

Während all diese Gespräche weitergingen, hatten seine Assistenten die Gläser vom Salontisch weggefegt, und aus den seltsamsten Ecken und Behältern zogen sie jetzt Kissen, Laken und Decken heraus. Im Nu wurde alles zu etwas anderem; die Sofas des Salons wurden zu Betten, die Tische des Salons wurden zu Betten, die Betten waren auf dem Boden des Salons verteilt und die Betten in der Nähe der Kabinenfenster unmodernisiert.

Als der Umbau abgeschlossen war und sich einige der Passagiere bequem in ihre Decken gewickelt hatten, der Rest mit den Stiefeln rang oder in verschiedenen Stadien der Dishabille, rief der Ex-Marinemann plötzlich: „Steward!"

Der Beamte sah sofort zur Salontür herein.

"Bring mir ein Glas Brandy und Wasser."

Es ist ganz unmöglich, Mr. - ", sagte der Steward. „Der Schankraum ist für die Nacht geschlossen. Außerdem hatten Sie heute schon ein Dutzend Gläser Brandy und Wasser. Sie sollten lieber ins Bett gehen, Sir."

"Hab ich dir nicht gesagt", sagte der Ex-Marine-Mann und wandte sich an Fellowes, der zu diesem Zeitpunkt seinen Mantel und seine Weste ausgezogen hatte. "Habe ich dir nicht gesagt, dass die ganze Welt in einer Verschwörung gegen mich steckt? Es macht mich fertig. Dieser Kerl ist jetzt ein ebenso großer Feind wie der Kommodore auf Malta."

Fellowes antwortete nicht und legte sich ins Bett. Ich folgte seinem Beispiel. Der Ex-Marine-Mann saß eine Weile düster allein und zog sich dann mit Hilfe des Stewards aus und stieg in einen kühlen Liegeplatz neben einem der Kabinenfenster. Danach wurden die Lichter gedämpft.

Ich konnte jedoch nicht schlafen; die drückende Luft des Ortes, an dem ein schwacher Geruch nach heißem Brandy und Wasser herrschte, und das ständige Pochen der Motoren hielten mich wach. Ich drehte mich von einer Seite zur anderen, bis meine Aufmerksamkeit endlich von den Bewegungen meines fremden Freundes gegenüber angezogen wurde. Er hob verstohlen den Kopf und betrachtete den Salon im Geheimen. Dann lehnte er sich auf seinen Ellbogen; dann saß er aufrecht in seinem Liegeplatz. Nachdem diese Leistung vollbracht war, begann er, einem imaginären Auditor die Geschichte seines Unrechts vorzustellen.

Er hatte nicht lange auf sich warten lassen, als ein weißer Kopf mit Nachtmütze in einer Ecke des dunklen Salons aufsprang. "Werden Sie gut genug sein," sagte die blasse Erscheinung mit strenger Stimme, "um einzuschlafen? Es ist ungeheuerlich, Sir, dass Sie Herren zu dieser Stunde der Nacht durch Ihre unsinnigen Reden stören sollten."

Bei dem Anblick und der Stimme sank der Ex-Marine-Mann so plötzlich in seine Koje, als ein alarmierter Biber in seinen Damm sank, und es herrschte eine Weile Stille.

Kurz darauf sah ich vom Liegeplatz aus den Kopf des Ex-Marine-Mannes so verstohlen wie den Kopf eines Birkhahns über einem Haufen Binsen. Wieder setzte er sich im Bett auf und vertraute dem gleichen unsichtbaren Auditor seine eigentümliche Trauer an.

"Verwechseln Sie, Sir."

"Was meinen Sie?" und bei dem halben Dutzend weißer Erscheinungen, mit denen er konfrontiert war, tauchte der Ex-Marinemann erneut.

Nach etwa zehn Minuten begann sich der Kopf gegenüber wieder zu rühren. Wie aus dem Hinterhalt erhob sich der indische Krieger geräuschloser als der Ex-Marine-Mann von seinen Decken. Er machte eine kleine Pause auf seinem Ellbogen, sah sich vorsichtig um, setzte sich und begann eine dritte Ansprache.

"Was zum Teufel!"

"Das ist unerträglich!"

"Steward, Steward!"

"Schicken Sie den Verrückten an Deck;" und der Salon erhob sich massenhaft gegen den Störer seiner Ruhe.

Der Steward kam angerannt, aber der Ex-Marine-Mann war wie ein Schuss untergetaucht und schnarchte im simulierten Schlaf davon, als wäre er der Siebenschläfer, der zu einem zusammengerollt worden war. In dieser Nacht störte er unsere Ruhe nicht mehr und kurz nachdem ich eingeschlafen war.

Ein heftiges Trampeln an Deck und das Geräusch des Krans, der die Fracht aus den tiefen Vertiefungen des Laderaums hob, weckten mich. Ich zog mich an und ging nach oben. Die pünktliche Sonne ging auf und bei ihrer Arbeit.

Wir befanden uns an einem Sandstrand mit einer Reihe weißer Häuser, die sich dahinter erstreckten, und niedrigen felsigen Hügeln hinter den Häusern. Etwa ein halbes Dutzend tief beladener Landboote verließen die Seite des Dampfers. Dann wurde eine Kuh vorgeführt, eine Tür im Bollwerk geöffnet und das Tier leise ausgestoßen.

Crummie verschwand mit einem beträchtlichen Sprung und tauchte etwas schwer atmend und mit einem Geist in völliger Verwirrung an der Oberfläche auf. Ein Boot war in Bereitschaft; durch eine geschickte Hand wurde eine Seilspule um die Hörner befestigt, die Ruderer wurden zu ihrer Aufgabe gebeugt, und Crummle wurde im Triumph an Land geschleppt, und als sie es erreichten, schien es nichts Schlimmeres als ihr unerwarteter Sturz.

Der laute Dampf wurde dann abgeschaltet; aus den sich bewegenden Paddeln strömten große hellgrüne Schaumgürtel hervor und starben weit hinten ab. Der Strandstreifen, die weißen Häuser mit den niedrigen felsigen Hügeln dahinter, verschwanden, und der Dampfer stand direkt für Portree, dessen Platz rechtzeitig zum Frühstück erreicht wurde.

Wir fuhren dann zum Vermieter und als ich ausstieg, fand ich meinen Freund John Penruddock, der auf dem Kies vor dem Haus auf und ab marschierte.

John Penruddock

Penruddock war ein Held von mir. Er war so groß, muskulös und breitschultrig wie die Männer, die Mr. Kingsley gern malt, und sein Herz war so zart wie sein Kopf schlau. Ein launischer Schurke konnte ihn nicht aufnehmen, und von seiner Tür würde ein Bettler nicht leer weggeschickt werden. Der Druck seiner mächtigen Hand, wenn er Sie traf, gab Ihnen eine Vorstellung davon, wie die geballte Faust mit ihrem eisernen Knöchelrücken aussehen würde.

Er war der gesündeste Mann, den ich je auf meinem Lebensweg getroffen habe. Er war stark und doch sanftmütig, fromm und doch ohne die geringste Tinktur von Neigung oder Dogmatismus und sein Verstand war nicht mehr von Megrims oder Eitelkeit oder Hypochondriasis oder Sentimentalität befallen als der windgepeitschte Himmel im Juni mit Dämpfen. Er war treu und liebevoll bis zum Rückgrat: Er hielt an seinen Freunden fest, bis zum letzten Mal war er wie die Flucht gewöhnlicher Sterblicher, während Ihr Tag des Wohlstands anhielt, aber wenn Ihre Nacht der Schwierigkeiten hereinbrach, kam er heraus wie ein Leuchtturm und sandte Ihnen Strahlen der Ermutigung und Hilfe.

Pen hatte Farmen in Irland sowie in Skye, und als ich ihn einige Jahre später in Ulster besuchte, lernte ich seine heimeligen, aber dauerhaften Verdienste kennen. Ich hatte so einen Mann jahrelang nicht gesehen. Es gab eine Realität und ehrliche Dinge in ihm, die sich, wenn ich mit ihm zusammenlebte und seine täglichen Vorgänge beobachtete, Stunde für Stunde zeigten, für mich ziemlich neu.

Die Leute, mit denen ich gewöhnt war, zu sprechen, mit denen ich lebte, waren anders. Die

Tendenz von jedem von diesen war zur Kunst in der einen oder anderen Form. Und irgendwie lag eine gewisse Traurigkeit in der Betrachtung von ihnen. Sie kämpften und stritten tapfer; aber wie die Alte Garde in Waterloo war es mutig, auf einem verlorenen Feld zu kämpfen.

Nach Jahren der Arbeit gab es unheilbare Mängel im Bild dieses Mannes. Tödliche Fehler in dem Buch dieses Mannes. Bei allen Bemühungen handelte es sich um Fehlschläge und Abwehrmaßnahmen, die für den leidenschaftslosen Zuschauer offensichtlich waren. Dieses entschlossene, hoffnungslose Aufsteigen des Himmels war je nach Stimmung eine Sache, die einen Scherz oder einen Seufzer auslöste.

Bei Penruddock war alles anders. Was er anstrebte, schaffte er. Er hatte eine fröhliche Meisterschaft über die Umstände. Alles lief gut mit ihm. Seine Pferde haben für ihn gepflügt, seine Diener haben für ihn geerntet, seine Mühlen für ihn erfolgreich gemahlen. Die Winde und Tauwetter des Himmels waren für ihn Hilfe und Unterstützung. Jahr für Jahr wuchsen seine Ernten, vergilbten, wurden abgeholzt und in Scheunen gesammelt, und Männer ernährten sich davon; und Jahr für Jahr lag ein wachsendes Vermögen bei seinem Bankier.

Diese fortwährende, immer siegreiche Tätigkeit kam mir seltsam vor - eine neue Sache unter der Sonne. Wir denken gewöhnlich, dass Dichter, Maler und dergleichen feiner und heldenhafter sind als Bodenbearbeiter. Aber übertrifft die Produktion eines fragwürdigen Buches wirklich die Produktion eines Feldes fragloser Rüben? Vielleicht ist in den strengen Augen der Götter die Herstellung eines wasserdichten und für den Hausgebrauch geeigneten hölzernen Porringers von größerer Bedeutung als die Errichtung eines Turms von Babel, der zum Himmel reichen soll. Ach! dass so viele an diesen Babel-Türmen arbeiten müssen; kann nicht anders, als bis zum Tod an ihnen zu arbeiten, obwohl jeder Stein mit Müdigkeit und tödlichem Schmerz an seinen Platz geschleudert wird; wenn das Leben des Erbauers darauf verschwendet ist, ist es eine geeignete Behausung für keine Kreatur, die niemanden vor Regen oder Schnee schützen kann - aber in den Augen der Menschen erhebt sich doch eine Torheit (wie der schottische Ausdruck es bezeichnet).

Ich erinnere mich gerne an meinen sechswöchigen Aufenthalt im sonnigen Ulster mit meinem Freund. Ich erinnere mich gern an die Reihen weißgrüner Weiden, die an die langsamen Bäche grenzten. An die gelben Flachsfelder mit ihren azurblauen Blüten, die an eine der Mädchen in deutschen Balladen erinnern; die Flachstanks und Windmühlen; die dunkelhaarigen Mädchen, die Muslins vor den Türen stickten und dabei die Herzen von verlegenen Liebsten an die Hüttenwände lehnten, durch leises Geschwätz und schnelle Blicke; die Felder, auf denen eine Kuh, ein Esel, ein halbes Dutzend langbeinige Schweine, die wie Schweine auf Stelzen nach der ganzen Welt suchen, Hähne und Hühner, Enten und Gänse promiskuisch fütterten; und vor allem erinnere ich mich gerne an den trüben Sonntagnachmittag in der kleinen, unbequem sitzenden presbyterianischen Kirche, als zwei Drittel der Gemeinde schliefen, der Vorgänger von allen und der gute Geistliche die Lehre von der Beharrlichkeit der Heilige von einem Kleinkind am Knie seiner Mutter, das versucht zu gehen, fällt und stößt sich an die Stirn, wird hochgehoben, und in kurzer Zeit, obwohl die Beule die Größe eines Eies angenommen hatte, wirbelt und versucht, wieder auf den Boden zu gelangen - mein

Blick wanderte zur offenen Kirchentür, und im Sonnenschein sah ich, wie eine Biene ihre Flügel an einer Blume faltete und dort im Wind schwang, und ich vergaß für eine Weile, Hirten und schlummernde Herde zu betäuben. Das sind Kleinigkeiten, aber es sind angenehme Kleinigkeiten. Bei Pen zu bleiben, war jedoch ein Ereignis von Bedeutung.

Es wurde vereinbart, dass wir zur Messe in Keady gehen sollten; aber Pen war am Tag zuvor verpflichtet, seine Farm in Arranmore wegen wichtiger Angelegenheiten zu verlassen.

Es war ein erbärmlicher Regentag, und ich fing an, vor dem nächsten Morgen zu zittern. Nach dem Abendessen ließ der Sturm nach, und der trübe Nachmittag setzte ein. Während ein gemilderter Sonnenuntergang den Westen errötete, rollten die schweren Karren von den Feldern in den Hof, die Pferde fesselten sich tief in Lehm und dampften wie Öfen. Dann, beim Läuten der Glocke, kamen die Arbeiter, feucht, müde, über ihren Armen hängend, aber mit fröhlichen Geistern. Diese erhielten die geräumige Küche, wo sie das Abendessen verteilt fanden.

Es wurde früher dunkel als sonst und leiser. Das Mühlrad raste lauter in den geschwollenen Bach, und in den staubigen Fenstern fingen hier und da Lichter an zu schimmern. Penruddock war noch nicht gekommen; er war seit ein paar Stunden fällig. Die Zeit begann schwer zu werden; so dass ich ins Bett rutschte, löste ich jede Schwierigkeit, indem ich tief und fest einschlief.

Das Brüllen von Rindern, das Blöken von Schafen, das Bellen von Hunden und die lauten Stimmen von Männern im Hof unter mir weckten mich kurz nach der Morgendämmerung. In der darauffolgenden Stille schlief ich wieder ein und wurde schließlich von dem Getöse der Frühstücksglocke geweckt. Als ich aufstand, strömte die Sonne herrlich durch das vergitterte Fenster; der Himmel war heller und heller als gestern, und die Türme krächzten und flatterten fröhlich in den Bäumen darüber. Als ich den Frühstücksraum betrat, war Pen schon da, und die Teekanne sprudelte auf dem Tisch.

Nach dem Essen brachte Tim den Karren zur Tür. Pen warf einen Blick auf die Uhr.

"Wir haben die Zeit genau getroffen und werden ankommen, sobald Mick und das Vieh da sind?"

Es gab ein ermutigendes Zwitschern, einen Peitschenhieb, und im Nu waren wir über die Brücke und stapften entlang der Straße in einem großen Tempo.

Nach ungefähr einer Meile bogen wir in einen schmalen Pfad ein, der uns allmählich in ein wildes, unregelmäßiges Land führte. Getreidefelder, Flachsbecken und sonnige Weideflächen, übersät mit Schafen, blieben zurück, als wir bergauf zogen, und erreichten schließlich einen ebenen Abschnitt aus purpurfarbenem Moor und schwarzem Torfmoor.

Manchmal war der Boden eine Meile lang schwarz von Pyramiden aus Torf; zu anderen Zeiten schlängelte sich die Straße vor uns durch ein dunkles Olivenmoor, das hier und da mit Flecken tückischen Grüns belebt wurde; das Geräusch unserer Räder ließ die scheuen und einsamen Vögel der Region auffliegen.

Immer und immer wieder, wenn wir genügend Höhe erreichten, konnten wir die großen Wellen der Landschaft sehen, die im klaren Morgenlicht bis zum Horizont rollten. Jede Welle ist mit Farmen und Wäldern bedeckt, und hier und da steigen Rauchkränze aus Höhlen auf, in denen Städte und Dörfer versteckt liegen.

Nach einer Weile wurde die Straße glatter, und in der Ferne funkelte das kleine Städtchen Keady in der Sonne, unterstützt von einer Reihe von Schmelzöfen, deren Flammen vom Sonnenlicht gezähmt wurden und die unruhig in der Luft schimmerten und alles dahinter verdunkelten. Unterhalb der Hauptstraße befanden sich Schafe und Kühe und Fahrzeuge aller Art, die sich bis zu einem Punkt vorwärts bewegten.

Die Hügelpfade, die auch dorthin führten, bewegten Lebensfäden. Kurz bevor wir uns dem Abstieg näherten, hielt John für einen Moment an. Es war ein schöner Anblick. Ein paar Fahrminuten brachten uns nach Keady und zu einer so geschäftigen Szene, wie ich sie noch nie gesehen hatte.

Die engen Gassen und Freiflächen waren mit Ständen, Rindern und Menschen überfüllt, und das Chaos und die Verwirrung waren so groß, dass unser Weg zu dem Gasthaus, in dem unser Karren abgestellt werden sollte, mit erheblichen Schwierigkeiten verbunden war. Männer, die sich die Hosen und das Hemd auszogen, mit rotem Haar im Wind, eilten mit Pferden hin und her und ließen gleichzeitig die wildesten Vokiferationen aus, während Mengen von agilen Herren mit Strohhalmen im Mund mit kritischen Augen die Eigenschaften der Tiere inspizierten.

Wanderauktionäre stellten ihre kleinen Karren auf den Straßen auf, und mit erstaunlicher Unverschämtheit und Macht der Lunge erfüllten sie die Menge mit dem Wert und der Billigkeit der Gegenstände, die sie in ihren Händen hielten. Bettler waren sehr zahlreich - Krankheiten und Missbildungen waren ihr Handelsbestand. Fragmente der Menschheit krochen auf Krücken herum. Frauen streckten die geschrumpften Arme aus. Blinde Männer rollten mit blinden Augäpfeln und segneten den Passagier, als ein Kupfer in ihren Eisenkrügen klingelte - und fluchten noch heftiger, wenn sie von ihrer Erwartung enttäuscht waren.

An einer Stelle entwickelte sich ein melancholischer Akrobat in schmutzigen Strumpfhosen und verblasstem Lametta mit einem verrückten Stuhl auf einem zerlumpten Teppich. Er warf Purzelbäume darüber; er umarmte es fest und begann, sich wie ein Rad über den Boden zu drehen, in dem Performance-Mann und Stuhl ihre Individualität zu verlieren schienen und sozusagen eins zu werden; und am Ende jeder Heldentat stand er aufrecht mit der unbeschreiblichen Kurve der rechten Hand, die immer von Beifall gefolgt werden sollte, der Clown rollte unterdessen in Ekstasen der Bewunderung im Sägemehl.

Ach! Den Anstrengungen des Künstlers folgte kein Applaus. Die Strumpfhosen wurden abgenutzter und schmuddeliger. Sein hohles Gesicht war mit Schweiß bedeckt, und es gab nur das spärlichste Spritzen von Halfpence. Ich warf ihm einen Schilling zu, aber er rollte zwischen den Füßen der Zuschauer und war im Staub verloren. Er tastete eine Weile danach und kehrte dann zu seinem Teppich und seinem verrückten Stuhl zurück. Armer Kerl! Er sah aus, als wäre er an so etwas gewöhnt.

Es gab viele hübsche Gesichter unter den Mädchen, und Dutzende von ihnen gingen in Festkleidern umher - Mädchen mit rosigem Gesicht, schwarzen Haaren und blauen Augen, die von langen dunklen Wimpern beschattet wurden. Wie sie lachten und wie süß der Brogue aus ihren Lippen schmolz, als Antwort auf das feurige Geschwätz ihrer Liebsten.

Endlich erreichten wir einen offenen Platz oder ein offenes Kreuz, wie es in Schottland heißen würde, das nach Möglichkeit überfüllter war als die engen Gassen.

Horden von Rindern brüllten hier. Hier waren Schafe von den großen Farmen, die in Gruppen von fünfziger und hundert standen; da ein Büschel von fünf oder sechs, daneben die Witwe in ihrer sauberen Mütze. Vor vielen Stunden sind sie und sie von der Rasenhütte und der Weide jenseits der Hügel losgefahren. Himmel sendet ihr einen satten Verkauf und gute Preise.

In der Mitte dieses Freiraums standen große Bänke, angehäuft mit Eiern, Butter und Käse. Die Eigentümer warteten gespannt auf die Fortschritte der Kunden. Ein Abschnitt war mit Süßigkeiten-Ständen überfüllt, sehr von Mädchen und ihren Liebsten frequentiert.

Manches rustikale Kompliment gab es zur Antwort einen kurzen Blick oder eine scharlachrote Wange. Ein anderer widmete sich dem Geflügel; Gänse standen in Herden herum; Hühnerbüschel lagen verstreut auf dem Boden, die Beine zusammengebunden; und Truthähne, die in Weidenkörben eingeschlossen waren, betrachteten die Szene mit flüchtigen Augen, wobei ihre Flechten die ganze Zeit vor Empörung brannten.

Als wir das Gasthaus erreichten, in dem ein Schwan mit zwei schwimmenden Köpfen in einem azurblauen Bach zu sehen war, bestellten wir um drei Uhr Abendessen und machten uns zu Fuß auf den Weg zu Penruddocks Lager.

Es war keine leichte Sache, einen Weg zu erzwingen. Kühe und Schafe waren immer im Weg. Hin und wieder kam eine entflohene Henne gezuckt und flatterte zwischen unseren Füßen, und einmal stürzte ein riesiger Bulle mit Hörnern, die auf die Anklage gerichtet waren, die Straße hinunter und zerstreute alles vor sich. Schließlich erreichten wir die Stelle, an der Mick und seine Hunde die Kühe und Schafe bewachten.

"Ich bin hier in Sicherheit, Mick, denke ich."

"In Sicherheit, Sir, nicht vor einer Viertelstunde."

"Nun, ich habe mein Geschäft eröffnet. Wir werden sehen, wie wir uns verstehen."

Zu diesem Zeitpunkt hatten sich die Händler versammelt, untersuchten die Schafe genau und führten geflüsterte Konsultationen durch.

Endlich kam ein aufgeregt aussehender Mann auf mich zugerannt; er steckte seine Hand in die Hosentasche und zog daraus eine halbe Krone hervor, die er Penruddock in die Hand schlug und gleichzeitig "Zehn und Sechs pro Kopf" rief.

"Fünfzehn", sagte John und gab die Münze zurück.

"Zwölf Schilling," sagte der Mann, die Münze mit der enormen Energie fallend lassen; "und darf ich mich nicht mehr rühren, wenn ich den besten Schafen in Keady noch einen Furz geben werde."

"Fünfzehn", sagte John und warf die Halbkrone auf den Boden; "und es ist mir egal, ob du dich wieder bewegst oder nicht."

Zu dieser Zeit hatte sich eine Menge versammelt und der Chor begann.

"Es gibt keinen Dacenter-Mann als Mr. Penruddock auf dem Markt. Ich kenne ihn seitdem er zum Counthry gekommen ist."

"Sicher ist er", begann ein anderer; „er gibt dem armen Mann immer ein bißchen Alkohol oder ein Glas. Ach, Mr. Loney, er ist nicht derjenige, der Ihnen einen zu hohen Preis abverlangt. Sie werden kommen, Mr. Penruddock einen Sechs-Pence-Jist runter, um ein Schnäppchen zu machen."

"Ist das nicht Mr. Loney, der kauft?" schrie ein lahmer Mann von der Gegenseite und im gegenteiligen Interesse: "Es gibt keinen Händler in der Grafschaft Monaghan als Mr. Loney. Natürlich werden Sie etwas runterkommen, Mr. Penruddock."

"Er ist auch ein reicher Mann, Mr. Loney", sagte der lahme Mann, trat an John heran und zwinkerte ihm wissend zu. "Eine Macht, die er in seinem Taschenbuch festhält."

Mr. Loney, der mit seiner Gruppe ein wenig auseinandergeflüstert hatte und der den Bestand noch einmal inspiziert hatte, kehrte zum zweiten Mal zur Anklage zurück.

"Zwölf-Sechs", rief er und wieder wurde die Halbkrone in Penruddocks Handfläche geschlagen. "Zwölf-Sechs, kein weiterer Furz, um meine Seele zu retten."

"Fünfzehn", sagte John und gab die Halbkrone mit der gleichen Betonung zurück; "Sie kennen meinen Preis und wenn Sie ihn nicht nehmen, können Sie ihn stehen lassen."

Der Händler verschwand in großem Zorn und der Chor brach in Lob von beiden aus. Zu diesem Zeitpunkt war Mr. Loney wieder unter den Schafen; es war klar, dass sein Herz auf den Kauf gerichtet war. Ab und zu fing er einen, nahm ihn zwischen die Beine, untersuchte die Markierungen auf dem Gesicht und prüfte die Tiefe und Qualität der Wolle.

Er tauchte zum dritten Mal auf, während der Lahme und der Anführer des gegnerischen Chors zu hämmern schienen, so eifrig waren sie im Lob ihrer jeweiligen Helden.

"Vierzehn", sagte Mr. Loney, der erneut die Halbkrone hervorbrachte und spuckte in seine Hand gleichzeitig, soviel zu sagen, würde er das Geschäft jetzt erledigen. „Vierzehn", rief er, drückte die Halbkrone in Penruddocks Hand und hielt die Münze dort fest. "Vierzehn und sechs und lassen Sie es ein Schnäppchen sein."

"Habe ich nicht gesagt", sagte Johns Chorleiter und sah sich triumphierend um. "Habe ich nicht gesagt, dass Mr. Penruddock ein Jintleman ist? Siehst du, wie er den Sixpence fallen lässt? Ich habe ihn nie eine Mähne tun sehen. Ach, er ist der Jintleman, und das ist ein Sprichwort, wenn man bedenkt, wie groß er ist."

"Dann vierzehn und sechs", sagte der Händler und warf die Münze zum letzten Mal ab. "Und wenn ich das Los nehme, gibst du mir zwei Pfund in mir selbst?"

"Nun, Loney, es ist mir egal, obwohl ich es tue", sagte Penruddock und steckte die Münze endlich ein. Eine Notenrolle wurde produziert, die Summe ausgezählt und der Handel abgeschlossen.

Im nächsten Moment war Loney unter den Schafen und erzielte mit einem Stück roter Kreide die eine oder andere Markierung auf dem Rücken. Penruddock verteilte die restlichen Kupferstücke, die er besaß, unter den Umstehenden, und sie gingen weg, um das Lob des nächsten Schnäppchenmachers zu singen.

Pen drehte sich zu mir um und lachte. "Dies ist eine schöne Beschäftigung für einen Gentleman mit respektabler Geburt und liberaler Erziehung, nicht wahr?"

"Seltsam. Es ist amüsant zu beobachten, wie Ihre Schafe in Banknoten umgewandelt werden. Kauft Ihr Freund, Mr. Loney, die Tiere für sich selbst?"

"Oh, nein. Wir müssen Zwischenhändler der einen oder anderen Art in diesem Land haben. Loney ist mit dem Kauf beauftragt."

Zu diesem Zeitpunkt schob ein junger, gutaussehender Mann sein Pferd durch die Menge und näherte sich uns.

"Guten Morgen", rief er Penruddock zu. "Gibt es ein Geschäft?"

"Ich habe gerade meine Schafe verkauft."

"Guter Preis?"

"Fair. Vierzehn und sechs."

"Ah, nicht so schlimm. Ich nehme an, dieses Vieh gehört dir? Wir müssen es untersuchen, wenn wir nicht mit ihnen verhandeln können."

Als er abstieg, gab er sein Pferd einem Jungen, und er und John gingen los, um den Bestand zu inspizieren. Das Geschäft verlief auf allen Seiten zügig. Die Preise waren sehr unterschiedlich, und Schilling und Halbkronen wurden auf wunderbare Weise von Hand zu Hand geworfen. Anscheinend konnte ohne diese Zeremonie nichts abgewickelt werden, was auch immer das bedeuten mag.

Überall feierten Faulenzer die Verdienste und "Gewandtheit" der verschiedenen Käufer und Verkäufer. Riesige schmierige Ledertaschenbücher, die zweifellos aus der Antike stammten, waren in vielen Händen zu sehen, und Banknotenrollen wechselten geschickt den Besitzer.

Auch der Boden begann sich zu räumen, und die Käufer trieben ihr Vieh weg. Viele der Händler, die Lagerbestände abgegeben hatten, ließen es sich in den Wirtshäusern gut gehen. Sie konnten sie sehen, wie sie aus den offenen Fenstern herausschauten; und gelegentlich johlte ein Mann durch die Menge, dessen

Tränke früh und übermäßig waren. In kurzer Zeit kehrte John mit seinem Freund zurück.

"Captain Broster", sagte John und stellte ihn vor, "hat versprochen, um drei Uhr bei uns zu Abend zu essen. Pünktlich zur vollen Stunde, denn wir möchten früh aufbrechen."

"Ich werde wie am Schnürchen pünktlich sein", sagte der Kapitän und drehte sich um, um seine Einkäufe zu erledigen.

Wir schlenderten bis drei Uhr auf und ab und beugten uns dann zu dem Gasthaus, in dem Broster auf uns wartete. Zu Ehren seiner Gäste brachte der Wirt selbst das Abendessen mit und wartete mit großer Sorgfalt auf. Als der Tisch abgeräumt war, tranken wir Punsch und Zigarren und plauderten am offenen Fenster.

Der Raum davor war jetzt erträglich frei von Rindern, aber die Händler schwebten herum, standen in Haufen oder promenierten zu zweit oder zu dritt. Aber zu diesem Zeitpunkt war ein neues Element in die Szene eingetreten. Es war Abendessenszeit, und viele der Schmiede aus den Öfen oben waren heruntergekommen, um zu sehen, was los war. Sie waren riesige, kolossale Kerle mit dunklen Gesichtszügen. Vor allem Waliser, wie man mir später erzählte, die in ihrer Stärke überzeugt waren, gaben sich keine Mühe, ihre Verachtung für die Eingeborenen zu verbergen. Auch sie mischten sich in die Menge, aber die größere Anzahl lehnte sich träge gegen die Häuser, rauchte ihre kurzen Pfeifen und gönnte sich den gefährlichen Luxus, die Bauern zu "scheuern".

Manch ein unhöflicher Witzkampf fand statt, begleitet von lautem Gelächter, von dem wir gelegentlich gehört hatten. Broster war auf der Krim gewesen, bei Alma verwundet, genesen, hatte die ganze Arbeit und Entbehrung des ersten Winters der Belagerung durchlaufen, war erschlagen worden, war krankgeschrieben nach Hause gekommen und hatte genug davon, wie er offen gestand, nutzte die Gelegenheit nach dem Tod seines Vaters, um sich als Bauer auf einem kleinen Grundstück niederzulassen, von dem er der Erbe war. Er unterhielt sich in vertrauter, ruhiger Art und Weise über die Ereignisse des Krieges, als wäre die ganze Angelegenheit ein Fußballspiel gewesen; und als Mut, Stärke und herrliche Aussichten durch eine unsichtbare Kugel oder einen grimmigen Bajonettstich in ein unhöfliches Grab auf dem trostlosen Plateau verwandelt wurden, wurde das Ding als bloße Selbstverständlichkeit erwähnt!

Manchmal begegnete das Schicksal eines Genossen einem Ausdruck des soldatischen Bedauerns, leicht und gleichgültig genug, aber mit einem gewissen Pathos, das keine hochfliegende Rede erreichen konnte. Denn der gleichgültige Ton schien dem Schicksal zuzustimmen, zu bedenken, dass Enttäuschungen im Leben eines jeden Menschen in den letzten sechstausend Jahren zu häufig waren, um zu dieser Tageszeit eine rasende oder leidenschaftliche Überraschung zu rechtfertigen, dass auf jeden Fall unser gewöhnlicher Puls und Atem unseren Marsch zum Grab schlug; Leidenschaft das Doppelschnelle; und wenn alles vorbei ist, gibt es wenig Grund zum Aufschreien und zum Vergießen von Tränen über die ewige Ruhe. Inmitten seines Gesprächs erhoben sich Stimmen in einer der Wohnungen darunter; das Geräusch wurde zu einer Auseinandersetzung, und sofort war eine Art Ringen oder Ziehen in der gekennzeichneten Passage zu hören, und dann wurde ein beschwipster Schmied kurzerhand auf den Platz geschossen, und die Innentür wurde mit einem wütenden Knall geschlossen.

Das Individuum schien die Empörung zu einem sehr guten Teil zu nehmen; entlang torkelte er, die Hände in den Taschen, ohne Rücksicht auf die satirischen Gesten und Bemerkungen seiner Gefährten, die unter unseren Fenstern rauchten. Als wir hinausschauten, konnten wir sehen, dass seine Augen geschlossen waren, als ob er die Außenwelt verachtete und eine umso zufriedenstellendere in sich besaß. Als er ging, begann er vor lauter Glückseligkeit zu singen, die folgende Strophe kam uns deutlich in die Ohren:

"Als ich ein Huhn so groß wie eine Henne war,
Meine Mutter rief nicht ich und ich;
Mein Vater kam herein, um die Reihe zu sehen,
Also hob ich meine Faust, war ein Clow für ihn."

"Ich hoffe, dass dieser Kerl nicht zu Tode kommt", sagte Broster, als der Schmied durch eine Gruppe von Landsleuten stolperte, die auf einen Handel abzielten, und ohne Vorankündigung oder Entschuldigung mit geschlossenen Augen weiterreichte und wie zuvor sang:

"Sie ist meine Mutter, ist ein Schäler zur Hand."

"Bei Jove, er ist endlich unten und es wird der Teufel geben, der dafür bezahlen muss!"

Wir schauten hinaus, der Schmied war staubig, singend und anscheinend bewusstlos, dass er seine Position geändert hatte. Eine Gruppe von Bauern stand herum und lachte; einer von ihnen hatte seinen Fuß ausgestreckt und den Schmiedemann gestürzt, als er vorbeiging.

Im nächsten Moment trat ein nackter, schwarzbrauner Hammerschmied von der Hauswand und stürzte, ohne die Pfeife aus dem Mund zu nehmen, den Händler mit einem Schlag nieder. Dann sah er seine Gefährten an, als wolle er informiert werden, ob er auf die gleiche Weise etwas für sie tun konnte.

Der Schlag war ein Streichholz, das in ein Pudermagazin gefallen war. Alelu! zum Kampf. Es gab Rufe und Schreie. Die Beleidigung hatte beiden Seiten lange im Herzen gesteckt. Alte Noten mussten ausgezahlt werden. Von jedem Viertel kamen die Händler aus den Wirtshäusern und ließen Potheen und Ale auf den Straßen zwischen den Rindern zurück.

Die Schmiede versammelten sich mit Schnelligkeit, als wäre der Kampf der Atem ihrer Nasenlöcher. In wenigen Sekunden war der Platz Schauplatz eines Generalmêlée. Die Händler kämpften mit ihren kurzen schweren Stöcken; die Schmiede hatten nur die Waffen, die die Natur gab, aber ihre Arme waren mit Eisen gespannt, und jeder Schlag erzählte wie ein Hammer.

Diese Letzten waren für eine Weile überwältigt, aber der Alarm hatte sich bereits auf die Öfen oben ausgebreitet, und Zweier- und Dreiergruppen rannten davon und stürzten sich zur Hilfe für ihre Gefährten. In diesem Moment drängten sich ein paar Polizisten in die schreiende Menge.

Ein Hammerschmied trat hinter einen und ergriff seine Arme, hielt ihn trotz seiner Kämpfe fest wie in einem Laster. Der andere wurde umgeworfen und mit Füßen getreten.

"Mein Gott, Mord wird geschehen", rief Broster und hob seine schwere Peitsche vom Tisch. "Wir müssen versuchen, dieser schändlichen Szene ein Ende zu setzen. Werden Sie sich mir anschließen?"

"Mit Leib und Seele", sagte Penruddock, "und es ist keine Zeit zu verlieren. Komm mit."

Am Fuße der Treppe fanden wir den Wirt in allen Gliedern zittern. Er hatte die Tür abgeschlossen und stand mit dem Schlüssel in der Hand im Flur.

"M'Queen, wir wollen raus; öffne die Tür!"

"Klar, Jintlemen, Ihr geht gerade nicht. Ihr werdet in Stücke gerissen, wenn Ihr geht."

"Wenn du die Tür nicht öffnest, gib mir den Schlüssel und ich öffne sie selbst."

Der Wirt gab passiv nach. Broster schloss die Tür auf und warf den Schlüssel auf den gekennzeichneten Gang.

"Nun, meine Jungs", rief er einem halben Dutzend Landsleuten zu, die Zuschauer an den Röcken des Kampfes festhielten und gleichzeitig seinen Schleuder fest um seine rechte Hand drehten, bis der schwere bleihaltige Kopf zu einer furchterregenden Waffe wurde, ein Schlag, der auf jeden Schädel mit normaler Anfälligkeit wirken würde; "Nun, meine Jungs, wir sind entschlossen, dem ein Ende zu setzen; werden Sie uns helfen?"

Die Familie des Kapitäns hatte lange Zeit in der Grafschaft gewohnt, er war ihnen allen persönlich bekannt, und ein fröhliches "Ay, ay" war die Antwort.

"Penruddock, trenne sie, wenn du kannst, wirf sie um, wenn du nicht kannst, Waliser oder Ire, es ist ganz dasselbe."

Broster bahnte sich einen Weg, verteilte seine Schläge mit großer Unparteilichkeit und warf die Kämpfer wie Neunpins um. Wir erreichten bald die Mitte des Platzes, wo der Kampf am heißesten war. Der Kapitän wurde für einen Moment in einem Wirbel davongetragen, und direkt vor Penruddock und mir rangen zwei Männer am Boden.

Als sie sich umdrehten, sahen wir, dass einer der Hammerschmied war, der die ganze Affäre verursacht hatte. Wir warfen uns auf sie und zogen sie hoch. Der Händler, mit dem ich mich besonders beschäftigt hatte, hatte das Schlimmste davon und es tat ihm offenbar nicht leid, aus den Klauen seines Gegners entlassen zu werden.

Bei seinem Gegner war das anders. Sein langsames mürrisches Blut loderte ziemlich auf, und als Pen ihn beiseitestieß, schoss er auf ihn zu und schlug ihm einen schweren Schlag ins Gesicht. Im Nu war Penruddocks Mantel ausgezogen, während ein schwacher Blutstrahl von seiner Oberlippe tropfte.

"Nun, mein Mann", sagte er, als er aufstand, "wenn das das Spiel ist, das Sie spielen wollen, hoffe ich, dass ich Ihnen Bescheid geben kann, bevor ich fertig bin."

"Ergreifen Sie diesen Mann, stoßen Sie ihn um," sagte Broster; "Sie werden ihn mit Sicherheit nicht bekämpfen, Penruddock, es ist schierer Wahnsinn; werfen Sie ihn um."

"Ich sage Ihnen, was es ist", sagte Penruddock und drehte sich wild um. "Sie werden mir nicht den Genuss nehmen, diesem Kerl einen Schlag zu geben."

Broster zuckte mit den Schultern, als würde er den Fall aufgeben. Zu diesem Zeitpunkt ertönte der Ruf: "Black Jem will den Gentleman bekämpfen" und ein ausreichend breiter Ring wurde gebildet.

Viele, die selbst kleine Kämpfe verfolgten, hielten sich zurück, um den Großen zu sehen. Broster stand neben John.

"Er ist eine hässliche Masse an Stärke", flüsterte er, "und wird Sie umarmen wie einen Bären; halten Sie ihn fern und bleibe Sie ruhig, um des Himmels willen."

"Bereit?" sagte John und trat vor.

"Als Lerche bin ich der Morgen", knurrte Jem, als er seinen Platz einnahm. Die Männer waren sehr vorsichtig - Jem zog sich immer weiter zurück und John rückte vor. Hin und wieder schoss der eine oder andere einen Schlag ab, aber er wurde im Allgemeinen gestoppt und es wurde kein Schaden angerichtet.

Endlich gingen die Schläge nach Hause; das Blut begann zu steigen. Die Männer kamen näher und schlugen schneller zu. Sie sind endlich da, Hammer und Zange. Jetzt dürfen Sie nicht mehr zurückschrecken oder zurückweichen. Jems Blut floss. Offensichtlich wurde er schwer bestraft. Er konnte nicht lange durchhalten. Er kämpfte verzweifelt um ein Ende, als ihn ein blendender Schlag ins Gesicht auf die Erde brachte.

Er stand wieder auf wie ein Verrückter, dessen ganze Bulldogge von brutaler Wut besessen und gemeistert war. Er fluchte und kämpfte in den Armen seiner Anhänger, um an seinen Feind heranzukommen, aber mit größter Gewalt hielten sie ihn zurück, bis er sich erholt hatte.

"Er wird in einer weiteren Runde erledigt", hörte ich Broster in mein Ohr flüstern.

Ah! hier kommen Sie! Ich warf Pen einen Moment einen Blick zu, als er mit dem Auge auf seinen Feind stand. Da war das in seinem Gesicht, was nichts Gutes versprach. Die Züge hatten sich irgendwie zu Eisen verhärtet; der unbarmherzige Mund war zusammengepresst, das Auge grausam.

Ein bisher unbekannter Teil seiner Natur zeigte sich mir, als er dort stand - vielleicht unbekannt für sich. Gott hilf uns, welch Fremde wir für uns sind! In der Natur eines jeden Menschen gibt es ein Inneres, das so unerforscht ist wie das Afrikas, und über dieser Region können sich wilde Tiere tummeln! Aber sie sind wieder dabei; Jem kämpft immer noch für ein Ende und jedes Mal wurde sein Ansturm durch einen schädlichen Schlag gestoppt wird.

Es ist schnell erzählt; sein Gesicht, das keineswegs im besten Fall charmant war, verwandelte sich schnell. Schauen Sie diese scheußlich angeschlagene Lippe an! Aber diesmal ist er Penruddocks Linker ausgewichen und hat ihn in seinen muskulösen Armen gepackt. Jetzt kommt das Tauziehen, Geschicklichkeit gegen Geschicklichkeit, Stärke gegen Stärke.

Sie atmen ein wenig im gegenseitigen Griff, als würden sie jede Energie beschwören. Sie sind jetzt dran, breite Brust an Brust. Jetzt scheinen sie bewegungslos zu sein, aber am an ihren Körpern können Sie die enorme Belastung erraten, die sich abspielt. Jetzt hat einer das bessere, jetzt das andere, wie sie sich umschlingen, geschmeidig wie Schlangen. Penruddock gibt nach! Nein! Das ist ein schlechter Ausweg von Jem.

Durch Jupiter verliert er seinen Griff. Mit ihm ist alles vorbei. Die Stirn wird dunkel. Die Adern beginnen darauf; und im nächsten Moment fällt Black Jem, der Held von fünfzig Kämpfen, über seine Schulter gehängt, schwer auf den Boden. Bei seinem Sturz erhob sich ein Jubel von den Händlern.

"Sie Schmiedekameraden sollten besser abhauen," schrie Broster; "Ihr Mann hat die Prügel, die er verdient, und Sie können ihn mit nach Hause nehmen. Ich bin entschlossen, diesen Unruhen Einhalt zu gebieten - es gab in letzter Zeit zu viele."

Die Ofenmänner hingen einen Moment unschlüssig und schienen nur halb geneigt zu sein, den Kampf zu erneuern, aber eine beachtliche Anzahl von Viehhändlern drängte vorwärts und drehte die Waage.

Sie beschlossen, sich zurückzuziehen. Black Jem, der jetzt zu sich selbst gekommen war, wurde aufgehoben und zog sich, unterstützt von zwei Männern, in Begleitung seiner Gefährten, die so manchen mürrischen Eid und Schwur der zukünftigen Rache murmelten, zu den Werken und Wohnungen auf dem oberen Grundstück zurück.

Als wir zum Gasthaus zurückkehrten, machte sich Pen große Sorgen um sein Gesicht. Er wusch sich und studierte sorgfältig seine Züge in dem kleinen Spiegel. Zum Glück, mit Ausnahme der Oberlippe, die durch Jims ersten Schlag leicht beschnitten wurde, zeigte sich keine Spur des Kampfes. An diesem glücklichen Ergebnis seiner Untersuchungen drückte er große Befriedigung aus - Broster lachte in der Zwischenzeit und sagte ihm, dass er so vorsichtig mit seinem Gesicht war wie eine junge Dame.

Der Kapitän kam herunter, um uns abzusetzen. Die Messe war vorbei und die kleinen Straßen waren fast menschenleer. Die Händler, die einen weiteren Abstieg aus den Öfen befürchteten, hatten sich beeilt, sobald ihre Transaktionen dies zuließen. Gruppen von Dorfbewohnern standen jedoch vor den Türen und diskutierten über das Ereignis des Tages und als Penruddock erschien, wurde er für eine Viertelstunde zum ersten Mal in seinem Leben ein Gegenstand von öffentlichem Interesse, und soweit er noch das letzte Mal gelebt hat; eine Ehre, der er keinen besonderen Wert beizumessen schien.

Wir gaben dem Kapitän die Hand; dann, auf einen Schlag der Peitsche, ging das Pferd mit galantem Tempo los und zerstreute eine Entenbrut in alle Richtungen; und in ein paar Minuten lag Keady - mit seinen weiß getünchten Häusern und der dunklen Reihe von Öfen, die mit Flammenzungen verziert waren, blass und geschrumpft, aber im Glanz des Nachmittags noch wild und grell, wenn der Abend hereinbrach - schnell da dahinter schwindender Fleck.

Ich bin veranlasst, dieses Geschäft des irischen Marktes und des Marktkampfes niederzulegen, damit der Leser eine Vorstellung davon bekommt, was für ein Mann Penruddock war. Er war nicht besonders witzig, obwohl er gelegentlich etwas Gutes und Ordentliches sagen konnte; zu keinem Thema wurde er gründlich gelesen; ich glaube nicht, dass er jemals versucht hat, eine Strophe zu schreiben, selbst wenn er ein Junge und verliebt war.

Er interessierte sich nicht für Kunst; er war sich nur einer blinden und undurchsichtigen Freude an Musik bewusst, und selbst dafür musste die Musik von der einfachsten Art sein - Melodie, nicht Harmonie. Er hatte seine Grenzen, verstehen Sie? Aber als Mann habe ich seine Grenzen selten erreicht. Er war klug, freundlich, liebevoll, fügsam, geduldig und gedankenlos. Es gab eine eigenartige Achtung in seiner gewöhnlichen Weise, als ob er ständig in der Gegenwart einer Dame wäre.

Vor allem war er aufrichtig, und Sie vertrauten Pen, wenn Sie ihn so implizit kennen lernten, wie Sie es mit einem Naturgesetz tun würden. Wenn Sie mit ihm in einem kleinen Boot im Sturm waren; wenn Sie mit ihm einen steilen felsigen Hügel hinauf- oder hinabstiegen und auf seinen Händen schwindlig wurden; wenn Sie sich mit ihm im Herzen eines Schneesturms auf den Hügeln befanden, als alle Spuren der Straße verschwunden waren und die Kälte Ihr Blut mit dem tödlichen Vergnügen des Schlafes verdichtete - unter solchen Umständen haben Sie herausgefunden, was er war war: ruhig, mutig, hilfsbereit; voller

Ressourcen, mit einem schnellen Gehirn, einem eisernen Nerv und der Stärke eines Riesen.

Für den Besitzer eines soliden Wertes und einer soliden Männlichkeit ist Ihr lediglich brillanter Redner, Ihr Epigrammatiker, Ihr Scharfsinniger, im Grunde ein armes Geschöpf. Was ist Witz? Ein klingendes Blech und ein klingendes Becken. Was ist ein Epigramm? Penruddock malte keine Bilder und schrieb keine Gedichte; es war seine Aufgabe, "gute Schafe zu machen", wie die Skye-Leute sagen, und großartige Schafe, die er gemacht hat.

Pen hatte ein ideales Schaf im Kopf, und um dieses Ideal zu erreichen, war er ständig bemüht. Bei den jährlichen Gewinnen seines Bestandes wählte er seine Zuchtmutterschafe mit größter Sorgfalt aus, und diese Mutterschafe kreuzten er, ohne Flecken oder Fehler, mit wunderbar gehörnten und weitgebrachten Widdern, für die er manchmal enorme Preise bezahlte - so zumindest seine Nachbarn sagten. Seine Schafe züchtete er größtenteils in Skye und schickte sie dann zur Mast nach Ulster.

Dort, auf der Weide und auf Rüben, wirbelten sie erstaunlich herum, und all ihre guten Punkte ragten in den Vordergrund. All ihre schlechten Punkte stahlen sich bescheiden in den Schatten. Auf den Märkten brachten die Schafe von Penruddock immer hervorragende Preise, und sein Los war mit Sicherheit das Beste, was gezeigt wurde.

Pen und der Vermieter hatten Geschäftsbeziehungen. In Partnerschaft brachten sie irisches Essen mit, sie spekulierten in Rüben, sie handelten mit neugierigem Mist, der für einen karitativen Jungen auf dem sauren Skye-Boden wie Pflaumenpudding aussah: Vor allem war er mit einem Auswanderungsprogramm konföderiert, das die

Vermieter hatte zusammengebraut, und war im Begriff, auszuführen. Pens Besuch war zu diesem Zeitpunkt rein geschäftlicher Natur: Er wollte mich sehen, aber das war alles andere als sein einziges Anliegen - sagte er offen. Aber das interessierte mich nicht; ich konnte die Wahrheit gut ertragen und war froh, ihn unter allen Umständen zu haben.

Ein rauchendes Parlament

An einem Morgen nach unserer Rückkehr, als das Frühstück vorbei war, trug der Vermieter, gefolgt von Maida, den Papagei in den Sonnenschein vor dem Haus und zündete sich auf einem der eisernen Sitze einen Cheroot an. Da an diesem besonderen Morgen nichts auf den Karten stand, folgten wir ihm alle und nahmen sein Etui und bedienten uns.

Der Morgen war warm und angenehm; und da niemand etwas Besonderes zu sagen hatte, rauchten wir schweigend und waren glücklich. Der einzige, der beschäftigt war, war Fellowes. Eine Zeitung hatte ihn am Abend zuvor per Post erreicht, und mit ihren Seiten war er jetzt beschäftigt. Plötzlich brach er in Gelächter aus und las aus einer halben Spalte von Facetten, wie ein Ire bestrebt war, die gegenüberliegende Straßenseite zu entdecken, und nach den Passagieren fragte, und von einer Seite der Durchgangsstraße zur anderen herumstieß, wie ein Ball auf einem Schlägerplatz.

Pat wurde gesagt, dass die gegenüberliegende Straßenseite "dort drüben" sei; und als er "dort drüben" zu seiner wunden Verwirrung ankam, stellte er fest, dass die gegenüberliegende Straßenseite, als ob sie ihn quälen wollte, verankert war und zu der Seite davonflog, auf der er einige Momente lang nachgefragt hatte vorher. Wir haben alle über Pats intellektuelle Ratlosigkeit gelacht. Fellowes behauptete, die Jagd nach der anderen Straßenseite sei kein schlechtes Bild der Jagd nach der Wahrheit.

"Die Wahrheit ist immer da drüben ", sagte er. "und wenn du 'da drüben' ankommst und extremes Risiko von einem Taxi zu einem anderen läufst, findest du, dass es zu dem Ort zurückgekehrt ist, von dem du angefangen hast. Und so verbringt ein Mann sein Leben damit, zu jagen, und ist so weit am Ende wie am Anfang. Niemand hat jemals die Wahrheit oder die andere Straßenseite erreicht."

"Was für Kreaturen diese Iren sind, um sicher zu sein", sagte der Vermieter, als er eine Feder der weißen Asche von der Spitze seines Cheroot klopfte; "ohne sie wäre es eine langweilige Welt. In Indien reicht ein einzelner Ire an einer Station aus, um blaue Teufel zu vertreiben. Die Anwesenheit eines Iren hält überall schlechte Laune fern, so wie eine Katze in einem Haus Ratten und Mäuse fernhält. Jede Station sollte einen Iren als Amulett gegen Mutlosigkeit tragen."

"Ich habe sowohl in Irland als auch in den Highlands viel gelebt", sagte Pen, "und die intellektuellen Unterschiede zwischen den beiden Rassen haben mich oft als nicht wenig neugierig gemacht. Sie sind ursprünglich aus dem gleichen Bestand, sagen Antiquare, und doch. Irland ist ein Land von Goshen, das von Milch und Honig des Humors überflutet ist, während die Highlands in jeder Qualität des Humors so trocken sind wie die Sahara. Witze kommen normalerweise nicht weiter nördlich als die Grampians. Ein oder zwei sollten gelegentlich sein in Ross-shire da drüben gefunden worden sein, aber sie sind weit davon entfernt, verbreitet zu werden, und ihr Aussehen ist in den lokalen Drucken genauso vermerkt wie das Erscheinen des Auerhuhns. Es wurde noch kein Scherz gefunden, der stark genug ist, um die Kyles zu überqueren ist doch komisch, oder?"

"Aber haben die Hochländer nicht Witz?"

"Oh ja, viel davon, aber eher von der anstrengenden als von der spielerischen Art; ihr Witz ist zum größten Teil aus Wut oder Verachtung geboren.

'Da gehen Sie hin', spottete der Engländer, als Duncan in seinen Tartans an einem vorbeimarschierte. „Da liegen Sie", erwiderte Duncan und warf den Schützen nieder." „Lauchlan kommt aus der Hölle", sagte der Hirte und ging sonntags zur Freikirche, um sich mit seinem Freund zu treffen, der von dort kam. "Besser als dorthin zu gehen, Rory", erwiderte Lauchlan.

Von dieser Art von schneller und ausreichender Antwort, von der Kraft, einen Schlag schnell und mit Interesse zu erwidern, ist der Hochländer nicht im Geringsten mangelhaft. Aber er unterscheidet sich von dem Iren darin, dass er kein Auge für die angenehm lustige Seite der Dinge hat; er hat keinen Spaß an ihm, keinen Sinn für das genial komische. Er lacht, aber im Allgemeinen ist sein Lachen ein Hauch von Verachtung, und es richtet sich fast immer gegen einen Mann oder ein Ding. Der Ire macht einen Stich in den zerrissenen Mantel, frisst die spärliche Handtasche und kocht die Erbsen, mit denen er zum Hinken auf dem Friedhof verdammt ist. Der besiegte Hochländer kann aus einer solchen Quelle keine Verbesserung des Zustands ziehen. Die beiden Rassen speisen oft spärlich genug, aber nur der Ire kann seine Kartoffeln mit Spitze versüßen. "Sie sprechen von Nöten", sagte der arme irische Soldat, als er sich auf das Deck des Transporters legte. Aber leider ist dies das schwerste Schiff, in dem ich je in meinem Leben war." Kein Highlander hätte das gesagt. Und ich glaube, dass der Witz die harte Planke für den Spaßvogel noch weicher gemacht hat."

"Und wie erklären Sie diesen Unterschied?"

"Ich kann es nicht erklären. Die beiden Rassen entspringen demselben Bestand, ich denke eher, dass es nicht erklärbar ist; es sei denn, es ist tatsächlich auf klimatische Einflüsse zurückzuführen, - die weiche, grüne, regnerische Erin, die schillernde und sprudelnde

Natur hervorbringt; die nackten, flintigen Highlands, die harten und strengen. Es gibt jedoch eine Eigenschaft, in der Ihr Highlander die Welt schlagen kann, mit Ausnahme vielleicht des nordamerikanischen Indianers."

"Welche Qualität hat das?"

"Die Qualität, niemals Erstaunen zu zeigen. Der Hochländer würde so schnell daran denken, seinem Feind den Rücken zu kehren, als irgendetwas Erstaunen auszudrücken. Nehmen Sie einen Hochländer aus der Wildnis von Skye oder Harris und lassen Sie ihn in Cheapside fallen, und er wird den vollkommensten Gleichmut behalten: Er wird kein Wort des Staunens für die Menge und die Fahrzeuge haben, der Thames Tunnel wird ihn nicht bewegen, er wird auf St. Pauls schauen, ohne zu zucken, der Junge mag nur in einem Torfkarren gefahren sein, aber er nimmt eine Eisenbahn, die Felder, Hecken, Brücken und Dörfer, die vorbeiziehen, die heulende Dunkelheit der Tunnel, die Geschwindigkeit, die ihn in einer Stunde über ein größeres Gebiet des Landes trägt, als er jemals in seinem Leben gesehen hat, selbst von seinem höchsten Hügel als die reinste Selbstverständlichkeit und einer besonderen Bemerkung unwürdig."

"Aber der Junge wird trotzdem erstaunt sein?"

"Natürlich ist er das. Die Haare seiner Seele stehen vor Staunen und Entsetzen zu Berge, aber er wird kein Zeichen davon zeigen; er ist zu stolz. Wird er zulassen, dass die Sassenach über ihn triumphieren? Wenn er das tat, würde er es nicht sei der Sohn seines Vaters. Er wird nicht zugeben, dass die Erde etwas enthält, was er nicht gemessen und gewogen hat und mit dem er nicht vollkommen vertraut ist. Wenn Chingachgook auf dem Scheiterhaufen seiner Peiniger stöhnt, wird der Hochländer seine Überraschung zum Ausdruck bringen."

"Diese Abneigung, Erstaunen auszudrücken, wenn es in dem Maße existiert, wie Sie es bei den Hochländern behaupten, muss aus einer einsamen Lebensweise herrühren. Die Menschen auf diesen westlichen Inseln leben sozusagen am Rande der Existenz, und das Wissen über eine große, geschäftige, wichtige Welt, die jenseits ihres Horizonts existiert, verstärkt ihren Individualismus, wie der Dichter sagte, die erfrischende Luft des alten St. Andrews verstärkt seine. Sie sind in sich selbst hineingetrieben, sie stehen immer in einer Haltung der mentalen Selbstverteidigung, sie auf natürliche Weise in sich geschlossen und selbsttragend werden."

"Bis zu einem gewissen Grad ist das, was Sie sagen, wahr; aber der Hauptgrund für die Ruhe und Selbstbeherrschung des Hochländers bei neuen und wundervollen Objekten ist Stolz. Erstaunen über den Anblick eines Objekts auszudrücken, setzt voraus, dass Sie dieses Objekt vorher nicht kennen. Und kein Highlander, der diesen Namen verdient, wird zugeben, dass er nichts von irgendetwas unter der Sonne weiß. Um jedoch auf das zurückzukommen, worüber wir vor einiger Zeit gesprochen haben: die Unterschiede zwischen den Hochländern und den Iren - der unbeschwerte Ire, der intensivere und ernsthaftere Highlander kann weder das eine noch das andere ertragen, das bisschen Schlechtigkeit, über das ein Ire lacht und achtlos streicht, sticht den Highlander wie eine Wespe. Wenn der Highlander fechtet, löst sich der Knopf immer von seiner Folie, und die Spitze befindet sich in Ihrem Arm, bevor Sie wissen, wo Sie sich befinden. Ein ernstes Ende genau wie die alten Hochlandhochzeitsfeste, die mit verpfändeter

Gesundheit und allgemeinem Dreimal-Drei begannen, in einer Schlägerei endeten und ein halbes Dutzend Männer erstachen."

"Spreu ist wie die Verfälschung der Nahrung und das Schwitzsystem des Schneiders, ist das Produkt einer überreifen Zivilisation. Es ist der Schimmer auf dem Kopf des toten Kabeljaus - Fäulnis wird phosphoreszierend. Es kann nur in großen Städten gedeihen. Es ist der Nachwuchs von Unverschämtheit und Frechheit. Ich wundere mich nicht, dass der Hochländer es nicht ertragen kann. Es ist ihm völlig im Weg. Er kann es nicht mehr als Angriffs- oder Verteidigungswaffe einsetzen, als David die Rüstung von Saul tragen konnte. Spreu wächst in der überfüllten Straße, nicht in der Wildnis. Es ist das einzige, was wir in diesen späten Tagen perfektioniert haben. Es ist ein Unkraut, das lustvoll wächst, weil es mit unseren und unseren Lastern gedüngt wird. Ich halte den Highlander nicht für schlechter, weil er keine Spreu erträgt oder es erträgt, wenn er geschunden wird. Ein Londoner Taxifahrer würde Sokrates in einer Viertelstunde zum Schweigen bringen."

"Ich nehme an", sagte der Vermieter, "wenn die Skye-Eisenbahn fertig ist, werden wir armen Hochländer unsere Witze aus dem Süden bekommen, wenn wir unseren Tee und Zucker erhalten. Schade, dass der Vorstand diesen besonderen Import in ihre Bahnen im Prospekt nicht erwähnt hat. Die Aktien sind möglicherweise schneller gefallen, Pen!"

"By the by", sagte Fellowes und wandte sich an mich, "Sie sprachen neulich von dem merkwürdigen Misstrauen gegenüber der Natur, das Sie als die Seele aller keltischen Poesie und des keltischen Aberglaubens betrachten, und Sie neigten dazu, dieses Misstrauen und diese Angst den Sparmaßnahmen des Klimas und der physischen Konformation zuzuschreiben, zur Regenwolke und zum Abgrund, zum Meerschaum und zum Gestein. Soweit stimme ich Ihnen zu. Aber ich denke, Sie legen zu viel Wert auf klimatische Einflüsse und die Härte der Landschaft. Dieses schnelle Gespür für zwei Kräfte - für Natur und Mensch, für den Menschen und für eine Welt außerhalb des Menschen - ist die Wurzel aller Poesie."

"Natürlich ist es das. Für die Kelten ist die Natur bösartig und grausam, und seine Poesie ist trostlos wie die Anstrengung des Nachtwinds. Für Wordsworth hingegen ist die Natur barmherzig und ruhig, tief nachdenklich und ruhig, und infolgedessen ist seine Poesie gemäßigt und menschlich, kühl wie ein Sommerabend nach Sonnenuntergang und - bei aller Ehrfurcht - manchmal mühsam hortatorisch."

"Predigen ist im Allgemeinen ein langweiliges Werk, fürchte ich. Und die Predigten der Natur sind, selbst wenn sie von Wordsworth berichtet werden, so langweilig wie einige andere Predigten, die ich gehört und gelesen habe."

"Aber was ich sagen wollte, war, dass das Gefühl der Böswilligkeit in der Natur, das Sie als zentrale Tatsache des keltischen Gesangs und des Aberglaubens bezeichnen, nicht so sehr das Ergebnis rauer Klimazonen und wilder Umgebungen ist, als vielmehr eine geistige Phase, der Fortschritt einer Rasse. In einem Stadium des Fortschritts fürchten alle Rassen die Natur gleichermaßen: Der Südseeinselbewohner, dessen Brotfrucht ihm in den Mund fällt, fürchtet die Natur genauso wie der Grönländer, der den weißen Bären auf dem Eisberg jagt und das Walross aufspießt. Wenn der Mensch einmal die Oberhand über die Natur hat, wenn er sie zu seiner Sklavin gemacht hat, wenn ihr Wind in seinen Segeln sitzt und seine Schiffe antreibt, wenn sie ihm Eisen gibt, wodurch sie fester gebunden ist sein Dienst, wenn sie ihm Kohle gibt, um Essen zu kochen und die Strapazen ihrer Winter zu lindern - wenn der Mensch diese Länge hat, stirbt die Angst der Aborigines aus seinem Herzen, der seltsame keltische Barde geht und Wordsworth kommt. Tiefland, Versfetzen existieren immer noch - Relikte längst vergangener Zeiten und dennoch mit einem überholten Schrecken erschauernd - der so voller Sinn für die Böswilligkeit der Natur ist wie jeder Highland-Song oder jede Highland-Melodie, die Sie produzieren könnten."

"Lass mich eins oder zwei hören."

"Nun, hier ist eine, die gelegentlich zitiert wurde und auf die Sie höchstwahrscheinlich bei Ihrer Lektüre gestoßen sind:

"Sagt Tweed zu Till,
Was habt ihr noch vor?
Sagt Till zu Tweed,
Auch wenn du schnell bist,
Ein 'ich ein Krautsalat,
Für einen Mann, den ihr sabbert,
Ich sabbern Zwei."

"Ja, es ist sehr auffällig und trifft genau den Nagel auf den Kopf. Sir Walter zitiert es irgendwo, glaube ich. Ich habe wenig Zweifel, dass diese Reime Scott seine Stimmen von dem Fluss in die 'Lay' vorschlugen, was nicht der Fall ist das des Kelpies, einer Kreatur im Fluss, aber des Flusses selbst, in spiritueller Person."

"Das mag sein oder auch nicht. Aber nirgendwo, wo ich weiß, findet das Gefühl eines bösen Willens und einer Entfremdung vom Menschen in der Natur einen tieferen und tragischeren, wenn auch verspielten, halb-humorvollen Ausdruck als in diesem merkwürdigen kleinen Grenzfragment, es sei denn, es wird tatsächlich von diesem aus Forfarshire geschlagen. Vom Dean-Strom, in dem, während es noch goldene Zeit bei mir war, ich so manch eine feine Forelle erschlug, gab es damals einen lokalen Reim von viel weniger künstlerische und literarische Vollendung als die, die das Kolloquium zwischen Till und Tweed betrifft, aber, wie ich finde, in seiner Grobheit, wenn überhaupt, noch grausamer und grimmiger –

"Der Dowie Dean,
Er spült es mager,
Und alle sieben Jahre wird es ein."

"Was für ein schrecklicher Patois", sagte der Vermieter, „Ihre Forfarshire-Leute müssen reden! Ich kann nicht sagen, dass ich ein Wort Ihrer Reime verstehe. Vielleicht sind Sie gut genug, um zu übersetzen."

Fellowes lachte. "Ich werde mein Bestes geben,
"Der Dowie (leise düster) Dean,
Er spült es schlank, (seine Spur, einsam)
Eine "alle sieben Jahre wird es ean (ane, eins.)"

Dort ist es jetzt in Scotch und Englisch für Sie. Was mich in diesem Reim besonders beeindruckt, ist seine stille Kraft der Ehrfurcht, sein Reflex der leidenschaftslosen Ruhe, die im Gegensatz zum „Fieber und Ärger" und dem Fluss des menschlichen Gefühls das besonders schreckliche in der Natur ist. Der Dekan braucht sich keine Mühe zu machen, um Seetang zu sammeln: Er läuft leise, trübselig weiter und füttert seine feine rote Forelle. Und er ist sich sicher, dass der Mann nach dem ruhigen Gesetz des Tages, wenn die Stunde kommt, in sein feuchtes Verderben fallen wird. "Es wird ean", wenn das besagte "ean" fällig ist; und nie enttäuscht worden, läuft es auf "dowie" und stört sich nicht, wie sicher von seinem Essen in der Saison. Das rechnet sich eindeutig an, denn Jahr für Jahr suchen wir nach Erdbeeren und neuen Kartoffeln. Dann meditiert das "es spült es schlank" von selbst, einsam, mürrisch, mürrisch, wie es war, und in den Tiefen seiner launischen Teiche über periodische unsoziale Unfälle, die Vergangenheit und die Zukunft. Für hagere, einfallsreiche Vorschläge, außer in den "Twa Corbies", weiß ich nicht, wo wir das ganz erreichen können. Neben dieser ursprünglichen Poesie des geistigen Schreckensinstinkts des Menschen sind unsere späteren Versentwicklungen die reinsten Nichts."

Während ich mir immer wieder das grobe Triplett wiederholte, das für mich neu war, und mich, so gut ich konnte, in seine fallende Bedeutung hineinschlich, sagte Pen: "Und ich nehme tatsächlich an, dass es Ihr düsterer Einsiedler und Mörder eines Stroms tat alle sieben Jahre 'ean' bekommen. Glauben Sie nicht, dass nur „ean" in sieben Jahren eine etwas spärliche Zulage ist?"

"Dieses siebenjährige Opfer wurde in meiner Kindheit von den Eingeborenen als die Abgabe angesehen, die durch den Fluss verursacht wurde, und ich habe gehört, wie die alten Leute über „Jock Tamson, der im Laufe des Jahres ertrunken war, zurückgerechnet haben - und kommen hame Sie von der Messe?" „Will Smith" natürlich auch, und so weiter. Der alte Einwohner würde dann mit einem Grab enden - "Es ist eine gute Idee, die nae canny der Verbrennung zu künden", und einer zuversichtlichen Vorhersage, mit einem halben Schauder in seiner Stimme, dass Sie es sehen werden. Es wird nicht lange dauern, bis es wieder soweit ist. Jeder Skeptiker wurde sofort zum Schweigen gebracht."

"Ihre Theorie ist richtig", sagte der Vermieter und wandte sich an Fellowes, "dass die Angst vor der

Natur allen Rassen gemeinsam ist und dass der Schrecken mit jedem Fortschritt der Rasse in der Zivilisation ausstirbt. Der Seetang zum Beispiel lebt immer in der Nähe von einem. Wenn Sie den Bach überbrücken, stirbt der Kelpie. Wenn Sie eine Straße über einen verwunschenen Hügel bauen, verbannen Sie die Feen des Hügels für immer. Der Kelpie und die Fee sind einfach spirituelle Gestalten sehr grober und allgemeiner Gefahren - davongetragen zu werden durch die Strömung, wenn Sie versuchen, einen Fluss zu überqueren - verloren zu sein, wenn Sie eine Abkürzung über Hügel nehmen, auf denen es keine Spur gibt. Beseitigen Sie die Gefahren, und Sie beseitigen gleichzeitig diese Kreaturen, Angst und Fantasie."

"Reime wie diese sind die wahrsten Antiquitäten, die wertvollsten Gegenstände der Tugend. Was ist die Brosche oder der Ring, die die schöne Frau trug, die Brogues, mit denen der Hirte reiste, das Schwert oder der Schild, mit dem der Krieger kämpfte, verglichen mit einem Drilling wie diesem, was wirklich ein authentisches Stück des Schreckens ist, der die menschlichen Herzen vor langer Zeit aufgeregt hat?"

Aber während wir über den Dekan diskutierten, der allein weiterlief, verstummte jedes Gurgeln mit der Erwartung, als sich die Stunde näherte, in der sein siebenjähriger Hunger besänftigt werden würde. Pen und der Vermieter hatten sich dem Thema der Skye-Eisenbahn zugewandt - diesem Sommer ein beliebtes Diskussionsthema auf der Insel.

"Sie sind ein guter Freund der Eisenbahn?"

"Natürlich bin ich", sagte der Vermieter. "Ich betrachte die Lokomotive als den guten Zauberer unserer heutigen Zeit. Ihre Pfeife verscheucht Schmutz,

Verlogenheit und Unverschämtheit; Unwissenheit und Faulheit gehen im Glanz ihrer roten Augen zugrunde. Ich habe gesehen, was sie für die Hindus getan hat, und ich weiß was es für den Inselbewohner tun wird. Wir halten Indien heute eher durch unsere Eisenbahnen als durch unsere Gesetze oder unsere Armeen. Das dunkle Gesicht des Heizers ist das erste Zeichen des goldenen Zeitalters, das in meiner Zeit sichtbar geworden ist."

"Welche Vorteile erwarten Sie von der Eisenbahn nach Skye?"

"Es wird uns in engeren Kontakt mit dem Süden bringen. Mit Hilfe der Eisenbahn werden wir in die Lage versetzt, unsere Vorräte schneller, billiger und in besserem Zustand auf den südlichen Markt zu bringen, und infolgedessen werden wir bessere Preise erzielen Mit Hilfe der Eisenbahn werden die Inseln erschlossen, unsere Mineralienschätze werden freigelegt, unsere Murmeln werden einen Markt finden, der Skye - Apfel und die Skye - Erdbeere werden in Covent Garden bekannt sein, unsere Fischereien werden gedeihen wie nie zuvor Die Eisenbahn wird uns die Hauptstadt des Südens bringen und humane Einflüsse des Südens. Die Eisenbahn wird einen Stromschlag durch die gesamte Insel senden. Jeder Puls wird schneller, die Rasenhütte wird verschwinden und der Himmelsmensch wird nicht mehr berücksichtigt eine faule Kreatur, die er nicht ist - er scheint es nur, weil er nie ein geeignetes Feld für die Darstellung seiner Aktivitäten gefunden hat. Es gibt zehn Chancen, dass Ihr Skye-Junge, wenn er in Skye zurückbleibt, ein Fischer oder ein Hirte bleibt; aber verpflanze ihn nach Glasgow, Liverpool oder London, und er blüht nicht selten zu einem Kaufmannsprinzen auf. Es gab schnelle und flinke Köpfe unter den Köpfen der Jungs, die Sie neulich an meiner Schule gesehen haben, und für jeden dieser Jungs wird die Eisenbahn eine große oder kleine Karriere eröffnen, oder auf jeden Fall die Chance auf eine."

Als der Vermieter aufgehört hatte zu sprechen, brachte ein Junge den Postbeutel und legte ihn auf den Kies. Es wurde geöffnet, und wir bekamen unsere Briefe - der Vermieter eine Reihe von indischen. Diese steckte er in seine Manteltasche. Einen riss er auf und las.

"Hillo, Pen", rief er, als er am Ende angelangt war, "meine Auswanderer sollen am Donnerstag in Skeabost sein; wir müssen rübergehen, um sie zu sehen."

Dann marschierte er ins Haus, und kurz darauf löste sich unser rauchendes Parlament auf.

Die Auswanderer

Der englische Auswanderer ist prosaisch; Hochland- und irische Auswanderer sind poetisch. Wie zeigt sich das? Man könnte meinen, dass die Wildrosenstraßen Englands genauso bitter sind, wie die wilden Küsten von Skye oder die grünen Hügel Irlands.

Seltsamerweise stellen Dichter und Maler dem englischen Auswanderer eine kalte Schulter hin, während sie den Auswanderern aus Erin oder den Highlands unendliches Pathos zufügen. Der Highlander hat sein Lochaber-no-more und der Ire das hübsche Lied der Gräfin von Gifford. Das auslaufende Schiff und der Abschied der Auswanderer aus den Highlands an der Küste wurden mit unzähligen Gemälden bemalt und doch gibt es einen ausreichenden Grund für alles.

Junger Mann und Dienstmädchen trennen sich ständig; aber wenn der junge Mann und das Mädchen nicht verliebt sind, hat der Abschied keine Anziehungskraft für den Sänger oder den Künstler. Ohne das Zerreißen der Liebe, ohne einen Tumult trauriger Gefühle, ist ein Abschied das prosaischste auf der Welt; mit diesen ist es vielleicht das am meisten Beeinflussende. "Auf Wiedersehen" dient dem einen; die traurigsten Worte des Dichters reichen dem anderen kaum aus.

Zu Recht oder zu Unrecht wird im Volksmund verstanden, dass der englische Auswanderer nicht von Bedauern bewegt ist, wenn er die Ufer erblickt, die ihn zur Welt gebracht haben und sich in die Dunkelheit des fernen Horizonts zurückziehen - obwohl, wenn ja, warum sollte es so sein? und wenn falsch, wie hat es sich in den gemeinsamen Glauben eingeschlichen? Fragen sind nicht einfach zu beantworten. Wenn der

Engländer in dieser Hinsicht stumpf und gleichgültig ist, ist dies der Highlander nicht.

Er hat eine katzenhafte Liebe zum Ort. Es fällt ihm genauso schwer, sich von den Gesichtern der bekannten Hügel zu lösen wie von den Gesichtern seiner Nachbarn. Im Land seiner Adoption schätzt er die Sprache, die Spiele und die Lieder seiner Kindheit; und er denkt mit ständiger Traurigkeit an die graugrünen Abhänge von Lochaber und die tausend Meilen düsteren, herzzerreißenden Meeres, die zwischen ihnen und ihm hin und her wirbeln.

Der Kelte klammert sich an seinen Geburtsort, während sich der Efeu liebevoll an seine Wand schmiegt; der sächsische ist wie die pfeilförmigen Samen des Löwenzahns, die sich im Wind fortbewegen und aus der Ferne wurzeln. Dies bedeutet einfach, dass die eine Rasse eine größere Vorstellungskraft als die andere und ein intensiveres Gefühl der Assoziation hat. Die Auswanderung ist für den Hochländer schmerzhafter als für den Engländer - dieser Dichter und Maler hat instinktiv das Gefühl - und wenn man auf und ab wandert, kommt man nicht selten mit diesem Schmerz in Berührung, entweder frisch oder in Erinnerung.

Obwohl das Mitglied seiner Familie Jahre entfernt sein mag, lebt der Himmelsmensch einfallsreich in ihm - so wie der Mann, der eine Operation ertragen hat, für immer das entfernte Glied bewusst ist. Und dieses Grauen vor der Auswanderung - das allen Hochländern gemeinsam ist - hat sich dadurch verstärkt, dass es nicht selten eine gewaltsame Angelegenheit war, dass mächtige Grundbesitzer Häuser abgerissen und die Bewohner herausgefordert, Räumungen genehmigt, die Bewohner von deportiert haben ganze Täler. Dass die so handelnden Vermieter nicht ohne Rechtfertigungsgründe vorgegangen sind, dürfte zutreffen.

Die deportierten Dorfbewohner waren möglicherweise Bodenschützer, sie waren möglicherweise nicht in der Lage, Pacht zu zahlen, sie versanken möglicherweise langsam, aber sicher, in Armut, und ihre Aussicht, in den Kolonien einen komfortablen Lebensunterhalt zu sichern, mag beträchtlich sein, während sie in ihren eigenen Schluchten leben es kann null sein, - alles kann wahr sein; es ist aber nicht angenehm, wenn man sein Haus vor Augen hat und sich auf ein Schiff begeben will, das nach Kanada fährt, obwohl das Durchgangsgeld für Sie gezahlt wird.

Ein dunkles Gefühl von Unrecht wird in Herz und Hirn geweckt. Es ist durchaus möglich, dass das, was für den Vermieter von Interesse ist, auch auf lange Sicht für Sie von Belang ist. Aber Sie haben das Gefühl, dass der Vermieter sich in erster Linie um sein eigenes Interesse gekümmert hat. Er hat Sie weggewünscht, und er hat Sie weggeworfen; ob Sie in Kanada erfolgreich sein werden, ist zweifelhaft. Die menschliche Schlucht erhebt sich bei dieser Art von gewaltsamer Verbannung - insbesondere die Schlucht der Verbannten!

Als der Donnerstag kam, fuhr uns der Vermieter nach Skeabost, wo sich die Auswanderer mittags versammeln sollten. Er erzählte mir auf dem Weg, dass einige der Teile seines Eigentums überbevölkert waren und dass die Menschen dort nicht besser gedeihen konnten als Bäume, die zu eng gepflanzt worden waren.

Er war folglich ein großer Verfechter der Auswanderung. Er beharrte darauf, dass niemals Gewalt angewendet werden sollte, sondern nur

Ratschläge und Überzeugungsarbeit. Dass, wenn die Zustimmung eingeholt wurde, eine helfende Hand ausgestreckt werden sollte. Es war seine Idee, dass, wenn ein Mann den ganzen Weg nach Kanada ging, um Sie zu verpflichten, es nur fair war, dass Sie seine Reise so angenehm wie möglich gestalten und ihm eine Anstellung verschaffen oder ihn auf jeden Fall in den Weg stellen sollten, es zu bekommen, wenn er dort ankam.

In Kanada kaufte er folglich Grundstücke, gab diese Grundstücke an einen ansässigen Verwandten ab, der Häuser errichtet und Bäume gefällt und Felder gepflügt und Vieh gepflegt hatte, und versandte seine Auswanderer. Er sorgte dafür, dass sie in Glasgow oder Liverpool sicher an Bord gebracht wurden, und sein Verwandter wartete, wenn sie ankamen.

Als das freundliche Gesicht auf dieser Seite des Atlantiks starb, dämmerte ihnen auf der anderen Seite ein neues freundliches Gesicht. Mit nur einer Pachtklasse neigte er dazu, zwanghaft zu sein. Er hatte keine Lust, den alten Mann und die alte Frau, die eine Familie erzogen hatten, in ihrer Rasenhütte zu stören; aber wenn der erwachsene Sohn eine Frau zu derselben Hütte nach Hause brachte, war er sofort wie ein abtrennendes Messer auf sie herabgestürzt.

Die jungen Leute konnten dort nicht bleiben; sie könnten gehen, wohin sie wollten; er würde es vorziehen, sie würden nach Kanada gehen als irgendwo anders, aber aus der alten Wohnung müssen sie marschieren. Und die jungen Leute sprangen häufig auf das Angebot des Vermieters - Arbeitskräfte und gute Löhne, die sie über das Meer hinweg freundlich ansprachen. Der Vermieter hatte bereits eine Truppe von Auswanderern ausgesandt, von deren Zustand und Aussichten er die ermutigendsten Berichte sowohl von seinen Leuten selbst als auch von anderen hatte, und die zweite Truppe war an diesem Tag, um ihn bei Skeabost zu treffen.

Als wir in Skeabost ankamen, saßen die Auswanderer, vielleicht fünfzig oder sechzig, auf dem Rasen. Sie waren so angezogen, wie sie es sonntags gewohnt waren, wenn sie für die Kirche vorbereitet waren. Die Männer trugen Anzüge aus blauem oder grauem Kelt, die Frauen waren größtenteils in Tartan-Plaids gehüllt. Sie waren anständig, ordentlich, intelligent, und auf den Gesichtern der meisten war ein bestimmter entschlossener Ausdruck zu erkennen, als hätten sie die Angelegenheit sorgfältig geprüft und sich entschlossen, sie durchzuarbeiten.

Sie waren auch von verschiedenem Alter; der größere Anteil junger Männer, die jahrelang kräftig gearbeitet hatten, die so manche Bäume fällten und so manche Felder ernten, bevor sich ihre Gelenke versteiften: Frauen, frisch, hübsch und stark, noch keine Mütter, aber Großmütter bevor ihre Amtszeit abgelaufen war. Auch in der Partei gab es eine Menge Leute mittleren Alters, mit denen die Welt kaum zusammen war und die hofften, Kanada würde sich als freundlicher erweisen als Skye.

Sie standen alle auf und begrüßten den Vermieter respektvoll, als wir zum Haus hinunterfuhren. Die Veranda wurde sofort zu einem Audienzsaal. Der Vermieter saß auf einem Stuhl, Pen setzte sich an den Tisch und schlug ein großes Rollbuch auf, in das die Namen der Auswanderer eingeschrieben waren.

Nacheinander kamen die Leute vom Rasen auf die Veranda und teilten ihre Bedürfnisse mit: - Ein Mann hatte sein Durchgangsgeld noch nicht verdient und verlangte einen Vorschuss; eine Frau wünschte sich ein Paar Decken; ein alter Mann wünschte dem Vermieter, er möge seine Kuh kaufen, die kurz vor dem Kalben stand, und rechtfertigte einen hervorragenden Melker.

Mit jedem von diesen sprach der Vermieter manchmal auf Gälisch, häufiger auf Englisch; in die Umstände eines jeden eingegangen und gelobt, zurechtgewiesen, expostuliert, je nach Bedarf. Als ein Auswanderer seine Geschichte beendet und mit dem Vermieter verhandelt hatte, schrieb Pen die Bedingungen in das große Buch.

Gegen Mittag begann die Audienz, und es war Abend, bevor sie beendet wurde. Zu diesem Zeitpunkt war jeder Auswanderer gesehen, mit ihm gesprochen und entsorgt worden. Für jeden wurde der Weg nach Kanada geebnet und die Bedingungen von Pen in seinem Buch festgehalten; und jeder, als er wegging, wurde angewiesen, sich am 15. des folgenden Monats in Bereitschaft zu halten, denn an diesem Tag sollten sie abreisen.

Als die Auswanderer fort waren, rauchten wir auf dem Rasen, und der Mond ging hinter uns auf. Am nächsten Morgen löste sich unsere Gesellschaft auf. Fellowes und der Vermieter gingen mit der Post nach Inverness. Der eine nimmt dort seine juristische Lektüre wieder auf, der andere steigt in den Zug nach London. Pen fuhr nach Bracadale, wo er einige Geschäfte abwickeln musste, um nach Irland zu fahren, und ich fuhr nach Portree, um den südwärts fahrenden Dampfer zu treffen, denn der Urlaub war vorbei, und mein Sommer in Skye war zu Ende.

Nach Hause

Das Leben ist angenehm, aber leider muss man sterben; Urlaub ist herrlich, aber unglücklicherweise gehen die Ferien zu Ende. Meiner war zu Ende; und als ich in der Herberge in Portree auf den nach Süden fahrenden Dampfer wartete, begann ich, meine praktischen und idealen Gewinne zu zählen, so wie in schmutzigen Schilling und halben Kronen ein Schuster seine von einer Samstagnacht zählt.

Erstens war ich ein Gewinner in Sachen Gesundheit. Als ich vor ein oder zwei Monaten hierherkam, war ich müde, erschöpft und fühlte mich unwohl. Ich habe Flecken in die Sonne gesetzt, ich habe das schönste Blau des Sommerhimmels mit Balken der Dunkelheit gesprenkelt. Ich spürte das Gewicht der müden Stunden.

Jeden Morgen rief mich ein Sklavenfahrer als Sklaven an. Im Schlaf gab es keine Erfrischung, denn im Traum wiederholte sich der müde Tag noch müder. Ich war nervös, besorgt über das Böse, gereizt - in der Tat krank. Jetzt hatte ich den Appetit eines Straußes, ich lachte über Dyspepsie; ich hätte meine Uhr durch meinen Puls regulieren können; und all die staubigen, mit Büchern beschrifteten und mit Spinnweben übersäten Kammern meines Gehirns waren von den Feen aufgeräumt und in Ordnung gebracht worden. Wunder, Bewunderung, Schönheit, Frische. Seele und Körper waren gleich gestärkt - in sie war etwas vom Frieden der Hügel und der Kraft des Meeres geflossen.

Ich hatte Arbeit zu erledigen und konnte die Arbeit genießen. Hier gab es einen Gewinn, sehr fühlbar und spürbar. Dann hatte ich durch meine Wanderungen die Einsamkeit für immer weniger lästig gemacht, weil ich die Wände meines Geistes mit einer

Vielzahl von neuen Bildern bedeckt hatte. Der ärmste Mann hat vielleicht eine Bildergalerie im Gedächtnis, die er nicht gegen den Louvre eintauschen würde. In der Bildergalerie meiner Erinnerung hingen Blaavin, die Cuchullins, Loch Coruisk, Dunsciach, Duntuim, Lord Macdonalds Hirschwald, Glen Sligachan und viele andere Orte und Szenen.

Hier war ein Gewinn, der genauso greifbar und spürbar war wie der andere. Die Bilder hingen im stillen Erinnerungsraum, und an sie konnte ich mich in trüben oder langweiligen Stunden zur Erfrischung wenden; und diesen stillen Raum mit seinen Bildern bei mir zu tragen, wohin auch immer ich ging, konnte ich jederzeit eintreten und mich amüsieren, ob ich an einem Bahnhof auf einen schleppenden Zug wartete oder an einem heißen Sonntagnachmittag unter einem langweiligen Prediger saß.

Andererseits war ich in Kontakt mit besonderen Individuen gebracht worden, was an sich ein intellektueller Anreiz ist, insofern man immer wieder dazu gedrängt wird, in sie einzutreten, sie zu erforschen und sie zu verstehen. Was für einen Entomologen eine neue Insektenvielfalt ist, ist für einen neugierigen Menschen eine neue Insektenvielfalt, der sich über sie freut und sie über sie grübelt, sie versteht, die zwischen ihnen bestehenden Unterschiede unterscheidet und wenn möglich sympathisch, sie zu sein.

Dieses Mitgefühl ermöglicht es einem Mann in seinem Leben, fünfzig Leben zu führen. Ich glaube nicht, dass ich im Süden jemals die Gegenstücke von John Kelly, Lachlan Roy oder Angus mit den Hunden finden werde. Ich bin mir sicher, dass ich niemals einem edleren Herzen begegnen werde als dem, das im Körper von Mr. M'lan so lange geschlagen hat, noch einem klügeren oder menschlicheren Verstand als dem des Vermieters. Sogar den tabaklosen Mann getroffen zu haben, war etwas, worüber man nachdenken konnte.

Dann kann man, was den Gewinn anbelangt, den Kontakt des Seins mit Liedern, Geschichten und Aberglauben hochrechnen; denn durch diese erhält man Zugang zu der Ehrfurcht und dem Schrecken, die im Herzen dieses alten keltischen Lebens liegen, das jetzt schnell verschwindet. Alte Lieder veranschaulichen die geistigen Stimmungen eines Volkes, ebenso wie alte Waffen, landwirtschaftliche Geräte, Möbel und Haushaltsgeschirr die materiellen Verhältnisse veranschaulichen. Ich freute mich, dieses spirituelle Antiquariatsmuseum durchzusehen und die Teile der menschlichen Liebe, des Terrors und des Hasses, die dort versteinert lagen, aufzugreifen und zu untersuchen.

Alle diese Dinge waren Gewinne: Als ich in Portree auf den Dampfer wartete und über sie alle nachdachte, kam ich zu dem Schluss, dass mein Sommer in Skye nicht verloren gegangen war; und dass kein Sommer irgendwo verpasst werden kann, vorausgesetzt, der Wanderer bringt ein schnelles Auge, ein offenes Ohr und einen mitfühlenden Geist mit. Es ist der gerissenste Harfner, der die süßeste Musik aus der Harfenschnur zieht; aber kein Musiker, der jemals gespielt hat, hat alle Möglichkeiten seines Instruments ausgeschöpft - es gibt mehr für den, der es nehmen kann.

Der Clansman erreichte Portree Bay um elf Uhr morgens, und ich ging sofort an Bord und ins Bett. Als ich am nächsten Morgen aufwachte, waren die Motoren voll in Betrieb, und ich hörte das Rauschen des Wassers an meinem Liegeplatz vorbei. Als ich an

Deck kam, dampften wir den Sound of Raasay runter und als die Frühstückszeit ankam, brauchte es nur einen kurzen Blick, um festzustellen, dass der Herbst gekommen war und die Jagdzeit fast vorbei war.

Viele Schafe wurden in der Nähe der Bögen festgehalten, mittschiffs lagen Wollhaufen, Gruppen von Zeigern und Setzern waren verstreut, und am Frühstückstisch kehrten zahlreiche Jäger in den Süden zurück, deren Gespräch über das Auerhahnschießen und Lachsfischen lief und Hirschpirschen. Während des Frühstücks sahen Sie überall sonnengebräunte Gesichter, hörten fröhliche Stimmen und sahen, wie der ungeheure Appetit anhielt. Vor diesen robusten Burschen verschwanden Steaks, Koteletts, Teller Schinken und Eier wie durch Zauberei.

Auch die Frühstücksparty bestand aus allen Ordnungen und Graden von Männern. Es gab Viehzüchter, die zu Märkten gingen oder von ihnen zurückkehrten. Kaufleute aus Stornoway in Richtung Süden; ein paar hebridische Geistliche, von denen einer Gnade sagte; mehrere Militärs von freimütiger und herzlicher Haltung; eine umfangreiche Brauerei; drei Abgeordnete, die sich von den Strapazen der Gesetzgebung vollständig erholt hatten; und ein großer und gutaussehender englischer Earl mit einem gewissen Ruf auf dem Rasen.

Auch einige Damen kamen vorbei, bevor das Essen vorbei war. Wir waren alle hungrig und ernährten uns wie Homers Helden. Der Brauer war ein tapferer Trencher-Mann, und der hübsche Earl verschlang kalten Kuchen in einem Ausmaß, wie ich es noch nie erlebt hatte. Das Kommissariat an Bord der Hochlanddampfer ist reichlich und von über jeden Verdacht erhabener Qualität und die Verbindung von gutem Essen und Appetit, der von der Meeresbrise geweckt wird, führt zu einem wunderbaren Messer- und Gabelspiel.

Als das Frühstück vorbei war, gingen wir alle die Treppe hinauf. Die rauchenden Männer griffen auf das Hurrikan-Deck zurück, die beiden Geistlichen lasen, die Kaufleute aus Stornoway gingen unruhig umher, als suchten sie jemanden, an den sie sich binden konnten, und die Viehzüchter rauchten mittschiffs kurze Pfeifen und sprachen dort und wann mit den Passagieren. Ihre Pfeifen gingen aus, um die Schafe zu untersuchen.

Der Morgen und der Vormittag liefen angenehm ab - die große Zeremonie des Abendessens stand bevor und näherte sich jeden Moment - das war etwas - und dann gab es häufige Stopps und die Dörfer am Ufer, das Kommen und Gehen von Booten mit Fracht und Passagieren , das Herauswerfen von leeren Fässern hier, das Eindringen von Wolle dort, waren Vorfälle, die der Betrachtung müßiger Männer würdig waren, die vorerst nur ein Leben der Sinne führten.

Wir hielten ein paar Stunden in Broadford Bay an - wir hielten in Kyle-akin an - wir hielten in Balmacara an; und das lang ersehnte Abendessen wurde serviert, nachdem wir an Kyle-Rhea vorbeigefahren waren und nach Glenelg hinuntergleiteten.

Vor einiger Zeit hatten wohlschmeckende Dämpfe unsere Nasenlöcher befallen. Wir sahen die Stewards mit bedecktem Geschirr in die Kabine hinabsteigen, und beim ersten Glockenton war das Hurrikandeck, das einen Moment zuvor überfüllt war, vollständig leer. Der Kapitän nahm seinen Platz am Kopfende des Tisches ein, mit einem mächtigen Braten vor sich, sagte der Geistliche Gnade - etwas langwierig, fürchte ich, nach Meinung der meisten - die Decken wurden von geschickten Kellnern abgehoben, und wir aßen an diesem Tag um vier, als hätten wir vorher nicht um acht gefrühstückt und um eins zu Mittag gegessen.

Das Abendessen war etwas langwierig; denn da wir nach dem Gehen der Damen nichts zu tun hatten, saßen wir bei Käse und Wein und unterhielten uns dann angeregt über Whisky-Punsch.

Als ich wieder an Deck ging, waren wir an Knock vorbeigekommen und fuhren direkt auf Armadale zu. Die Hügel von Knoydart befanden sich auf der einen Seite, die niedrigen Ufer von Sleat, die auf der anderen Seite hier und da von Anbauflächen gesäumt waren, und nach und nach sahen wir die Lärchenplantagen von Armadale, und die Burg wurde durch die Bäume auf dem Rasen sichtbar.

Im Herbst wird die Reise nach Süden durch Unterbrechungen verlängert und häufig muss der Dampfer seinen direkten Kurs verlassen und lange Binnenlauf-Lochs einfädeln, um Wolle an Bord zu nehmen. Diese Unterbrechungen und Irrfahrten außerhalb des direkten Weges wären ärgerlich, wenn Sie sich nach Süden beeilen würden, um zu heiraten, oder wenn Sie zum Totenbett eines Freundes gerufen würden, von dem Sie Erwartungen hatten; aber da es Urlaub bei Ihnen ist und jede Abweichung Sie in eine unerwartete Landschaft führt, werden sie eher als Vergnügen denn als etwas anderes angesehen.

In Armadale blieben wir vielleicht eine halbe Stunde, stießen dann direkt über den Sound of Sleat und segelten die Windungen des Loch Nevis hinauf. Als wir oben ankamen, gab es am Strand eine Menge zu tun. Etwa drei oder vier mit Wolle beladene Boote fuhren bereits auf den Dampfer zu, der sofort auflief und lauten Dampf abließ. Männer schleuderten Wollballen in die leeren Boote, die am steinernen Pier lagen, und zu dem Pier eilten beladene Karren vom abgelegenen Bauernhaus herunter. Die Wollboote kamen zu beiden Seiten des Dampfers; in den Bollwerken wurden Türen geöffnet, zu diesen Türen wurden Dampfkräne gerollt, und mit manchem Kurbelschlag und Kettenrasseln wurden die Ballen an Deck gehievt und in die trüben Nischen des Laderaums verbracht. Sobald ein Boot geleert war, fuhr ein beladenes aus, um seinen Platz einzunehmen.

Die Dampfkräne rüttelten ununterbrochen und innerhalb von ein paar Stunden war eine beträchtliche Menge an Geschäften erledigt worden. Bei dieser Gelegenheit dauerte die Übertragung von Wolle von den Booten in den Laderaum des Dampfers länger als gewöhnlich; der Sonnenuntergang war karminrot und erlosch zu blassem Gold und stieg auf, und die beladenen Boote fuhren langsam weiter, und immer noch strömten Stürme gälischer Entrüstung an den Seiten des Schiffes entlang, und immer noch waren die Dampfkräne bei ihrer lauten Arbeit.

Die ganze Angelegenheit, die zu diesem Zeitpunkt jeglichen Sinn für Neuheit verloren hatte, drohte ermüdend zu werden, aber im schwindenden Licht hatte der Steward den Salon in gastfreundliche Wärme und Glut getaucht, und dann läutete die Glocke für Tee. In einem Moment hatte das Interesse an den Wollbooten ein Ende gefunden, die Passagiere eilten nach unten, und bevor das Klirren von Tasse und Untertasse aufgehört hatte, war der letzte Wollballen von den Booten neben dem Frachtraum und dem Clansman verlegt worden hatte sich umgedreht und glitt leise den Loch Nevis hinunter.

Eine schöne, durchsichtige Herbstnacht bog sich über uns, ein junger Mond und ein einzelner Stern an ihrer Seite, als wir Arisaig erreichten. Zu diesem Zeitpunkt hatten sich die Damen zurückgezogen, und diejenigen der Herren, die an Deck blieben, waren in Decken eingewickelt, wobei jede schattenhafte Gestalt durch die rote Spitze einer Zigarre schärfer hervorgehoben wurde.

Der Einstieg in Arisaig ist schwierig, und der Clansman wurde auf halben Dampf gesetzt. Die Herren wurden aufgefordert, das Hurrikan-Deck zu verlassen, und dort stationierte sich der Kapitän, während ein paar Männer zu den Bögen geschickt und drei oder vier am Steuer stationiert wurden.

Langsam bewegte sich das große Schiff vorwärts, mit niedrigen schwarzen Felsenriffen auf beiden Seiten, wie dunkle Flecken, aber vollkommen weich und zart im Umriss; und hier und da konnten wir die dunkle Spitze eines Felsens sehen, der wie ein Biberkopf aus dem trüben Meer ragte. Von diesen schattigen Riffen wurden die Seevögel, als das Schiff weiterfuhr, aus ihrem Schlummer geweckt, und seltsam süß und flüssig wie Flötentöne waren ihre Schreie und Alarmsignale.

Auch ab und zu kam mit einem müden Seufzer eine große Welle herein und brach in grauem Silber über die dunklen Riffe und in den darauffolgenden wässrigen Schwierigkeiten und Bewegungen wurde der Mond zu einer Quelle bewegter Lichter und der Stern zu einer zitternden Schwertklinge. Der Kapitän stand allein auf dem Hurrikan-Deck, die Passagiere lehnten sich gegen die Bollwerke und beobachteten Felsen und Meer und lauschten dem Ruf und dem erneuten Ruf von gestörten Stallungen, als plötzlich ein gedämpfter Ruf von der Aussicht auf die Bögen ertönte, schrie der Kapitän "Port! Port! Schwer!" und weg ging das Rad, das sich drehte, die starken Gefährten, die an den Speichen arbeiten, und das Schiff, das langsam abfällt.

Nach einer Weile gab es ein weiteres Geräusch am Bug, der Kapitän rief "Steuerbord!" und das Rad wurde schnell umgekehrt. Wir waren jetzt auf dem schwierigen Weg und wenn wir zurückblickten, sahen wir eine vollkommene Komplexität von Riffen und düsteren einzelnen Felsen dahinter und einen verblassenden, blassen Gürtel zwischen ihnen, der die Spur des Schiffes verriet - ein schrecklicher Ort, auf den man in einer stürmischen Nacht fahren konnte, wenn das Ganze Küste wäre wie der Mund eines verwundeten Ebers - schwarze Stoßzähne und aufgewühlter Schaum.

Nach einer Weile wurde jedoch eine niedrige Küstenlinie sichtbar, dann brach ein Licht darauf aus; und nach ein paar ungeduldigen Drehungen der Paddel sahen wir ein Dutzend Boote, die sich näherten, mit Lichtern an ihren Bögen.

Dies waren die mit Fracht beladenen Arisaig-Boote. Bei ihrem Anblick verließ der Kapitän das Hurikan-Deck, der Anker löste sich mit einer donnernden Kette, die Passagiere legten sich ins Bett, und zwischen Schlaf und Wach hörte ich die halbe Nacht das Trampeln der Füße, das Geräusch der Stimmen und das Trampeln Stoß der Dampfkräne, als die Waren von Arisaig an Deck gehoben und verstaut wurden.

Ich war am nächsten Morgen früh auf. Der Himmel war klar, der Wind wehte an der Küste und das helle, lebendige, fröhliche Meer brodelte in den felsigen Verwicklungen, durch die wir langsam fuhren. Skye war perfekt sichtbar, die nähere Küste dunkel und grün; weiter hinten stehen die trüben Cuchullins in den Wolken. Eig erhob sich mit seiner merkwürdig geformten Schere gegenüber; Mist lag vor mir.

Der Clansman erreichte bald das offene Meer und wir fühlten den Impuls des Atlantiks. Als die Passagiere an Deck zu erscheinen begannen, torkelte das Schiff schwer in Richtung der weitläufigen Landzunge von Ardnamurchan. Es war schwierig, die Füße ruhig zu halten - schwieriger, das Gehirn ruhig zu halten.

Große glitzernde Wasserhügel kamen heran, um die felsige Küste mit nicht verfügbarem Schaum zu waschen; und unter diesen rollte der Dampfer und warf und stöhnte, sein langer dunkler Rauchschwall strömte mit dem Impuls des Meeres. Der größere Teil der Passagiere kroch mittschiffs - neben den Motoren und den Köchen, die nach Heringen dufteten, die nach einem überflüssigen Frühstück brieten -, denn dort war die Bewegung am wenigsten zu spüren.

Einem unglücklichen Landsmann schien an diesem Morgen die ganze Welt auf den Kopf gestellt. Es gab nirgendwo eine gerade Linie zu entdecken; alles schien sich verändert zu haben. Jetzt haben Sie den Steuermann gegen den Himmel auf dem Kamm einer luftigen Steigung gesehen, jetzt wurde ein Bollwerk in der Welle begraben, jetzt das andere, und anon die Schafe an den Bögen wurden gegen einen schaumigen Katarakt herausgebracht. Aber mit all diesen Turbulenzen und dem Tanzen und Rollen ging der Clansman schnell weiter, und zu gegebener Zeit waren wir vom Leuchtturm von Ardnamurchan entfernt.

Hier rollten und warfen wir uns auf unangenehme Weise - der Schaum sprang auf die Felsen und fiel in schneebedeckten Schichten zurück - und schienen nur geringe Fortschritte zu machen. Allmählich jedoch zog der Leuchtturm langsam hinter uns her, langsam umrundeten wir die felsige Anhöhe, langsam zogen sich die dunklen Ufer von Mull ins Meer zurück, und in einer Viertelstunde waren wir mit tropfenden Decks und schwindelerregendem Verstand von hier weg das große, helle Gewässer und die Energie des Atlantiks bis zum ruhigen Wasser von Loch Sunart; und, geschützt von Mull, dampften auf Tobermory zu.

Der erste Auftritt von Tobermory ist Vorliebe; aber weitere Bekanntschaften sind nach Möglichkeit zu vermeiden. Während der Clansman in die Bucht dampft, ist die kleine Stadt mit ihrem Halbkreis weißer Häuser, die von Hügelterrassen gesäumt sind, auf denen hübsche Villen stehen, und die von düsteren Kiefernplantagen flankiert werden, ein angenehmes Bild, das Herz und Auge aufnimmt. Wenn Sie sich jedoch nähern, lässt Ihre Bewunderung nach, und wenn Sie an Land gehen, werden Sie völlig ausgelöscht. Es hat einen "uralten und fischartigen Geruch" und alle Arten von Müll schwimmen im Hafen.

Old Ocean ist ein Aasfresser in Tobermory und in seinen Gewohnheiten genauso schmutzig wie Pater Thames. Die Häuser sehen vom Deck des Dampfers aus hübsch und sauber aus, aber bei näherer Betrachtung verfallen sie und verfallen, und einige verwandeln sich in kleine Gasthäuser, was auf die schlimmste Unterkunft und den heftigsten Alkohol hindeutet.

Der Dampfer ist normalerweise für ein paar Stunden in Tobermory eingesperrt, und während dieser Zeit herrscht ein ständiger Lärm beim Laden und Entladen. Sie werden müde von dem Geräusch und dem Tumult und spüren eine Erleichterung, wenn der Dampf wieder aufsteigt, und wenn sich das schmutzige Hafenwasser in fragwürdigen Schaum verwandelt und verwandelt, arbeitet sich das große Schiff durch den schwierigen Kanal und gleitet ruhig den Sound of Mull runter.

Der "Lord of the Isles", der diesen großartigen Sound hinuntergleitet, ist in Ihrer Erinnerung, genauso wie die "Lady of the Lake" in Ihrer Erinnerung am Loch Katrine. Die Stunden vergehen in der Musik. Alle Szenen des edlen Gedichts erheben sich in Sichtweite vor Ihnen. Sie passieren den Eingang zum schönen Loch Aline; Sie kommen an Ardtornish Castle am Ufer des Morven vorbei, wo die Lords of the Isles ihre rauen Parlamente abhielten und über Mittel und Wege diskutierten, während Mull sich gegenüber großartig in die hohen Berge zurückzieht.

Weiter unten sehen Sie Duart Castle, mit dem Felsen über der Flut, auf dem Maclean seine Frau - eine Tochter von Argyle – der Macht der Wellen aussetzte. Nachdem Sie an Duart vorbeigefahren sind, biegt Mull nach rechts ab und bietet Ihnen einen Raum mit offenem, sonnendurchflutetem Meer, während sich links das Linnhe Loch in Richtung Fort-William und Ben Nevis erstreckt. Unmittelbar vor Ihnen befindet sich das grüne Lismore und während der Herbsttag sich dem Nachmittag nähert, erreichen Sie Oban, das von den westlichen Wellen der Insel Kerrera geschützt ist.

Der längste Aufenthalt während der Überfahrt ist in Oban, aber dann aßen wir dort zu Abend, was dazu beitrug, die Zeit auf angenehme Weise zu vertreiben. Der Clansman hatte eine Menge Fracht in Tobermory erhalten, am Loch Aline wurde eine Schafherde an Bord getrieben, Waren wurden an anderen Stellen im Sound, an denen wir uns berührten, in Hülle und Fülle aufgenommen, und als wir alle Sachen erhalten hatten, die auf uns warteten.

In Oban war das Schiff schwer beladen. Das gesamte Steuerdeck bestand aus einer brüllenden und meckernden Masse schwarzer Rinder und Schafe, wobei jedes "Paket" durch vorübergehende Barrieren voneinander getrennt war. Der mittschiffs liegende Raum war ein Chaos von Fässern und Stämmen und Ballen der einen oder anderen Art, und unter diesen waren die Passagiere gezwungen, sich selbst zu entsorgen. Große Stapel von Holzkisten, die Hering enthielten, wurden entlang des Kabinendecks gelegt, so dass ein Mann, wenn er bereit war, darauf zu gehen, sich um seine Schritte zu kümmern.

Aber wen interessierte das? Wir waren jetzt weg von Oban, der Wind war schwach, die Sonne ging hinter uns unter und die Glocke läutete für Tee. Es war die letzte Mahlzeit, die wir zusammen einnehmen sollten, und durch dieses Bewusstsein schien das Eis der Reserve zu schmelzen, und die Passagiere kamen sich näher.

Die hebridischen Geistlichen waren nicht gebeugt. Der hübsche Earl plauderte mit seinen Nachbarn, als ob seine Stirn nie den goldenen Verschluss der Krone gekannt hatte; die Jäger schlichen wieder ihren Hirschen nach; die Abgeordneten diskutierten alle Themen mit Ausnahme der Angelegenheiten der Nation. Der reiche Brauer scherzte; die Kaufleute aus Stornoway lachten maßlos, während die Viehhändler mit Ehrfurcht zuhörten.

Der Tee wurde auf diese angenehme Weise verlängert, und dann, während die Stornoway-Händler und die Viehhändler sich mit einem Punsch tranken, stieg die Mehrheit der anderen Passagiere die Treppe zum Hurrikan-Deck hinauf, um zu rauchen.

Was für ein Segen ist Tabak an den modernen Engländer! Es steht an der Stelle von Frau, Kind, Beruf und Ideenaustausch. Mit einer Pfeife im Mund ist die Gleichgültigkeit gegenüber dem Nachbarn nicht mehr mürrisch, und das stille Wiederkäuen wird zum besten Gefährten. Die Engländer waren nie sehr gute Redner, aber seit Sir Walter Raleigh das Virginianische Gras eingeführt hat, haben sie weniger geredet als je zuvor. Raucherparlamente schweigen immer - und da es in der Stille Weisheit gibt, sind sie vielleicht wirksamer als die sprechenden.

Mr. Carlyle bewunderte die immer noch mit Rauch besetzten preußischen Versammlungen Friedrichs, und ich wundere mich, dass er die Verwendung des Unkrauts in unserer englischen Witenagemote nicht befürwortet.

Langsam brach die Nacht um die Raucher herein, die Sterne tauchten am weichen Himmel auf, als die Luft kalt wurde, und einer nach dem anderen ging sie unter. Dann wurde mehr getrunken, einige spielten Schach, ein oder zwei Versuche, einen Brief zu schreiben, und um elf Uhr räumten die Kellner die Tische ab und begannen, den Salon in eine große Schlafwohnung zu verwandeln.

Ich stieg an meinen Liegeplatz und schlief gemütlich ein. Ich musste einige Stunden geschlafen haben, obwohl ich im Laufe der Zeit natürlich bewusstlos war, als allmählich der Schrecken des Alptraums über mich hereinbrach.

Dieses Grauen war anfangs vage und formlos, nahm aber allmählich eine bestimmte Form an. Ich war Mazeppa, sie hatten mich auf den Rücken des Wüstengeborenen gefesselt, und der mächtige Rohling, der vor Schmerz und Entsetzen wütend war, raste durch die Wildnis, krachte durch Wälder, stürzte in Bäche und heulte hinter sich her immer näherkommend. Endlich, als das Tier an einem Abgrund eine Schlucht geräumt hat, habe ich die Fesseln meines Traumes gesprengt.

Für einen Moment konnte ich nicht verstehen, wo ich war. Das Schlafzimmer schien auf die eine Seite gefallen zu sein, dann richtete sie sich auf, fiel aber nur auf die andere, dann stürzte sie wild vorwärts, als wäre sie ein lebendiges Ding und hatte eine Peitsche bekommen. Das Schiff arbeitete schwer, ich hörte die Stimmen der Seeleute, die im Wind flogen, ich fühlte den Schock von festem und das Rauschen von zerbrochener See.

Unter solchen Umständen war zumindest für mich der Schlaf unmöglich, also schlüpfte ich aus dem Bett und hielt mich für einen günstigen Moment fest und griff nach meinen Kleidern. Mit viel Mühe zog ich mich an, mit größerer Mühe stieg ich in meine Stiefel und taumelte dann an Deck. Als ich mich an der ersten Stütze festhielt, war ich fast geblendet von dem Schimmer zerbrochener Meere.

Von einer hohen Küste, gegen die die großen Wellen rauschten, kam das stete Leuchten eines Leuchtturms, und durch dieses Zeichen wusste ich, dass wir auf dem Mull of Cantyre waren. Das Schiff tobte in einem mächtigen Kampf der Gezeiten. Hier und da waren schattenhafte Gestalten von Passagieren zu sehen. Eine - eine junge Frau, die als Hausmädchen nach Glasgow ging, wie sie mir später erzählte - war in großer Bedrängnis, hatte den Eindruck, dass wir alle auf den Grund gingen, und kam zu mir, um mich zu trösten.

Ich beruhigte sie, so gut ich konnte und besorgte ihr einen Platz. Als das Schiff einmal einen wilden Ruck machte und eine Sprühwolke über das Deck flog, rief sie einem Matrosen zu, der mit einem Overall aus Südwester und Segeltuch vorbeischlurfte: "Oh Matrose, so schlimm ist das nicht?"

"So schlimm", sagte der Würdige und warf sich auf das unsichere Deck, "so schlimm! Lod, Sie haben nur eine letzte Chance. Nur drei außer mir waren in der Lage, das Schiff zu besetzen."

Der Seemann leistete sich diesen Anflug von zweifelhaftem Trost und schlurfte weiter. Glücklicherweise war der Aufruhr nicht von langer Dauer. In einer Stunde hatten wir den gewaltigen Mull umrundet, erreichten vergleichsweise glattes Wasser, und mit den Lichtern von Campbelton im Hintergrund, dem fahlen Schein von Öfen, die von der Küste von Ayrshire aus gesehen wurden, und dem Morgen, der anfing, leise nach Osten zu streifen, ging ich wieder nach unten und schlief, bis wir Greenock erreichten.

Glasgow

Die Vorstellung von Glasgow in der gewöhnlichen britischen Denkweise ist wahrscheinlich wie folgt: "Glasgow, das von den Eingeborenen als die zweite Stadt des Reiches angesehen wird, ist von einem rauchigen Vordach bedeckt, durch das Regen eindringt, das jedoch für Sonnenstrahlen undurchlässig ist. Es wird für jede Art von Industrietätigkeit gefeiert: Sechs Tage in der Woche ist es geschäftstüchtig und verbringt den siebten Tag damit, Predigten zu halten und Tody zu trinken. Ordentlich genug, wenn auch reichlich mit Lebensmitteln versorgt, wird er ein Chartist, wenn er hungrig ist, und findet große Befriedigung, wenn er Rednern zuhört - hauptsächlich von der Smaragdinsel -, die sich gegen eine aufgeblähte Aristokratie aussprechen manchmal seltsamen Launen unterworfen, in einem Moment glitzert er fröhlich im kommerziellen Himmel, im nächsten ist er verschwunden, wie die verlorene Plejade, die für immer von der Nacht verschluckt wird."

Die Geschichte von Glasgow lässt sich mit einem Wort zusammenfassen: Baumwolle. Seine Gottheit, Gold; sein Fluss, besetzt von Dichtern, ein Abwasserkanal; seine Umgebung, Staub und Asche; das Glänzen seiner Flügel und Schlösser ist weniger durch Bildung geprägt als ein Bosjesman; eine Kreatur, die noch nie eine Lerche singen gehört hat, außer vielleicht in einem Käfig vor einem Fenster im sechsten Stock, in dem eine verschlungene Näherin das "Lied vom Hemd" einstudiert. "Die Schwalben mit ihrem sonnigen Rücken" sind in Glasgow völlig falsch, es enthält viele kultivierte Männer und Frauen, es ist der Sitz einer alten Universität, seine Kathedrale ist die edelste in

Schottland und seine Statue von Sir John Moore die schönste Statue im ganzen Reich.

Eine hässliche Stadt mit vielen historischen Bezügen: Wenige Städte sind von einer schöneren Landschaft umgeben, und in den letzten Jahren sind zwei Bücher erschienen - beide Autoren sind jetzt tot -, von denen eines das alte gastfreundliche, soziale Leben des Ortes widerspiegelt andere skizzieren auf angenehme Weise die interessanten Orte in seiner Nachbarschaft. Dr. Strang bringt uns in seinen "Clubs of Glasgow" in Kontakt mit der alten, lustigen Zeit, und Mr. Macdonald in seinen "Rambles round Glasgow" - zeigt den Ort von Interesse weit und breit, kennt jede Ruine und ihre Legende, kann sagen, wo jeder unbekannte Dichter gelebt hat und gestorben ist, und hat die Martyrologie des Bezirks an den Fingern. Soviel zu den Büchern; und jetzt ein oder zwei Worte über ihre Autoren.

Dr. Strang war lange Zeit Kammerherr der Stadt Glasgow. Mehr als ein halbes Jahrhundert lang sah er, wie es um ihn herum wuchs, an Bevölkerung, Wohlstand und politischer Bedeutung zunahm, wie es im gleichen Zeitraum keine andere britische Stadt gegeben hatte; und da er alles über dieses Wachstum wusste, war er nicht unnatürlich stolz darauf.

Er konnte sich an die alten Zeiten erinnern, an die alten Familien, an die alten Gebäude, an die alten häuslichen Gewohnheiten; und als er jahrelang geschlagen war, freute es ihn, sich an die Dinge zu erinnern, an die er sich erinnerte, und sie dem gegenüberzustellen, was er auf allen Seiten sah. Ich denke, dass er im Großen und Ganzen das alte Glasgow seiner Jugend dem neuen Glasgow seiner Zeit vorgezogen hat. Sein ganzes Leben lang war er an der Literatur interessiert. In seinen früheren Tagen hatte er

Geschichten und Skizzen geschrieben, in denen er die älteren Aspekte der Stadt so lebhaft wie möglich widerspiegelte; und da er zusammen mit dieser Wendung für das Schreiben den antiquarischen Geschmack hatte, der für fast jeden vornehmen Schotten seit Sir Walter charakteristisch ist, während seine Jahre und seine offizielle Position ihm Gelegenheiten gaben, ihn zu befriedigen, kannte er Glasgow fast so gut wie der älteste Einwohner, der alle geheimnisse gekannt hat, kennt sein Heimatdorf.

Er war ein bewundernswerter Cicerone; seine Gedanken wandelten das letzte Jahrhundert auf und ab, da er wusste, dass jeder Mensch, den er traf, seine zeitgenössischen Bekannten kannte. Und wenn er über den Fortschritt von Glasgow sprach, sprach er stolz, als würde er den Fortschritt seines eigenen Sohnes erzählen.

In den letzten Jahren seines Lebens fiel ihm auf, dass er sein lokales Wissen zur Rechenschaft ziehen könnte. Der Doktor war ein Humorist; er liebte Anekdoten und achtete sehr auf gutes Essen und Trinken. Er erinnerte sich bedauernd an den Schlag seiner Jugend und war mit den Geschichten der Glasgow Clubs bestens vertraut. In einer glücklichen Stunde kam ihm der Gedanke, dass er, wenn er die Geschichte dieser Clubs erzählte - die Professoren, die Kaufleute, die Magistrate, die örtlichen Bigwigs, die Geistlichen, die Rechen, die ihre Mitgliedschaften zusammenstellten -, genau dorthin gehen würde, zum Kern und Wesen der alten Glasgow Society; während er im Laufe seiner Arbeit Gelegenheiten fand, sein gesammeltes antiquarisches Wissen über alte Häuser, alte soziale Gewohnheiten, den Stand des Handels zu verschiedenen Zeiten und dergleichen zu nutzen.

Die Idee war glücklich; der Doktor machte sich tapfer an die Arbeit, und im Laufe der Zeit waren die "Clubs of Glasgow" in einem geräumigen Band mit geeignetem Index und Anhang vor der Welt. Vielleicht ist noch nie ein so gutes Buch so schlecht geschrieben worden.

Das Buch ist interessant, aber interessant aufgrund der hervorragenden Qualität des Materials, nicht der literarischen Ausführung. Insgesamt kann dies jedoch als ausreichend angesehen werden. Sie öffnen seine Seiten und treten von der Gegenwart in die Vergangenheit. Sie befinden sich in der Trongate, durch die Prinz Charles gerade geritten ist. Sie sehen jungfräuliche Kaufleute, die mit scharlachroten Mänteln und goldköpfigen Stöcken auf und ab gehen. Sie sehen Belle und Beau ein Menuett im alten Versammlungsraum gehen; Sie sehen, wie errötet Tom und Jerry einen asthmatischen "Charlie" in seinem Wachhäuschen einsperren und ihn einen Abhang hinunter in den Fluss rollen - alles ist längst vorbei, wie der Rum-Punsch, den sie gebraut haben, wie die Limetten, mit denen sie es gewürzt haben!

Mr. Macdonald ist Dr. Strangs Antithese und dennoch seine Ergänzung. Der eine arbeitete im Antiquariat und in der Statistik; der andere im Antiquariat und in der Poesie. Der eine liebte die alten Häuser, die alten Hecken, die alten Kirchhöfe in der Stadt; die anderen liebten diese Dinge ohne die Stadt und kilometerweit davon entfernt - und so haben wir beide den Bezirk sehr fair vertreten.

Mr. Macdonald war ein genialer Mann, ein Liedermacher, ein Antiquar, ein frommer Liebhaber von Biest und Vogel, von Schneeglöckchen und Luckengowan, von der untergehenden Sonne am Bothwell Bank und von dem Mond, der auf die

Gerstenfelder von Clydesdale schien. Er war in seinem Abschluss einer jener Dichter, die seit Burns Zeiten fast jeden Teil Schottlands zum Gesang gemacht haben. Genau wie Tannahill Gleniffer Hills durch sein Lied grüner gemacht hat; als Thom of Inverury den Ufern des Dee ein neues Interesse verlieh, als Scott Riddell der Border Minstrelsy eine Notiz hinzufügte, nahm Mr. Macdonald das Land um Glasgow poetisch in Besitz.

Weder für ihn noch für irgendeinen seiner Cornpeers kann der Titel eines großen Dichters beansprucht werden. Diese Männer sind lokale Dichter; aber wenn Sie die Gegend kennen und lieben, akzeptieren Sie dankbar die Lieder, mit denen sie verbunden sind. Wenn die Landschaft eines Auenlandes sanft ist, ist es angemessen, dass der Dichter des Auenlandes ein Genie besitzt, das dazu passt.

Große Szenen erfordern große Gedichte; einfache Szenen, einfache. Coleridges Hymne im Vale of Chamouni ist eine edle Aufführung, die jedoch in einer Lanarkshire-Schlucht, in der Schafe fressen und in der Sie vergeblich nach einer Höhe von 500 Metern suchen können, fehl am Platz ist. Mr. Macdonald hätte sich Coleridges Hymne nicht nähern können, wenn er nach Chamouni versetzt worden wäre. Aber er hat der Landschaft, die ihn umgab, schön gemacht - die Efeus von Crookston mit seinem Vers düsterer und den nach Westen laufenden Clyde, in dem die Sonne untergeht, noch prächtiger.

Er war auch einer von denen - auf die die Schotten besonders stolz sind -, die in bescheidenen Verhältnissen geboren wurden und ohne Hilfe des Colleges und oftmals nur wenig von der Schule ein positives literarisches Ergebnis erzielen und mehr oder weniger Anerkennung für die gleich. Er wurde in einem der östlichen Bezirke von Glasgow geboren, lebte einige Zeit auf der Insel Mull im Haus eines Verwandten - denn wie sein Name schon sagt, war er ein reiner Kelte - und von seinen Vätern erhielt er Lieder, Melancholie und Aberglaube.

Den Aberglauben konnte er nie ganz abschütteln. Er konnte über eine Geistergeschichte lachen, sie mit grotesker oder humorvoller Übertreibung ausstatten; aber der zentrale Schrecken funkelte ihn in allen Verkleidungen an, und als er es hörte oder erzählte, war sein Blut die ganze Zeit kalt. Als er in seine Heimatstadt zurückkehrte, wurde er in eine öffentliche Manufaktur eingewiesen, und hier war es - frisch von einer Burgruine, Nebelschwaden auf den Monren Hills, Geschichten, die von Bergschäfern oder verwitterten Fischern von Leichenlichtern erzählt wurden, die auf dem Meer schimmerten ; mit englischer Literatur, in der man goldene Fetzen der Freizeit finden und genießen kann; und mit allem, was in der Vergangenheit im Hochland und in der heutigen dunklen Umgebung vorgekommen war, begann sich das "purpurne Licht der Liebe" zu verbreiten - dass Mr. Macdonald ein Dichter wurde.

Betrachtet man die Angelegenheit jetzt, so kann man sagen, dass seine Umstände der Entwicklung des poetischen Geistes in Glasgow zu der Zeit, von der die Rede war, nicht abträglich waren und sich ihrer Dichter rühmen konnten. Dugald Moore schrieb Oden an "Earthquake" und "Eclipse" und wurde von seinen Gefährten bewundert. Motherwell, der Autor von "Jeanie Morrison", war Herausgeber des Courier und kämpfte in seinen Kolumnen manierlich gegen die Reform. Alexander Rodger, der Sir Walter anlässlich des Besuchs seiner gnädigen Majestät George IV. durch die Veröffentlichung einer bösen und witzigen Begrüßung empörte - einzigartig in Ähnlichkeit und Kontrast zu der des Magiers. Nach Edinburgh, füllte die Zeitungen des Westens mit satirischen Versen und brachte sich damit in Schwierigkeiten. Nein, mehr noch, dieser Alexander Rodger hatte damals oder zu einem späteren Zeitpunkt einen Posten in der Manufaktur inne, in der Mr. Macdonald in der Lehre war. Weder das Auge ohne Bildung noch die Erinnerung ohne Assoziationen, von denen man sich ernähren konnte.

Vor der Tür dieser Manufaktur stand Glasgow Green, der Baum streckte jedoch seine Blätter aus, unter denen Prinz Charles stand, als er seinen schuhlosen Highland-Wirt überprüfte, bevor er nach Falkirk marschierte. In der Nähe des Fensters floss der Clyde, um von dem Jungen gesehen zu werden, wenn er den Kopf von der Arbeit hob, und erinnerte sich an die roten Ruinen von Bothwell Castle, wo die Douglases wohnten, und an die efeugedämpften Mauern von Blantyre Priory, wo die Mönche beteten; sie trug ihre Phantasie mit sich, als sie seewärts zum Dumbarton Castle mit seinen ossianischen Assoziationen floss, und erinnerte sich an die Nacht, als Bruce von seinem Versteck in Arran aus zusah, wie sich das Leuchtfeuer am Ufer des Carrick verbreitete.

Und aus den gleichen Fenstern, die über den Bach blickten, konnte er die lange Ansammlung von Rutberglen mit dem Kirchturm sehen, auf dem Menteith wegen des Verrats von Wallace ein Schnäppchen machte und der über den Bäumen stand. Und wenn wir wissen, dass das Mädchen, das später seine Frau werden sollte, dort aufwuchs, damals bekannt und geliebt, kann man sich vorstellen, wie oft sein Blick auf die kleine Stadt mit Kirchturm und Schornstein gerichtet war, die die Himmelslinie ärgerte.

Und wenn er wanderte - und er wanderte immer -, kamen unvermeidlich tiefere Impulse zu ihm. Ein paar Meilen nördlich von Glasgow, in Rob Royston, wo Wallace betrogen wurde, lebte Walter Watson, dessen Lieder von vielen gesungen wurden, die seinen Namen nie gehört hatten.

Sieben Meilen südlich von der Stadt lag Paisley in seinem Rauch, und darüber hinaus Gleniffer Braes - kaum verändert, seit Tannahill an Sommerabenden über sie gegangen war. Der Südosten erstreckte sich über das sterile Gebiet der Mearns mit Regenpfeifern, Heidekraut und flachen, glitzernden Seen. und dahinter, in einem grünen Halbmond, der das Meer umarmte, lag ein ganzes Ayrshire, feurig und voller Verbrennungen, jeder Bestand und Stein leidenschaftlich mit ihm, sein Gänseblümchen blühte in jeder Furche, jedem Bach, als es seewärts lief und um Highland Mary trauerte - und wann.

Die Nacht brach herein, in jeder Taverne der Grafschaft saßen die fröhlichsten Burschen in Christenheit über ihren Bechern und missachteten den gehörnten Mond, der in der Fensterscheibe hing. Und dann, um eine poetische Ausbildung zu absolvieren, war da noch Glasgow selbst - ein schwarzer Fluss, der zwischen zwei düsteren Masten floss - das alltägliche Verkehrsrauschen der Trongate, und nachts tauchten die Gesichter der hastigen Menschenmengen für einen Moment scharf im Licht auf der Schaufenster - den kilometerlangen steinigen Straßen mit Statuen auf den Plätzen und auf den Freiflächen - war die große Kathedrale auf der einen Seite der Schlucht mit päpstlichen Schreinen und rollendem Weihrauch gefüllt und auf der anderen Seite John Knox auf seiner Säule und klagt es mit ausgestrecktem Arm an, der eine Bibel umklammert.

Und als die Dunkelheit hereinbrach, war der Bezirk im Nordosten und Süden der Stadt voller wechselnder Blendung und Dunkelheit von Bränden; anstatt der Nacht und ihrer Privatsphäre brachte die Pracht der aufragenden Flamme den Bewohnern der östlichen und südlichen Straßen einen schwankenden scharlachroten Tag und durchbohrte Ecken und Kanten so forschend wie jedes Sonnenlicht Kinder, und verwandelte sich in eine vollkommene Verschwendung von Charme, das Erröten auf der Wange eines Schatzes.

Mit all diesen Dingen um ihn herum machte sich Mr. Macdonald fleißig an die Arbeit, und was auch immer der Wert seiner poetischen Waren sein mochte, auf jeder Seite lag viel exzellentes Material um ihn herum.

Für ihn hatten all diese Dinge ihren Nutzen. Er hatte eine ausgezeichnete literarische Verdauung, die in der Lage war, aus den härtesten Materialien Nährstoffe zu gewinnen. Abends lernte er fleißig die englische Literatur kennen und nahm nach und nach die britischen Essayisten, Dichter und Historiker in Besitz. Auch in dieser Zeit schätzte er republikanische Gefühle und hatte seine eigenen Spekulationen über die Wiederbelebung der Menschheit.

Zu dieser Zeit machte das großartige Versprechen des Chartismus den Horizont ruhmreich, und Macdonald war, wie so viele seiner Klasse, der Ansicht, dass die "fünf Pints" die Avantgardisten des Jahrtausends waren. Für ihn ging der Chartismus in kurzer Zeit wie eine Theatersonne aus. Er kam nicht mehr auf die Idee, dass er in spürbarem Umfang bei der Regeneration helfen könnte Ration des Rennens.

In der Tat ist es zweifelhaft, ob es ihn in seinen letzten Tagen sehr interessierte, ob das Rennen jemals wiederbelebt werden würde. Der Mensch war ein

Schlingel, war jemals ein Schlingel gewesen, und eine Schlingellüge würde bis zum Ende des Kapitels bleiben. Er war gewillt, die Welt wedeln zu lassen, und bestätigte, dass es notwendig war, seinen eigenen privaten Schritten Rechnung zu tragen.

Sein persönlicher Schmerz ließ ihn die schmerzhafte Welt vergessen. Er war jetzt ziemlich auf die poetische Flut eingeschifft. Sein Name, der an Verse angehängt war, tauchte häufig in den lokalen Abzügen auf und erlangte keine geringe Beachtung. In Abständen huschte ein Singvogel seines Gehirns, dessen Ritzel oder Federkleid stärker war als sonst, von Zeitung zu Zeitung im ganzen Land; ja, tatsächlich erschienen einige jenseits des Atlantiks und hockten hier und da, nicht unbemerkt von bewundernden Augen, auf einem Broadsheet, als sie ihren Weg von den großen Städten zu den westlichen Lichtungen machten.

Auch die ganze Zeit über war er ein begeisterter Botaniker in Buch und Feld, ein Liebhaber des offenen Landes und des wehenden Windes, ein Müdigkeitszünder, der jeden Samstagnachmittag bereit war, wenn die Arbeit für einen etwa dreißig Kilometer langen Spaziergang zu Ende war, könnte er auf eine seltene Blume oder eine Efeuruine schauen. Und das Mädchen, das in Rutherglen wohnte, wuchs zur Frau heran, und jeder Zauber und jede Erscheinung wurde für viele Jahre in leuchtenden Versen gefeiert. Und sie, er, dichterisch, heiratete - die Haushaltsbeeinträchtigung des Paares, Liebe und Hoffnung und eine Missachtung von Unannehmlichkeiten, die sich aus knappen Mitteln ergeben.

Der glücklichste Mann der Welt - aber ein Witwer, bevor das Jahr vorbei war! Mit seiner Frau starben viele Dinge, alle in einem Grab begraben. Die republikanischen Träume und Pläne zur Regeneration der Welt verschwanden danach. Hier ist ein kurzes Gedicht voller Regenwolken und des gelben Blattes, das sich auf seine damaligen Gefühle bezieht –

"Herrlich sind deine Wälder, Oktober!
Mit leuchtenden Mänteln bekleidet sehr;
Hellste Töne der Schönheitsmischung
Wie der Westen, wenn der Tag abfällt,
Du bist der Sonnenuntergang des Jahres.

Verblassende Blumen sind dünn; Oktober!
Klang traurig die süße blaue Glocke;
Vorbei an den Blüten, die April schätzte –
Violett, Lilie, Rose, alles ging unter –
Duft floh von Feld und Tal.

Liedlos sind deine Wälder, Oktober!
Speichern, wenn Rotkehlchen traurig liegt
Durch die Ruhe schwillt grauer Morgen an,
Zur Liste gibt es Echos
Geschichten von Dunkelheit und Verfall.

Die traurigsten Töne sind dein, Oktober!
Musik des fallenden Blattes
Über den nachdenklichen Geist stehlen,
In die tiefsten Tiefen enthüllt:
"So versinkt jede Freude in Trauer."

Ich liebe dich, lieber Oktober!
Mehr als nur Knospen, blühender Frühling –
Ihre ist Hoffnung, trügerisches Lächeln,
Vertrauen der Herzen zur Trauer, die betört;
Erinnerung liebt deinen dunklen Flügel.

Freudige Herzen mögen den Sommer lieben,
Hell mit Sonnenschein, Lied und Blume;
Aber das Herz, dessen Hoffnungen getrübt sind,
In der Dunkelheit des Wehs benachtet,
Liebt lieber deine verwandte Laube.

Es war in dir, du trauriger Oktober!
Der Tod legte meine Busenblume nieder.
Das Leben war ein winterlicher Fluss,
Über dessen Welligkeit Freude nie
Leuchtend hell seit dieser Stunde.

Herzen würden gern mit ihrem Schatz sein,
Meins ist morgens im Vergessen;
Hier alleine wandern, unschlüssig,
Es wundert nicht, dass dieses Herz müde
Für seinen eigenen Oktobertag.

Der größere Teil von Mr. Macdonalds Gedichten erblickte zuerst das Licht in den Kolonnen des Glasgow Citizen, dann wie heute unter der Leitung von Herrn James Hedderwick, einem erfahrenen Journalisten und einem Dichter ohne Mittelmaß. Die ungezwungene Verbindung von Mitwirkenden und Herausgeber entwickelte sich zu einer Freundschaft, und 1849 wurde Mr. Macdonald dauerhaft als Unterherausgeber von Mr. Hedderwick engagiert.

Er war nun mit kongenialen Aufgaben beschäftigt, und ein Schwall Gesang folgte diesem Zugewinn an Freizeit und Gelegenheit. Sonnenschein und der Duft von Blumen schienen sich in die wöchentlichen Kolumnen eingeschlichen zu haben. Sie "rochen die Wiese" im beiläufigen Absatz und im Leitartikel.

Der Bürger behielt nicht nur Louis Napoleon und den Zaren im Auge, sondern achtete auch auf den Bau des Nestes der Hecken-Spatzen und das Blasen der wilden Blume. Zu dieser Zeit war Mr. Macdonald noch mehr zu preisen als zu versieren, und er lenkte seine Kräfte und er war glücklich genug, einem Thema zu begegnen, das genau seinen Kräften und geistigen Besonderheiten entsprach.

Er war der weltfremdeste Sterbliche. Er hatte die stärksten lokalen Bindungen. In seinen Augen war Schottland der schönste Teil des Planeten; Glasgow, der schönste Teil Schottlands; und Bridgeton - der Bezirk der Stadt, in dem er wohnte - der schönste Teil von Glasgow.

Er hätte wie eine Alraune geschrien, wenn er entwurzelt worden wäre. Er würde nie eine Nacht von zu Hause weg verbringen. Aber er liebte die Natur - und die Schneeglöckchen riefen ihn aus dem Rauch nach Castle Milk, das Glück nach Keninure, die Krabbenblume nach Gleniffer. Sein Herz klammerte sich an jede Ruine in der Nachbarschaft wie an den Efeu. Er wurde in Epitaphien erlernt und verbrachte viele Stunden auf Dorfkirchhöfen damit, süße und bittere Gedanken aus den halb ausgelöschten Inschriften zu extrahieren.

Jaques, Isaak Walton und Old Mortality in einem, er kannte Lanarkshire, Renfrewshire und Ayrshire auswendig. Aus Leidenschaft für natürliche Schönheit, voller antiquarischer Kenntnisse und im Besitz eines Prosa-Stils, der einzigartig, malerisch und humorvoll ist, begann er Woche für Woche in den Kolumnen des Citizen die Veröffentlichung seiner "Rambles Round Glasgow".

Die Stadtbewohner waren erstaunt darüber, dass das Land jenseits des Rauchs alles andere als prosaisch war - dass es Traditionen, Antiquitäten, historische Assoziationen, Täler und Wasserfälle hatte, die besondere Ausflüge wert waren. Diese Skizzen wurden anschließend gesammelt und in ihrer separaten und zweckmäßigeren Form durch zwei Ausgaben geführt. Kaum waren die "Rambles" fertiggestellt, projizierte er eine neue Serie von Skizzen mit dem Titel "Days at the Coast" - Skizzen, die auch in den Kolumnen einer Wochenzeitung erschienen.

Mr. Macdonalds beste Schrift ist in diesem Buch zu finden - einige der beschreibenden Passagen sind auf ihre Weise wirklich bemerkenswert. Während wir lesen, glänzt der Fünfte von Clyde vor uns, mit weißen Dörfern an den grünen Ufern: Bute und die Zwillingscumbraes schlafen im Sonnenschein;währenddessen schmilzt auf den grässlichen Gipfeln von Arran ein Strahl glänzender Dämpfe. Die Veröffentlichung dieser Skizzen erhöhte den Ruf ihres Autors, und sie erhielten wie die anderen die Auszeichnung für die Sammlung und eine separate Ausgabe.

Zu seiner literarischen Tätigkeit ist jedoch wenig mehr zu sagen. Der frühe Nachmittag setzte ein. In den letzten achtzehn Monaten seines Lebens war er mit einer der Glasgow-Morgenzeitschriften verbunden und als er in seinen Kolonnen von damals herumstreifte, war es mit einem vergleichsweise gebrechlichen Schritt und einem Auge, das sein Interesse und seinen Glanz verloren hatte. "Die Natur hat niemals das Herz verraten, das sie liebte." Und als die Frühlingszeit kam, reiste Macdonald, der sich an all ihre frühere Süße erinnerte, nach Castle Milk, um die Schneeglöckchen zu sehen - denn von all ihren Orten im Westen kommen sie am frühesten und verweilen spätestens.

Es war ein sterbender Besuch, ein ewiger Abschied. Warum habe ich so über diesen Mann geschrieben? Weil er das Talent hatte, Freunde bei allen zu finden, mit denen er in Kontakt kam, und es mein Glück war, häufiger und inniger mit ihm in Kontakt zu treten als die meisten anderen. Er war weder ein großer Mann noch ein großer Dichter - im gewöhnlichen Sinne -, aber seit seinem Ende gibt es vielleicht ein halbes Dutzend Menschen auf der Welt, die das Gefühl haben, dass dem "seltsamen überflüssigen Glanz der Luft" etwas fehlt, und dass, weil ein Auge und ein Ohr weg sind, die Farbe der Blume stumpfer ist, das Lied des Vogels weniger süß, als in einer Zeit, an die sie sich erinnern können.

Sowohl Dr. Strang als auch Mr. Macdonald haben über Glasgow geschrieben, und mit ihrer Hilfe werden wir in der Lage sein, etwas von der Stadt und ihrer Umgebung zu sehen.

Die Geschichte der Stadt, von der Zeit von St. Mungo bis zur Wirtschaftskrise im Jahr 1857 und dem Fall der Western Bank, weist viele interessante Punkte auf.

Wenn wir in das graue Morgenlicht der Zeit dreizehn Jahrhunderte zurückblicken, sehen wir den heiligen Mungo, der von einem Engel geführt wird, der sich am Ufer des Molendinar niederlässt und eine grobe Kapelle oder ein Oratorium errichtet. Dort betete er viele Sommer und Winter lang, sang seine Augen und vollbrachte seine Wunder. Der Ruhm seiner Heiligkeit verbreitete sich weit und breit, und viele Pilger kamen, um sich mit dem Heiligen zu unterhalten und sich von ihm beraten zu lassen. Im Laufe der Zeit begannen sich die Menschen zu sammeln - die Gebete des Heiligen erwiesen sich als erstaunlich wirksam und der Clyde strömte in einiger Entfernung durch das

Untergrundgebiet, in dem Lachse lebten -, und es bildeten sich zahlreiche Holzhütten am Ufer des Flusses war der Beginn der heutigen Stadt.

1197 wurde der Dom von einem gewissen Bischof Jocelyn geweiht, und von da an bis zur Reformation gingen seine Geschäfte in einem wohlhabenden Zustand weiter; die Einnahmen waren angesichts der Armut des Landes und der geringen Bevölkerungszahl beträchtlich und seine Bischöfe waren häufig Männer des Ehrgeizes und des herrlichen Geschmacks.

Das Innere wurde von vielen wertvollen Reliquien bereichert. An Tagen hoher Feste traten der Fürstbischof und seine in kostbare Gewänder gekleideten Beamten durch die große Westtür ein, und als die Prozession zum Altar hinüberlief, stieg der Weihrauch aus schwingenden Räuchergefäßen in den Stimmen des Chors. Beim feierlichen Gesang brach die große Orgel mit ihren unzähligen Donnern ins Ohr, und unhöfliche Menschenherzen beugten sich zornig vor dem Boden oder erhoben sich in Klangwellen zum Himmel in Ekstase.

Auch Glasgow ist eng mit Wallace verbunden. Die Glocke des Brae sah das Aufblitzen seines Schwertes, als die Southrons vor ihm flohen. In der Kirche von Rutherglen trafen sich Sir John Menteith und Sir Aymer de Valiance, um die Gefangennahme des Helden zu planen. In Rob Royston wurde die Tat der Schande vollbracht.

Menteith, mit sechzig Anhängern, umgab das Haus, in dem Wallace schlief. Verräter waren schon drinnen. Seine Waffen wurden gestohlen. Kierly, sein Diener, wurde getötet. Nach Aussage von Blind Harry sprang Wallace auf - ein Löwe in Schach. Er ergriff einen Eichenhocker - die einzige Waffe, die in

Reichweite war - und brach einem Schlingel bei einem Schlag den Rücken, spritzte in einem zweiten die Wand mit dem Blut und dem Verstand eines anderen, als sich das ganze Rudel auf ihn warf und ihn mit ihrem schieren Gewicht niederhielt und sicherte.

Er wurde nach Durnbarton befördert, dann von den Engländern gehalten und von dort in die Hände von Edward übergeben.

Die Schlacht von Langside wurde in der Nähe der Stadt ausgetragen. Moray, der in Glasgow lag, fing Mary auf ihrem Marsch von Hamilton nach Dumbarton ab und gab den Kampf an. Jeder kennt das Problem. Für sechzig Meilen ohne Zügel floh die Königin nach England und auf ihr Schafott. Es heißt, Moray kehrte durch das Dorf Gorbals, seine Soldaten, nach Glasgow zurück und wischten ihre blutigen Schwerter auf den Mähnen ihrer Pferde ab, als sie ritten, und ging von dort zu seinem Attentäter nach Linlithgow.

Während der Hitze und Raserei der Reformation wurden fast alle unsere kirchlichen Gebäude zerstört oder die Innenräume wurden geplündert, Altäre geschändet und die Statuen von Aposteln und Heiligen zerbrochen oder unkenntlich gemacht. Die Kathedrale von Glasgow wurde wie die anderen angegriffen. Die Zerstörungsarbeiten hatten bereits begonnen, als die Handwerker der Stadt zur Rettung kamen. Ihre Anstrengungen bei dieser Gelegenheit haben das edle Gebäude für uns bewahrt. Sie waren damals stolz darauf; sie sind heute stolz darauf.

Während der Verfolgung wurde das Land westlich von Glasgow von Dragonern überrannt, und so mancher einfache Covenanter hatte nur kurze Zeit gebraucht - ergriffen, versucht, verurteilt, im Himmel erschossen, innerhalb einer Stunde. Der Wanderer wird sicherlich nicht nur auf den Kirchhöfen der Dörfer, sondern auch am Wegesrand oder in den Herzen von einsamen Mooren, die mit dem Sonnenstrahl und dem Schrei des Brachvogels vertraut sind, auf unhöfliche Märtyrersteine treffen, deren Skulpturen und Buchstaben mit Flechten bedeckt sind und mit Mühe die Namen der Leidenden und die Art und Weise ihres Todes zu sagen und anzudeuten, dass

"Dieser Stein wird Zeuge sein
"Twixt Presbyterie und Prelacie."

Das nächste markante Ereignis in der Geschichte der Stadt ist der Besuch von Prinz Charles. Betreten Sie in der Weihnachtswoche von 1745 bis 1746 den wilden, fußverletzten Hochlandwirt auf seinem Flug von Derby.

Wie die geschmeidigen Bürger vor den abgenutzten, haarigen Gesichtern und den wilden Augen zurückschrecken, in denen die Lichter des Brandes leuchten. "Der Prinz, der Prinz! Was ist der Prinz?" "Das ist er - dort drüben - mit den langen gelben Haaren." Weiter reitet der von Thronen heimgesuchte Mann blass und niedergeschlagen. Er schaut auf, als er ein helles Gesicht an einem Fenster sieht und erbt das Stuart-Lächeln und das Stuart-Auge. Er wird wie seine Väter den bittersten Hass hervorrufen und von der wildesten Hingabe bedient werden. Männer werden gerne ihr Leben für ihn wegwerfen. Das Blut der Adligen wird für ihn die Schafotts röten. Hirten und Hirten werden den Tod wagen, um ihn zu beschützen; und schöne Frauen werden sich über seinen Schlaf beugen - eingewickelt in ein Clansman-Plaid auf einem Bett aus Heidekraut oder Farnkraut -, um nur einen Strich seines gelben Haares abzuschneiden, und sich dadurch für alles gefordert fühlen, was sie und ihre für ihn gelitten haben.

Trotz all seiner Schönheit und seines Unglücks sorgte sein Auftritt in Glasgow für wenig Begeisterung. Er hat kaum einen Rekruten gefunden. Nur ein paar Damen zogen für ihn weiße Brüste und Bänder an. Er hat den Einwohnern einen hohen Beitrag geleistet. Ein Prinz an der Spitze einer Armee, dem es an Brogues mangelte und der darauf bestand, kostenlos mit Schuhleder versorgt zu werden, konnte die Bewunderung vorsichtiger Glasgower Bürger kaum erregen. Er blieb nicht lange.

Die Grünen sahen an einem Tag die weitreichenden Akten und den Glanz des Hochlandkrieges, am nächsten - in unbezahltem Schuhleder - marschierte er in sein Verderben. Der Sieg brannte wie ein stürmischer Sonnenstrahl für einen Moment auf seinen Armen in Falkirk, und dann war auf Culloden Moor alles in Blut und Donner eingeschlossen.

In dieser Zeit beginnt Dr. Strangs Buch über die "Clubs". In diesen alten, gastfreundlichen und trinkfreudigen Tagen scheint Glasgow eine Stadt der Clubs gewesen zu sein. Jede Straße hatte eine Taverne, und jede Taverne hatte einen Club. Es gab Morgenclubs, Mittagsclubs, Abendclubs und Ganztagsclubs, die wie das heilige Feuer nie erloschen sind.

Der Club war ein Zufluchtsort, in dem sich Freundschaft und Freude verbanden. Das Mitglied ließ sein gewöhnliches Leben wie seinen Mantel vor der Tür und zog ihn wieder an, wenn er ging. Innerhalb des genialen Kreises des Clubs wurden alle Missstände behoben, denen das Fleisch erbt: Der Liebhaber vergaß Nerissas Verachtung, der Schuldner fühlte nicht länger das Auge seines Gläubigers.

Beim Anblick der Segengefährten packte Care seine Bündel zusammen und löste sich vom Lager.

Wenn er es wagte, zu bleiben, wurde er sofort entlassen, in die Punschschale gestürzt, und für diese Nacht hatte er zumindest ein Ende. Leider sind diese Clubs tot, aber als ihre Geister auf Dr. Strangs Seiten vorbeikommen, wird der Sinn zart von einem Geruch nach Rum-Punsch erfasst.

Kurz nach dem Besuch des Pretenders in der Stadt blühte der Anderston Club - der von seinen Versammlungen in diesem kleinen Dorf so genannt wurde - auf, trank seinen Punsch und machte am Samstagnachmittag Witze.

Vielleicht konnte kein Verein, der zuvor oder seither mit der Stadt verbunden war, eine so ausgezeichnete Mitgliedschaft vorweisen. Es umfasste fast alle Universitätsprofessoren. Dr. Moore, Professor für Griechisch; Professor Ross, der der Jugend in Glasgow das Wissen der Geisteswissenschaften zutiefst einflößte; Dr. Cullen und Hamilton, hochrangige medizinische Lehrer; Adam Smith; Die Brüder Foulis - unter deren Schirmherrschaft die erste Kunstakademie in Schottland gegründet wurde und aus deren Druckpresse den griechischen und römischen Klassikern eine Korrektheit des Textes und Schönheit der Typografie verliehen wurde, die es damals im Königreich nicht gab - waren regelmäßige und eifrige Mitglieder.

Aber das Herz und die Seele des Anderston Clubs scheint Dr. Simson, Professor für Mathematik, gewesen zu sein. Sein Herz vibrierte zu der kleinen Herberge von Anderston, wie die Nadel zur Stange vibrierte. Er hätte sich mit geschlossenen Augen zurechtfinden können. Die folgende Geschichte, die über den Professor von Dr. Strang berichtet, ist an sich nicht verwunderlich und ein schönes Exemplar des

Scheckstils, in dem der größte Teil des Buches geschrieben ist

"Der Mathematiker hat es sich jemals zur Regel gemacht, Algebra und Arithmetik 'zu den Hunden zu werfen', außer um die nur quadratische Gleichung und die einfache Aufteilung einer Schlagschale zu entdecken. Eine Sache allein in dem Verein, zu der er seine Mathematik brachte. Das war sein Glas, das nach den wahrsten Prinzipien der Geometrie konstruiert worden war, um sich leicht zu entleeren, wobei der Stiel nur einen sehr spitzen Winkel mit den offenen Lippen bilden musste, bevor sein gesamter Inhalt in die Speiseröhre fallen durfte. An einem Tag jedoch erlaubte Girzy, die schwarzäugige und grübchengeprüfte Dienerin der Herberge, bei der Vorbereitung des Clubtreffens dieses Lieblingskristallstück, wie es viele schwarz- und blauäugige Mädchen zuvor und seitdem getan haben, sich einen Unfall. Das Glas schlüpfte aus ihren Fingern und war zerbrochen. Sie kannte die Vorliebe des Professors für seinen Lieblingsbecher und dachte daran, einen anderen zu bekommen, aber der Tag war zu weit vergangen, und das Gallowgate, damals das Gefäß für solchen Luxus, war zu weit entfernt, um es für das heutige Treffen der Bruderschaft zu beschaffen. Hätte Verreville, die Stadt des Glases, damals dort gestanden, wo sie sich befunden hatte, wäre das ruhige Temperament des Mathematikers möglicherweise nicht durcheinander geraten, noch hätte Girzy sich in einem so unangenehmen Dilemma befunden. Der Club traf sich, die Hühnerbrühe rauchte auf jeder Platte, die wenigen Standardgerichte verschwanden, der Medoc wurde genippt, und dann folgte wie üblich eine gut dimensionierte Punschschüssel. Die verlockende und köstliche Verbindung wurde gemischt, verkostet und als Nektar ausgesprochen: Der Professor, der für einen Moment von einem Logarithmus von Napier oder einem Problem von Euklid träumte, schob das Glas, das vor ihm stand, unbewusst an die Quelle und zog es einen Schimmer zurück und trug es zu seinen Lippen; aber siehe da! Der erhöhte Winkel, in dem der Professor gezwungen war, seinen Arm zu heben, weckte ihn aus seinen momentanen Träumereien und zog den Trinkbecher von seinen Lippen, als ob er den tödlichsten Hühnerschnabel enthielte mir gegeben? Ich kann nicht aus diesem Glas trinken. Gib mir mein eigenes, du kleiner Trottel. Vielleicht wissen Sie jetzt, dass dies nicht meins ist." „ Ach was, ich weiß nicht, Maister Simson", antwortete Girzy und errötete. "Still, still", sagte der Mathematiker erneut. „Ich weiß, dass es nicht mein Glas ist, denn der äußere Rand berührt meine Nase, und meiner hat es nie getan." Das Mädchen gestand den Unfall, und der Professor war, obwohl er einige Minuten lang traurig war, endlich besänftigt, und er schluckte sein Sorbet auf die Gefahr hin, sich am Rüssel zu verletzen."

Dr. Strang teilt uns mit, dass der exzentrische Mathematiker auf seinem Weg von der Universität nach Anderston die Gewohnheit hatte, seine Schritte zu zählen. Er hat es jedoch unterlassen, uns mitzuteilen, ob die Schritte des Doktors bei seiner Rückkehr gezählt wurden und ob die Zahlen übereinstimmten!

Zusammen mit den Bekanntmachungen der Clubs nach der erwähnten gibt Dr. Strang seinem Leser eine erträgliche Vorstellung davon, wie es in jenen Jahren mit Glasgow gelaufen ist. Wir haben einen Blick auf die Trongate während des lukrativen Tabakhandels, als Glasgow von ihrem kommerziellen Wohlstand nicht wenig beeindruckt war. Es gibt jetzt reiche Bürger auf den Straßen.

Siehe, Mr. Glassford, der behutsam seine Schritte entlang der Krone des Damms macht, mit scharlachrotem Umhang, fließender Perücke, gespanntem Hut und goldköpfigem Rohrstock! Er hat Geld in der Tasche und weiß es auch. Alle Männer wärmen sich im Licht seines Gesichts. Wenn er dich tritt, bist du geehrt, denn ist es nicht mit einem goldenen Fuß? Wie die laute Stimme sinkt, wie sich das unterwürfige Knie vor ihm beugt! Er erzählte Tobias Smollett gestern, dass er fünfundzwanzig Schiffe auf dem Meer für ihn segeln ließ und dass ihm jedes Jahr eine halbe Million durch die Hände gingen. Weiter geht es, und dort drüben sonnt sich Kapitän Paton auf dem großen Bürgersteig vor der Tontine. Lass uns auf ihn zugehen. Er wird uns zum Abendessen einladen und uns eine Schüssel Punsch mit seinen eigenen Limetten mischen –

"In Trinidad wächst das."

Denn Gastfreundschaft war damals wie heute ein Merkmal der Stadt. Die Abendessen - das Lieblingsessen - waren von der umfangreichsten Beschreibung. Ein paar Truthähne, eine riesige Runde Rindfleisch und eine Schale - ein sehr kaspisches Meer - Punsch, der bis zum silbernen Rand brodelte und mit zarten Limetten- oder Zitronenscheiben bestreut war - bildeten die Hauptzutaten.

Gute Gemeinschaft war an der Tagesordnung. Morgens und vormittags versammelten sich die Kaufleute im Lesesaal von Tontine, um Nachrichten und Klatsch zu erhalten, und nachts wurde die Punschschüssel hergestellt, geleert, aufgefüllt und wieder geleert, während die Toasts - "Nieder mit dem Konvent" „Pilot, der den Sturm überstanden hat"-

wurden begeistert in einer gemütlichen Taverne in der damaligen aristokratischen Princes Street getrunken.

Später, in den unruhigen Jahren, die dem Reformgesetz vorausgingen, sahen wir die Geldklassen -"Soor-Milk-Jockeys" profan vom Mob mit einem Spitznamen bedacht - eifrig, sich in das Yeomanry Corps einzuschreiben: an Feldtagen, die in geschnürter Jacke und Sakko erstrahlen, oder mit Sporn und Säbel durch die Straßen klirren. Wenn wir uns unserer Zeit nähern, verblassen die Clubs mit ihren unwirksamen Bränden - sie schrumpfen von Planeten zu Willenlosen; zu guter Letzt

"Sie sterben weg
Und vertraue dem Licht des Gemeinwesens."

Glasgow ist jetzt, soweit es die Geschichte betrifft, eine clublose Stadt.

Während der Handelskrise von 1848-49 und der Unruhen infolge der Flucht von Louis Philippe und der Gründung der Französischen Republik hatte Glasgow den schlechten Ruf, in Sachen Gesetzlosigkeit und Aufruhr weiter voranzukommen als jede andere Stadt im Imperium.

Der "Glasgower" ist, während der Handel gut und die Löhne hoch sind, das leiseste und harmloseste Wesen. Er kümmert sich vergleichsweise wenig um die Angelegenheiten der Nation. Er ist fleißig und zufrieden. Alle sechs Monate hält er eine Saturnalia ab - eine am Neujahrstag, die andere auf der Messe (im Juli), und seine Exzesse an diesen Stellen halten ihn in den Pausen arm. In Zeiten wirtschaftlicher Depression, in denen die Löhne niedrig sind und er drei Viertel der Zeit arbeitet, hat er eine feine Nase, um politische Missetaten zu wittern.

Er beginnt zu vermuten, dass mit der britischen Verfassung nicht alles in Ordnung ist. Auch diese unglücklichen Zeiten bringen freche Demagogen hervor, deren Macht der Lunge und Fluten auffälliger Rhetorik einen unglaublichen Schaden anrichten. Zu diesen neigt er ernsthaft sein Ohr. Er ist hungrig und aufgeregt. Er ist eher bestrebt, das Parlament zu reformieren, als sich selbst zu reformieren. Er schreit gegen die Tyrannei der Klassengesetzgebung und vergisst die viel härtere Tyrannei des Gin-Palastes und des Pfandhauses. Er meint, es sollte eine Aufteilung des Eigentums geben. Nein, es ist bekannt, dass einige in Zeiten wie diesen genau die Häuser abgegrenzt haben, die sie besitzen sollten, wenn die Güter der Welt getrennt und neu angeeignet werden.

Was für ein dunkles Meer der Unwissenheit und des blinden Zorns schwelgt unter dem schönen Stoff des englischen Wohlstands! Dieser gefährliche Gefühlszustand war im besprochenen Jahr erreicht worden. Auf dem Green fanden hungrige, turbulente Treffen statt. Die Unwissenden waren verrückt nach den Reden der Redner - Burschen, die bereit waren, das Haus der Nation um die Ohren von uns allen zu verbrennen, wenn es so wäre, könnte ihr privates Schwein damit geröstet werden. "Die Reichen haben Essen", sagten sie, "Sie haben keines. Sie können nicht an Hunger sterben. Nehmen Sie Essen mit der starken Hand, wo immer Sie es bekommen können."

Dieser Rat wurde befolgt. Das schwarze Menschenmeer strömte die London Street entlang und teilte sich dann - eine Welle raste die High Street hinauf, eine andere entlang der Trongate -, wobei jede Welle im Lauf der Zeit verschwendete.

Der jetzige Schriftsteller, damals nur ein Junge, war zu dieser Zeit auf der Straße. Das ganze Geschehen vor seinen Augen schien seltsam, unglaublich, zu monströs, um real zu sein - ein schrecklicher Traum, mit dem er kämpfte und sich abzustoßen versuchte. Etwa eine Stunde lang war die gesamte Ordnung verloren. Alles, was durch tausend Jahre des Kampfes und der Anstrengung gewonnen worden war - alles, was der Natur entrissen worden war - alle Höflichkeiten und Annehmlichkeiten des Lebens -, schien in einem wilden Meer von Schurken zu ertrinken. Die Welt wurde auf den Kopf gestellt. Unmöglichkeit wurde zur Tatsache. Der Wahnsinn regierte die Stunde. Waffenläden wurden aufgebrochen, und elende Männer, die die Mündung aus dem Lager kaum kannten, rannten mit Musketen über die Schultern.

In der Buchanan Street wurde ein Essenswagen angehalten, umgeworfen, die Säcke mit Messern aufgerissen, und Frauen eilten mit vollen Schürzen zu ihren hungrigen Bruten. Einige der Gierigen mit einem Käse unter jedem Arm. In der Queen Street wurde ein Konditor angegriffen, die Fenster zerbrochen und die darin enthaltenen Köstlichkeiten gierig verschlungen. Eine große Glasvitrine, gefüllt mit farbigen Rauten, die in Rautenmustern angeordnet waren, stand eine Weile ruhig inmitten einer universellen Ruine. Ein Schurke zerschmetterte es mit einem Stock. Ein Dutzend Randalierer breiteten sich sofort auf dem Boden aus, um sich einen Teil der Beute zu sichern.

Zu diesem Zeitpunkt hatte sich der Alarm ausgebreitet. Geschäfte schlossen in alle Richtungen, einige der genialeren Händler, so heißt es, klebten "A Shop to Let" in ihre Räumlichkeiten - damit könnten sie der Wut oder der Begierde der Randalierer entkommen. Endlich marschierte der Mob, müde von Plünderungen, bewaffnet mit Flinten, Pistolen und den anderen Waffen, die sie sich gesichert hatten, mit einem Gewehr über der Schulter an der Trongate entlang. Dieser würdige, mehr als zu zwei Drittel betrunkene, Haufen schrie in regelmäßigen Abständen: "Vive la Republic! Wir werden Vive la Republic haben, nur Vive la Republic!" Auf welches verständliche politische Prinzip reagierten seine Anhänger mit lautem Beifall.

Endlich erreichten sie das Kreuz. Hier wurde gerade eine Barrikade errichtet. Karren wurden angehalten und heruntergeworfen, und die London Street dahinter war voller Männer, von denen viele mit Musketen ausgestattet waren. Plötzlich ertönte der Schrei: "Die Sauger, die Sauger!" schrecklich für das Herz eines britischen Pöbels. Man hörte Hufe entlang der Trongate klappern, und im nächsten Moment sprang ein Offizier der Carabineers mit seinem Pferd über die Barrikade, gefolgt von seinen Männern, insgesamt vielleicht einem Dutzend.

Die Wirkung war verherrend. In fünf Minuten war kein Aufrührer zu sehen. Als der Abend hereinbrach, wirkten die Trongate ungewohnt. Truppen setzten ihre Bajonette auf, zündeten ihre Feuer an und bivakuierten unter den Piazzas der Tontine. Wachposten gingen auf den Bürgersteigen auf und ab, und Lagunen patrouillierten auf den Straßen. Am nächsten Tag kam die Störung zu einer Krise. In Calton oder Bridgeton kam es zu einem Aufstand.

Die Reservisten wurden geschickt, um es dort zu unterdrücken. Während sie eine der Hauptstraßen entlangmarschierten, wurden sie von Salven von Steinen angegriffen, während die Menge mürrisch von den Bajonettpunkten zurückfiel. Der Befehl wurde gegeben, um zu schießen, und die Reservisten, deren Geduld völlig erschöpft war, schickten ihren Schuss direkt in die Masse der Menschen. Mehrere wurden verwundet und einer oder mehrere getötet.

Als die Reservisten fort waren, wurde eine Leiche auf Bretter gelegt, die von Personen, die auf diese Weise hofften, die Bürger wahnsinnig zu machen und zu wecken, schulterhoch durch die Straßen getragen wurden; eine große Menschenmenge war anwesend, und jedes Fenster war mit Köpfen vollgestopft, als die schreckliche Prozession vorbeiging. Als sie sich dem Stadtzentrum näherten, wurde eine Abteilung von Soldaten über die Straße gezogen, auf der sie marschierten. Als sich die Menge zurückzog, wurden die Toten mit dem unheilvollen Glitzern des Stahls konfrontiert. Die Prozession hielt an, hielt an, schwankte und zog sich schließlich zurück, und so endeten die Unruhen.

An diesem Abend schauten sich die Leute die Stelle an, an der der unglückliche Zusammenstoß stattgefunden hatte. Gruppen von Arbeitern standen herum und unterhielten sich in aufgeregten Tönen. Die Wand eines der Häuser war stellenweise von Kugeln zersplittert, und die Rinne, in die ein Mann gerollt war und die der Todesschuss zerschmettert hatte, hatte noch einen rötlichen Fleck. Am nächsten Tag war die Ruhe weitgehend wiederhergestellt. Zu dieser Zeit waren Massen von speziellen Polizisten organisiert worden und marschierten in Kraft durch die Stadt.

Obwohl sie nicht mit den Randalierern in Kontakt kamen, gaben die Tapferkeit, die sie zeigten, als sie prüften, was für unglückliche Frauen und Kiele von zarten Jahren in ihre Hände fielen, eine lebhafte Vorstellung von der Tapferkeit, die sie gezeigt hätten, wenn sie Feinde getroffen hätten, die der würdig wären Schlagstöcke trugen sie.

Glasgow befindet sich, wie den meisten britischen Lesern bekannt ist, auf beiden Seiten des Clyde, etwa dreißig bis fünfzig Kilometer oberhalb seines Einfließens in das Meer. Seine Wachstumsgeschwindigkeit ist im Königreich vielleicht ohne Parallele. Es gibt noch lebende Personen, die sich erinnern, als der mit Schiffen beladene Fluss ein Anglerbach war, in dessen kiesigen Becken die Forelle spielte und auf dessen Stromschnellen der Lachs aus dem Meer wie ein Sonnenstrahl blitzte und als die Banken, die jetzt von Lagern gesäumt und mit Waren aller Art bedeckt waren, wirklich den Namen des Broomy-Gesetzes verdienten.

Wissenschaft und Industrie haben hier Wunder gewirkt. Der Strom, der vor hundert Jahren kaum die Durchfahrt eines Heringsbootes oder eines Kohlengabberts ermöglichte, trägt heute Schiffe aus allen Gefilden und mächtige Ozeandampfer, die mit den Wirbelstürmen des Atlantiks zu kämpfen hatten. Vor Glasgow durchquert der Clyde einen der reichsten Teile Schottlands, denn im Sommer ist Clydesdale ein immerwährender Obstgarten.

Wenn Sie den Bach hinunter in Richtung Stadt fahren, sehen Sie rechts die Mineralienviertel Gartsherrie und Monkland - keine oberflächlich faszinierenden Regionen. Alles dort ist mit Kohlenstaub verschmutzt. Der Frühling selbst kommt mit einem rußigen Gesicht. Der Boden scheint kalziniert. Diesen Teil der Welt kann man bei Tag nicht zum Vorteil sehen.

Mit der Nacht werden diese unzähligen Öfen und Eisenwerke in größeres Volumen und wildere Farben strömen, und das Land wird kilometerweit beleuchtet - unruhig mit mächtigen Lichtern und Schatten. Es ist das schottische Staffordshire.

Auf der anderen Seite erstrecken sich nach Südwesten die dunklen und sterilen Moore des Bundes mit wildem Moos, smaragdgrünen Sümpfen und dunklen moosigen Seen, an deren Rändern die Wasserhennen brüten - ein Land von Regenpfeifer und Brachvögel, in deren Nischen und in deren Herzen die Gejagten lagen, während die Männer des Blutes in der Nähe schwebten - Leben und Tod, abhängig vom Weinen und Flattern eines Wüstenvogels oder dem Blitz eines Sonnenstrahls die Strecken des Moores.

Inmitten dieser melancholischen Einöde steht das Bauernhaus von Lochgoin, das eng mit der Geschichte der Covenanters verbunden ist. Zu dieser Wohnung kamen Cameron und Peden und fanden Schutz; hier liegt das gekerbte Schwert von Captain John Paton und die Trommel, die bei Drumclog von den Bergbewohnern geschlagen wurde, und das Banner, das an diesem Tag über ihren Köpfen schwebte. Und auch hier wurden die "Scots Worthies" geschrieben, ein Buch, das von den Vielen der schottischen Bauernschaft als das nächste in der Heiligkeit der Bibel angesehen wird.

Und es hat noch andere Reize in diesem trostlosen Land: Christopher North verbrachte dort bei Mearns seine glorreiche Kindheit; auch in dieser Region wurde Pollok geboren und nährte seinen düsteren Geist an sympathischen Szenen. Annäherung an die Stadt und gleich links davon die Cathkin Braes: In der Nähe des Dorfes Cathcart, an dem der Bach in seinem felsigen Bett murmelt, befindet sich der Hügel, auf dem Mary stand und Moray sah, wie ihre Armee wie ein Töpfer zitterte.

Unterhalb von Glasgow und westlich erstreckt sich das große Tal des Clyde. Links ist die alte Stadt Renfrew; weiter hinten Paisley und Johnston, mit Rauch bedeckt; vor allem Gleniffer Braes, grünlich hell im Sonnenlicht; In der Ferne erhebt Neilston Pad seinen flachen Gipfel in den Himmel, wie ein Tisch, der für ein Fest der Giganten gedeckt ist. Auf der rechten Seite befinden sich die Kilpatrick Hills, die in der abrupten Spitze von Dumbuck enden. Dahinter der Felsen von Dumbarton, die alte Festung, der Felsen von Ossians Lied. Es erhebt sich vor Ihnen aus einer anderen Welt und einem Zustand der Dinge, mit jahrelanger Klage und Schlacht, die wie Seeställe um Sie herum heulen.

Zu dieser Zeit hat sich der Fluss zu einer Mündung erweitert. Port-Glasgow mit seinen verlassenen Pfeilern und Greenock, bevölkerungsreich mit Schiffen, liegen auf der linken Seite. In der Mitte des Kanals ist Rosneath mit seinen Wäldern düster; am anderen Ufer glitzert Helensburgh wie ein silberner Faden; davor eine Hügellandschaft.

Sie passieren den Punkt Gourock und befinden sich im Hochland. Von der gegenüberliegenden Küste erstreckt sich Loch Long in seiner dunklen Bergwelt. Dort ist Holy Loch, das kleinste und schönste von allen. Zwischen Ihnen und Dunoon glitzert eine Meeresliga wie mattes Silber. Die mächtige Stadt, zwanzig Meilen entfernt, laut vor Verkehr, düster vor Rauch, ist das arbeitende Glasgow.

Hier, am Fuße der Berge, in den sonnigen Halbmonden der Buchten, mit Schnäbelspitzen und romantischen Villen, ist ein weiteres Glasgow, das den ganzen Sommer über Urlaub macht. Diese Dörfer sind der reine Weizen; die große Stadt mit ihrem Streit und ihrer Mühe, ihrer Belästigung und ihrem Leid - die Spreu und die Hülsen, aus denen sie gewonnen wird. Die Stadt ist der Boden, diese Region die hell vollendete Blume.

Der Kaufmann lässt ihn im Gebrüll zurück und dampft seinen mannigfaltigen Ärger aus, und erscheint hier mit seinem besten Gesicht und glücklichsten

Lächeln. Hier dringen keine Rechnungen ein, die Bestandsschwankungen scheinen nicht, kommerzielle Ängste sind unbekannt. An ihrer Stelle gibt es Eselreiten, das Winken leichter Sommerkleider, lustige Picknicks und Bootsfahrteng Partys bei Sonnenuntergang auf dem herrlichen Meer. Hier finden Sie den "Komfort des Sautmarkts" inmitten legendärer Hügel.

Wenn sich der Sturm zwischen den Bergen zusammenbraut und die Nacht hereinbricht, herrscht eine Flut von Wind und Regen. Wenn der Seevogel durch die Dunkelheit getrieben wird wie eine Schaumflocke, die von der Welle abgetrennt ist, und das karminrote Auge der Uhr in Abständen über die Frith blitzt, können Sie die Vorhänge ziehen, das Feuer rühren und die Stunden mit dem betören lächelnde Weisheit von Thackeray, wenn ein Junggeselle; wenn ein Familienvater, "Die Schlacht von Prag" oder die Ouvertüre zu "Don Giovanni", die eifrig von kindlichen Händen getrommelt wird, den Sturm ohne ihn ertränkt.

Wir umrunden das linke Ufer und haben Largs vor uns, wo Haco und seine Berserker vor langer Zeit unehrenhafte Gräber gefunden haben. Auf der anderen Seite liegt Bute, die schönste und melancholischste aller Inseln des Clyde. Von ihrer geschützten Position aus hat es eine Atmosphäre, die der von Italien ähnelt, und ist jetzt ein einziges riesiges Krankenhaus. Sie erweisen sich in den Hundetagen, Ihr Kopf ist mit einem Strohhut überzogen, der ausreicht, um einen Schatten um Sie zu werfen, Ihr Körper ist von Leinenenten umhüllt, und Sie sehen überall an den sonnigsten Stellen Kranke wie Herbstfliegen sitzen oder schwach herumwandern Ihre Kreidegesichter aus großen Mänteln herausschauen. Sie sind halb gegrillt, sie zittern wie in einem eisigen Wind.

Ihre gebogenen Gestalten nehmen dem Meer die Pracht und dem Sonnenschein den Ruhm. Sie füllen die Sommerluft wie mit dem Schrecken eines neu gemachten Grabes. Sie spüren, dass sie schwach am Leben hängen und mit dem gelben Blatt abfallen. Jenseits von Bute sind die Cumbraes, Zwillingsschwestern, die in einer feurigen Stunde geboren wurden. und Arran, mit seinen Abgründen, runzelte die Stirn auf dem flachen Meer.

In seinem Vorwort zu den "Rambles" schreibt Mr. Macdonald:

"Der Bezirk, dessen Zentrum Glasgow ist, obwohl er viele Szenen von reichster Schönheit des Tieflandes besitzt und viele Einblicke in die strenge und wilde Landschaft des Hochlandes bietet, ist in Reminiszenzen historischer Natur besonders fruchtbar. In letzterer Hinsicht gibt es in der Tat nur wenige Orte in Schottland, ein Umstand, von dem viele unserer Bürger bisher so gut wie nichts mitbekommen haben. Es gibt eine Geschichte über einen Gentleman, der sich rühmte, weit gereist zu sein, um eine berühmte Landschaft auf dem Kontinent zu sehen wurde errötet, als er gezwungen wurde zu erklären, dass er nie eine Szene von überlegener Lieblichkeit besucht hatte, als eine, die sich auf seinem eigenen Landgut befand und in deren Nähe er den größten Teil seines Lebens verbracht hatte die zu viele sind schuldig."

Diese Sätze würden einen bewundernswerten Text für eine kleine Predigt unter der Woche ergeben. Denn wir neigen dazu, in anderen Dingen als der Kulisse unsere Genüsse aus der Ferne zu suchen. Wir würden dieses Glück von den fernen Sternen sammeln, die, wenn wir die Augen haben, die ganze Zeit zu unseren Füßen liegen. Sie schauen sich eine berühmte Szene an. Die Menschen sind entzückt davon zurückgekehrt. Sie haben gehört, wie sie es beschrieben haben, Sie haben darüber gelesen, und Sie erwarten natürlich etwas sehr Feines. Wenn Sie ankommen, besteht die Möglichkeit, dass die Schönheiten sorgfältig in einem dichten Nebel verstaut werden oder Sie bis auf die Haut durchnässt sind oder das Hotel voll ist und Sie gezwungen sind, in einem Nebengebäude oder auf der Heide zu schlafen.

Verbrennen Sie die Planeten und gehen Sie mit einem Rheuma nach Hause, das Ihre Existenz bis zu Ihrem Todestag verbittert. Oder wenn Sie das Glück haben, das Wetter wolkenlos und den Tag warm zu finden, sind Sie zur grausamen Enttäuschung verurteilt. Ist es das, worüber Sie so viel gehört und gelesen haben? Diese erbärmliche treibende Kaskade! Man hat Sie dazu gebracht, die wellige Anmut des Schweifes der Grauen Stute in Kombination mit dem Blitz und Donner von Niagara zu erwarten. Das ist ein Berg vor dir! Es ist doch nicht viel größer als Ben Lomond!

Sie fühlen sich betrogen und hochgenommen. Sie empfehlen den Wasserfall dem Unhold. Sie schnippen mit den Fingern vor dem Berg. "Sie sind ein Trottel, Sir. Sie sind ein Betrüger, Sir. - Ich werde an die Times schreiben und Sie entlarven, Sir." Auf der anderen Seite geht der Bürger am Ende eines nützlichen und geschäftigen Tages hinaus aufs Land.

Die Straße ist hübsch; er war noch nie zuvor hier; er ist unmerklich verzaubert. Er erreicht ein kleines Dorf oder Clachan, dessen halbes Dutzend strohgedeckte Häuser inmitten blühender Apfelbäume stehen, der Rauch aus den Kaminen, der von der Zubereitung des Abendessens erzählte und in die Rose des Sonnenuntergangs schwebte. Ein Arbeiter steht mit einem Kind in den Armen an der Tür. Die nicht angeschnallten Pferde trinken am Trog; die Dorfjungen und -mädchen sind mit ihren Spielen beschäftigt. Zwei Kompanien, die Arm in Arm verbunden sind, schreiten abwechselnd vor und zurück und singen die ganze Zeit mit ihren süßen schrillen Stimmen.

"Der Campsie Duke ist ein Reiten, ein Reiten, ein Reiten."

Dies ist in Schottland keine ungewöhnliche Szene, und warum macht es mehr Spaß als die berühmte, die Sie bisher gesehen haben, und Sie geben nicht nur jede Menge Geld für unterwegs aus? Einfach, weil Sie es mit einem reinen, gesunden Verstand angegangen sind, der von Gerüchten oder Lob unberührt bleibt.

Es hat das Element der Unerwartetheit in sich; Das ist in der Tat die Bedingung aller Freude, denn das Vergnügen muss überraschen, wenn es diesen Namen verdient. Das Vergnügen, das erwartet und gesucht wird, kommt nie, oder wenn ja, in einer Form, die so verändert ist, dass eine Erkennung unmöglich ist. Außerdem haben Sie die Szene entdeckt und haben dadurch ein tieferes Interesse daran.

Das gleiche Gesetz durchdringt alles. Sie hören von Coleridges wunderbarer Unterhaltung und tauchen in einer bösen Stunde bei Highgate auf. Der mild strahlende, silberhaarige Weise, der es für die Pflicht des Menschen hielt, zuzuhören, redet drei sterbliche Stunden lang - von Ihnen zum Glück ungehört. Denn nach den ersten zwanzig Minuten sind Sie sich einer trüben Art von Licht vor Ihren Augen bewusst, ein beruhigendes Geräusch murmelt in Ihren Ohren, eine köstliche Taubheit kriecht über all Ihre Fähigkeiten und bis zum Ende der ersten halben Stunde Sie schnarchen so bequem, als wären Sie an der Seite Ihres rechtmäßigen Ehepartners gelegen.

Sie sind natürlich enttäuscht: Von der musikalischen Weisheit, die in zahlreichen Strömen fließt, haben Sie keinen Tropfen geschmeckt; und man hört nie wieder einen Mann, der ohne inneres Schaudern für Macht oder Brillanz der Unterhaltung gelobt wird. Am nächsten Tag nehmen Sie Ihren Platz in der Kutsche ein und haben das Glück, sich Ihren Lieblingsplatz neben dem Fahrer zu sichern.

Außerhalb von Ihnen ist ein Mann mit harten Gesichtszügen, der in einen riesigen blauen Mantel gehüllt ist. Sie haben keine Ahnung, welcher Gesellschaftsklasse er angehört. Es ist klar, dass er kein Gentleman im engeren Sinne ist. Er hat eine sehr bemerkenswerte Gabe des Schweigens. Wenn Sie Ihre Zigarre geraucht haben, riskieren Sie eine Bemerkung über das Wetter. Er antwortet. Sie versuchen seinen Verstand wie ein Angler einen Strom, um zu sehen, ob sich etwas erhebt. Eins greift auf das andere zurück, bis Sie nach einer Stunde Gespräch, die wie eine Minute verstrichen ist, feststellen, dass Sie wirklich etwas gelernt haben. Das unbekannte Individuum im Mantel, das auf Sie seltsamerweise aus dem Raum gekommen ist und auf seltsame Weise wieder in den Raum zurückkehrt, hat sich die Welt angeschaut und sich seine eigenen Vorstellungen und Theorien darüber gebildet, was dort vor sich geht.

Auf ihn hat das Leben ebenso gedrückt wie auf Sie; Freude zu verschiedenen Zeiten hat seine grimmigen Züge erhellt; Trauer und Schmerz haben sie getrübt. Da ist etwas in dem Mann; es tut Ihnen leid, wenn er auf die Straße gefallen ist und Sie sagen "Auf Wiedersehen" mit mehr als dem üblichen Gefühl. Warum ist das alles? Der Mann im Mantel spricht nicht so eloquent wie STC, aber er instruiert und erfreut Sie - und nur, weil Sie den gefeierten Talker gehört haben, während Sie den irischen Riesen oder das darstellende Schwein besuchen, sind Sie enttäuscht, wie Sie es verdient haben. Der Mann im Mantel ist unerwartet auf Sie gestoßen.

Nach eigenem Willen "hat die Wolke in der Nacht ihren Silberstreifen hervorgebracht." Glück kann am besten aus den Gegenständen gewonnen werden, die uns umgeben. Die Theorie, auf der unser lautes, turbulentes, modernes Leben basiert - dass wir uns vergnügen können, dass wir sie finden werden, wenn wir sie regelmäßig besuchen -, ist eine Häresie und eine Lüge. Sie wird nicht eingeschränkt sein. Sie gehorcht nicht dem Ruf der Egoisten oder Gierigen. Davon abhängig ist sie auf heimischen Straßen, in ländlichen Dörfern und auf Bauernhöfen genauso häufig anzutreffen wie bei den Gletschern von Chamouni oder den Regenbogen von Niagara.

In einer seiner ersten Wanderungen folgt Mr. Macdonald dem Fluss einige Meilen oberhalb der Stadt. Die Schönheit des Clyde unterhalb von Glasgow ist der zivilisierten Welt wohl bekannt. Sogar die Landschaftsführung, der der Rhein müde und die Alpen alltäglich sind, hat gespürt, wie sein Herz in ihm sprang, wenn er auf diese prächtige Mündung blickte.

Aber nicht nur in ihrer Reife ist der Clyde schön. Die Schönheit begleitet sie von ihrer Geburt an nach Rodger Law, bis sie mit dem Ozean verheiratet ist - Bute und die Zwillinge Cumbraes, Brautjungfern des Baches; Arran, Groomsman die Hauptleitung. Mit Mr. Macdonalds Buch in der Tasche, um in regelmäßigen Abständen ein Begleiter zu sein - für den man keinen Führer benötigt, der Jahre vorher jede Kurve und Biegung des Flusses gelernt hat -, lassen Sie uns entlang seiner Ufer in Richtung Carmyle und Kenmure Wood beginnen.

Wir passieren die Dalmarnock-Brücke und verlassen die Stadt mit ihren Fabriken mit Fenster und Antriebsrädern und dem ewigen Rauchdach. Der Strom glitzert zwischen grünen Ufern hinunter, von denen sich eines links hoch erhebt, so dass die weitere Sicht in diesem Viertel unterbrochen wird. Auf der rechten Seite sind Dörfer und Bauernhöfe; in der Ferne die Cathkin Braes, die sich bewegenden Wolkenschatten, die ihre sonnigen Hänge fleckig machen; und geradeaus und den Blick verschließend, der Kirchturm der Cambuslang-Kirche, der in das fahle Azurblau des Himmels eingraviert war.

Wir sind nur zwei Meilen von der Stadt entfernt und alles ist hell und grün. Der Schmetterling flattert vorbei; die Libelle schießt hin und her. Sehen Sie, er stellt sich auf seine Flügel, ungefähr einen halben Meter von der Nase entfernt, die er neugierig inspiziert. Damit war es geschafft, den geflügelten Zehn-Cent-Nagel abzuschießen, und seine Ringe schimmerten wie Stahl. Es gibt Truppen von Schwalben. Schauen Sie eins an. Jetzt ist er hoch in der Luft - jetzt überfliegt er den Clyde. Sie können sein scharfes, unberechenbares Zwitschern hören, wenn er sich umdreht und zuckt. Nein, es wird gesagt, dass der Eisvogel selbst gesehen wurde, wie er an diesen sandigen Ufern schimmerte und sie wie ein Meteor beleuchtete.

In einiger Entfernung befindet sich ein weißes Haus in angenehmer Lage zwischen Bäumen - es ist das Dalbeth-Kloster. Im Vorbeigehen rührt eine der häufigen Glocken, die die Insassen zur Andacht auffordern, die sonnige presbyterianische Luft. Etwas abseits des Klosters rauscht ein schneller Bach zum Clyde, überquert von einer groben Brücke aus Brettern, die mindestens seit drei Generationen von den Füßen getragen wird. Der Bach, der, besonders nach dem Regen, in seiner Art ziemlich ruppig und ungestüm ist, hatte einige Tage zuvor besagte Holzbretter abgerissen und zerbrochen und eines von ihnen weggetragen.

Als wir ankommen, finden wir eine Frau und einen Jungen, die darauf bedacht sind, zu überqueren, aber dennoch Angst haben, es zu wagen. Unterstützung wird angeboten, und nach ein wenig Mühe landen beide in Sicherheit auf dem weiter entfernten Ufer. Die Frau ist schlicht und doch ordentlich gekleidet und kann etwa fünfundvierzig Jahre alt sein oder so. Der Junge ist elf Jahre alt geworden, hat langes gelbes Haar auf dem Rücken und sieht für seine Jahre dünn und schlank aus. Mit ihnen haben sie etwas in ein Leinentuch eingewickelt, das bei Berührung überreicht zu werden scheint, als wären sie etwa gleich lange Stangen. Für den leichten Dienst bedankt sich die Frau in einem Ton, der nach südenglischen Landkreisen riecht. "Auf Wiedersehen" wird gegeben und zurückgegeben, und wir fahren fort und wundern uns viel darüber, welche Art von Menschen sie sind und was ihre Geschäfte in diesen Teilen sein mögen, aber zu keinem Ergebnis kommen können.

Es macht jedoch nicht viel aus, denn die Eisenhütten sind jetzt vorbei und die Flussufer sind wunderschön. Sie sind dicht bewaldet, und in einer Kurve fließt der Fluss eine Meile lang geradewegs auf Sie herab, mit staubigen Mühlen auf der einen Seite, einem heruntergekommenen Steuerhaus auf der anderen Seite und einer Strecke von Ufer zu Ufer, die halb natürlich ist, halb - künstlicher flacher Hufeisenfall, über den das Wasser in trägen Schaum taumelt - ein Anblick, den ein Mann, der keine dringenden Verpflichtungen hat und der gern Sport treibt, fünfzig

Meilen weit laufen kann, um zu sehen, und für seine Schmerzen reichlich belohnt wird. Vorne ist eine Fähre - ein Seil, das sich über den Fluss erstreckt und mit dem das Boot angetrieben wird - und siehe da!

Eine Frau in einem scharlachroten Umhang auf der gegenüberliegenden Seite begrüßt den Fährmann, und dieser Beamte kommt zu seiner Pflicht gelaufen. Genau im Lärm des flachen Hufeisenfalls liegt das Dorf Carmyle, ein alter, ruhiger, verschlafener Ort, in dem in den letzten fünfzig Jahren nichts passiert ist und in den kommenden fünfzig Jahren nichts passieren wird. Efeu war das geschäftigste Ding hier; es hat die Wände der Häuser hochgeschlichen und in einigen Fällen das Licht der Fenster ziemlich "ausgelöscht".

Die Strohdächer sind mit Smaragdmoos bedeckt. Der Pflaumenbaum, der vor einigen Monaten blühte, blühte genauso im Frühjahr, als der älteste Einwohner geboren wurde. Seit einem halben Jahrhundert ist hier kein Stein mehr auf den anderen gelegt worden - es gibt nur noch wenige grüne Hügel auf dem Kirchhof. Es ist das Zentrum der Welt. Alles andere ist Veränderung: Das allein ist stabil. Es gibt eine tiefere Ruhe als Schlaf in diesem kleinen, veralteten Dorf - Efeu-gedämpft, Smaragd-moosig, für immer vom Fall des Wassers wiegen lassen.

Die Mühlen, staubig und weiß wie die Kleider der Müller selbst surrt fleißig; das Wasser der Lade kommt kochend hinter dem Rad hervor und erreicht den Clyde über einen Kanal, der vor langer Zeit von Menschenhand gegraben wurde, aber wie ein Werk der Natur, das so mit Farnen bedeckt ist, wie es ist. Schauen Sie durch den klaren Bernstein der Strömung nach unten, und Sie sehen die "lange grüne Flut der rutschigen Steine", in denen sich der Silberbauchaal erfreut. Wehe dem glücklosen Dorfkind, das es wagt, darin zu waten. Es gibt ein plötzliches Plätschern und Brüllen. Wenn er aussteigt, wird er mit schrillen Schreien über das breite Knie der Mutter gelegt, und Schreck und nasse Kleidung werden durch vernünftige Schläge aus der breiten Hand der Mutter gerächt. Wir verlassen das Dorf und fahren weiter.

Die Ufer kommen näher, der Strom ist flacher und wirbelt in Wirbeln und Kreisen über einem felsigen Bett. Es gibt eine Wald-Einsamkeit über dem Fluss, die durch den einsamen Angler unterstützt wird, der bis zu seiner Mitte im Wasser steht und geduldig auf den Biss wartet, der nie kommt, oder durch das Wasserwiesel, das von Stein zu Stein huscht. In einer Viertelstunde erreichen wir die Kenmuir Bank, die sich etwa dreißig Meter hoch erhebt und mit Bäumen gefüllt ist. Ihre Stämme ragen kahl auf und breiten sich dann mit Zweigen und Blättern in einem verfilzten Schatten aus, so dass nur ein Durchgang möglich ist Mittags ein paar Flocken Sonnenlicht, die in der grünen Dämmerung einem Schwarm visionärer Schmetterlinge ähnelten, die aufleuchteten und schliefen.

Innerhalb ist der Wald Dschungel; Sie wateten in Reisig und Farn auf die Knie. Die Stämme sind mit Efeu bekleidet, und Efeuschlangen kriechen von Baum zu Baum, manche grün vor Leben, manche verfault. Am Ende der Bank befindet sich ein klarer Brunnen, in dem Sie Ihren Durst stillen können, wenn Ihr Gesicht auf den Schatten trifft. Wenn Sie hier sitzen, haben Sie das volle Gefühl der Einsamkeit. Ein Angler watet in die Mitte des Kanals - ein Vogel schießt aus einem Dickicht und rutscht geräuschlos davon -, und das seichte Rauschen und Rauschen des Clyde fließt durch eine Stille, die so tief ist wie die einer amerikanischen Wildnis - Morgen wird das Wasser, das sich spiegelt, wenn es an der Schönheit des schlafenden Luckengowan vorbeigeht, die Verschmutzung von hundert Abwasserkanälen erhalten haben und in der Menge der Schiffe auf dem Broomielaw auf und ab schaukeln.

Wir kehren von der Spitze der Kenmuir Bank nach Hause zurück und blicken nach Westen. Aus einer Welt des Rauches erhebt sich der Stiel von St Rollox wie ein Bannerstab, dessen dampfförmiger Streamer im Wind schwebt; und von weitem, durch die Lücke zwischen den Hügeln Campsie und Kilpatrick, Benlomond selbst, mit einem Schneestreifen auf seiner Schulter.

Könnte man nur ein paar Stunden hier verweilen, würde man einen Anblick sehen - die untergehende Sonne in jenem wilden, rauchigen Ozean. Die Kränze aus Dampf, die jetzt so gewöhnlich und vulgär erscheinen, die auf Handel und geschwollene Geldbörsen und unhöfliche Manieren hindeuten, würden dann zu einem Ruhm, wie ihn Hirten bei Sonnenaufgang auf seinen Hirtenhügeln niemals erblickten. Unter einem scharlachroten Flammendach sah man, wie sich die Rauchschwaden in einen messingfarbenen Glanz verwandelten, wie bei starker Hitze. die dichte Masse und das Volumen davon dunkel wie Mitternacht oder glühend mit dem feierlichen Purpur des Donners; mittendrin, wo es für sich selbst einen klaren Weg gebrannt hat, die breite, schwankende Kugel, die das Auge mit geballter Pracht schmerzt und nach und nach sinkt, schneidet ein schwarzer Turm seine Scheibe in zwei Hälften.

Aber darauf kann man nicht warten, und die Erscheinung wird unbemerkt bleiben, wenn man sich mit seinem gewaltigen Schatten über das Feld schleicht und sein Gesicht der Flamme zuwendet, um sich das Gewöhnlichste auf der Welt vorzustellen. Bei unserer

Rückkehr halten wir uns auf der oberen Straße und in kurzer Zeit sind wir wieder in Carmyle.

Wir haben nicht die Absicht, das Flussufer ein zweites Mal zu verfolgen, und biegen daher auf der schmalen Straße ab. Aber was ist zu tun? Die Kinder sind in einem Kreis versammelt und die Frauen stehen an den offenen Türen. Es ist eine Aufführung im Gange. Das Tamburin klingt, und ein winziger Akrobat mit einem Streifen um die Stirn, Strumpfhosen mit Lametta-Rauten und fleischfarbenen Schuhen schreitet auf zwei Stelzen umher, zum nicht geringen Erstaunen und Entzücken der Jugendlichen. Er dreht den Kopf und - warum, es ist der kleine Junge, den ich vor drei Stunden über den Bach in Dalbeth assistiert habe, und natürlich ist das die alte Dame, die mit dem Tamburin pocht und jingelt und sich in den halben Cent versammelt! Gott segne ihr lustiges altes Gesicht! Wer hätte gedacht, sie hier zu treffen!

Ich werde erkannt, der Junge winkt mir zum Abschied, die alte Dame lächelt und knicks, pocht mit ihrem Tamburin und klopft mit größerer Kraft als je zuvor an den Glöckchen. Die Straße nach Glasgow ist jetzt vergleichsweise uninteressant. Die Bäume tragen eine schmuddelige Farbe; Sie kommen an Bauernhäusern mit rußigen Stapeln im Hof vorbei. „Es ist ein kohliges, staubiges Viertel, das bemerkenswerte Eigenschaften hat. Denn während die Dämmerung feucht auf ferne Blätter und Berge fällt, Gänseblümchen und Butterblume zusammenfaltet und das Linnet neben seinem Nest von Jungen im Besenstrauß einschläft, wird hier der Horizontkreis glühend heiß

"Große und wütende Lüster über dem Himmel,
    Lichter über die dunklen Straßen verschiebend;"

und siehe, durch die Jagd nach Licht und Schatten, durch den Schimmer von Blendung und Finsternis finden wir unseren Weg zurück nach Glasgow - sein leises Summen zerbricht in getrennte und erkennbare Geräusche, seine neblige Helligkeit in weit gespannte Straßenlaternen, wenn wir uns nähern.

Der Tourist, der mit dem Zug von Glasgow nach Greenock reist, muss die Stadt Paisley passieren. Wenn er aus dem Fenster der Kutsche schaut, sieht er unter sich eine drittklassige schottische Stadt, durch die der schmutzigste und flachste Fluss fließt.

Das Hauptgebäude in der Stadt und dasjenige, das als erstes die Aufmerksamkeit eines Fremden auf sich zieht, ist das Gefängnis. Dann folgen Sie den Kirchtürmen in der Reihenfolge ihrer Verdienste. Leider fährt der Zug nicht durch Paisley, sondern drüber; und von seiner "Aussichtslage" aus sieht der Tourist vieles, was für den Fahrgast auf der Straße unsichtbar ist. Alle Hintergründe, Schweinereien, schmutzigen Höfe und unauffälligen Greuel des Ortes werden ihm für einen Moment offenbart, als der Express dunkel über die Eisenbahnbrücke blitzt.

Für das Sehen von schottischen Städten ist eine Vogelperspektive eindeutig der schlechteste Standpunkt. Höchstwahrscheinlich wird der Tourist, wenn er vorbeikommt, Paisley als die hässlichste Stadt betrachten, die er jemals gesehen hat, und ist innerlich dankbar, dass sein Los nicht darin gegossen wurde. Aber in dieser Hinsicht kann sich der Tourist sehr irren.

Paisley ist ein bemerkenswerter Ort, einer der bemerkenswertesten in Schottland. So wie Comrie der Ort für Erdbeben ist, ist Paisley der Ort für poetische Inspiration. Es gibt keine Erklärung für den Geschmack der Himmlischen. Königin Titania verliebte sich in

Bottom, als er den Kopf des Esels trug und Paisley, so hässlich es ist, ist der Lieblingssitz der Musen.

Dort sitzt Apollo am Webstuhl und verdient achtzehn Schilling pro Woche. In diesem Moment, und das könnte man jeden Moment seit Beginn des Jahrhunderts sagen, lebt und atmet vielleicht eine größere Anzahl von Dichtern in dieser kleinen Stadt als in ganz England. Ob dies aus der Armut des Ortes herrührt, nach dem Prinzip, dass die Süße des Liedes der Nachtigall auf subtile Weise mit dem Dorn zusammenhängt, gegen den sie ihre Brust lehnt, kann es sinnlos sein, nachzufragen.

Aus welchem Grund auch immer, Paisley ist seit mindestens fünfzig Jahren eine Voliere mit singenden Vögeln. Zu besagter Voliere hatte ich einmal die Ehre, vorgestellt zu werden. Vor einigen Jahren, als ich am Rande der Stadt wohnte, erhielt ich eine Ankündigung, dass sich die L. CA am Abend des 26. Januar treffen würde - zu Ehren der Erinnerung an den unsterblichen Robert Burns und um meine Anwesenheit zu bitten.

Da ich von den mystischen Charakteren ziemlich verwirrt war, erkundigte ich mich und stellte fest, dass LCA die "Literarische und Gesellige Vereinigung" darstellte, die sich jeden Samstagabend traf, um den Geist ihrer Mitglieder zu kultivieren - ein Boden, der jahrelang großzügig gewesen war bewässert mit Toddy - mit entsprechenden Effekten.

Zu diesem billigen Fest der Götter an dem fraglichen heiligen Abend wies ich meine Schritte und sah die versammelten Dichter. Es konnten kaum weniger als achtzig anwesend sein. Seltsam! Jeder von ihnen stellte sich vor, er sei feiner als gewöhnliche Sterbliche. Jeder von ihnen hatte Verse verfasst, einige wenige hatten sogar kleine Bände oder Broschüren von Versen im Abonnement veröffentlicht und den erwarteten Gewinn getrunken; jeder von ihnen hatte seinen Kreis von Bewunderern und Schmeichlern, sein kleines Publikum und einen Hauch von Ansehen. Jeder von ihnen beneidete und hasste seinen Nachbarn und nicht selten stritten sich zwei Barden in ihren Bechern darüber, welcher von ihnen die größere Menge an Ruhm besaß.

Damals war über die Errichtung eines Denkmals für Thom of Inverury gesprochen worden, von dem einer der Barden sagte: "Oh ja, Sie mögen sie. Sie werden uns Denkmäler errichten, wenn wir es tun. Ich wecke sie." In diesem Raum, inmitten dieser bunten Gesellschaft, konnte man die große literarische Welt sehen, die unbewusst verstümmelt wurde und die Leere und den Lärm von ihr, die offensichtliche Eitelkeit vieler ihrer Mitglieder, beschattete.

Die achtzig Dichter stellten Essen als Meditation vor. Nun, von dieser Stadt aus schlage ich einen Spaziergang vor, denn hinter Paisley liegt Gleniffer Braes, die Szene von Tannahills Liedern. Abgesehen von Ayrshire kann man an Burns denken, abgesehen von Cumberland an Wordsworth, aber abgesehen von den Braes of Gleniffer kaum an Tannahill. Auch der Bezirk ist von geringem Ausmaß; in einem dreistündigen Spaziergang können Sie jeden Punkt sehen, den der Dichter erwähnt. Sie besuchen seinen Geburtsort in der kleinen Straße, in der das Geräusch des Zuges ständig zu hören ist. Sie gehen hinauf zu den grünen Hügeln, in denen er gerne wandert und dessen Zauber er gefeiert hat; und Sie kehren durch den Kanal zurück, wo er Ruhe suchte, als der Geist "fein berührt zu feinen Themen", ungeordnet und ungespannt war. Geburt, Leben und Tod liegen nebeneinander.

Die Frage der Moral ist eng gepackt. Die ganze Tragödie schläft im Kompass eines Epigramms. Verlassen Sie die weitläufigen Vororte von Paisley und fahren Sie in ein raues und welliges Land mit vielen grauen Felsen, die von wiehernden Hügeln durchsetzt sind, in denen abends das Linnet singt. Mit schmalen sandigen Straßen, die hin und her wandern, vorbei an einer Ansammlung von düsteren Tannen, einem Haus, in dem ein reicher Bürger wohnt, jetzt ein angenehmes Getreidefeld. Ein hübsches Stück Land, über dem vom Morgengrauen bis zum Sonnenuntergang Lerchen singen und wo der Wanderer in der Dämmerung nicht selten den hinkenden Hasen markieren kann.

Ein Stück weiter liegen die Ruinen von Stanley Castle. Dieses Schloss, in den Tagen des Dichters, bevor die Wildheit des Landes vom Pflug gezähmt worden war, musste der Landschaft einen einzigartigen Charme verliehen haben. Es steht am Fuße der Hügel, die sich mit einem Gürtel aus Holz, einem felsigen Abgrund und einem weißen Streifen Wasserfall über ihm erheben - höher in Heide und Stille, Stille tief wie der Himmel, der es überragt; wo sich nichts bewegt, außer den riesigen Wolkenschatten, wo nichts zu hören ist, außer dem Schrei des Moorvogels.

Tannahill kannte das Schloss in jeder Hinsicht - als der Sonnenuntergang an den Wänden brannte, als der Mond es in Silber und Stille tauchte und als es vor ihm schattig und weit durch die sumpfigen Nebel aufstieg. Er hatte seinen Webstuhl tagsüber zu besuchen, und er kannte den Ort am besten in seiner abendlichen Erscheinung.

Dämmerlicht schien mit seiner Ruhe und Stille einen besonderen Reiz für seine sensible Natur zu haben, und viele seiner glücklichsten Zeilen beschreiben seine Phänomene. Aber der Ruhm ist in großem Maße vom Stanley Tower abgewichen; der Ort wurde von der Water Company in einen Stausee verwandelt, und die Ruine ist häufig von Wasser umgeben.

Dieses Eindringen von Wasser hat die Szene verdorben. Der Turm ist grau und kaputt, der See sieht aus wie gestern und es gibt Spuren von ziemlich neuem Mauerwerk. Die geringe Ausdehnung des Sees, sein Glitzern und seine Helligkeit sind Zumutungen. Nur in Zeiten strengen Frosts, wenn seine Oberfläche vereist ist, wenn die Sonne wie eine glühende Eisenkugel in den purpurroten Dämpfen versinkt - wenn die Skater wie Schwalben umherstreifen und die Lockenwickler wild sind - für das Spiel war lang und streng - und der entscheidende Stein rauscht die Eisbahn hinauf - nur unter solchen Umständen gewinnt die Landschaft eine Art von Bewahrung und Homogenität zurück.

Es gibt keine Jahreszeit wie den Winter, um ein Land zu verbessern. Er tönt es auf eine Farbe herunter; er atmet über sein Wasser, und im Laufe einer einzigen Nacht werden sie zu glänzenden Böden, auf denen sich die Jugend austoben kann. Er pudert seine schwarzen Waldäste mit den Perlen seines Frosts; und die Risse, die der Frühling vergeblich mit ihren Blumen zu verbergen versucht, und der Herbst mit abgefallenen Blättern, füllt er sofort mit einem Schneekranz.

Aber wir müssen vorwärtskommen, auf dieser kurvenreichen Straße, die von grauen Felsen, Heidebüscheln und Bergveilchen gekennzeichnet ist, und das Land darunter, das sich immer weiter ausdehnt. Lo! Ein Streifen Smaragd stiehlt sich den grauen Hügel hinunter, und am Wegesrand befindet sich ein großer Brunnen, in dem der "netzförmige Sonnenstrahl" tanzt. Diejenigen, die Tannahills "Gloomy Winter's noo awa" kennen, müssen seine seltsame Glückseligkeit in Bezug auf Berührung und Farbe bewundern. Drehen Sie sich um, Sie befinden sich genau in der Szene des Songs. Vorne ist "Gleniffer's dewy dell" im Osten "Glenkellochs Sonnenhut" in der Ferne der Wälder von Newton, über die in diesem Moment Seerosen die "schneeweißen Typen" fächeln. unten springt der "burnie" in funkelndem Schaum über so manches felsige Regal, bis sein lauf in dieser Schlucht von düsteren tannen untergeht und man nur noch die Musik seiner Freude hört.

Welches ist das Schönere - die Landschaft vor Ihren Augen oder die Landschaft, die im Licht des Gesangs schläft? Man kann es nicht sagen, denn sie sind auf einmal verschieden und gleich. Die Berührung des Dichters war liebevoll und wahr. Sein Genie war wie das Licht des frühen Frühlings, klar von Flecken oder Dämpfen, aber mit Zittern und Unsicherheit darin; glücklich, aber mit dem Kummer, der ziemlich nah an seinem Glück liegt; lächelnd, obwohl die Tränen kaum trocken auf den Wangen sind, die in einem Moment wieder nass werden können.

Aber wer ist Tannahill? fragt der südländische Leser verwundert; und als Antwort kann gesagt werden, dass Burns, wie jeder große Dichter, viele Nachahmer und Nachfolger hatte, und dass dieser Nachfolger im Nordland Hogg und Tannahill die wichtigsten sind, von denen Hogg ein Hirte im Wald war, und er besaß davon seht die größere Natur, die größere intellektuelle Kraft; Während es als Meister des Seltsamen und Übernatürlichen keinen schottischen Dichter gibt, der neben ihn gestellt werden könnte.

Die Seele von Ariel scheint ihn zeitweise zu bewohnen. Er spricht eine seltsame Musik wie das Seufzen des Nachtwindes; ein Klang, der fern von menschlichen Lebensräumen zu leben scheint. In Offenheit für spirituelle Schönheit war Burns im Vergleich zu ihm ein gewöhnlicher Pflüger. Wie Thomas der Rhymer legte er sich an einem Sommertag auf eine grüne Bank, um zu schlafen, und die Queen of Fancy besuchte seinen Schlaf. Und nie danach konnte er ihre Schönheit und ihre Stimme und das flüssige Läuten ihrer Zaumglocken vergessen.

Tannahill war ein Weber, der Lieder schrieb, verrückt wurde und Selbstmord beging, bevor er das mittlere Leben erreichte. Sein Wesen war schwach und zitternd. Er war elend wegen Überempfindlichkeit. "Er lebte als Mittags-Tau im Ruhestand?" Er wollte Hoggs Stärke, Selbstbehauptung, Humor und grobe Scharfsinnigkeit; er hatte auch keinen Hauch von seiner seltsamen Anspannung. Auch bei Burns war er so anders, wie es ein Mann nur könnte Tannahill wusste nichts von der ungeheuren Schlacht, die auf der feuchten Mossgiel-Farm im modischen Edinburgh und in Dumfries ausgetragen wurde.

Er wusste nichts von der Liebe, der Verachtung, der Verzweiflung - diesen wilden Tieren, die durch die Tropen von Burns Herz streiften. Wie sein Genie war es in seiner Qualität vielleicht exquisiter als ihre selbst. Er war nur ein Songschreiber - sowohl Burns als auch Hogg waren mehr als das - und einige seiner Songs sind so fast wie möglich perfekt.

Er wusste nichts von dem Geheimnis des Lebens Wenn die wilde Hand der Leidenschaft auf seine Harfe gelegt worden wäre, hätte sie sofort ihre zerbrechlichen Saiten zerbrochen. Er betrachtete die Natur mit einem nachdenklichen und dennoch liebevollen Auge. Freude strömte über ihn aus dem hellen Gesicht des Frühlings. Verzagtheit von der Schneeflocke und den wehenden Winterwinden. Seine

Liebeslieder enthalten kein Feuer. Während Burns Annie in seinem "anstrengenden Griff" gehalten hätte, hätte Tannahill mit einem Glühen auf seiner Wange auf die unauffällige Messe hingewiesen, auf der das "Pflanzen von Baumklopfen mit einem Hauch von Masse" oder schweigend das Tanzen der "Mücken" beobachtet Sühne die Verbrennung. Mit Hilfe dieser Liebe zur Natur malt er dann, wie deutlich er sieht und wie exquisit er malt, was er sieht.

"Gefiederte Breckans säumen die Felsen;
"Unter dem Kopf juckt der Burnie."
"Über den Newton Wuds ragen,
Laverocks fächern die schneeweißen Klumpen.

Weder Keats noch Tennyson oder einer ihrer zahlreichen Anhänger übertrafen diesen ungebildeten Weber in seiner Glückseligkeit in Bezug auf Farbe und Berührung. Jeder, der die Wahrheit von Tannahills Vers beweisen möchte, könnte nichts Besseres tun, als sein Liederbuch hier herauszubringen und zu lesen und zu streifen und zu streifen und erneut zu lesen.

Aber warum heute noch weiter gehen? Das Peesweep Inn, in dem die Wanderer ködern, liegt noch weit entfernt in der Heide. Kilbarchan, das seltsamste der Dörfer, sonnt sich auf einem Hügel in der Sonne, bevölkert von botanischen und vogelnistenden Webern.

Sein Kreuz ist mit der Statue von Habbie Simpson verziert, "mit seinen Pfeifen über der falschen Schulter". Westwärts liegt Elderslie, wo Wallace geboren wurde, und dort stand bis in die letzten Jahre auch die Eiche, zwischen deren Zweigen der Held, wie die Überlieferung sagt, bei all seinen Männern Zuflucht gefunden hat, als er von den Southrons unter Druck gesetzt wurde. Aus der Ferne kamen viele Pilger, um den Sylvan-Riesen zu sehen. Vor seinem Fall wurde es von Zeit und Touristen schwer verstümmelt. Aus seinem Holz wurden viele Schnupftabakdosen hergestellt. Es überlebte die Stürme von Jahrhunderten und blühte weiterhin grün auf, obwohl sein Herz hohl wie ein zerstörter Turm war. Endlich schlug ein Sturm, der unsere Küsten mit Schiffbruch überhäufte, mit vielen seiner gemeineren Brüder ein. "Zu diesem Teint müssen wir endlich kommen".

Zu unseren Füßen liegt Paisley mit seinen Dichtern. Sieben Meilen entfernt blickt Glasgow mit Kirchturm und Fabrikstiel durch eine rauchige Wolke. Das Land zwischen Grau und Ferne und hier und da mit den Dämpfen der Züge gesprenkelt. Wie still die weite Weite!

Auf der Höhe erreicht kein Laut das Ohr. Gleniffer Braes sind klar im Sommerlicht und so schön, als wäre der Dichter über sie gegangen. Genug, ihre Schönheit und sein Gedächtnis. Man ist nicht in der Stimmung, auch nur den unschönen Ort neben dem Kanal zu betrachten, der gesucht wurde, als die Welt für das arme gestörte Gehirn schwarz war.

Hier ging er glücklich in seinem Genie; nicht ein Mann, der sich wundert und dem man das Knie beugt, sondern ein Mann, den es zu schätzen und anzuerkennen gilt. Für das Zwitschern ist der Zaunkönig sowohl Musik als auch der lyrische Aufschwung der Lerche. Das Seufzen des Schilfs, das vom Wind geschüttelt wurde, sowie das Brüllen eines Bündels Kiefern.

Zuhause

Dann eines Herbstabends brachte mich der Zug nach Edinburgh, und die Schuppen der Vertrautheit waren mir ein wenig aus den Augen gefallen. Ich dachte, ich hätte es noch nie zuvor so schön gesehen.

Seine Brillanz war blendend und märchenhaft. Es war wie eine Stadt mit chinesischen Laternen. Es wurde beleuchtet wie für einen großen Sieg oder die Hochzeit eines Königs. In der Princes Street loderten Straßenlaternen und Schaufenster. Die Altstadt war ein Labyrinth aus funkelnden Lichtern. Der Hügel hob seine sternenklare Spule an. Die Nordbrücke, die den Abgrund übersprang, hielt Lampen hoch in die Luft.

Es gab Lichter auf dem Calton Hill, Lichter auf dem Scheitel des Schlosses. Die Stadt war in voller Blüte der Lichter - um Mitternacht zu verdorren, um kurz vor Sonnenaufgang tot zu sein. Und dann kam zu einem Ohr, das an Stille gewöhnt war, auf jeder Seite das gewaltige Summen sich bewegender Menschenmengen auf, das für die Phantasie an sich unendlich suggestiver war als das Rauschen des Atlantiks an den Skye-Ufern. Der Klang, mit dem ich seit einiger Zeit vertraut war, war die Stimme vieler Wogen; das Geräusch, das in meinen Ohren war, war das Geräusch von Männern.

Und auch beim Heimfahren war ich mir eines merkwürdigen Widerspruchs zwischen dem Skye-Leben, das ich seit einiger Zeit geführt hatte, und dem alten Edinburgh-Leben, das für ein wenig fallengelassen worden war und das nun wieder aufgenommen werden musste, bewusst. Die beiden Erfahrungen trafen sich wie Bleche, aber es waren immer noch getrennte Bleche - ich konnte sie nicht zusammenlöten und sie zu einem machen.

Ich wusste, dass ein paar Tage das für mich tun würden; aber es war seltsam, durch mentale Anstrengung zu versuchen, die Erfahrungen zu vereinen und herauszufinden, wie vergeblich all diese Anstrengungen waren. Zurück nach Edinburgh zu kommen war wie ein Aufenthalt in einem Haus, in dem man schon eine Weile fremd war, in dem man alle Räume und alle Möbelstücke in den Räumen kannte, in deren Wissen sich jedoch ein Gefühl von vermischter Fremdheit.

Ich hatte mich anders angezogen und fühlte mich im Moment nicht so wohl in dem seltsamen Edinburgh wie in dem bekannten Skye-Anzug. Es war jedoch ein Schicksal, dass die beiden Lebensweisen in meinem Bewusstsein unmerklich ineinander verschmelzen sollten.

Als ich zu Hause ankam, stellte ich fest, dass mein Freund, Pastor Macpherson von Inverary, mir ein Paket mit ossianischen Übersetzungen geschickt hatte. Diese Übersetzungen atmeten die Seele der Wildnis, die ich in letzter Zeit verlassen hatte, und ich las sie am nächsten Tag in meiner Umgebung in Edinburgh durch.

Durch ihre Vermittlung vereinigten sich die beiden Erfahrungen. Etwas von Edinburgh verschmolz mit meiner Erinnerung an Skye - etwas von Skye wurde in das tatsächliche Edinburgh projiziert. So wird das Leben durch idealen Kontrast und Austausch bereichert.

Mit einigen dieser Übersetzungen schließe ich meine Aufgabe ab. Für mich waren sie produktiv mit viel Vergnügen. Und sollten die Schatten in meinem Buch den Leser in irgendeiner Weise beeindruckt haben, wie mich die Realitäten beeindruckt haben - wenn ich in irgendeiner Weise das Gefühl von Skye in seiner Phantasie entfacht habe, wie es in meiner lebt -, werden diese Fragmente strenger Musik nicht undankbar sein.

Auszug aus Carrick-Thura

Nacht fiel der Wellenschlag Rotha,
Die Bucht des Hügels empfing die Schiffe.
Ein Stein stieg am Rande des Ozeans auf,
Ein Holz wehte über dem Wellenbaum;
Oben war der Kreis von Lodin.
Und die riesigen Steine der Macht;
Unten befand sich eine schmale Ebene
Und Baum und Gras am Meer.
Ein Baum, der oben vom Wind zerrissen wird
Vom Rand der Steinhaufen bis zur Ebene.
Jenseits war die blaue Reise von Bächen.
Eine leichte Brise kam aus dem stillen Meer,
Eine Flamme stieg aus einer Eiche auf;
Das Fest der Häuptlinge war vorbereitet;
Trauernd war die Seele des Königs der Schilde,
Für den Häuptling der tapferen dunklen Carrick.
Der Mond ging langsam und schwach auf;
Tiefer Schlaf fiel um die Köpfe der Tapferen,
Ihre Helme schimmerten herum;
Das Feuer brannte auf dem Hügel.
Schlaf fiel nicht auf die Augenlider des Königs;
Er erhob sich im Geräusch seiner Arme
Den Wave-Beat Carrick anschauen.
Das Feuer senkte sich in der Ferne,
Der Mond war im Osten rot und langsam.
Eine Explosion kam vom Steinhaufen herab;
Auf seinen Flügeln war der Schein eines Mannes,
Orm Lodin, schrecklich am Meer.
Er kam zu seiner eigenen Wohnung,

Sein schwarzer Speer nutzlos in seiner Hand.
Sein rotes Auge wie das Feuer des Himmels,
Seine Stimme wie der Strom der Berge.
Weit entfernt in der düsteren Dunkelheit.
Fingal hob in der Nacht seinen Speer,
Seine Herausforderung wurde unten gehört –
"Sohn der Nacht, von meiner Seite,
Nehmen Sie den Wind weg;
Warum solltest du zu mir kommen, Schwacher?
Deine Kraft so machtlos wie deine Arme?
Fürchte ich deine dunkelbraune Gestalt,
Geist der Kreise von Lodin?
"Schwach ist dein Schild und deine Kraft,
Dein stumpfes Schwert wie Feuer im Wasser,
Eine Explosion teilt sie auseinander,
Und du bist auf Anhieb zerstreut
Aus meiner Gegenwart, dunkler Himmelssohn.
Ruf deine Explosion - weg!"
"Würdest du mich aus meinem Kreis treiben?"
Sagte die Stimme mit unheimlichem Klang.
"Zu mir beugt das Heer der Tapferen;
Ich schaue von meinem Holz auf die Menschen,
Und sie fallen wie Asche vor meinen Augen;
Aus meinem Atem kommt der Knall des Todes;
Ich komme hoch im Wind hervor;
Die Stürme ziehen in die Höhe
Kalt, düster und dunkel um meine Stirn.
Ruhe ist meine Wohnung in den Wolken,
Angenehm die großen Felder meiner Ruhe."
"Bleib in deiner Ebene."
Sagte der König, seine Hand auf seinem Schwert;
"Erinnere dich an Cumals-Sohn auf dem Feld;
Schwach bist du, groß ist meine Stärke.
Habe ich meinen Schritt vom Berg entfernt.

Zu deinen Hallen in der friedlichen Ebene?
Hat sich mein mächtiger Speer getroffen
Im Himmelsgewand die Stimme
Vom dunklen Geist des Kreises von Lodin?
Warum hebst du düster die Stirn?
Warum schwingst du deinen Speer in die Höhe?
Wenig fürchte ich deine Drohungen, schwacher,
Ich floh nicht vor Wirten auf dem Feld,
Warum sollte vor dem Windessamen fliehen,
Der mächtige Held, Morvens König?
Fliehen wird er nicht, na ja, er weiß es
Die Schwäche deines Arms im Kampf."
"Flieh in dein Land", antwortete die Form,
"Fliehen Sie auf dem schwarzen Wind - weg!
Die Explosion liegt in meiner Hand.
Meins ist der Lauf und das Ringen des Sturms,
Der König von Soroch ist mein Sohn,
Er beugt sich zu Hügel zu meinem Schatten;
Sein Kampf ist bei Carrick der hundert Tapferen,
Und sicher wird er den Sieg gewinnen –
"Flieh in dein eigenes Land, Sohn von Cumal,
Sonst fühle zu deiner Trauer meine Wut."
Hoch hob er seinen dunklen Speer;
Wütend neigte er seinen erhabenen Kopf.
Gegen ihn rückte Fingal vor.
Sein hellblaues Schwert in der Hand,
Sohn von Loon - die Swartes t cheek'd.
Das Licht des Stahls ging durch den Geist,
Der düstere und schwache Geist des Todes.
Formlos fiel er da drüben
Im Wind der schwarzen Steinhaufen, wie Rauch
Was ein junger bricht, Stab in der Hand,
Am Herd von Rauch und Kampf,

Die Form von Lodin kreischte auf dem Hügel
Sich im Wind versammeln,
Innis-Tore hörte das Geräusch.
Die Wellen mit dem Terror bleiben ihre Bahnen:
Erheben sich die Tapferen von Cumals Sohn.
Jede Hand ergriff einen Speer auf dem Hügel,
"Wo ist er?" sie weinten mit Wut,
Jede Rüstung ertönt auf seinem Lord.

Auszüge aus Fingal

Cuchullin saß an der Mauer von Tura,
Im Schatten des Laubbaumes;
Sein Speer lehnte am Höhlenfelsen.
Sein großer Schild an seiner Seite am Kontrast
Die Gedanken des Chefs gehen auf Cairber.
Ein Held, den er im Kampf heftig getötet hatte,
Wenn der Beobachter des Ozeans cam;
Der schnelle Sohn von Fili mit dem Grenzschritt.
"Steh auf, Cuchullin, steh auf,
Ich sehe eine galante Flotte aus dem Norden,
Schnell bestir dich, Chef des Banketts,
Großartig ist Swaran, zahlreich sein Gastgeber!
"

"Moran, antwortete der mutige Blauäugige,
Schwach und zitternd bist du;
In deiner Angst ist der Feind zahlreich;
Sohn von Fill ist Fingal,
Hoher Champion der dunkel gefleckten Hügel."
"Ich habe den Anführer gesehen", so Moran.
"Wie zu einem Felsen war der Chef,
Sein Speer wie eine Tanne auf dem Berg,
Sein Schild als aufgehender Mond:

Er saß auf einem Felsen am Ufer
Wie der Nebel dort drüben auf dem Hügel. "
"Viele", sagte ich, "Chef der Fremden,
Sind die Champions, die mit dir aufsteigen,
Starke Krieger mit dem härtesten Schlag,
Und schärfste Marke im Spiel der Männer.
Aber zahlreicher und tapferer sind die Tapferen
Das umgibt die windige Kurve."
Antworte den Tapferen, wie Welle auf Felsen,
"Wer in diesem Land ist wie ich?
Deine Helden sind jetzt nicht Gegenwart;
Aber tief sollten sie unter meine Hand fallen.
Wer ist er würde mein Schwert treffen?
Rette Fingal, den König der stürmischen Selma.
Einmal am Tag haben wir uns verstanden
Auf Melmor und heftig war unser Streit.
Die Werber sind im harten Kampf gefallen,
Die Bäche wenden und sprudeln am Stein.
Drei Tage später wurde der Streit erneuert.
Krieger, die tapfersten, zitterten.
Am vierten sagte Fingal, der König –
"Der Häuptling des Ozeans ist im Tal gefallen."
Er ist nicht gefallen, war meine Antwort. "
Lass Cuchullin dem Häuptling nachgeben,
Wer ist stärker als der Bergsturm.
Ich, sagte der unerschrockene Blauäugige,
Ich werde dem Lebenden nicht nachgeben.
Cuchullin wird entschlossen sein
Großartig im Kampf oder nicht rostend im Tod.
Sohn von Fidschi, nimm meinen Speer,
Schlage den freudlosen, düsteren Schild Semas;
Du sollst es hoch an der Wand der Speere sehen;
Kein Omen des Friedens war sein Klang.

Swift, Sohn von Fill, schlag den Schild von Sema,
Beschwöre Helden vom Wald und beseitige sie.
Rasch schlug er auf den gepunkteten Schild ein,
Jedes Wäldchen und jeder Wald antworten.
Pausenlos schoss der Alarm durch den Hain;
Der Hirsch und das Reh begannen auf der Heide:
Curtha sprang vom klingenden Felsen:
Connal vom dümmsten Speer rührte sich
Favi ließ die Hinterpfoten in der Verfolgung:
Crugeal kehrte in den festlichen Jura zurück.
Ronan, horche auf den Schild der Schlachten,
Cuchullins Landsignal, Cluthair,
Calmar, hierher kommen aus dem Ozean:
Komm mit deinen Armen her, o Luthair.
Sohn Finns, du starker Krieger, stehe auf!
Cairber [kommt] aus dem stimmhaften Cromlec;
Beuge dein Knie, freudiger Fichi.
Cormag von der strömenden Lena.
Coilte, strecke deine prächtigen Glieder,
Swift, von Mora reisen,
Deine Seite, weißer als Schaum, breitete sich aus
Auf dem sturmgeplagten Meer.
Dann könnten die Helden gesehen werden
Im Abstieg vom eigenen gewundenen Tal,
Jede Seele brennt vor Erinnerung
Von den Schlachten vergangener Zeiten:
Ihre Augen entzündeten sich und suchten
Für den dunklen Feind von Innisfail.
Jede mächtige Hand am Griff jeder Marke
Lodernd, blitzend von ihrer Rüstung.
Da ergießt sich ein Bach aus einem wilden Tal

Abstieg die Mutigen von den Seiten der Berge,
Jeder Häuptling wie sein berühmter Vater.
Seine strengen, finsteren Krieger hinter sich,
Wie die Sammlungen der Regenwolken
Rund um den Blitz des Himmels.
Beim Schritt waren Waffengeräusche zu hören
Und die Rinde der Hunde, hohes Glücksspiel
Lieder wurden in jedem Mund summt,
Jeder mutige Held sehnt sich nach dem Streit.
Cromlec zitterte auf dem Berg;
Als sie die Heide durchquerten,
Sie standen auf den Abhängen der Hügel,
Wie der heisere Nebel des Herbstes
Das schließt um den abfallenden Berg,
Und bindet seine Stirn an den Himmel.

Fingal, Lib. Zeile 1-100

Da rauscht ein grauer Strom in Schaum
Von der eisernen Front des hohen Cromla;
Der Strom durch die Berge,
Während die dunkle Nacht die Steine umhüllt:
Und die kalten Schattierungen von Pastelltönen
Sieh von den Röcken der Duschen herab.
So heftig, großartig, so erbarmungslos, schnell
Erweitern Sie den robusten Samen von Erin.
Ihr Häuptling als der große Eber des Ozeans,
Die kalten Wellen hinter sich ziehen;
Gießt seine Kraft wie Wogen; [oder in wogen,]
'Neath seine Reise erschüttert das Ufer.
Der Same von Lochlin hörte das Geräusch.
Wie der kalte rauschende Strom des Winters;
Swift Swaran schlug seinen Schild,
Und sprach zu dem Sohn Am neben ihm:
Ich höre ein Geräusch an der Seite der Berge,

Als Abendfliege langsamer Bewegungen;
Es sind die tapferen Söhne von Erin,
Oder ein Sturm im fernen Wald.
Wie Gonnal ist der Klang,
Ere weckt den Sturm auf hoher See:
Hie dich in die Höhe, Sohn von Am,
Untersuchen Sie jedes Gehölz und jeden Hang.
Er ging und kehrte bald entsetzt zurück.
Sein Auge war starr und wild in seinem Kopf.
Sein Herz schlug schnell gegen seine Seite,
Seine Rede war schwach, langsam, gebrochen.
"Steh auf! Herr der Wellen,
Mächtiger Häuptling der dunklen Schilde;
Ich sehe den Strom der dunkler Waldberge,
Ich sehe den Samen von es und ihrem Herrn.
Ein Streitwagen! mächtiger Wagen der Schlacht
Fortschritte mit dem Tod über die Ebene;
Der schnelle Streitwagen von Cuchullin,
Der große Sohn von Sema, mächtig in Gefahr.
Dahinter biegt sich eine Welle nach unten.
Oder der Nebel auf dem scharfen Felsen;
Das Licht der Kraftsteine ist rund,
Wie das Meer nachts um eine Rinde
Von polnischer Eibe ist der Strahl,
Die Sitze sind aus glattestem Knochen.
Die Wohnstätte der Speere ist,
Von Schilden, Schwertern und von Mächtigen.
An der rechten Seite des großen Wagens
Zu sehen ist das schnaubende Ross;
Der hochmännige, breite, schwarzbrüstige,
Hochspringender, starker Sohn der Hügel.
Laut und lautstark ist sein Huf:
Die Ausbreitung seiner Fronten oben
Ist wie Nebel auf den Geistern der Elche;
Hell war sein Aspekt, und schnell sein Gehen,

Sith-Fadda ist sein Name.
Auf der anderen Seite des Wagens
Ist der Bogenhals schnaubend,
Schmalmännig, hochmännig, starkhufig,
Schnellfüßiges Ross der Berge,
Du-sron-geal ist der Name des Pferdes.
Volle tausend schmale Riemen
Binde den Wagen in die Höhe;
Die hellen Stahlteile der Zäume
Sind die Wangen mit Schaum bedeckt:
Lodernde Steine, funkelnd hell,
Beugen sich hoch über die Mähnen der Rosse.
Von den Rossen, die wie der Berg-Nebel,
Den Häuptling zu seinem Ruhm tragen.
Wilder als der Hirsch ist ihr Aspekt,
Mächtig wie der Adler ihre Stärke;
Ihr Klang ist wie der wilde Winter
Auf Gormal, wenn es mit Schnee bedeckt ist.
Auf dem Wagen sieht man den Häuptling,
Der mächtige Sohn der schärfsten Arme –
Cuchullin der blaugefleckten Schilde.
Der Sohn von Sema, bekannt in Liedern,
Seine Wange ist wie die polnische Eibe;
Sein starkes Auge breitet sich hoch aus,
"Unter seinem dunklen Bogen, schmalen Stirn.
Sein gelbes Haar, wie eine Flamme,
Gegossen um das prächtige Gesicht des Helden,
Während er hinter seinem Speer hervorzieht.
Flieh, großer Schiffschef!
Flieh vor dem Helden, der kommt
Wie ein Sturm aus dem Tal der Bäche. "
"Wann bin ich geflohen?" König der Schiffe;
Wann ist Swaran aus den Schilden geflohen?
Wann habe ich die drohende Gefahr gemieden,
Sohn von Arn - aye schwach?

Ich habe den Sturm des Himmels getragen,
Auf dem brodelnden Meer der rauen Duschen;
Die Schlachten, die ich je getragen habe,
Warum sollte ich vor dem Konflikt fliehen,
Sohn Arns, schwächster Hand?
Mache meine Tausenden auf dem Feld auf,
Gießen wie das Rauschen des Ozeans,
Wenn die Explosion von der Wolke biegt,
Lass Lochlin um meinen Stahl steigen.
Seid wie Felsen am Rande des Ozeans,
In meinem eigenen Land der Ruder,
Das hebt die Kiefer in die Höhe
Gegen die Stürme des Himmels kämpfen."
Wie der Klang des Herbstes aus zwei Bergen
Gegeneinander zogen die Mutigen,
Als mächtiger Strom aus zwei Felsen,
Fließen, Gießen in der Ebene;
Klingt dunkel, heftig in der Schlacht,
Habe Lochlin und Innesfail getroffen.
Häuptling mischt seine Schläge mit Häuptling
Der Mensch kämpfte mit dem Menschen,
Stahl klirrte auf Stahl,
Helme sind in der Höhe gespalten,
Blut fließt schnell herum,
Die Bogensehne zwitschert an der Eibe;
Pfeile durchqueren den Himmel,
Speere schlagen und fallen,
Wie der Blitz der Nacht in den Bergen,
Wie das Brüllen des Ozeans,
Wenn die Wellen in die Höhe rücken;
Wie der Strom hinter den Bergen
War die Finsternis und der Lärm des Konflikts.
Obwohl die hundert Barden von Cormag dort,
Und ihre Lieder beschrieben den Kampf,
Sie konnten es kaum sagen

Von jedem kopflosen Leichnam und Tod ...
Viele waren der Tod von Männern, Häuptlingen,
Ihr Blut breitete sich in der Ebene aus.
Trauer, ihr Rasse der Lieder,
Für Sith-Alaun, das Kind der Tapferen:
Evir, hebe deine schneebedeckte Brust
Für tapferen Ardan mit dem schärfsten Blick.
Als zwei Rehe, die vom Berg fallen,
Sie fielen "unter der Hand von Swaran;
Während er sich vor Tausenden bewegte,
Als Geist am bewölkten Himmel
Ein Geist, der in der Wolke sitzt.
Die Hälfte von Nebel aus dem Norden gemacht,
In Kurven der leblose Seefahrer
Ein Blick von
wehe auf dem Gipfel der wellen
Noch deine Hand an der Seite geschlafen,
Chef der Insel der sanften Duschen;
Deine Marke war auf dem Weg der Beute,
Wie ein Blitz, der dick blitzt,
Wenn die Leute ins Tal fallen,
Und das Gesicht des Berges, wie in Flammen,
[Oder brodelt weiß vor Wildbächen,]
Du-sron-Geal schnaubte über tapfere Männer,
Sith-Fadda wusch seinen Huf in Blut,
Hinter ihm lag so mancher Held,
Wie ein Wald auf Cromla der Fluten,
Wenn die Explosion durch die Heide bewegt,
Mit den luftigen Geistern der Nacht
Weinen Sie auf dem klingenden Felsen,
Edle Tochter der Insel der Schiffe
Neige dein prächtiges Antlitz über das Meer,
Du bist schöner als ein Geist im Wald,
Weich und langsam aufstehen

Als Sonnenstrahl in der Stille der Hügel.
Er fiel, bald fiel er in der Schlacht,
Die Jugend deiner Liebe ist blass,
„Unter dem Schwert des großen Cuchullin.
Was hat dich so fahl und kalt gemacht?
Er wird sich nicht mehr zu Taten bewegen,
Er wird nicht das hohe Blut von Helden schlagen;
Trenar, die junge Trena ist gestorben;
Mädchen, du wirst deine Liebe nicht sehen.
seine Hunde heulen mitleidig
Zu Hause sehen sie seinen Geist,
Sein Bogen ist ungespannt und kahl;
Sein Todesgeräusch ist auf dem Hügel,
[d.h. auf dem Hügel stößt er Todesstöhnen aus.]
Wie tausend Wellen an die Küste rollen,
Also rückte der Feind unter Swaran vor;
Da trifft die Küste tausend Wellen,
Also traf Erin den König der Schiffe.
Dann erhoben sich die Stimmen des Todes,
Geräusch von Schlachtruf und Waffengewirr,
Schilde lagen zerbrochen auf dem Boden.
Ein blitzartiges Schwert war in jeder Hand hoch,
Der Lärm der Schlacht stieg von Flügel zu Flügel,
Vom Kampf, brüllend, blutig, heiß,
Wie hundert wild schlagende Hämmer,
Schauer roter Funken aus glühender Schmiede,
Wer sind die auf der hügeligen Sena?
Wer von dunkelster und heftigster Finsternis?
Wer mag die trübste Wolke?
Das Schwert des Diebes als Feuer auf Wellen,
Das Gesicht des Waldes ist beunruhigt,
Der Wellenschlagfelsen zittert am Ufer.

Wer, aber Swaran von Schiffen
Und der Chef von Erin, der im Lied bekannt ist?
Das Auge der Heerscharen schaut zur Seite
Die Begegnung der mächtigen Helden.
Die Nacht brach herein im Kampf der Tapferen.
Und versteckte den unentschiedenen Konflikt.

Fingal, Buch I., 313-502.